V&R

PIETISMUS UND NEUZEIT

EIN JAHRBUCH ZUR GESCHICHTE DES NEUEREN PROTESTANTISMUS

Im Auftrag der Historischen Kommission
zur Erforschung des Pietismus
herausgegeben von
Martin Brecht, Friedrich de Boor, Rudolf Dellsperger,
Ulrich Gäbler, Hartmut Lehmann, Arno Sames,
Hans Schneider, Udo Sträter
und Johannes Wallmann

Band 22 – 1996

VANDENHOECK & RUPRECHT
IN GÖTTINGEN

Geschäftsführender Herausgeber

Prof. Dr. Udo Sträter, Interdisziplinäres Zentrum für Pietismusforschung, Martin-Luther-Universität Halle-Wittenberg, Franckeplatz 1, Haus 26, D-06110 Halle/Saale

Anschriften der Autorinnen und Autoren

Dr. Friedhelm Ackva, Pfarrstr. 2, 35708 Haiger-Allendorf
Katharina Bethge, Bibliothek des Predigerseminars, Collegienstr. 54, 06886 Lutherstadt Wittenberg
Prof. Dr. Martin Brecht, Schreiberstr. 22, 48149 Münster
Pfarrer Dr. Jürgen Büchsel, An der Gedächtniskirche 1, 61350 Bad Homburg
Dr. Marianne Doerfel, Mozartstr. 25, 55481 Dillendorf-Liederbach
Prof. Dr. Donald F. Durnbaugh, Center for Anabaptist & Pietist Studies One Alpha Drive, USA-Elisabethtown, Pa. 17022–2298
Dr. Adrianus van der Dussen, Neumannlaan 3, NL-5624 KL Eindhoven
Prof. Dr. Jörg-Ulrich Fechner, Tonderner Straße 31, 44789 Bochum
Prof. Dr. Ute Gause, Birkenweg 15, 48155 Münster
Pfarrer Dr. Friedhelm Groth, Pastoratsstr. 6, 58675 Hemer
Dr. Hans-Martin Kirn, Lange Furche 52, 72072 Tübingen
Prof. Dr. Hartmut Lehmann, Max-Planck-Institut für Geschichte, Hermann-Föge-Weg 11, 37073 Göttingen
Dr. Markus Matthias, Fahrgasse 61, 63303 Dreieich
Landesbischof i. R. Prof. Dr. Gerhard Müller, Sperlingstr. 59, 91056 Erlangen
Dr. Christian Peters, Breul 41, 48143 Münster
Dr. Hans Pfisterer, Dorfstr. 44, 79539 Lörrach
Prof. Dr. Gregg A. Roeber, 515 North 3rd Avenue, Maywood/Ill. 60153, USA
Prof. Dr. Arno Sames, Goldbergstr. 14, 06118 Halle
Prof. Dr. Hans Schneider, Philipps-Universität Marburg, FB Evang. Theologie, Lahntor 3, 35037 Marburg
Pfarrer Wolfgang Schöllkopf, Schulstr. 18, 72475 Bitz
Frieder Seebaß, Hundsburgstr. 8, 34582 Borken-Kleinenglis
Prof. Dr. Erdmann Sturm, Jupiterweg 26, 48163 Münster
Prof. Dr. Sukeyoshi Shimbo, Nakao 2–32–18, Minami-ku, Fukuoka-Shi, Japan
Dr. W. Reginald Ward, 21 Grenehurst Way, Petersfield, GB-Hants GU 31 4 AZ

ISBN 3-525-55894-5
ISSN 0172-6943

Satz: Satzspiegel, Bovenden. Druck und Bindearbeit: Hubert & Co., Göttingen

Vorwort

Nach der Festschrift für Johannes Wallmann erscheint Band 22 von *Pietismus und Neuzeit* wieder im üblichen Seitenumfang. Allerdings knüpfen die ersten drei Beiträge von Katharina Bethge, Markus Matthias und Arno Sames, die im vorigen Band keinen Platz mehr finden konnten, unmittelbar an PuN 21 an und sind ebenfalls Johannes Wallmann gewidmet. Da der Beitrag von Katharina Bethge eigene Registerteile enthält, sind die dort aufgeführten Namen nicht in das Gesamtregister aufgenommen worden.

Dieser Band ist keinem Schwerpunktthema verpflichtet, sondern bringt Beiträge zum Druck, die bisher aus unterschiedlichen Gründen zurückstehen mußten. Die Aufsätze von Frieder Seebaß, Jürgen Büchsel und Adrianus van der Dussen spannen einen weiten Bogen von den Arndtschen Streitigkeiten über Gottfried Arnold bis zur Theologie von Charles Grandison Finney.

Neben den Miszellen von Martin Brecht und Markus Matthias ist den Rezensionen, die in Band 21 nur knapp vertreten sein konnten, viel Raum gegeben.

Der folgende Band von *Pietismus und Neuzeit* wird wieder einen thematischen Schwerpunkt aufweisen und neben anderem die Vorträge der Diakonie-Tagung dokumentieren, die 1995 von der Historischen Kommission zur Erforschung des Pietismus in Gallneukirchen durchgeführt wurde. Er soll noch in diesem Jahr erscheinen.

Für die Herausgeber: *Udo Sträter*

Inhalt

Miszellen

Rezensionen

Bibliographie

Register

Erhard Peschke (1907–1996) zum Gedenken

Am 19. Januar 1996 verstarb Erhard Peschke, emeritierter ordentlicher Professor für Kirchen- und Dogmengeschichte an der Theologischen Fakultät der Martin-Luther-Universität Halle-Wittenberg, im 89. Lebensjahr. Mit ihm verlor die Theologische Fakultät in Halle ihr ältestes Mitglied und die Historische Kommission zur Erforschung des Pietismus den Nestor der Pietismusforschung in Halle.

Erhard Peschke wurde am 21. Juli 1907 in Berlin geboren. Er studierte in seiner Heimatstadt Theologie und auf Anregung seines Doktorvaters Erich Seeberg auch Slawistik bei Max Vasmer. Nach Promotion (Berlin 1933) und Habilitation (Breslau 1935) war er von 1936 bis 1939 zunächst Dozent und dann Professor für Kirchengeschichte, insbesondere Kirchengeschichte Osteuropas, in Breslau. Seine akademische Tätigkeit wurde seit 1939 durch die Einberufung zur Wehrmacht und durch eine an das Kriegsende sich anschließende Tätigkeit als Pfarrer unterbrochen. Von 1951 bis 1959 hatte er den Lehrstuhl für Kirchen- und Dogmengeschichte an der Theologischen Fakultät der Universität Rostock inne. Von dort wurde er 1959 in die gleiche Position nach Halle berufen. Im Jahre 1972 wurde er emeritiert.

Die Forschungsarbeit Erhard Peschkes war im wesentlichen durch zwei Schwerpunkte bestimmt: die Böhmischen Brüder sowie den Pietismus mit dem Zentrum Halle und August Hermann Francke.

Der erste Schwerpunkt ist durch seinen kirchengeschichtlichen Lehrer Erich Seeberg angeregt worden, der Anfang der dreißiger Jahre an seiner Theologie Luthers arbeitete und dabei mit der Frage beschäftigt war, ob dessen frühe Abendmahlsanschauung eventuell von der der Böhmischen Brüder beeinflußt worden sei. Die Bearbeitung dieses Problems übertrug er Peschke als Dissertationsthema, der als Ergebnis seiner Forschungen zwei Bände mit dem Titel „Die Theologie der Böhmischen Brüder in ihrer Frühzeit: das Abendmahl" (1935, 1940) vorlegte. Der Titel zeigt, daß die Arbeit in zeitlicher und thematischer Hinsicht auf Fortsetzung angelegt war. Peschke hat nach dem Kriege seine Forschungen zum Thema „Böhmische Brüder" in einer Vielzahl von Einzelstudien weitergeführt und sich dabei für die thematische Ergänzung seiner Erstlingsarbeit entschieden. In dem Band „Kirche und Welt in der Theologie der Böhmischen Brüder: vom Mittelalter zur Reformation" (1981) hat er die Ergebnisse seiner Studien zusammengefaßt.

Der Untertitel des Buches verrät den theoretischen Hintergrund, in den Peschkes Forschungen einzuordnen sind: Es ist die von dem Prager

Kirchenhistoriker Amedeo Molnár nach dem Kriege formulierte Charakterisierung des Hussitismus als der ersten Reformation bzw. der Reformation des 15. Jahrhunderts im Gegenüber zur lutherischen Reformation des 16. Jahrhunderts als der zweiten Reformation, verbunden mit seiner methodischen Forderung, die Reformationsgeschichte nicht von Luther her retrospektiv, sondern vom 15. Jahrhundert her prospektiv-dynamisch zu verstehen. Ohne auf die Theoriediskussion *expressis verbis* einzugehen, hat Peschke die religiös-sozialen und ethisch-kirchlichen Anschauungen der Böhmischen Brüder aus den Quellen erhoben und eine geschlossene und eindrückliche Darstellung ihrer theologischen Gedanken sowie der Argumentation über die Kirche und das Verhältnis der Christen zur Welt dargelegt, deren Perspektive auf Luther hin unübersehbar ist. Die Theologische Fakultät der Martin-Luther-Universität hat diesen Zweig der Arbeit Peschkes im Jahre 1959 mit der Verleihung des Ehrendoktortitels gewürdigt.

Seinem zweiten Forschungsschwerpunkt wandte sich Peschke nach seiner Berufung an die Theologische Fakultät in Halle zu. Ein direkter Einfluß der Spiritualismus- und Pietismusforschungen Erich Seebergs ist dabei thematisch nicht erkennbar. Es waren vielmehr der Ort Halle und die Geschichte seiner Universität, die Glauchaischen Anstalten August Hermann Franckes und das in ihrem Archiv und ihrer Bibliothek lagernde Quellenmaterial, die ihn zu dieser Arbeit anregten und die Konzentration auf Halle und Francke bewirkten. Die Schülerschaft Seebergs zeigt sich eher im methodischen Ansatz. Peschke ging in seinen Arbeiten, seinem geistes- und theologiegeschichtlichen Interesse folgend, von einem theologischen Verständnis des Pietismus aus. Diese Auffassung spiegelt sich auch in den Titeln der Bücher wider, in denen er seine Forschungsergebnisse zusammengefaßt hat: „Studien zur Theologie August Hermann Franckes", Bd. 1 und 2 (1964, 1966), und „Bekehrung und Reform: Ansatz und Wurzeln der Theologie August Hermann Franckes" (1977). Peschke hat mit diesen Büchern ein Forschungsdesiderat erfüllt, auf das seit langer Zeit immer wieder hingewiesen worden war. In bewußter methodischer Entscheidung ist damit auch Position gegen Interpretationsversuche vollzogen worden, die bei Francke nur „das humanistische Erbe" des großen Erziehers beachtenswert finden wollten. Dagegen stellte Peschke sein Verständnis Franckes als eines „gläubigen Realisten", der als Theologe sein weithin wirksames Reformwerk verwirklicht hat.

Den Theologen Francke wollte Peschke aus der theologiegeschichtlichen Situation heraus verstehen, die auf ihn erkennbar eingewirkt hat. Den Hauptbezugspunkt in diesem Diskussionszusammenhang bildet die Theologie Luthers. Peschke urteilt, „daß Francke von dem *Anliegen* beseelt war, den *echten Luther* wieder erstehen zu lassen", aber durch mystische und calvinistische Einflüsse „zu einem *eigenwilligen Lutherverständnis* gekommen" ist (Bekehrung und Reform, 149). Mit dieser Aussage beschreibt Peschke den Kern seiner Francke-Interpretation: Er ist nicht allein von Luther her zu verstehen, aber auch nicht in die mystisch-katholische Tradition zurückzuversetzen, sondern durch die neue Synthese charakterisiert, die er vorgenommen hat. Mit diesem Urteil hat Peschke den Weg für weitere Darstellungsversuche der Theologie Franckes geöffnet.

Die umfangreichen Archiv- und Bibliotheksbestände in Halle bilden die Voraussetzung der Pietismusforschung in Halle. Allerdings müssen sie z. T. erst noch erschlossen werden. Peschke hat sich durch Vergabe von Dissertations- und Förderung von Habilitationsthemen, durch Katalogisierungsarbeiten und durch wissenschaftlich fundierte Textausgaben an diesen Erschließungsarbeiten beteiligt. Als Herausgeber der Abteilung II: „August Hermann Francke: Schriften und Predigten" in den von der Pietismuskommission herausgegebenen „Texten zur Geschichte des Pietismus" hat er selbst drei Bände ediert (1981, 1987, 1989), zwei weitere Bände bis zur Verlagsvorlage bearbeitet und weitere vorbereitet. Eine Reihe weiterer Veröffentlichungen ist im Zusammenhang mit den Editionsvorbereitungen entstanden. Peschke hat sich, besonders auch seit seiner Emeritierung in Jahre 1972, mit starker Intensität diesen Arbeiten zugewandt. Sie haben ihn bis in seine letzten Lebenstage beschäftigt.

Peschke hat sich auch wissenschaftsorganisatorisch für die Förderung der Pietismusforschung eingesetzt. Als sie im Jahre 1964 in der „Historischen Kommission zur Erforschung des Pietismus" ihre Zusammenfassung fand, wurde er als Gründungsmitglied Vorsitzender der Sektion Ost der Kommission. Nach seiner Emeritierung hatte er die Funktion des Ehrenvorsitzenden bis zum Jahre 1992 inne, als die Kommission unter den neuen Bedingungen des wiedervereinten Deutschlands ihre Trennung nach West und Ost aufgeben konnte. Im Rahmen der Kommission hat Peschke sich vielfältig im Interesse der Pietismusforschung engagiert, wie z. B. seine Mitherausgeberschaft der „Arbeiten zur Geschichte des Pietismus", der „Texte zur Geschichte des Pietismus", der „Bibliographie zur Geschichte des Pietismus" sowie des Jahrbuches „Pietismus und Neuzeit" belegen.

Alle diese Leistungen wurden 1994 durch die Verleihung des August-Hermann-Francke-Preises der Franckeschen Stiftungen gewürdigt. Die Dokumentation dieses Festaktes „Ehrung für Professor Dr. Dr. Erhard Peschke", Halle 1994 (Schriften der Franckeschen Stiftungen, 4) enthält auch die aktuelle Peschke-Bibliographie.

Die Theologische Fakultät hat am 4. Oktober 1996 im Rahmen einer akademischen Feierstunde zusammen mit der Historischen Kommission zur Erforschung des Pietismus ihres verstorbenen Mitgliedes ehrend gedacht. Seine wissenschaftliche Leistung wird durch die Impulse weiterleben, die sie in die Forschung eingebracht hat.

Arno Sames

Katharina Bethge

EPISTOLAE THEOLOGICAE

Eine Quelle zur Erforschung von Leben und Werk Abraham Calovs und der lutherischen Orthodoxie

Briefliste aus der Bibliothek des Evangelischen Predigerseminars Wittenberg

Johannes Wallmann zum 65. Geburtstag

Vorwort

Am 24./25. 10. 1991 bot das Antiquariat Brandes in Braunschweig auf seiner 96. Auktion eine Sammlung von 284 Briefen an Abraham Calov an, die als identisch mit Tom. 3 der Calov-Korrespondenz aus der Bibliothek des Evangelischen Predigerseminars Wittenberg beschrieben wurde[1] und die hier im „Verzeichnis der ... Raritäten, ...“ am 07. 03. 1991 mit dem Vermerk „fehlt immer noch“ versehen worden war.[2] Es handelt sich um drei Briefbände, die als „Epistolarum Theologicarum ... Tom 1 [/ bis Tom 3] ...: Correspondenz von Abr. Calovius“ verzeichnet sind[3] und die schon 1802 F.H.L. Leopold als „die Briefe, die mehrere deutsche Fürsten und Theologen an Abraham Calov geschrieben haben“, erwähnt.[4] Sie gehörten zu dem Teil der alten Universitätsbibliothek, der nach der Vereinigung der Wittenberger Universität mit der Universität Halle 1817 in Wittenberg geblieben und in den Besitz der Bibliothek des dann entstandenen Königlichen Predigerseminars übergegangen ist. Nach dem Tod Abraham Calovs 1686 waren diese Briefe in die damalige Universitätsbibliothek gelangt. Auf welchen Wegen dies geschah, ist bis heute unklar. Denkbar wäre, daß sie über Johannes Deutschmann, der Calovs Kollege und späterer Schwiegersohn war, oder Johann Friedrich Mayer, den Nachfolger Calovs an der Fakultät, in die Bibliothek kamen. Für diese Vermutungen spricht, daß die letzten

---

[1] *Brandes,* 127

[2] *von der Heydt,* Bl. 12.

[3] S. Anm. 2.

[4] *Leopold,* 222.

Briefe des Korrespondenzbandes an Mayer adressiert sind und auch Deutschmann als Briefempfänger vertreten ist.

Unklar ist bis heute, was dann in den folgenden Jahrhunderten mit den Briefbänden geschah, die von 1945 an schließlich als verloren gelten mußten. Für Band 2, der die Briefe der Jahre 1664 bis 1673 enthielt, traf dies schon frühzeitig zu, denn im „Verzeichnis der Raritäten" registriert von der Heydt 1910 „Tom 2 fehlt"[5]. Auch Wotschke berichtet von vergeblichen Nachforschungen nach ihm.[6] Die beiden anderen Briefbände waren zu diesem Zeitpunkt noch vorhanden: Band 1 mit der Korrespondenz der Jahre 1638 bis 1663, und Band 3 mit der Korrespondenz der Jahre 1674 bis 1686[7] und einigen Schreiben bis zum Jahr 1688. Obgleich sie von der Forschung weitgehend unbeachtet geblieben waren, hatten sie doch das Interesse des Pfarrers und Wissenschaftlers Theodor Wotschke gefunden, der von 1871 bis 1939 lebte und ab 1915 Pfarrer in Pratau bei Wittenberg war. Er arbeitete viel an den Briefen und brachte einen Großteil von ihnen zum Abdruck (s. Literaturverzeichnis). Am Ende des Zweiten Weltkrieges kamen dann auch diese beiden Bände durch bis heute nicht aufgeklärte Ereignisse abhanden. Die Veröffentlichungen Wotschkes stellten seither den einzigen Nachweis eines Teiles dieser Briefe dar.

Mit dem Jahr 1991 hat sich die Situation nun grundlegend geändert. Das Kultusministerium des Landes Sachsen-Anhalt ermöglichte den Rückkauf der auf der Auktion des Antiquariats Brandes angebotenen Briefe. Zusammen mit im Jahr 1994 angebotenen und ebenfalls zurückgekauften weiteren 30 Schreiben machen sie heute ca. drei Viertel des Bandes Tom. 3 aus. Nachdem sie nach langer Zeit endlich wieder an ihren rechtmäßigen Standort gelangt sind, stehen sie der Forschung erneut zur Verfügung. Die auch heute noch wesentliche Arbeit Wotschkes, der diese Briefe als die „wertvollste Quelle für Calovs Leben"[8] bezeichnete, könnte eine Fortsetzung finden.

Um die weitere Erschließung der Briefe zu ermöglichen, haben es sich die Mitarbeiter der Bibliothek des Evangelischen Predigerseminars Wittenberg zur Aufgabe gemacht, eine Liste mit einer Übersicht über die Absender und Adressaten der Schreiben zu erstellen. Sie liegt hier nun vor. Sie ist eine rein formale Aufstellung und folgt der Anordnung der Briefe im Folioband, ohne Auskunft zu den Inhalten der Briefe und Schreiben zu geben.

Folgendes sei zur Anordnung der Liste und den in ihr aufgeführten Daten erläutert:

---

[5] S. Anm. 2.
[6] *Wotschke,* Calovs Historia syncretistica. In: ZKG 36, 1916, 424 Anm. 1.
[7] S. Anm. 2.
[8] S. Anm. 6.

Ursprünglich lagen die Briefe in Form eines gebundenen Foliobandes vor. Zum Zeitpunkt des Rückkaufes im Jahr 1991 war der Band auseinandergenommen, so daß die Briefe heute als einzelne Blätter vorhanden sind. Erhalten geblieben ist die ursprüngliche Foliierung, die als Signatur des jeweiligen Briefes auch übernommen wird. Es folgen in der Liste dann Adressat und Absender, Ort und Abfassungsdatum, sowie ein kurzer Vermerk zu der Sprache, in der das Schreiben jeweils abgefaßt ist. Die Namen der Adressaten und Absender erscheinen grundsätzlich in der durch die Personennamendatei (PND) des Deutschen Bibliotheksinstituts normierten Form. Lag eine solche Vorgabe nicht vor oder ließ sie sich nicht ermitteln, war der vorliegende Brief maßgeblich. In den Fällen, in denen der Name in der Vorlage eine sehr auffällige Abweichung von der normierten Form darstellt, wird diese zusätzlich angegeben. Alle Herausgeberkonjekturen stehen in eckigen Klammern. Die Ortsnamen werden in der heute gebräuchlichen Form angegeben. Nur dann, wenn sie im Brief nicht verzeichnet sind, aber erschlossen werden konnten, erscheinen sie in eckiger Klammer. Die Wiedergabe der Daten folgt den Angaben in den Briefen. Eine Überprüfung auf unterschiedliche Datierungen nach den Kalendern alten und neuen Stils ist nicht erfolgt. In den Fällen, in denen im Brief die Datumsangabe mit Nennung von Sonntagen oder heiligen Tagen vorliegt, wurde eine Umrechnung nach Grotefend in den Kalender neuen Stils vorgenommen. Sie ist ebenfalls an ekkigen Klammern erkennbar.

In Form von Anmerkungen sind Kurzbiographien der Briefschreiber bzw. -empfänger angefügt. Sie enthalten die Lebensdaten der betreffenden Personen, soweit sie ermittelt werden konnten. Recherchiert wurden diese Biogramme grundsätzlich immer aus folgenden Lexika und Nachschlagewerken:

Adelung, Johann Christoph: Fortsezung und Ergänzungen zu Christian Gottlieb Jöchers allgemeinem Gelehrten=Lexico, ... Bd. 2;

Album Academiae Vitebergensis. Jüngere Reihe T. 1 (1602–1660). Textband. Registerband. Hg. von d. Historischen Kommission für d. Provinz Sachsen u. für Anhalt. Bearb. von Bernhard Weissenborn. T. 2 (1660–1710). Bearb. von Fritz Juntke;

[Erler] Die jüngere Matrikel der Universität Leipzig 1559–1809. Im Auftr. d. Königl. Sächs. Staatsregierung hg. von Georg Erler. Bd. 2;

Friedensburg, Walter: Geschichte der Universität Wittenberg;

Grosses vollständiges Universal-Lexikon Aller Wissenschafften und Künste, ... endlich auch ein vollkommener Inbegriff der allergelehrtesten Männer, ... Bd. 1–64;

Jöcher, Christian Gottlieb: Allgemeines Gelehrten=Lexikon, ... T. 1–4;

Marti, Hanspeter: Philosophische Dissertationen deutscher Universitäten 1660–1750. Eine Auswahlbibliographie unter Mitarbeit von Karin Marti;

Schüling, Hermann: Johann Weiss (1620–1683). Prof. d. Ethik und Politik an der Universität Giessen.

Eine genaue Band- und Seitenangabe zu den aus diesen Quellen ermittelten Daten erfolgt hinter den betreffenden Kurzbiographien nicht. Lediglich in den Fällen, in denen Angaben aus anderen, hier nicht mit aufgezählten Quellen herrühren, werden diese genau aufgeführt. Zu ihnen zählen auch eine Reihe von Archiven, die dankenswerter Weise bei der Ermittlung mancher Daten behilflich waren und die hier genannt seien, sofern sie nicht im Literaturverzeichnis aufgeführt werden:
Archiv der Hansestadt Lübeck; Deutsche Zentralstelle für Genealogie; Evang.-Luth. Pfarramt Issigau; Landesschule Pforta.

Schließlich gibt es in einigen Fällen Angaben, die aus den Briefen selbst entnommen und als solche auch vermerkt sind.

Biographische Daten ließen sich in der überwiegenden Zahl der Personen ermitteln. Nur wenige Briefschreiber mußten unidentifiziert und ohne Anmerkung zu genaueren Lebensdaten bleiben.

Insgesamt ermöglicht die hier vorliegende Liste nun einen Überblick über den Personenkreis, der mit Abraham Calov in den Jahren 1674 bis 1686 korrespondierte. Von sehr vielfältiger Art sind die Briefe und wurden geschrieben von Studenten, Pastoren, Professoren verschiedener Fachrichtungen, Verwandten, Freunden, Amtspersonen und auch Kurfürsten. Sie enthalten theologische Diskussionen, amtliche Anfragen und Mitteilungen sowie persönliche Kontakte. Die Verbindungen erstrecken sich über ganz Deutschland und weiter bis in einige andere Länder Europas. Die Briefe gehören in die letzten Jahre des Lebens und Wirkens Abraham Calovs in Wittenberg, an deren Universität er seit 1650 Professor für Theologie war. Hier wirkten in jenen Jahren außerdem Gelehrte wie zum Beispiel Johann Meisner, Samuel Pomarius, Johann Andreas Quenstedt und Johannes Deutschmann als Theologen, Caspar Ziegler, Werner Theodor Martini und Georg Michael Heber als Juristen, Johannes Strauch und Michael Sennert als Mediziner. Große Bedeutung hatte Calov für seine Zuhörerschaft unter den Studenten, die damals zahlreich nach Wittenberg kamen. Außerdem war er maßgeblich beteiligt an der Entwicklung der lutherischen Orthodoxie und dem Verlauf des Synkretistischen Streites, der schon in den Jahren begonnen hatte, als Calov noch Professor für Theologie in Königsberg (1637–1640) und dann Prediger und Gymnasialrektor in Danzig (1643–1650) war. Schließlich war er als Dekan der theologischen Fakultät und Generalsuperintendent der Stadt Wittenberg auch zuständig für Fragen und Aufgaben, die sich aus diesen Funktionen ergaben. Dies alles findet reichlich Niederschlag in diesen Briefen und Schreiben, die somit ein Spiegel des Lebens und Werkes Abraham Calovs sind.

Bedenkenswert ist nun noch die Tatsache, daß der überwiegende Teil der Briefe zwar an Abraham Calov gerichtet ist, es aber, außer daß Calov in zwei Fällen selber Absender ist, auch einige andere Adressaten gibt, wie zum Beispiel Samuel Pomarius, Johannes Deutschmann oder Johann

Friedrich Mayer. Nimmt man die Reihe der Schreiben hinzu, die an die Theologische Fakultät oder die Universität Wittenberg gerichtet sind, so zeigt sich, daß es sich bei diesen „Calov-Briefen" nicht um eine reine „Calov-Korrespondenz" handelt. Dies gilt auch für die Briefe des Bandes Tom. 1, die zum Teil durch die Veröffentlichungen Wotschkes bekannt sind und die in einer Reihe von Fällen ebenfalls nicht an Abraham Calov, sondern zum Beispiel an Johann Hülsemann gerichtet sind. Die schon von von der Heydt im „Verzeichnis der Raritäten" gewählte Bezeichnung „Epistolae Theologicae"[9] kommt somit der Sachlage für diese Briefbände am nächsten und bot sich damit auch als Überschrift für diese Liste an.

Vorhanden sind von Band 3 der Korrespondenz gegenwärtig genau 339 Schreiben. Dabei handelt es sich, wie schon erwähnt, nicht nur um Briefe, sondern auch um Schreiben anderer Art, wie offizielle Mitteilungen oder amtliche Schreiben. Als fehlend sind in der Liste 129 Blatt notiert.

Dank der Veröffentlichungen Wotschkes konnte in einigen Fällen rekonstruiert werden, welche Briefe vermutlich in die jetzt noch bestehenden Lücken gehören. Sie sind an den entsprechenden Stellen als Anmerkungen eingefügt. Auch die heute wieder vorhandenen Briefe haben, soweit es sich ermitteln ließ, einen auf Wotschkes Veröffentlichungen bezogenen Editionshinweis erhalten.

Es folgen ein Personen- und Körperschaftsregister zu Tom. 3 und ein Verzeichnis der bei Wotschke abgedruckten oder verwendeten Briefe und Briefteile aus Tom. 3, sowie eine Liste mit den Briefen des Bandes Tom. 1, die Wotschke ganz oder teilweise zum Abdruck gebracht hat. An dem Personen- und Körperschaftsregister ist jedoch nicht die Anzahl der Briefe und Schreiben an Abraham Calov ablesbar, da er hier nur als Absender beziehungsweise Mitunterzeichner einiger Schreiben aufgenommen ist, nicht als Adressat. Vermerkt wurde auch nicht, welche Briefe zusätzliche Notizen enthalten, die durch handschriftlichen Vergleich als Notizen Calovs identifiziert werden konnten und die in einer Reihe von Briefen vorhanden sind.

Abschließend ist nun sehr herzlich zu danken dem Herausgeberkreis des Jahrbuches zur Geschichte des neueren Protestantismus „Pietismus und Neuzeit", der das Erscheinen dieser Liste befürwortete und ermöglichte, sowie den Herren Professoren Johannes Wallmann und Udo Sträter für wichtige Hilfe und Unterstützung bei dieser Arbeit. Gedankt werden muß einer Reihe von Personen, die in Archiven, Bibliotheken und in unserer Bibliothek des Evangelischen Predigerseminars Wittenberg – hier besonders Frau Erika Schulz – auf viele Anfragen freundlich reagier-

---

[9] S. Anm. 2.

ten und ohne deren Hilfe so mancher Name nicht hätte entziffert und manches Datum nicht hätte gefunden werden können. Schließlich gilt ein entscheidender Dank dem Kultusministerium des Landes Sachsen-Anhalt, das den Rückkauf des Sammelbandes erst möglich machte und ihn großzügigerweise der Bibliothek des Evangelischen Predigerseminars Wittenberg als Dauerleihgabe zur Verfügung stellte.

Hier warten nun diese 339 Epistolae Theologicae auf interessierte Leser und Forscher, die ihnen ihre Bedeutung als Quelle zur Erforschung von Leben und Werk Abraham Calovs und der lutherischen Orthodoxie zurück- bzw. neu geben können.

Abkürzungsverzeichnis

JBrKG	Jahrbuch für Brandenburgische Kirchengeschichte
MRKG	Monatshefte für Rheinische Kirchengeschichte
NDB	Neue Deutsche Biographie
SächsHStA	Sächsisches Hauptstaatsarchiv Dresden
SVSHKG.B	Schriften des Vereins für Schleswig-Holsteinische Kirchengeschichte. 2. Reihe: Beiträge und Mitteilungen
ZGNKG	Zeitschrift der Gesellschaft für niedersächsische Kirchengeschichte
ZVKGS	Zeitschrift des Vereins für Kirchengeschichte in der Provinz Sachsen

Signatur	Adressat	Absender	Ort	Datum	Sprache
1	—	—	—	—	
2	Calov, Abraham[1]	Carpzov, S[amuel] B[enedict][2]	Dresden	05.01.1674	lat.
3	Pomarius, Samuel[3]	Carpzov, Sam[uel] Ben[edict][4]	Dresden	29.01.1674	lat
4–5	Calov, Abraham	Friesen, Carl Freiherr von[5] Wilhelmi, J[ohann] C[hristian][6]	Dresden	04.02.1674	dt.
6–7	—	—	—	—	
8–9	Calov, Abraham	Schertzer, Johann Adam[7]	Leipzig	05.02.1674	lat.
10–11	Calov, Abraham	Geier, Martin[8]	o.O.	03.03.1674	lat.
12–13	Calov, Abraham	Luckowien, Georg Heinrich von[9]	Zörbig	05.03.1674	dt.

[1] Calov, Abraham (16.04.1612–28.02.1686), Studium in Königsberg u. Rostock, 1632 Magister in Königsberg, 1637 Doktor d. Theol. in Rostock u. Adjunkt d. theol. Fakultät in Königsberg, 1640 Prof. d. Theol. in Königsberg, 1643 Gymnasialrektor u. Prediger in Danzig, 1650 Prof. d. Theol. u. 1652 Generalsuperintendent in Wittenberg (*Mayer,* 12; *Zitzlaff,* 79).

[2] Carpzov, Samuel Benedict (17.01.1647–31.08.1707), Studium in Leipzig, 1666 Magister in Leipzig, 1670 Prof. d. Poesie in Wittenberg, 1674 Hofprediger u. 1681 Superintendent u. Oberkonsistorialrat in Dresden u. Doktor d. Theol. in Wittenberg, 1692 Oberhofprediger in Dresden.

[3] Pomarius, Samuel (26.04.1624–02.03.1683), Studium in Breslau, Thorn, Frankfurt u. Wittenberg, 1649 Adjunkt d. philos. Fakultät, 1653 Licentiat d. Theol. in Wittenberg u. Pfarrer in Berlin, Pastor in Beschin in Schlesien u. in Magdeburg, 1665 Prof. d. Theol. in Eperies in Ungarn, 1667 Doktor u. 1673 Prof. d. Theol. in Wittenberg, 1674 Superintendent in Lübeck (*Wotschke,* Brandenburgische Briefe an Hülsemann und Calov, 54).

[4] S. Anm. 4.

[5] Friesen auf Rötha, Cotta, Jeschwitz u. Rüben, Carl Freiherr von (13.05.1619–29.07.1686), Studium in Wittenberg, 1643 Hofmeister in Schleswig-Holstein, 1645 Geheimer Rat, Hofmeister u. Kanzleidirektor in Sulzbach, 1651 Kammerrat in Dresden, 1653 Statthalter in Henneberg, 1656 Geheimer Rat u. 1660 Präsident des Oberkonsistoriums in Dresden, 1676 Oberhofrichter in Leipzig (*Carpzov,* 53–66).

[6] Wilhelmi, Johann Christian, 14.01.1667 Sekretär beim Oberkonsistorium in Dresden (SächsHStA, Loc. 33345, Nr. 1958, Nr. 119).

[7] Schertzer, Johann Adam (01.08.1628–23.12.1683), Studium in Altorf, Jena u. Leipzig, 1666 Doktor u. 1667 Prof. d. Theol. in Leipzig, Kanonikus in Meißen u. Propst in Bautzen.

[8] Geier, Martin (24.04.1614–12.09.1680), Studium in Leipzig, Straßburg u. Wittenberg, 1639 Prof. für Hebräisch, 1645 Diakon, 1657 Archidiakon, 1658 Doktor u. Prof. d. Theol., 1659 Pfarrer u. 1661 Superintendent in Leipzig, 1665 Oberhofprediger u. Kirchenrat in Dresden (*Grünberg* 2, 226).

[9] Luckowien auf Geltzsch, Raußlitz u. Ottenbach, Georg Heinrich von (nach 1690 gestorben), Hofmeister, Geheimer Rat u. Kammerdirektor in Merseburg, Kursächs. Appellationsrat, 1671 Amtshauptmann in Zörbig, 1690 Geheimer Rat in Zerbst.

14–15[10]	Calov, Abraham	Acoluth, Johannes[11]	Breslau	04.04.1674	lat.
16–17	Calov, Abraham	Tentzel, Jacob[12]	Arnstadt	[25.03.]1674	lat.
18–19[13]	Calov, Abraham	Acoluth, Johannes[14]	Breslau	04.05.1674	lat.
20–21	Calov, Abraham	Abgeordnete d. Kurfürstl.-Sächs. Geistl. Konsistoriums Wittenberg	Wittenberg	11.03.1674	dt.
22–23	Calov, Abraham	Röser, Jacob[15]	Quedlinburg	28.05.1674	lat.
24–25	Calov, Abraham	Linse, Paul[16]	Jena	17.07.1674	lat.
26–27	Calov, Abraham	Hofmann, Paulus[17]	Torgau	02.06.1674	dt.
28–30	Calov, Abraham	Schlaff, Jodocus[18]	Prettin	13.08.1674	lat.
31–32	Calov, Abraham	Kühn, Andreas[19]	Dresden	16.06.1674	dt.

---

[10] Brief abgedr. bei *Wotschke,* Breslauer Briefe an Kalow, 15–17.

[11] Acoluth, Johannes (24.12.1628–03.05.1689), Studium in Breslau, Danzig, Königsberg, Wittenberg, Leipzig u. Straßburg, 1652 Pastor in Domslau, 1654 Prediger u. 1669 Schulinspektor u. Assessor d. Konsistoriums in Breslau u. Doktor d. Theol. in Wittenberg.

[12] Tentzel, Jacob (01.08.1630–25.03.1685), Studium in Erfurt u. Wittenberg, 1649 u. 1650 Magister, 1654 Adjunkt d. philos. Fakultät in Wittenberg, 1655 Diakon in Greußen, 1657 Licentiat d. Theol. in Wittenberg, 1658 Superintendent in Ebeleben, 1659 Pastor in Greußen, 1662 Doktor d. Theol. in Wittenberg, 1671 Superintendent in Arnstadt.

[13] Brief abgedr. bei *Wotschke,* Breslauer Briefe an Kalow, 17–18.

[14] S. Anm. 11.

[15] Röser, Jacob (21.09.1641–06.11.1689), Studium in Jena u. Gießen, 1666 Magister u. 1668 Adjunkt d. philos. Fakultät in Wittenberg, 1669 Prof. d. Eloquenz u. Geschichte in Eperies, 1670 Rektor in Leutschau, 1672 Hofprediger u. 1685 Superintendent in Quedlinburg.

[16] Linse, Paul, Studium in Gießen u. Wittenberg, 1668 Magister in Gießen, 1674 Adjunkt d. philos. Fakultät in Wittenberg, Philosoph in Jena (*Weiss,* Titelbl. u. D2 ff.).

[17] Hofmann, Paulus (31.10.1630–18.03.1704), Studium in Wittenberg u. Leipzig, 1657 Magister in Wittenberg, Informator des Kurfürsten, 1663 Licentiat u. 1669 Doktor d. Theol. in Wittenberg, Superintendent in Torgau, 1682 Pastor, Gymnasialrektor u. Senior d. Ministeriums.

[18] Schlaff, Jodocus (1620–1675), Studium in Wittenberg, Magister u. Licentiat d. Theol., 1657 Pfarrer in Großzschocher, 1661 Superintendent in Seyda, 1668 Pfarrer in Prettin (*Grünberg* 2, 799).

[19] Kühn, Andreas (29.05.1624–30.09.1702), Studium in Wittenberg u. Straßburg, 1642 Magister in Wittenberg, 1651 Superintendent in Herzberg u. Licentiat u. 1655 Doktor d. Theol. in Wittenberg, 1660 Superintendent in Bischofswerda, 1675 Superintendent in Annaberg, 1684 Pastor u. 1685 Senior d. Ministeriums in Danzig (*Grünberg* 2, 489).

33	Calov, Abraham	Frommann, Johann Christianus[20]	Coburg	13.08.1674	lat.
34–35	Calov, Abraham	Friesen, Carl Fr[ei]h[er]r von[21]	Dresden	10.08.1674	dt.
36–37[22]	Calov, Abraham	Schmidt, Johannes[23]	o. O.	26.08.1674	dt.
38–39[24]	Calov, Abraham	Olearius, Johann[25]	Halle	14.08.1674	lat.
40	Calov, Abraham	Olearius, Johann[26]	Halle	08.09.1674	lat.
41–42	Calov, Abraham	Bohn, Johann[27]	Leipzig	13.09.1674	dt.
43–44	Calov, Abraham	Müller, Hieronymus[28]	Hamburg	16.09.1674	dt.
45–46	Calov, Abraham	Tribbechov, Adam[29]	Gotha	15.09.1674	lat.
47–50	—	—	—	—	
51[30]	Calov, Abraham	Schmidt, Johannes[31]	Leipzig	02.10.1674	dt.

[20] Frommann, Johann Christianus, Studium in Königsberg, Tübingen u. Leipzig, 1668 Doktor in Leipzig, 1669 Landphysikus u. Gymnasialprof. in Coburg.

[21] S. Anm. 5.

[22] Brief abgedr. bei *Wotschke,* Calovs Historia syncretistica, 432–435.

[23] Schmidt, Johannes (1639–05.04.1689), ein blinder Theologe, 1661 Studium u. Magister in Straßburg, 1667 Vorlesungen in Jena, 1670 Prediger in Nördlingen, lebte 1674 in Jena, nach 1675 in Wittenberg, später Gastwirt in Nördlingen.

[24] Briefinhalt teilw. referiert bei *Wotschke,* Calovs Historia syncretistica, 434 Anm. 1.

[25] Olearius, Johann (17.09.1611–14.04.1684), Studium, 1632 u. 1634 Magister u. 1635 Adjunkt d. philos. Fakultät in Wittenberg, 1637 Pastor u. Superintendent in Querfurt, 1643 Doktor d. Theol. in Wittenberg u. Hofprediger, 1657 Kirchenrat u. 1664 Generalsuperintendent in Halle, 1680 Oberhofprediger, Kirchenrat u. Generalsuperintendent in Weißenfels (*Dreyhaupt* 2, 683).

[26] S. Anm. 25.

[27] Bohn, Johann (20.07.1640–19.12.1718), Studium d. Medizin in Leipzig u. Jena, 1661 Magister, 1665 Doktor, 1668 Prof. d. Anatomie, 1699 Dekan d. medizin. Fakultät, Kollegiat d. Fürstenkollegiums u. Stadtphysikus in Leipzig (Deutsche Zentralstelle für Genealogie Leipzig).

[28] Müller, Hieronymus (10.04.1632–04.05.1705), Studium in Leipzig u. Wittenberg, 1654 Magister in Wittenberg, 1660 Diakon in Hamburg (*Bruhn,* 89).

[29] Tribbechov, Adam (11.08.1641–17.08.1687), Studium in Rostock, Magdeburg, Wittenberg u. Leipzig, 1662 Magister in Rostock, 1662 Vorlesungen an der philos. Fakultät in Gießen, 1665 Prof. d. Moral u. Geschichte, 1672 Doktor d. Theol. in Kiel u. Kirchenrat in Gotha, 1677 Generalsuperintendent in Gotha.

[30] Brief teilw. abgedr. bei *Wotschke,* Calovs Historia syncretistica, 435.

[31] S. Anm. 23.

52–53[32]	Calov, Abraham	Acoluth, Johannes[33]	Breslau	04.10.1674	lat.
54	Calov, Abraham	Sievert, Hieronymus[34]	Magdeburg	04.10.1674	lat.
55	Calov, Abraham	Sievert, Hieronymus[35]	Magdeburg	13.10.1674	lat.
56–57	Calov, Abraham	Seelmann, Christian[36]	Bad Salzelmen	16.10.1674	lat.
58–59	Calov, Abraham	Hofmann, P[aulus][37]	Torgau	17.10.1674	dt.
60–61	—	—	—	—	
62–63	Calov, Abraham	Schlaff, Jodocus[38]	Prettin	20.11.1674	lat.
64–65	Calov, Abraham	Wichmann, Gerhard[39]	Lübeck	20.11.1674	lat.
66–67	—	—	—	—	
68	Calov, Abraham	Carpzov, S[amuel] B[enedict][40]	Dresden	29.12.1674	lat.
69–70[41]	Calov, Abraham	Acoluth, Johannes[42]	Breslau	02.01.1675	lat.
71	Calov, Abraham	Moebius, Georg[43]	[Leipzig]	04.01.1675	lat.
72–73	Calov, Abraham	Seel[mann], Christian[44]	Bad Salzelmen	06.01.1675	lat.

---

[32] Zitat aus d. Brief bei *Wotschke,* Breslauer Briefe an Kalow, 18 Anm. 4.

[33] S. Anm. 11.

[34] Sievert, Hieronymus (1625–1674 oder 1675), Magister, 1653 Diakon, 1666 Pastor, später Senior d. Ministeriums u. Schulleiter in Magdeburg (Pfarrerbuch d. Kirchen-Provinz Sachsen).

[35] S. Anm. 34.

[36] Seelmann, Christian (1626–01.09.1675), Studium in Koburg u. Wittenberg, 1648 Magister u. 1650 Adjunkt d. philos. Fakultät in Wittenberg, Rektor in Ödenburg in Ungarn, 1661 Pastor in Kremnitz, 1665 Pastor u. Oberinspektor d. Konsistoriums u. d. Schule in Leutschau in Ungarn, 1674 Pastor u. Schulinspektor in Grossen-Saltza, 1675 Licentiat u. Doktor d. Theol. in Wittenberg.

[37] S. Anm. 17.

[38] S. Anm. 18.

[39] Wichmann, Gerhard (23.07.1683 gestorben), 1664 Magister u. Adjunkt d. philos. Fakultät in Wittenberg, 1669 Prediger in Lübeck.

[40] S. Anm. 2.

[41] Brief teilw. abgedr. bei *Wotschke,* Breslauer Briefe an Kalow, 19.

[42] S. Anm. 11.

[43] Moebius, Georg (18.12.1616–28.11.1697), Studium in Jena u. Leipzig, 1647 Gymnasialrektor in Merseburg, 1668 Prof. u. Doktor d. Theol. in Leipzig, Ephorus d. sächs. Stipendiaten, Decemvir d. Akademie, Kanoniker in Zeitz, danach in Meißen.

[44] S. Anm. 36.

74	Calov, Abraham	Pfuel, Johann Ernst[45]	Greifswald	03.01.1675	lat.
75[46]	Calov, Abraham	Carpzov, S[amuel] B[enedict][47]	Dresden	12.01.1675	lat.
76–77	Calov, Abraham	Veiel, E[lias][48]	[Ulm]	24.09.1679	lat.
78–79	Calov, Abraham	Geier, Martin[49]	Dresden	01.02.1675	lat.
80–81	Calov, Abraham	Pomarius, Samuel[50]	Wittenberg	05.02.1675	lat.
82[51]	Calov, Abraham	Diecmann, Johannes[52]	Stade	17.02.1675	lat.
83–84	—	—	—	—	
85–86	Calov, Abraham	Winter, David[53]	Dresden	23.03.1675	lat.
87–88[54]	Calov, Abraham	Acoluth, Johannes[55]	Breslau	13.03.1675	lat.
89–90	Calov, Abraham	Carpzov, S[amuel] B[enedict][56]	Dresden	13.04.1675	lat.
91–92[57]	Calov, Abraham	St[rome]yer, Carl Lud[wig][58]	Ulm	17.03.1675	dt.

45 Pfuel, Johann Ernst (1640–1705), Studium in Wittenberg, Frankfurt/O. u. Kiel, Magister in Frankfurt, 1675 Prof. in Greifswald (diesem Schreiben zufolge: Prof. d. Poesie u. Eloquenz), 1678 Gymnasialrektor in Stettin, 1689 Doktor d. Theol. u. Hofprediger u. Kirchenrat in Güstrow, 1693 Superintendent in Neubrandenburg (*Bruhn,* 104–105).

46 Zitat aus d. Brief bei *Wotschke,* Breslauer Briefe an Kalow, 15 Anm. 3.

47 S. Anm. 2.

48 Veiel, Elias (20.07.1635–23.02.1706), Studium in Tübingen, Straßburg, Jena, Wittenberg u. Leipzig, Magister in Straßburg, 1662 Prediger u. 1663 Prof. d. Theol. in Ulm, 1664 Doktor d. Theol. in Straßburg, 1671 Gymnasialdirektor u. 1680 Bibliothekar u. Superintendent in Ulm (*Dannhauer,* 1213).

49 S. Anm. 8.

50 S. Anm. 3.

51 Brief abgedr. bei *Wotschke,* Aus Abraham Calovs Briefwechsel mit Niedersachsen, 50–53; Zitat aus d. Brief bei *Wotschke,* Schleswig-Holstein und die polnischen Brüder, 19.

52 Diecmann, Johannes (30.06.1647–04.07.1720), Studium in Gießen, Jena u. Wittenberg, 1671 Magister in Wittenberg, 1675 Lyzeumsdirektor in Stade, 1683 Generalsuperintendent in Bremen u. Verden u. Doktor d. Theol. in Kiel.

53 Winter, David (03.08.1643–02.02.1699), Studium u. 1668 Magister in Wittenberg, Rektor in Torgau u. Zwickau.

54 Brief abgedr. bei *Wotschke,* Breslauer Briefe an Kalow, 19–20.

55 S. Anm. 11.

56 S. Anm. 2.

57 Zitat aus d. Brief bei *Wotschke,* Calovs Historia syncretistica, 435 Anm. 3.

58 Stromeyer, Carl Ludwig (1639-1704), Magister, 1667 immatr. in Wittenberg, Lehrer am Münster in Ulm, Prof. d. Metaphysik u. Assessor d. Konsistoriums.

93–94	Calov, Abraham	Klesch, Daniel[59]	Berlin	03.05.1675	lat.
95–96[60]	Calov, Abraham	Pfeiff, Johann Jacob[61]	Reval	03.07.1675	lat.
97	Calov, Abraham	Olearius, Johann[62]	Halle	02.06.1675	lat.
98	Calov, Abraham	Carpzov, Samuel Ben[edict][63]	Dresden	03.07.1675	lat.
99–100[64]	Calov, Abraham	Pomarius, Samuel[65]	Lübeck	24.07.1675	lat.
101–102	Calov, Abraham	Mentzer, Balthasar[66]	Darmstadt	12.01.1675	lat.
103–104	Calov, Abraham	Reiser, Anton[67]	[Augsburg]	[11.04.]1675	lat.
105–106	Calov, Abraham	Müller, Caspar[68]	Hamburg	17.07.1675	lat.
107–108	Johann Georg [II. Kurfürst von Sachsen][69]	Verordnete des Geistlichen Konsistoriums: Calov, Abraham[70]	Wittenberg	30.06.1675	dt.

59 Klesch, Daniel (1624–1697), Studium in Straßburg u. Wittenberg, 1649 Magister in Wittenberg, Konrektor in Oedenburg in Ungarn, Prediger in Güntz u. St. Georgen, 1673 Rektor in Jena, Gymnasialprof. in Weißenfels, Superintendent in Heldrungen, gest. in Berlin.

60 Brief teilw. abgedr. bei *Wotschke*, Breslauer Briefe an Kalow, 3 Anm. 1.

61 Pfeiff, Johann Jacob (26.03.1676 gestorben), Studium u. 1636 Magister in Wittenberg, Pastor d. deutschen Kirche in Stockholm, Bischof in Estland, Präses d. Königlichen Konsistoriums in Reval (*Weller,* A1).

62 S. Anm. 25.

63 S. Anm. 2.

64 Brief teilw. abgedr. bei *Wotschke,* Breslauer Briefe an Kalow, 19 Anm. 1.

65 S. Anm. 3.

66 Mentzer, Balthasar (11.05.1614–28.07.1679), Studium in Marburg u. Jena, Magister in Marburg, 1639 Licentiat u. 1640 Prof. d. Theol., 1641 Prof. d. Moral, 1642 Doktor d. Theol. in Marburg, 1646 Prof. d. Theol. in Rinteln, 1650 Prof. d. Theol. u. d. hebräischen Sprache in Gießen, 1651 Oberhofprediger u. Superintendent in Darmstadt.

67 Reiser, Anton (07.03.1628–29.04.1686), Studium in Straßburg, Tübingen, Gießen u. Altorf, 1651 Magister in Altorf, Diakon in Preßburg u. Schemnitz, 1659 Pastor in Preßburg, 1672 Gymnasialrektor u. Bibliothekar in Augsburg, 1675 Prediger in Oeringen, 1678 Pastor in Hamburg (*Estermann,* 952).

68 Müller, Caspar (13.09.1675 gest.), Studium u. 1635 Magister in Wittenberg, 1643 Diakon an d. Peterskirche in Hamburg.

69 Johann Georg II. Kurfürst von Sachsen (10.06.1613–01.09.1680), 1656–1680 Kurfürst von Sachsen (NDB 10, 526–527).

70 S. Anm. 1.

109–110	Calov, Abraham	Meisner, Johann[71] Ziegler, Caspar[72] Schertzer, Johann Ad[am][73]	Leipzig	[01.11.16]76	lat.
111–114	—	—	—	—	
115	Calov, Abraham	Pomarius, Samuel[74]	Lübeck	04.02.1676	lat.
116	Calov, Abraham	Carpzov, S[amuel] B[enedict][75]	Dresden	25.02.1676	lat.
117	—	—	—	—	
118–119	Calov, Abraham	Werner, Theodor[76]	Dresden	03.03.1676	dt.
120–121	Calov, Abraham	Händel, Gottfried[77]	Ansbach	15.06.1676	lat.
122	—	—	—	—	
123–124	Calov, Abraham	Geier, M[artin][78]	o. O.	20.11.1676	lat.
125[79]	—	—	—	—	
126[80]	Calov, Abraham	[Geier, Martin][81]	—	—	lat.
127–128	Calov, Abraham	Geier, Martin[82]	o. O.	29.01.1677	lat.
129–131	—	—	—	—	

[71] Meisner, Johann (04.04.1615–11.11.1681), Studium, 1638 Magister, 1642 Adjunkt d. philos. Fakultät in Wittenberg, Rektor in Torgau, Doktor u. 1650 Prof. d. Theol., 1660 Propst, Assessor d. Konsistoriums u. Senior d. theol. Fakultät in Wittenberg.

[72] Ziegler, Caspar (15.09.1621–16.04.1690), Studium in Leipzig u. Wittenberg, 1643 Magister in Leipzig, 1654 Prof. u. 1655 Doktor d. Rechte in Jena, 1662 Prof. d. jurist. Fakultät, Apellations- u. Konsistorialrat in Wittenberg.

[73] S. Anm. 7.

[74] S. Anm. 3.

[75] S. Anm. 2.

[76] Werner, Theodor (03.11.1641–22.11.1698), Schul- u. Universitätsbesuch in Dresden u. Leipzig, 1669 Protos Registrator beim Oberkonsistorium u. ab 18.10.1676 Oberkonsistorialsekretär in Dresden.

[77] Händel, Gottfried (1644–1698), Generalsuperintendent in Ansbach, 1677 Licentiat u. Doktor d. Theol. in Wittenberg.

[78] S. Anm. 8.

[79] Gehört vermutl. zu Brief 126.

[80] Nur Adreßblatt vorhanden.

[81] S. Anm. 8.

[82] S. Anm. 8.

132	Calov, Abraham	Carpzov, S[amuel] B[enedict][83]	Dresden	22.02.1676	lat.
133–134	Theologische Fakultät Wittenberg	Werner, Johannes Nikolaus[84]	Wittenberg	06.03.1677	lat.
135–136	Calov, Abraham	Pomarius, Samuel[85]	Lübeck	09.03.1675	lat.
137–138	—	Mettken, Martin[86]	[Wittenberg]	—	
139–140	Calov, Abraham	Tentzel, Jacob[87]	Arnstadt	23.02.1677	lat.
141–142	Calov, Abraham	St[romeyer], C[arl] L[udwig][88]	Ulm	19.04.1676	dt.
143	[Calov, Abraham]	Misler, J[ohann] N[icolaus][89]	Gießen	31.07.1677	lat.
144–145	Calov, Abraham	Pomarius, Samuel[90]	Lübeck	21.06.1676	lat.
146–147	Calov, Abraham	Universität Wittenberg	Wittenberg	21.06.1677	dt.
148–149	Calov, Abraham	Pfeiffer, August[91]	Meißen	31.07.1677	lat.
150–151	Calov, Abraham	Jacobi, Johann Nicolaus[92]	Gommern	10.09.1677	lat.

83 S. Anm. 2.

84 Werner, Johannes Nikolaus (27.04.1681 gestorben), Lehrer in Merseburg, 1672 Pastor u. Superintendent in Bitterfeld, 1677 Licentiat d. Theol. in Wittenberg (Pfarrerbuch d. Kirchen-Provinz Sachsen).

85 S. Anm. 3.

86 Mettken, Martin, Bürger d. Elsterviertels in Wittenberg um 1680 u. (diesem Schreiben zufolge:) Vorsteher d. Vierzig Mann (Stadtarchiv Wittenberg, Bl. 165r).

87 S. Anm. 12.

88 S. Anm. 58.

89 Misler, Johann Nicolaus (1614–20.02.1683), Präceptor d. Pädagogiums u. Prediger in Marburg, 1648 Prof. d. Theol. u. d. hebräischen Sprache u. Pastor, 1654 Doktor d. Theol., 1656 Superintendent in Gießen.

90 S. Anm. 3.

91 Pfeiffer, August (27.10.1640–11.01.1698), Studium in Hamburg u. Wittenberg, 1659 Magister, 1665 Adjunkt d. philos. Fakultät u. 1668 Prof. d. orientalischen Sprachen in Wittenberg, 1671 Senior in Medzibor u. Beisitzer d. Fürstl. Oelßnischen Konsistoriums, 1673 Pastor in Stroppen u. 1675 in Meißen, 1676 Licentiat u. 1677 Doktor d. Theol. in Wittenberg, 1681 Archidiakon u. Prof. d. orientalischen Sprachen u. d. Theol. in Leipzig, 1689 Superintendent in Lübeck.

92 Jacobi, Johann Nicolaus (25.12.1639–27.03.1700), Studium in Schulpforta u. Wittenberg, 1662 Magister in Wittenberg, 1665 Informator in Zerbst, 1668 Superintendent in Gommern, 1676 Licentiat d. Theol. in Wittenberg, 1679 Superintendent in Leisnig, 1680 Doktor d. Theol. in Wittenberg, 1690 Superintendent in Meißen (*Grünberg* 2, 393).

152–153	Calov, Abraham	Olearius, Johann[93]	Halle	12.09.1677	lat.
154–155	—	—	—	—	
156–157	Calov, Abraham	Raschke, D[aniel] F[riedrich][94]	Dresden	01.10.1677	dt.
158–159	Calov, Abraham	Jacobi, Johann Nicolaus[95]	o. O.	02.10.1677	lat.
160–161	Calov, Abraham	Lucius, Johann Andreas[96]	Dresden	22.10.1677	lat.
162	Calov, Abraham	Carpzov, S[amuel] B[enedict][97]	Dresden	23.10.1677	lat.
163–164	Calov, Abraham	Olearius, Johann[98]	Halle	24.10.1677	lat.
165–167	—	—	—	—	
168–169	Calov, Abraham	Carpzov, Jo[hann] Ben[edict][99]	Leipzig	02.11.1677	lat.
170–171[100]	Calov, Abraham	Acoluth, Johannes[101]	Breslau	05.11.1677	lat.
172–173	—	—	—	—	
174–175	[Johann Georg II.] Kurfürst [von Sachsen][102]	Pomarius, Samuel[103]	Lübeck	10.11.1677	dt.
176–177[104]	Calov, Abraham	Bak, E[rnst][105]	Magdeburg	13.11.1677	lat.

93 S. Anm. 25.

94 Raschke, Daniel Friedrich, 1671 Geheimer Kämmerer u. 21.07.1712 Kriegsrat in Dresden (SächsHStA, Loc. 32967, Nr. 1918 w; SächsHStA, Spezialreskripte 1542–1790, Jg. 1712, Nr. 163).

95 S. Anm. 92.

96 Lucius, Johann Andreas (19.10.1625–17.01.1686), Studium u. 1647 u. 1648 Magister in Wittenberg, 1652 Diakon u. 1659 Hofdiakon in Dresden, 1677 Licentiat u. Doktor d. Theol. in Wittenberg, 1678 Superintendent u. Oberkonsistorialrat u. 1680 Oberhofprediger u. Kirchenrat in Dresden.

97 S. Anm. 2.

98 S. Anm. 25.

99 Carpzov, Johann Benedict (24.04.1649–24.04.1699), Studium in Leipzig, Jena u. Straßburg, 1659 Magister in Leipzig, 1665 Prof. d. Moral, 1668 Diakon u. Prof. d. oriental. Sprache, 1674 Archidiakon, 1678 Doktor d. Theol., 1679 Pastor u. 1684 Prof. d. Theol. in Leipzig.

100 Brief teilw. abgedr. bei *Wotschke*, Breslauer Briefe an Kalow, 22–24.

101 S. Anm. 11.

102 S. Anm. 69.

103 S. Anm. 3.

104 Brief teilw. abgedr. bei *Wotschke*, Breslauer Briefe an Kalow, 22 Anm. 2.

105 Bak, Ernst (22.01.1633–08.09.1679), Studium, 1652 Magister, 1658 Adjunkt d. philos. Fakultät, 1662 Licentiat d. Theol. in Wittenberg u. Diakon

178–179	Calov, Abraham	Olearius, Johann[106]	o. O.	14.11.1677	lat.
180	—	—	—	—	
181–182	Theologische Fakultät Wittenberg	Friesen, Carl F[rei]h[err] von[107] Werner, Theodor[108]	Dresden	24.11.1676	dt.
183–184	Calov, Abraham	Kistenmacher, P[eter][109]	T[o]rg[au]	26.11.1677	dt.
185–186	Calov, Abraham	Lucius, J[ohann] A[ndreas][110]	Dresden	18.12.1677	lat.
187–190	—	—	—	—	
191–192	Calov, Abraham	Carpzov, J[ohann] Ben[edict][111]	Leipzig	25.01.1678	lat.
193–194	—	—	—	—	
195–196[112]	Calov, Abraham	Acoluth, Johannes[113]	Breslau	21.02.1678	lat.
197–198	Calov, Abraham	Lubath, M[artin][114]	Berlin	13.02.1678	dt.
199–200	Calov, Abraham	Leibnitz, Justus Jacobus[115]	Nürnberg	09.02.1678	lat.
201	Calov, Abraham	May, Johann Georg[116]	Bauschlott	20.02.1678	lat.

---

u. Archidiakon in Magdeburg, 1668 Pastor u. 1675 Senior in Magdeburg u. Doktor d. Theol. in Wittenberg (Pfarrerbuch d. Kirchen-Provinz Sachsen).

106 S. Anm. 25.

107 S. Anm. 5.

108 S. Anm. 3.

109 Kistenmacher, Peter (geb. 1630; 14.07.1630 Tauftag); Studium u. 1652 Magister in Wittenberg, Canonicus in Magdeburg, Diakon in Torgau (Pfarramt Ev. Marienkirche Torgau, Taufregister 1623–1630, Reg.-Nr. 4, S. 528, Nr. 3).

110 S. Anm. 96.

111 S. Anm. 99.

112 Brief abgedr. bei *Wotschke,* Breslauer Briefe an Kalow, 24–26.

113 S. Anm. 11.

114 Lubath, Martin (06.06.1621–22.12.1690), Studium u. 1645 u. 1647 Magister in Wittenberg, 1648 u. 1667 Konrektor, 1651 Diakon u. 1661 Archidiakon in Berlin (Evangelisches Pfarrerbuch für die Mark Brandenburg 2/1, 517).

115 Leibnitz, Justus Jacobus (1611–01.05.1683), Diakon in Altdorf, Pastor, Oberprediger, Bibliothekar u. Senior d. Ministeriums in Nürnberg.

116 May, Johann Georg (1690 gestorben), Studium in Wittenberg, 1651 Eheschließung u. Pastor in Jagstheim, 1653 Pastor in Ellmendingen, 1654 Diakon in Pforzheim, 1655 Pastor in Eisingen, Königsbach u. Göbrichen, 1660 Archidiakon in Pforzheim, 1666 Pastor in Bauschlott (*Cramer* 1, T. 2, 535).

202–203	Calov, Abraham	Lilien, Caspar von[117]	Bayreuth	11.03.1678	lat.
204–205	Calov, Abraham	Welchhausen, Albrecht Heinrich von[118]	Bad Salzelmen	20.03.1678	dt.
206–207	Calov, Abraham	Tribbechov, A[dam][119]	Gotha	27.03.1678	lat.
208–209	Calov, Abraham	Pomarius, Samuel[120]	Lübeck	06.04.1678	lat.
210–211	Calov, Abraham	Misler, Johann Nicolaus[121]	Gießen	13.04.1678	lat.
212–213[122]	Calov, Abraham	Diecmann, Johannes[123]	Stade	11.04.1678	lat.
214–215	Calov, Abraham	Reinhard, Johannes[124]	Hilpershausen	14.04.1678	lat.
216–217	Calov, Abraham	Schelwig, S[amuel] (Schelgvigius)[125]	Danzig	15.04.1678	lat.
218–219[126]	Calov, Abraham	Bak, Ernst[127]	Magdeburg	30.04.1678	lat.
220	Calov, Abraham	Theologische Fakultät Tübingen	Tübingen	11.05.1678	dt.
221–222	Calov, Abraham	Bebel, Balthasar[128]	Straßburg	18.05.1678	lat.
223–224	Calov, Abraham	Olearius, Johann[129]	Halle	22.05.1678	lat.

117 Lilien, Caspar von (30.10.1632–1686), Studium in Königsberg, Hofmeister in Bayreuth, Doktor d. Theol. in Straßburg, Oberhofprediger, Generalsuperintendent u. Konsistorialpräsident u. später Geheimer Rat in Bayreuth.

118 Welchhausen, Albrecht Heinrich von (1678 gestorben), Bürgermeister in Groß-Salza, Assessor d. engeren Ausschusses d. Herzogtums Magdeburg.

119 S. Anm. 29.

120 S. Anm. 3.

121 S. Anm. 89.

122 Brief abgedr. bei *Wotschke,* Aus Abraham Calovs Briefwechsel mit Niedersachsen, 53–54.

123 S. Anm. 52.

124 Reinhard, Johannes (05.03.1645–25.09.1691), Studium in Coburg, Straßburg u. Wittenberg, 1675 Licentiat d. Theol. in Wittenberg, Pastor, Superintendent u. Assessor d. Konsistoriums in Hilpershausen, 1683 Doktor d. Theol. in Wittenberg.

125 Schelwig, Samuel (08.03.1643–18.01.1715), Studium, 1663 Magister u. 1667 Adjunkt d. philos. Fakultät in Wittenberg, danach Rektor u. Prof. in Thorn, 1673 Prof. d. Philos. u. Bibliothekar, 1675 Prof. d. Theol. u. 1681 Prediger in Danzig, 1685 Licentiat u. Doktor d. Theol. in Wittenberg u. Pastor u. Gymnasialrektor in Danzig.

126 Brief teilw. abgedr. bei *Wotschke,* Zum synkretistischen Streite in Stendal, [36] Anm. 1.

127 S. Anm. 105.

128 Bebel, Balthasar (28.10.1632–02.10.1686), Studium in Straßburg, Leipzig u. Wittenberg, Prediger u. 1661 Prof., 1662 Doktor d. Theol. in Straßburg, 1686 Generalsuperintendent u. Prof. d. Theol. in Wittenberg.

129 S. Anm. 25.

225[130]	[Calov, Abraham]	Acoluth, Johannes[131]	Breslau	03.07.1676	lat.
226	—	—	—	—	
227–228	Calov, Abraham	Misler, Johann Nicolaus[132]	Gießen	25.06.1678	lat.
229	Calov, Abraham	Bagger, J[ohannes][133]	Kopenhagen	18.06.1678	lat.
230	Calov, Abraham	Reinhard, Johannes[134]	Hilpershausen	24.06.1678	lat.
231	Calov, Abraham	Olearius, Johann[135]	Halle	26.06.1678	lat.
232	Calov, Abraham	Olearius, Johann[136]	Halle	14.08.1678	lat.
233	Calov, Abraham	Olearius, Johann[137]	Halle	28.08.1678	lat.
234	Calov, Abraham	Olearius, Johann[138]	Halle	21.08.1678	lat.
235	Calov, Abraham	Olearius, Johann[139]	Halle	11.09.1678	lat.
236–237	Calov, Abraham	Pomarius, Samuel[140]	Lübeck	14.09.1678	lat.
238–239	Calov, Abraham	Carpzov, J[ohann] Ben[edict][141]	Leipzig	15.06.1678	lat.
240–241	Calov, Abraham	G[reen], G[eorg][142]	Dresden	17.09.1678	lat.
242	Calov, Abraham	Carpzov, S[amuel] B[enedict][143]	Dresden	14.10.1678	lat.

130 Brief abgedr. bei *Wotschke,* Breslauer Briefe an Kalow, 20–22.

131 S. Anm. 11.

132 S. Anm. 89.

133 Bagger, Johannes (23.08.1646–30.08.1693), Studium in Greifswald, Rostock, Kopenhagen, Wittenberg, Leipzig, Oxford u. Cambridge, Prof. d. Philos. u. Theol. in Kopenhagen, Bischof von Seeland, Konsistorialrat.

134 S. Anm. 124.

135 S. Anm. 25.

136 S. Anm. 25.

137 S. Anm. 25.

138 S. Anm. 25.

139 S. Anm. 25.

140 S. Anm. 3.

141 S. Anm. 99.

142 Green, Georg (08.07.1636–22.08.1691), Studium u. 1661 Magister in Wittenberg, 1666 Privatkollegs, 1668 Prof. d. Poesie u. 1670 Prof. d. Geschichte in Wittenberg, 1678 Hofprediger u. 1691 Oberhofprediger u. Kirchenrat in Dresden.

143 S. Anm. 2.

243–244	Calov, Abraham	Pomarius, Samuel[144]	[Lübeck]	08.11.1678	lat.
245	Calov, Abraham	Carpzov, S[amuel] B[enedict][145]	Dresden	12.11.1678	lat.
246	Calov, Abraham	Misler, J[ohann] N[icolaus][146]	Gießen	30.11.1678	lat.
247	Calov, Abraham	Henning, Jacobus[147]	Greifswald	30.11.1678	lat.
248	—	—	—	—	
249–250	Calov, Abraham	Green, G[eorg][148]	Dresden	07.01.1679	lat.
251–252	Calov, Abraham	Händel, G[ottfried][149]	Ansb[ach]	05.01.1678	dt.
253–255[150]	—	—	—	—	dt.
256–257	Calov, Abraham	Muscov, Johann[151]	Bautzen	11.01.1679	lat.
258–259	Calov, Abraham	Dürr, Johannes[152]	Zerbst	24.01.1679	lat.
260–261	Calov, Abraham	Olearius, Johann[153]	o. O.	20.02.1678	lat.
262–263	Calov, Abraham	Green, Georg[154]	Dresden	10.04.1678	lat.

---

144 S. Anm. 3.

145 S. Anm. 2.

146 S. Anm. 89.

147 Henning, Jacobus (26.05.1633–28.09.1704), Studium in Wittenberg, Greifswald, Tübingen u. Straßburg, Prof. d. Moral, Doktor u. 1678 Prof. d. Theol., Assessor d. Konsistoriums u. Pastor in Greifswald (*Wotschke*, Zum Stettiner Gebetsstreit, 112 Anm. 3).

148 S. Anm. 142.

149 S. Anm. 77.

150 Vermutlich Brief von Conrad Tiburtius Rango (s. Anm. 272), Samuel Holmann (1701 gestorben; Königl. Schwedischer Hofprediger in Stettin) u. Friedrich Cramer (s. Anm. 271) an die Theologische Fakultät Wittenberg aus Stettin vom 13.01.1679, abgedr. bei *Wotschke*, Zum Stettiner Gebetsstreit, 86–89.

151 Muscov, Johann (02.06.1635–1695), Studium in Frankfurt/Oder, 1663 Diakon in Kittlitz, 1667 Prediger in Löbau, 1672 Pfarrer in Milkel, 1674 Diakon u. 1677 Archidiakon in Bautzen, 1684 Pastor in Lauban (*Hoffmann*, 233–248).

152 Dürr, Johannes (03.08.1613–06.12.1689), Studium, 1636 u.1638 Magister u. 1639 Adjunkt d. philos. Fakultät in Wittenberg, ca. 1642 Hofprediger, 1644 Pastor u. 1648 Superintendent in Zerbst, 1658 Licentiat u. 1658 Doktor d. Theol. in Wittenberg, 1682 Prof. d. Metaphysik u. Theol. in Zerbst (*Moehring*, K1v-N1r).

153 S. Anm. 25.

154 S. Anm. 142.

264–265	Calov, Abraham	Battus, Ab[raham][155]	Greifswald	30.04.1672	lat.
266–267	Calov, Abraham	Lange, Matthias[156]	Bad Salzelmen	19.02.1678	lat.
268–269[157]	Calov, Abraham	Ising, Johann C[hri]stian[158]	Königsberg (Preußen)	15.06.1679	dt.
270[159]	Calov, Abraham	Scheibler, Johann[160]	Lennep	[13.06.]1679	lat.
271	Calov, Abraham	Green, Georg[161]	o. O.	26.06.1679	lat.
272–273	Calov, Abraham	Klein, Christian[162]	Marienwerder Stadt	30.06.1678	lat.
274–275	Calov, Abraham	Stisser, Wolfgang Melchior[163]	Halle	04.08.1679	dt.
276–277	Schmidt, Johannes[164]	Barth, Johannes[165]	Schulpforta	08.08.1678	lat.
278–279	Calov, Abraham	Green, G[eorg][166]	Dresden	12.08.1679	lat.

[155] Battus, Abraham (1606–23.09.1674), Studium in Rostock u. Königsberg, 1632 Prof. d. Logik u. Metaphysik, 1650 Prof. d. Theol. u. Pastor in Greifswald, 1653 Doktor, 1658 Generalsuperintendent in Pommern u. Rügen.

[156] Lange, Matthias (25.03.1634–13.11.1679), Studium in Wittenberg, 1660 Rektor in Aschersleben, 1665 Magister in Jena, 1673 Diakon in Magdeburg, 1676 Pastor in Salza.

[157] Brief abgedr. bei *Wotschke,* Calovs Historia syncretistica, 436–437.

[158] Ising, Johann Christian (24.10.1617–04.07.1684), Studium u. 1642 Magister in Königsberg, 1646 Erzpriester, 1652 Pfarrer u. 1658 Diakon in Königsberg.

[159] Brief abgedr. bei *Wotschke*, Die Beziehungen des Lenneper Superintendenten Scheibler zu Wittenberg, 85–86.

[160] Scheibler, Johann (1627–05.10.1689), vermutlich Studium in Wittenberg, Prof. d. Kirchengeschichte in Gießen, Pastor u. 1654 Superintendent in Lennep, Generalinspektor d. ev. Kirche im Jülich-Bergischen (*Wotschke*, Die Beziehungen des Lenneper Superintendenten Scheibler zu Wittenberg, 81–85).

[161] S. Anm. 142.

[162] Klein, Christian, (diesem Schreiben zufolge:) Magister, Diakon in Marienwerder Stadt.

[163] Stisser, Wolfgang Melchior (11.12.1632–13.04.1709), Studium in Leipzig, Jena, Wittenberg u. Straßburg, 1653 Magister in Jena, 1662 Adjunkt d. U.L.Frauen-Kirche, 1672 Oberdiakon, 1689 Pastor, 1694 Doktor d. Theol., 1699 Oberpfarrer u. Inspektor d. Stadtministeriums in Halle (*Dreyhaupt* 2, 727–728).

[164] S. Anm. 23.

[165] Barth, Johannes (16.09.1681 gestorben), vermutlich aus Straßburg, Studium in Leipzig, Magister, 1676 Pastor u. Inspektor in Schulpforta (Landesschule Pforta).

[166] S. Anm. 142.

280–281	Calov, Abraham	Reiser, Anton[167]	Öhringen	06.08.1678	lat.
282–283	Calov, Abraham	Wagner, Tobias[168]	Tübingen	28.04.1679	lat.
284–285	Theologische Fakultät Wittenberg	Kurfürstl.-Sächs. Kommissare: Ziegler, Caspar[169] Martini, Werner Theodor[170]	Wittenberg	01.05.1679	dt.
286–287	Calov, Abraham	[Reiser, Anton][171]	Hamburg	01.05.1679	lat.
288–289	Calov, Abraham	Lehmann, G[eorg][172]	Leipzig	22.05.1679	lat.
290–291	Calov, Abraham	Lehmann, G[eorg][173]	Leipzig	04.07.1679	lat.
292–293[174]	Calov, Abraham	Green, G[eorg][175]	Dresden	02.07.1678	lat.
294–295	Calov, Abraham	Neander, Josias Christoph[176]	Stargard (Pommern)	05.07.1678	lat.
296–297	Calov, Abraham	Hammer, Christoph[177]	Rosbach	06.07.1678	lat.

167 S. Anm. 67.

168 Wagner, Tobias (21.02.1598–12.08.1680), Studium in Maulbronn (Kloster) u. Tübingen, 1618 Magister in Tübingen, 1624 Diakon u. 1632 Pastor in Eßlingen, 1653 Prof. d. Theol., 1662 Kanzler d. Universität u. Propst in Tübingen.

169 S. Anm. 72.

170 Martini, Werner Theodor (13.06.1629–09.03.1685), Studium in Rostock, Frankfurt, Leipzig u. Jena, 1659 Doktor d. Rechte in Jena, 1663 Prof. d. jurist. Fakultät u. Assessor d. Konsistoriums in Wittenberg, 1664 kurfürstl.-sächs. Appellationsrat, 1666 Assessor d. Niederlausitz (*Calov,* Leichenpredigt auf Werner Theodor Martini, G1–I3.).

171 S. Anm. 67.

172 Lehmann, Georg (09.09.1616–16.03.1699), Studium u. 1642 Magister in Leipzig, 1652 Prediger in Leipzig, 1655 Superintendent in Weißenfels, 1670 Superintendent, Doktor u. Prof. d. Theol. in Leipzig (*Grünberg* 2, 514).

173 S. Anm. 172.

174 Brief teilw. abgedr. bei *Wotschke,* Breslauer Briefe an Kalow, 27 Anm. 1.

175 S. Anm. 142.

176 Neander, Josias Christoph (1630–1679), Studium in Frankfurt u. Wittenberg, 1651 Magister, 1655 Adjunkt d. philos. Fakultät u. 1660 Licentiat d. Theol. in Wittenberg u. Pastor in Stargard, 1662 Doktor d. Theol. in Wittenberg, 1668 Prof. in Stargard.

177 Hammer, Christoph, aus Herzberg/Elster, 1663 immatrikuliert in Wittenberg; (diesem Schreiben zufolge:) Informator.

298–299	Calov, Abraham	Zabanius, Is[aac][178]	Hermannstadt	08.07.1679	lat.
300–301[179]	Calov, Abraham	Acoluth, Johannes[180]	Breslau	aerae vulgar. 1678	lat.
302–303	Calov, Abraham	Bilefeld, Christian[181]	Wernigerode	19.07.1678	lat.
304–305	Calov, Abraham	Tentzel, Jacob[182]	Arnstadt	13.07.1679	lat.
306–307	Calov, Abraham	Lucius, Johann Andreas[183]	Dresden	23.07.1679	lat.
308–309	—	—	—	—	
310–311	Calov, Abraham	Tribbechov, A[dam][184]	Gotha	23.07.1678	lat.
312–313	Calov, Abraham	Green, Georg[185]	Dresden	15.07.1679	lat.
314	—	—	—	—	
315	Calov, Abraham	Jacobi, Johann Nicolaus[186]	Gommern	18.06.1678	lat.
316–317	—	—	—	—	
318–319	Calov, Abraham	Olearius, Johann[187]	Halle	03.09.1678	lat.
320–321	Calov, Abraham	Green, Georg[188]	Dresden	03.09.1678	lat.
322–323	Calov, Abraham	Jacobi, Johann Nicolaus[189]	Gommern	03.09.1678	lat.

178 Zabanius, Isaac (1699 gestorben), Studium u. 1659 Magister in Wittenberg, ca. 1670 Prof. d. Philos. u. Theol. in Eperies in Ungarn, Rektor, Gymnasialprof., Superintendent u. Inspektor d. akad. Kollegs in Hermannstadt.

179 Brief abgedr. bei *Wotschke*, Breslauer Briefe an Kalow, 26–27.

180 S. Anm. 11.

181 Bilefeld, Christian (um 1620–1695), Studium in Rostock u. Königsberg, 1643 Magister in Königsberg, 1646 Adjunkt u. 1654 Dekan d. philos. Fakultät in Wittenberg, 1655 Doktor u. Pastor u. Superintendent in Wernigerode, 1680 Pastor u. Superintendent in Delitzsch (*Estermann*, 165).

182 S. Anm. 12.

183 S. Anm. 96.

184 S. Anm. 29.

185 S. Anm. 142.

186 S. Anm. 92.

187 S. Anm. 25.

188 S. Anm. 142.

189 S. Anm. 92.

324–325	Calov, Abraham	Lehmann, G[eorg][190]	Leipzig	09.09.1678	lat.
326[191]	Calov, Abraham	Scheibler, Johann[192]	Lennep	13./03.09. 1679	lat.
327–328	Calov, Abraham	Carpzov, Jo[hann] Ben[edict][193]	Leipzig	20.09.1678	lat.
329–330	Calov, Abraham	Lehmann, G[eorg][194]	Leipzig	21.09.1679	lat.
331–332	Calov, Abraham	Veiel, E[lias][195]	[Ulm]	24.09.1679	lat.
333–334	Calov, Abraham	Jacobi, Johann Nicolaus[196]	o. O.	24.09.1678	lat.
335–338[197]	—	—	—	—	dt.
339–340	Calov, Abraham	Pomarius, Samuel[198]	Lübeck	28.09.1678	lat.
341–342[199]	Calov, Abraham	Acoluth, Johannes[200]	Breslau	29.09.1679	lat.
343	Calov, Abraham	Olearius, Johann[201]	Halle	30.07.1679	lat.
344–345	Calov, Abraham	Green, G[eorg][202]	Dresden	01.10.1678	lat.
346–347	Calov, Abraham	Green, Georg[203]	Dresden	14.10.1679	lat.
348–349	Calov, Abraham	Lehmann, G[eorg][204]	Leipzig	15.10.1679	lat.

190 S. Anm. 172.

191 Brief abgedr. bei *Wotschke*, Die Beziehungen des Lenneper Superintendenten Scheibler zu Wittenberg, 86–88.

192 S. Anm. 160.

193 S. Anm. 99.

194 S. Anm. 172.

195 S. Anm. 48.

196 S. Anm. 92.

197 Vermutlich Brief von Daniel Hartnack (s. Anm. 229) an Abraham Calov [aus Dresden] vom 29.09.1679, abgedr. bei *Wotschke*, Calovs Historia syncretistica, 437–439.

198 S. Anm. 3.

199 Brief abgedr. bei *Wotschke*, Breslauer Briefe an Kalow, 27–28.

200 S. Anm. 11.

201 S. Anm. 25.

202 S. Anm. 142.

203 S. Anm. 142.

204 S. Anm. 172.

350–351	Calov, Abraham	Green, Georg[205]	Dresden	14.10.1678	lat.
352–353	Calov, Abraham	Carpzov, Jo[hann] Ben[edict][206]	Leipzig	30.10.1678	lat.
354–355	—	—	—	—	
356–357	Calov, Abraham	Gladov, David[207]	Küstrin	28.10.1678	dt.
358	Calov, Abraham	Fergen, Heinrich[208]	Gotha	02.11.1679	lat.
359–360	Calov, Abraham	Sagittarius, J[ohann] Christfried[209]	Altenburg	06.11.1679	lat.
361–362	Calov, Abraham	Tribbechov, A[dam][210]	Gotha	07.11.1679	lat.
363	Calov, Abraham	Tentzel, Jacob[211]	Arnstadt	05.11.1679	lat.
364–365	Calov, Abraham	Jacobi, Johann Nicolaus[212]	Leisnig	11.11.1679	lat.
366–367	Deutschmann, Johann[213]	Green, Georg[214]	Dresden	02.12.1679	lat.
368–369	Calov, Abraham	Reinhard, Johannes[215]	Hilpershausen	03.12.1678	lat.
370–371[216]	Calov, Abraham	Tentzel, Jacob[217]	Arnstadt	07.12.1679	lat.

205 S. Anm. 142.

206 S. Anm. 99.

207 Gladov, David (07.12.1634–03.10.1703), Studium u. 1656 Magister in Wittenberg, Konrektor in Küstrin, Diakon in Sonneburg u. Küstrin, Archidiakon in Küstrin.

208 Fergen, Heinrich (20.05.1643–11.11.1708), Studium u. 1664 Magister in Gießen, 1670 Reiseprediger Ernsts d. Frommen, 1676 Hofprediger u. 1688 Generalsuperintendent in Gotha (*Schüling*, 22; *Jacobs/Ukert* 1, 14).

209 Sagittarius, Johann Christfried (26.09.1617–19.02.1689), Studium in Jena, 1643 Magister u. Schulrektor, 1646 Prof. d. Geschichte u. Poesie in Jena, 1651 Superintendent in Orlamünde, 1652 Doktor d. Theol., 1656 Generalsuperintendent, Oberhofprediger u. Assessor d. Konsistoriums in Altenburg (*Estermann*, 1001).

210 S. Anm. 29.

211 S. Anm. 12.

212 S. Anm. 92.

213 Deutschmann, Johann (10.08.1625–12.08.1706), Studium, 1648 Magister, 1652 Adjunkt d. philos. Fakultät, 1657 Licentiat u. Prof., 1658 Doktor d. Theol. in Wittenberg.

214 S. Anm. 142.

215 S. Anm. 124.

216 Brief abgedr. bei *Wotschke*, Calovs Historia syncretistica, 438 Anm. 1.

217 S. Anm. 12.

372	Calov, Abraham	Green, Georg[218]	Dresden	09.12.1679	lat.
373	—	—	—	—	
374–375	Calov, Abraham	Green, G[eorg][219]	Dresden	09.03.1680	lat.
376–377	Calov, Abraham	Olearius, Johann[220]	o. O.	[1679]	lat.
378–379	Mayer, Johann Friedrich[221]	Sorgenfrey, Gottfried[222]	Seebach	04.04.1680	dt.
380	Meisner, Johann[223]	Colberg, Johannes[224]	Greifswald	22.04.1680	dt.
381–382	—	—	—	—	
383	Calov, Abraham	Sueno, Enevaldus[225]	Turku	25.05.1680	lat.
384–385	—	—	—	—	
386–387[226]	Calov, Abraham	Ising, Johann Christian[227]	Königsberg (Preußen)	09.08.1680	lat.
388–389	Theologische Fakultät Wittenberg	Theologische Fakultät Greifswald	Greifswald	22.08.1680	lat.

218 S. Anm. 142.

219 S. Anm. 142.

220 S. Anm. 25.

221 Mayer, Johann Friedrich (06.12.1650–30.03.1712), Studium in Leipzig u. Straßburg, 1668 Magister u. 1672 Prediger in Leipzig, 1673 Superintendent in Leisnig u. Licentiat d. Theol. in Leipzig, 1674 Doktor, 1679 Superintendent in Grimma, 1684 Prof. d. Theol. u. Prediger in Wittenberg, 1686 Pastor in Hamburg u. Prof. d. Theol. in Kiel, 1691 Oberkirchenrat d. schwed. Königs in d. dt. Provinzen, 1698 Oberkirchenrat in Quedlinburg, 1701 Generalsuperintendent in Pommern u. Rügen, Konsistorialpräsident, Prof. d. Theol. u. Prokanzler d. Akademie in Greifswald.

222 Sorgenfrey, Gottfried (ca. 1632–15.12.1690), Schulbesuch in Kallenberg bis ca. 1645, Gymnasiast bis ca. 1651 u. Studium in Wittenberg, 1666 Pfarrer in Cammerforst, 1674 Pfarrer in Seebach bei Langensalza (Pfarrerbuch d. Kirchen-Provinz Sachsen).

223 S. Anm. 71.

224 Colberg, Johannes (19.09.1687 gestorben), Pastor in Eisleben, Assessor d. Konsistoriums in Mansfeld, Pastor u. Assessor d. Konsistoriums in Colberg, Doktor u. Prof. d. Theol. in Greifswald.

225 Sueno, Enevaldus (18.03.1689 gestorben), Studium in Uppsala, Kopenhagen, Wittenberg, Utrecht, Leiden u. Amsterdam, Prof. d. Eloquenz u. Theol., Pastor u. 1661 Doktor d. Theol. in Turku, Bischof von Schonen, Bleckingen u. Halland, Prokanzler d. Akademie in Uppsala (*Sueno*, Titelbl.).

226 Brief teilw. abgedr. bei *Wotschke*, Calovs Historia syncretistica, 436 Anm. 1.

227 S. Anm. 158.

390[228]	Calov, Abraham	Hartnack, Daniel[229]	Stade	19.09.1680	dt.
391	Calov, Abraham	Meinhard, Georg Fri[e]d[rich][230]	Arnstadt	14.10.1680	lat.
392	Calov, Abraham	Pfeiffer, August[231]	Meißen	17.12.1680	lat.
393–396	—	—	—	—	
397[232]	Calov, Abraham	Mithob, Hector[233]	Otterndorff	26.10.1680	lat.
398–400	—	—	—	—	
401–402	[Calov, Abraham]	Cramer, Johann Christian[234]	Kyrburg	30.10.1680	dt.
403–404	Calov, Abraham	Knoch, H[anns] E[rnst] v[on][235]	Lichtenburg	09.11.1680	dt.
405–406	Kurfürst [Johann Georg III.][236]	ohne Unterschrift	Halle	17.11.1680	dt.
40[7 oder 8]	—	Bagger, J[ohannes][237]	Kopenhagen	30.10.1680	lat.
407 oder 408	—	—	—	—	
409–410	Calov, Abraham	Verordnete d. kurfürstl.-Sächs. Geistlichen Konsistoriums Wittenberg	Wittenberg	08.12.1680	dt.

228 Brief teilw. abgedr. bei *Wotschke*, Calovs Historia syncretistica, 439–441.

229 Hartnack, Daniel (20.11.1642–1708), Studium in Jena u. Frankfurt/Oder, 1669 Lehrer in Erfurt, 1670 Privatlehrer in Dresden, 1680 Schulrektor in Bremen, 1683 Gymnasialrektor in Altona, 1690 Rektor in Schleswig, 1702 Pfarrer in Bramstedt in Wagrien.

230 Meinhard, Georg Friedrich (05.04.1651–10.04.1718), Studium u. 1675 Magister in Jena, 1677 Studium u. 1680 Adjunkt d. philos. Fakultät in Wittenberg u. Informator in Arnstadt, 1683 Superintendent u. Konsistorialrat in Sondershausen u. Licentiat u. Doktor d. Theol. in Wittenberg.

231 S. Anm. 91.

232 Brief teilw. abgedr. bei *Wotschke*, Aus Abraham Calovs Briefwechsel mit Niedersachsen, 54–56.

233 Mithob, Hector, Studium in Wittenberg, 1657 Magister in Rostock, Archidiakon, Pastor u. Superintendent in Otterndorf (*Dorsch*, Titelbl.; *Bruhn*, 130).

234 Cramer, Johann Christian, Studium u. 1679 theol. Dissertation in Wittenberg (*Calov,* Christiani nominis dignitas, A1); (diesem Schreiben zufolge:) Rheingräflicher Hofprediger in Kyrburg.

235 Knoch, Hanns Ernst von (15.01.1641–17.07.1705), Studium in Freyberg u. Altorf, 1664 Kammerjunker, 1666 Kammerherr, 1667 Hofrat, 1676 Hofmeister, 1684 Geheimer Rat, 1686 Oberkämmerer u. Präsident d. Oberkonsistoriums in Dresden u. Dompropst in Meißen.

236 Johann Georg III. Kurfürst von Sachsen (30.06.1647–22.09.1691), 1680–1691 Kurfürst von Sachsen (NDB 10, 527).

237 S. Anm. 133.

411	Calov, Abraham	Slüter, Severin Walther[238]	Kopenhagen	13.12.1680	lat.
412	Calov, Abraham	Pomarius, Samuel[239]	Lübeck	22.12.1680	lat.
413–414	Calov, Abraham	Friesen, Carl F[rei]h[err] von[240]	Meißen	22.12.1680	dt.
415–416	Calov, Abraham	Born, Jacob[241]	Meißen	26.01.1681	dt.
417	Calov, Abraham	Röser, J[acob][242]	Quedlinburg	27.01.1681	lat.
418–419	Calov, Abraham	Reinhard, Johannes[243]	Hilpershausen	25.01.1681	lat.
420–421	Calov, Abraham	Green, Georg[244]	Bautzen	14./24.01. 1681	dt.
422–425	—	—	—	—	
426	Calov, Abraham	Richard, Jacob[245]	Korbach	[01.03.]1681	lat.
427–428	Theologische Fakultät Wittenberg	Schwartz, Georgius[246]	Stargard	02.03.1681	lat.
429–430	Calov, Abraham	Reichmann, Jacob[247]	Torgau	07.03.1681	lat.

238 Slüter, Severin Walther (12. oder 24.01.1646–31.12.1697), Studium in Rostock, Jena, Altorf u. Straßburg, 1672 Licentiat, dann Prof. d. Theol. in Rostock, 1674 Hofprediger in Dänemark, 1684 Pastor u. Generalsuperintendent in Lauenburg.

239 S. Anm. 3.

240 S. Anm. 5.

241 Born, Jacob (24.07.1638–12.06.1709), Studium in Leipzig, Jena u. Straßburg, Doktor u. 1669 Assessor, später Prof. d. jurist. Fakultät, 1679 Bürgermeister, 1683 Direktor d. Konsistoriums u. 1695 Geheimer Rat in Leipzig.

242 S. Anm. 15.

243 S. Anm. 124.

244 S. Anm. 142.

245 Richard, Jacob (20.01.1640–23.08.1706), Studium in Tübingen u. Straßburg, 1658 Magister in Tübingen, 1667 Gymnasialrektor in Korbach, 1670 Pastor u. Superintendent in Tonna, 1671 Licentiat u. 1675 Doktor d. Theol. in Gießen, 1677 Pfarrer u. Superintendent in Korbach, 1685 Superintendent in Wasungen, 1687 Superintendent in Bad Salzungen, 1692 Hofprediger u. Konsistorialassessor u. 1697 Generalsuperintendent in Meiningen (*Medding*, 288–289).

246 Schwartz, Georgius (1651–20.10.1695), Studium in Greifswald, Rostock u. Wittenberg, 1677 Magister, 1679 Adjunkt d. philos. Fakultät, 1680 Licentiat u. 1681 Doktor d. Theol. in Wittenberg, 1680 Pastor u. Gymnasialprof. d. Theol. in Stargard.

247 Reichmann, Jacob (06.08.1689 gestorben), aus Kemberg, Studium, 1646 Magister u. 1653 Adjunkt d. philos. Fakultät in Wittenberg, 1656–1688 Rektor der Lateinschule in Torgau (*Grulich*, 181; Pfarramt Ev. Marienkirche Torgau, Sterberegister 1672–1707; Reg.-Nr. 4, S. 188, Nr. 7).

431–432[248]	Calov, Abraham	Lucius, Christian[249]	Dresden	09.03.1681	dt.
433–434	Calov, Abraham	Carpzov, J[ohann] Ben[edict][250]	Leipzig	20.03.1681	lat.
435–436	Theologische Fakultät Wittenberg	Jacobi, Johann Nicolaus[251]	Leisnig	21.03.1681	lat.
437	—	—	—	—	
438–439	Calov, Abraham	Tentzel, Wilhelm Ernst[252]	Arnstadt	April 1681	lat.
440–441	Calov, Abraham	Born, Jacob[253]	Leipzig	08.04.1681	dt.
442–443	Calov, Abraham	Carpzov, S[amuel] B[enedict][254]	Dresden	12.04.1681	lat.; dt.
444–445	Calov, Abraham	Lehmann, Georg[255]	Leipzig	16.04.1681	lat.
446–447	Calov, Abraham	Pfeiffer, August[256]	Meißen	03.05.1681	lat.
448–449	Calov, Abraham	Cholius, Anastasius	Leipzig	17.07.1681	lat.
450	[Calov, Abraham]	Mantzel, J[ohann][257]	Güstrow	21.07.1681	lat.
451	Calov, Abraham	Tentzel, Jacob[258]	Arnstadt	21.07.1681	lat.
452	—	—	—	—	

248 Zitat aus d. Brief bei *Wotschke*, Calovs Historia syncretistica, 440 Anm. 1.
249 Lucius, Christian (17.07.1627–21.09.1690), Studium u. 1647 Magister in Wittenberg, 1652 Pfarrer in Ortrand, 1658 Diakon u. 1672 Prediger in Dresden, Senior d. Ministeriums in Dresden (Deutsche Zentralstelle für Genealogie; *Grünberg* 2, 556).
250 S. Anm. 99.
251 S. Anm. 92.
252 Tentzel, Wilhelm Ernst (11.07.1659–24.11.1707), Studium, 1680 Magister, 1683 Adjunkt d. philos. Fakultät in Wittenberg, 1685 Gymnasiallehrer in Gotha, 1696 sächs. Historiograph d. ernestin. Linie, 1702 königl. u. kursächs. Rat u. Historiograph in Dresden.
253 S. Anm. 241.
254 S. Anm. 2.
255 S. Anm. 172.
256 S. Anm. 91.
257 Mantzel, Johann, Studium u. 1667 Magister in Wittenberg, Prof. d. griech. Sprache in Rostock, 1681 Rektor in Güstrow, 1694 Pastor u. Propst in Neuenkalden u. Dargun.
258 S. Anm. 12.

453–454[259]	Calov, Abraham	Difenbach, Martin[260]	Frankfurt/M.	07.09.1681	lat.
455	[Calov, Abraham]	Siricius, Michael[261]	Güstrow	09.09.1681	lat.
456–457	Calov, Abraham	Tribbechov, A[dam][262]	Gotha	02.10.1681	lat.
458–460	—	—	—	—	
461–462[263]	Calov, Abraham	Green, Georg[264]	Dresden	04.10.1681	lat.
463	Calov, Abraham	Misler, Johann Nicolaus[265]	Gießen	03.12.1681	lat.
464–465	Calov, Abraham	Green, Georg[266]	Dresden	07.02.1682	dt.
466–467[267]	Calov, Abraham	Tentzel, Jacob[268]	Arnstadt	10.04.1682	lat.
468–469[269]	Kurfürst [Johann Georg III.][270]	Cramer, Friedrich[271] Rango, Conrad Tiburtius[272]	Stettin	11.04.1682	dt.

259 Brief abgedr. bei *Wotschke*, Calovs Historia syncretistica, 441–442.

260 Difenbach, Martin (31.01.1661–06.06.1709), Studium in Wittenberg, 1682 Privatinformator in Straßburg, 1684 Gymnasiallehrer u. 1689 Prediger in Frankfurt/Main.

261 Siricius, Michael (02.12.1628–24.08.1685), Studium in Helmstedt, Leipzig, Wittenberg u. Gießen, 1652 Magister, 1657 Licentiat u. Prof. d. Theol., 1658 Prof. d. Kirchengeschichte u. Prediger u. 1659 Doktor d. Theol. in Gießen, 1670 Hofprediger u. Kirchenrat in Güstrow, 1675 Prof. d. Theol. u. Superintendent in Rostock.

262 S. Anm. 29.

263 Brief teilw. abgedr. bei *Wotschke*, Calovs Historia syncretistica, 427 f. Anm. 1 u. 2.

264 S. Anm. 142.

265 S. Anm. 89.

266 S. Anm. 142.

267 Brief teilw. abgedr. bei *Wotschke*, Breslauer Briefe an Kalow, 3 f. Anm. 1.

268 S. Anm. 12.

269 Brief abgedr. bei *Wotschke*, Zum Stettiner Gebetsstreit, 103–106.

270 S. Anm. 236.

271 Cramer, Friedrich (09.04.1623–28.11.1691), Studium in Stettin, Danzig, Frankfurt/O., Rostock, Königsberg, Wittenberg, Leipzig u. Jena, Magister, 1650 Diakon u. später Prediger u. Senior d. Ministeriums in Stettin.

272 Rango, Conrad Tiburtius (09.08.1639–03.12.1702), Studium in Halle, Jena, Wittenberg, Gießen, Frankfurt/O., 1659 Magister in Wittenberg, 1667 Gymnasialrektor in Berlin, 1668 Prof. d. Philos. u. Diakon u. 1680 Pastor in Stettin, 1682 Licentiat u. 1683 Doktor d. Theol. in Wittenberg, 1689 Prof.

		Fabricius, Friedrich[273]			
470[274]	Calov, Abraham	Pfeiffer, A[ugust][275]	Leipzig	21.04.1682	lat.
471[276]	[Calov, Abraham]	Ising, Johann Christian[277]	Königsberg (Preußen)	24.04.1682	dt.
472	Pomarius, Samuel[278]	[Reiser, Anton][279]	Hamburg	[1682]	lat.
473	Pomarius, Samuel[280]	[Reiser, Anton][281]	Hamburg	[1682]	lat.
474	Calov, Abraham	Tentzel, Jacob[282]	Arnstadt	23.05.1682	lat.
475–476[283]	Theologische Fakultät Wittenberg	Theologische Fakultät Greifswald	Greifswald	10.08.1682	lat.
477	—	—	—	—	
478	Calov, Abraham	Tentzel, Jacob[284]	Arnstadt	16.08.1682	lat.
479[285]	Calov, Abraham	Rango, [Conrad Tiburtius][286]	Stettin	31.08.1682	dt.
480–481	Calov, Abraham	Siricius, Michael[287]	Güstrow	16.06.1682	lat.

d. Theol. in Greifswald u. Generalsuperintendent in Vorpommern u. Rügen.

273 Fabricius, Friedrich (20.04.1642–11.11.1703), Studium in Leipzig, Jena, Leiden u. Utrecht, Diakon, Pastor u. Senior in Stettin, 1691 Licentiat u. Doktor d. Theol. in Wittenberg.

274 Zitat aus d. Brief bei *Wotschke*, Calovs Historia syncretistica, 427 Anm. 1.

275 S. Anm. 91.

276 Brief abgedr. bei *Wotschke*, Calovs Historia syncretistica, 442–444.

277 S. Anm. 158.

278 S. Anm. 3.

279 S. Anm. 67.

280 S. Anm. 3.

281 S. Anm. 67.

282 S. Anm. 12.

283 Brief teilw. abgedr. bei *Wotschke*, Zum Stettiner Gebetsstreit, 107 Anm. 1.

284 S. Anm. 12.

285 Brief abgedr. bei *Wotschke*, Zum Stettiner Gebetsstreit, 106–108.

286 S. Anm. 272.

287 S. Anm. 261.

482–483	Calov, Abraham	Tentzel, Jacob[288]	Arnstadt	27.06.1682	lat.
484[289]	Calov, Abraham	Pomarius, Samuel[290]	Lübeck	05.09.1682	lat.
485[291]	Calov, Abraham	Sandhagen, Caspar H[ermann][292]	Lüneburg	22.09.1682	dt.
486–489	—	—	—	—	
490[293]	Calov, Abraham	Rango, C[onrad] T[iburtius][294]	Stettin	08.10.1682	dt.
491–492[295]	Calov, Abraham	Schertzer, Johann Ad[am][296]	Leipzig	10.10.1682	lat.
493–494[297]	Calov, Abraham	Pfeiffer, August[298]	Leipzig	11.10.1682	lat.
495–500[299]	—	—	—	—	lat.
501–502	[Reiser, Georg][300]	Calov, Abraham[301]	[Wittenberg]	16.10.1682	lat.
503[302]	Calov, Abraham	Pomarius, Samuel[303]	Lübeck	30.10.1682	lat.

288 S. Anm. 12.

289 Brief teilw. abgedr. bei *Wotschke*, Calovs Historia syncretistica, 425 Anm. 3 u. 440 Anm. 1.

290 S. Anm. 3.

291 Brief abgedr. bei *Wotschke*, Kaspar Hermann Sandhagens Briefe an Abraham Calov, [306]-307.

292 Sandhagen, Caspar Hermann (22.10. oder 01.11.1639–17.06.1697), Studium in Rostock u. Straßburg, Rektor in Bielefeld, 1672 Superintendent in Lüneburg, 1688 Hofprediger in Zelle, 1689 Generalsuperintendent, Kirchenrat u. Propst in Gottorf in Schleswig.

293 Brief abgedr. bei *Wotschke*, Zum Stettiner Gebetsstreit, 108–109.

294 S. Anm. 272.

295 Brief teilw. abgedr. bei *Wotschke*, Analekta zur märkischen Kirchengeschichte im 17. Jahrhundert, 43 f. Anm. 1.

296 S. Anm. 7.

297 Brief teilw. abgedr. bei *Wotschke*, Calovs Historia syncretistica, 426 f. Anm. 1; erwähnt bei *Wotschke*, Analekta zur märkischen Kirchengeschichte im 17. Jahrhundert, 43 Anm. 1.

298 S. Anm. 91.

299 Enthält vermutl. Brief von Anton Schott an Abraham Calov aus Frankfurt vom 13.10.1682, abgedr. bei *Wotschke*, Calovs Historia syncretistica, 444–445.

300 Reiser, Georg (1656/7 geb.), Studium in Leipzig u. Wittenberg, 1678 theol. Disputation in Wittenberg, Pfarramtsassistent in Oeringen u. ab 1679 in Hamburg bei Anton Reiser (s. Anm. 67), 1681–1684 Aufenthalt in Augsburg (*Calov,* Curcellaei religio ..., [1]).

301 S. Anm. 1.

302 Brief teilw. abgedr. bei *Wotschke*, Calovs Historia syncretistica, 425 f. Anm. 5 u. 440 f. Anm. 1.

303 S. Anm. 3.

504–505[304]	Calov, Abraham	Green, G[eorg][305]	Dresden	07.11.1682	lat.
506–507	Calov, Abraham	Schertzer, Johann Ad[am][306]	Leipzig	[29.10.]1682	lat.
508	Calov, Abraham	Pfeiffer, August[307]	Leipzig	17.11.1682	lat.
509	[Calov, Abraham]	Pomarius, Sam[uel][308]	Lübeck	12.12.1682	lat.
510[309]	—	—	—	—	dt.; lat.
511–512[310]	[Calov, Abraham]	Calov, A[braham] <jun.> [311]	[Gießen]	30.12.1682	dt.
513[312]	Calov, Abraham	Sandhagen, Caspar H[ermann][313]	Lüneburg	21.12.1682	dt.
514–515	Calov, Abraham	Tentzel, Jacob[314]	Arnstadt	29.12.1682	lat.
516[315]	Calov, Abraham	Rudrauf, Kilian[316]	Gießen	03.12.1682	lat.
517–518[317]	Calov, Abraham	Green, G[eorg][318]	Dresden	09.01.1683	lat.

---

304 Brief teilw. abgedr. bei *Wotschke*, Calovs Historia syncretistica, 428 f. Anm. 2.

305 S. Anm. 142.

306 S. Anm. 7.

307 S. Anm. 91.

308 S. Anm. 3.

309 Vermutlich Brief von Conrad Tiburtius Rango (s. Anm. 272) an Abraham Calov aus Stettin vom [13.12.] 1682, abgedr. bei *Wotschke*, Zum Stettiner Gebetsstreit, 110–112.

310 Brief abgedr. bei *Wotschke*, Calovs Historia syncretistica, 445–446.

311 Calov, Abraham <jun.> (25.08.1665–1684), Studium in Wittenberg, Gießen u. Straßburg, 1681 Magister in Wittenberg (*Mayer*, 15).

312 Brief abgedr. bei *Wotschke*, Kaspar Hermann Sandhagens Briefe an Abraham Calov, 307–308.

313 S. Anm. 292.

314 S. Anm. 12.

315 Brief teilw. abgedr. bei *Wotschke*, Kaspar Hermann Sandhagens Briefe an Abraham Calov, 313 Anm. 9.

316 Rudrauf, Kilian (17.07.1627–15.09.1690), Studium in Marburg u. Gießen, Lehrer, 1651 Magister, 1659 Prof. d. Ethik, 1661 Prof. d. Logik u. Metaphysik u. 1675 Doktor u. Prof. d. Theol. in Gießen, 1676 Superintendent d. Kreises Ahlsfeld u. Assessor d. Konsistoriums u. Prediger in Gießen, 1683 Superintendent d. Darmstädtischen Teils d. Marburger Superintendentur.

317 Zitat aus d. Brief bei *Wotschke*, Breslauer Briefe an Kalow, 30 Anm. 2.

318 S. Anm. 142.

519	Vitzthum von Eckstädt, Christoph[319]	Meierus[320]	—	—	lat.; dt.
520	Calov, Abraham	Pfeiffer, August[321]	Leipzig	13.01.1683	lat.
521–522	Calov, Abraham	Schertzer, Johann Ad[am][322]	Leipzig	16.02.1683	lat.
523–524	Calov, Abraham	Lehmann, G[eorg] H[einrich][323]	Leipzig	23.[?].1683	lat.
525–526[324]	Calov, Abraham	Green, G[eorg][325]	Dresden	30.01.1683	lat.
527–528[326]	Calov, Abraham	Green, Georg[327]	Dresden	13.02.1683	lat.
529[328]	[Calov, Abraham]	Calov, A[braham] <jun.> [329]	[Gießen]	17.02.1683	dt.; lat.
530–532	—	—	—	—	
533–533 a[330]	Calov, Abraham	Hopmann, Gerhard Heinrich[331]	Lübeck	15.03.1683	lat.
534–535	Calov, Abraham	Rudrauf, Kilian[332]	Gießen	29.03.1683	lat.
536	Calov, Abraham	Schmidt, Sebastian[333]	Straßburg	10/20.3.1683	lat.

319 Vitzthum von Eckstädt auf Jahmen und Dürrbach, Christoph (21.01.1623–14.04.1688), Kursächs. Rat u. Kammerherr, 1666 Landeshauptmann d. Markgrafentums Oberlausitz (SächsHStA).

320 Widmungsblatt (SächsHStA).

321 S. Anm. 91.

322 S. Anm. 7.

323 Lehmann, Georg Heinrich, Studium, 1676 Magister u. 1678 philos. Dissertation in Leipzig, 1679 immatr. in Wittenberg, lebt 1687 in Helmstedt.

324 Brief teilw. abgedr. bei *Wotschke*, Calovs Historia syncretistica, 429 f. Anm. 1; *Wotschke*, Breslauer Briefe an Kalow, 30 Anm. 3.

325 S. Anm. 142.

326 Zitat aus d. Brief bei *Wotschke*, Breslauer Briefe an Kalow, 30 Anm. 2.

327 S. Anm. 142.

328 Brief abgedr. bei *Wotschke*, Calovs Historia syncretistica, 447–449.

329 S. Anm. 311.

330 Zitat aus d. Brief bei *Wotschke*, Breslauer Briefe an Kalow, 31 Anm. 1.

331 Hopmann, Gerhard Heinrich (04.05.1655–05.09.1693), Studium in Rostock, Leipzig u. Jena, 1677 Magister in Jena, 1680 Prediger in Lübeck (Archiv d. Hansestadt Lübeck; *Bruhn*, 114).

332 S. Anm. 316.

333 Schmidt, Sebastian (06.01.1617–09.01.1696), Studium in Marburg, Wittenberg, Königsberg u. Basel, 1643 Pfarrer in Ensheim, 1649 Gymnasialrektor in Lindau, Doktor u. 1654 Prof. d. Theol. in Straßburg (*Estermann*, 1111).

537[334]	Calov, Abraham	Pfeiffer, A[ugust][335]	Leipzig	23.03.1683	lat.
538–539	Calov, Abraham	Muscov, Johann[336]	Bautzen	03.04.1683	dt.; lat.
540–541	Calov, Abraham	Franke, Christoph[337]	Schulpforta	11.04.1683	lat.
542[338]	—	—	—	—	dt.
543	Calov, Abraham	Siricius, Michael[339]	Güstrow	04.04.1683	lat.
544–545	Calov, Abraham	Hannemann, Johannes Ludewig[340]	Kiel	26.04.1683	lat.
546–547	—	—	—	—	
548–549[341]	[Calov, Abraham]	Clodius, David[342]	Gießen	30.04.1683	lat.
550	Calov, Abraham	Pfeiffer, A[ugust][343]	Leipzig	[15.07.]1683	lat.
551[344]	[Calov, Abraham]	Moebius, Georg[345]	Leipzig	07.06.1683	lat.
552–553	Calov, Abraham	Feller, Joachim[346]	o. O.	24.06.1683	lat.

334 Brief abgedr. bei *Wotschke*, Calovs Historia syncretistica, 450–452.

335 S. Anm. 91.

336 S. Anm. 151.

337 Franke, Christoph (04.01.1644–25.04.1698), Studium u. 1670 Magister in Leipzig, 1673 Collega tertius u. 1682 Pastor u. Inspektor in Schulpforta.

338 Vermutlich Brief von Caspar Sandhagen (s. Anm. 292) an Abraham Calov aus Lüneburg vom 12.04.1683, abgedr. bei *Wotschke*, Kaspar Hermann Sandhagens Briefe an Abraham Calov, 308–310.

339 S. Anm. 261.

340 Hannemann, Johannes Ludewig (25.10.1640–25.10.1724), Studium d. Theologie u. Medizin, 1668 in Friedrichstadt (Holstein), 1670 in Stade und 1673 in Buxtehude Medicus, 1675 Prof. d. Medizin in Kiel u. Doktor in Kopenhagen.

341 Brief teilw. abgedr. bei *Wotschke*, Calovs Historia syncretistica, 447 f. Anm. 1.

342 Clodius, David (14.05.1644–10.09.1687), Studium in Kiel u. Gießen, 1670 Prof. d. oriental. Sprachen, 1675 Prof. d. Theol., 1678 Doktor d. Theol., 1684 Prediger in Gießen (*Bruhn*, 112).

343 S. Anm. 91.

344 Brief teilw. abgedr. bei *Wotschke*, Calovs Historia syncretistica, 427 f. Anm. 2; *Wotschke*, Breslauer Briefe an Kalow, 15 f. Anm. 3; 31 Anm. 2.

345 S. Anm. 43.

346 Feller, Joachim (30.11.1628–05.04.1691), Studium in Zwickau u. Leipzig, 1660 Magister, 1671 Licentiat d. Theol., 1676 Prof. d. Poesie u. Bibliothekar u. 1681 Kollegiat d. Fürsten-Kollegiums in Leipzig.

554–555[347]	Calov, Abraham	Sandhagen, Caspar H[ermann][348]	Lüneburg	08.07.1683	dt.
556–557	[Calov, Abraham]	Siricius, Michael[349]	Güstrow	10.08.1683	lat.
558	—	—	—	—	
559[350]	Calov, Abraham	Pfeiffer, August[351]	Leipzig	18.10.1683	lat.
560	Calov, Abraham	Pfeiffer, A[ugust][352]	Leipzig	18.10.1683	lat.
561–563	—	—	—	—	
564–565	Calov, Abraham	Reiser, A[nton][353]	Hamburg	[18.03.]1683	lat.
566	[Calov, Abraham]	Siricius, Michael[354]	Güstrow	26.10.1683	lat.
567–569	—	—	—	—	
570–571[355]	[Calov, Abraham]	Rango, C[onrad] T[iburtius][356]	Stettin	26.11.1683	dt.; lat.
572–573[357]	Calov, Abraham	Acoluth, Johannes[358]	Breslau	26.11.1683	lat.
574–575[359]	Calov, Abraham	Lucius, Johann Andreas[360]	Dresden	27.11.1683	lat.
576	Calov, Abraham	Zentgraf, J[ohann] J[oachim] (Zentgrav)[361]	Straßburg	19/29.11. 1683	lat.

347 Brief abgedr. bei *Wotschke*, Kaspar Hermann Sandhagens Briefe an Abraham Calov, 310–311.

348 S. Anm. 292.

349 S. Anm. 261.

350 Brief teilw. abgedr. bei *Wotschke*, Calovs Historia syncretistica, 453 Anm. 2.

351 S. Anm. 91.

352 S. Anm. 91.

353 S. Anm. 67.

354 S. Anm. 261.

355 Brief abgedr. bei *Wotschke*, Zum Stettiner Gebetsstreit, 112–115.

356 S. Anm. 270.

357 Brief abgedr. bei *Wotschke*, Breslauer Briefe an Kalow, 28–29.

358 S. Anm. 11.

359 Brief abgedr. bei *Wotschke*, Calovs Historia syncretistica, 449–450.

360 S. Anm. 96.

361 Zentgraf, Johann Joachim (21.03.1643–28.11.1707), Studium in Straßburg, Leipzig u. Wittenberg, 1661 Magister in Straßburg, ca. 1666 Informator in Dresden, 1668 Adjunkt d. philos. Fakultät in Wittenberg, 1676 Prof. d. Philos., 1686 Doktor d. Theol. u. 1695 Prof. d. Theol. in Straßburg.

577–578	Theologische Fakultät Wittenberg	Theologische Fakultät Leipzig	Leipzig	06.12.1683	lat.
579[362]	—	—	—	—	dt.
580[363]	Calov, Abraham	Lehmann, Georg[364]	Leipzig	20.12.1683	lat.
581–582[365]	Theologische Fakultät Wittenberg	Friesen, Carl F[rei]h[err] von[366] Werner, Th[eodor][367]	Dresden	21.12.1683	dt.
583–584	Calov, Abraham	Lucius, Johann Andreas[368]	Dresden	08.01.1684	lat.
585–586	Calov, Abraham	Moebius, Georg[369]	Leipzig	10.01.1684	lat.
587–591[370]	—	—	—	—	
592–593[371]	Calov, Abraham	Saueressig, Johann Christian[372]	Gräfen-hain[ichen]	24.01.1684	dt.
594–595[373]	Calov, Abraham	Sandhagen, Caspar H[ermann][374]	Lüneburg	02.02.1684	dt.
596–597	Calov, Abraham	Lehmann, G[eorg][375]	Leipzig	07.02.1684	lat.

362 Vermutlich Brief von Caspar Sandhagen (s. Anm. 292) an Abraham Calov aus Lüneburg vom 20.12.1683, abgedr. bei *Wotschke*, Kaspar Hermann Sandhagens Briefe an Abraham Calov, 311–312.

363 Zitat aus d. Brief bei *Wotschke*, Calovs Historia syncretistica, 453 Anm. 2; *Wotschke*, Breslauer Briefe an Kalow, 31 Anm. 2.

364 S. Anm. 172.

365 Brief teilw. abgedr. bei *Wotschke*, Breslauer Briefe an Kalow, 29 Anm. 1.

366 S. Anm. 5.

367 S. Anm. 76.

368 S. Anm. 96.

369 S. Anm. 43.

370 Enthält vermutl. T. 1 d. Briefes 592–593.

371 T. 1 d. Briefes fehlt.

372 Saueressig, Johann Christian (30.08.1650–1726), Studium u. 1676 Magister in Wittenberg, 1681 Pastor u. Superintendent in Gräfenhainich (*Crell*, 307; *Wotschke*, Breslauer Briefe an Joh. Hülsemann, 94 Anm. 2).

373 Brief abgedr. bei *Wotschke*, Kaspar Hermann Sandhagens Briefe an Abraham Calov, 312–313.

374 S. Anm. 292.

375 S. Anm. 172.

598–599[376]	Calov, Abraham	[Acoluth], Johan[nes][377]	[Breslau]	12.02.1684	lat.
600	Calov, Abraham	Pfeiffer, August[378]	Leipzig	21.02.1684	lat.
601–606[379]	—	—	—	—	dt.
607–608	Calov, Abraham	Saltzmann, Johann Philipp[380]	Leipzig	08.03.1684	lat.
609–610[381]	Calov, Abraham	Pfeiffer, August[382]	Leipzig	18.03.1684	lat.
611	—	—	—	—	
612[383]	—	—	—	—	
613[384]	Calov, Abraham	[Olearius, Johann]	—	—	lat.
614–615	Universität Wittenberg	Johann Georg [III.] Kurfürst [von Sachsen][385] Friesen, Carl F[rei]h[err] von[386] Werner, Theodor[387]	Hoyerswerda	09.04.1684	dt.
616	Calov, Abraham	Pfeiffer, August[388]	Leipzig	25.04.1684	lat.
617	[Calov, Abraham]	Kühn, Andreas[389]	o. O.	28.04.1684	lat.

376 Brief teilw. abgedr. bei *Wotschke*, Breslauer Briefe an Kalow, 30–32.
377 S. Anm. 11.
378 S. Anm. 91.
379 Enthält vermutl. Brief von Johannes Schmidt (s. Anm. 23) an Abraham Calov aus Braunschweig vom 26.02.1684, abgedr. bei *Wotschke*, Calovs Historia syncretistica, 452–456.
380 Saltzmann, Johann Philipp, aus Straßburg, Studium in Altdorf, Wittenberg u. Leipzig, 1681 Magister in Altdorf.
381 Brief teilw. abgedr. bei *Wotschke*, Calovs Historia syncretistica, 455 Anm. 1.
382 S. Anm. 91.
383 Gehört vermutl. zu Brief 613.
384 Nur Adreßblatt vorhanden.
385 S. Anm. 236.
386 S. Anm. 5.
387 S. Anm. 76.
388 S. Anm. 91.
389 S. Anm. 19.

618–619	Mayer, Johann Friedrich[390]	A.E.W.[391]	Leipzig	15.08.1684	dt.
620–621	Deutschmann, Johann[392]	Muscov, Johann[393]	Bautzen	29.05.1684	dt.
622[394]	[Calov, Abraham]	Schmidt, Sebastian[395]	Straßburg	07.07.1684	dt.
623–624	Calov, Abraham	Pfeiffer, August[396]	Leipzig	[25.05.]1684	lat.
625–626[397]	Calov, Abraham	Hertzog, Johann Christian[398]	Ellguth	20.09.1684	dt.
627–628[399]	Calov, Abraham	Green, Georg[400]	Dresden	23.09.1684	lat.
629–630	[Calov, Abraham]	Siricius, Michael[401]	Güstrow	09.09.1684	lat.
631[402]	[Calov, Abraham]	Rango, C[onrad] T[iburtius][403]	Stettin	26.09.1684	dt.; lat.
632–634	—	—	—	—	
635	Calov, Abraham	Pesarovius, Paul Pomian[404]	London	[29.09.]1684	lat.
636	Calov, Abraham	Pfeiffer, August[405]	Leipzig	[28.09.]1684	lat.

390 S. Anm. 221.

391 (Diesem Schreiben zufolge:) „Schwager“ von J.F. Mayer.

392 S. Anm. 213.

393 S. Anm. 151.

394 Brief teilw. abgedr. bei *Wotschke*, Calovs Historia syncretistica, 448 f. Anm. 1.

395 S. Anm. 333.

396 S. Anm. 91.

397 Brief abgedr. bei *Wotschke*, Breslauer Briefe an Kalow, 32.

398 Hertzog, Johann Christian, Studium u. 1664 Magister in Wittenberg; (diesem Schreiben zufolge:) Pastor in Ellguth und Raake in Schlesien.

399 Brief teilw. abgedr. bei *Wotschke*, Calovs Historia syncretistica, 455 f. Anm. 1.

400 S. Anm. 142.

401 S. Anm. 261.

402 Brief abgedr. bei *Wotschke*, Zum Stettiner Gebetsstreit, 115–119; Brief teilw. abgedr. bei *Wotschke*, Calovs Historia syncretistica, 431 Anm. 1.

403 S. Anm. 272.

404 Pesarovius, Paul Pomian (18.02.1650–03.12.1723), Studium, 1676 Magister u. 1678 Inspektor in Königsberg, 1683 immatr. in Wittenberg, 1694 Licentiat u. Doktor d. Theol. in Rostock, 1696 Pastor, Assessor d. Konsistoriums u. Prof. d. Theol. in Königsberg, 1707 Privatlehrer d. Theol. in Schweden, 1718 Rückkehr nach Deutschland, Aufenthalt in Wittenberg u. Zerbst u. 1722 in Dresden.

405 S. Anm. 91.

637–638	Universität Wittenberg	Mayer, Johann Friedrich[406]	[Wittenberg]	29.10.1684	dt.
		Stellungnahmen von:			
		Calov, [Abraham][407]			dt.
		Quenstedt, Johann Andreas[408]			dt.
		[Deutschmann, Johannes][409]			dt.
		Ziegler, C[aspar][410]			dt.
		M[artini], W[erner] T[heodor][411]			dt.
		Strauss, [Gottfried][412]			dt.
		Heber, G[eorg] M[ichael][413]			dt.
		Leyser, W[ilhelm][414]			dt.
		Sennert, Michael[415]			dt.
		Strauch, Johannes[416]			dt.

406 S. Anm. 221.

407 S. Anm. 1.

408 Quenstedt, Johann Andreas (13.08.1617–22.05.1688), Studium u. 1643 Magister in Helmstedt, 1646 Adjunkt d. philos. Fakultät, 1649 Prof. u. Doktor d. Theol. u. 1684 Präpositus d. Schloßkirche, Assessor d. Konsistoriums u. Ephorus d. Alumnats in Wittenberg.

409 S. Anm. 213.

410 S. Anm. 72.

411 S. Anm. 170.

412 Strauß, Gottfried (28.08.1641–09.03.1706), Studium in Wittenberg u. Leipzig, 1666 Doktor in Leipzig, kursächs. Appellationsrat, fürstl.-anhaltin. Hofrat, Assessor d. Konsistoriums u. 1675 Prof. d. jurist. Fakultät in Wittenberg.

413 Heber, Georg Michael (1652–1702), Studium in Wittenberg u. Leipzig, 1680 Licentiat u. 1682 Prof. d. jurist. Fakultät u. Doktor d. Rechte in Wittenberg.

414 Leyser, Wilhelm (24.08.1628–04.05.1689), Studium in Wittenberg, Bildungsreisen durch Italien, Frankreich u. Niederlande, 1653 Gesandter in Regensburg u.Augsburg, 1657 Doktor in Jena, 1658 Assessor u. 1665 Prof. d. jurist. Fakultät in Wittenberg (Stadtkirchenamt Wittenberg; *Berger,* Hochschulabdankung … vom [19.05.] 1689, Bl. 1v).

415 Sennert, Michael (1615–21.07.1691), Studium u. 1650 Doktor u. Prof. d. Medizin in Wittenberg (*Horn,* Bl. 1v; Die von dem Tod unberührte … Michael Sennert, Titelbl.).

416 Strauch, Johannes (1619–22.07.1689), 1655 Doktor d. Medizin in Leipzig, 1664 Prof. d. Medizin in Wittenberg (*Berger,* Hochschulabdankung … vom 26.07.1689, Bl. 2r; Der höchst-verlangte Wechsel …, Titelbl.).

		Sennert, Andreas[417]			lat.
639–640	—	—	—		—
641–642	Calov, Abraham	Martens, Gerhard[418]	London	05.09.1684	lat.
643–644	Calov, Abraham	Pfeiffer, August[419]	Leipzig	[23.11.]1684	lat.
645[420]	Calov, Abraham	Schmidt, Johannes[421]	Lübeck	17.12.1684	dt.
646–647	Mayer, Johann Friedrich[422]	Thiele, Johannes[423]	Wittenberg	01.01.1685	dt.
648–650	—	—	—	—	
651	Calov, Abraham	Müller, A[ndreas] (Müller Greiffenhagium)[424]	Berlin	08.02.1685	lat.
652–653	Universität Wittenberg	Friesen, Carl F[rei]h[err] von[425] Werner, Theodor[426]	Dresden	20.02.1685	dt.
654[427]	Calov, Abraham	Schmidt, Johannes[428]	Lübeck	06.03.1685	dt.; lat.

417 Sennert, Andreas (1606–20.12.1689), Studium in Wittenberg, Leipzig, Jena u. Straßburg, 1627 Magister, 1636 Adjunkt d. philos. Fakultät, 1638 Prof. d. orientalischen Sprachen u. 1640 d. philos. Fakultät u. Bibliothekar, 1648 u. 1664 Rektor, 1649 Prorektor u. 1668 Senior d. Akademie in Wittenberg (Epicedia ... Andreae Sennerti, Titelbl.).

418 Martens, Gerhard, Studium u. 1663 Magister in Wittenberg; (diesem Schreiben zufolge:) Pastor in London.

419 S. Anm. 91.

420 Brief teilw. abgedr. bei *Wotschke*, Calovs Historia syncretistica, 456–457.

421 S. Anm. 23.

422 S. Anm. 221.

423 Thiele, Johannes (1646–09.06.1688), Studium, 1673 Licentiat d. med. Fakultät u. 1676 Doktor d. Medizin in Wittenberg, prakt. Arzt in Dresden, 1685 Prof. d. Anatomie u. Botanik in Wittenberg.

424 Müller, Andreas (1630–26.10.1694), Studium in Rostock, Greifswald, Königsberg u. Wittenberg, Magister in Greifswald, Rektor in Königsberg in d. Neumark, Präpositus in Treptow in Hinterpommern, zehnjährige bibliographische Arbeit in London, Pfarrer u. Inspektor in Bernau, 1667 Propst in Berlin, 1685 Übersetzungsarbeiten in Stettin.

425 S. Anm. 5.

426 S. Anm. 76.

427 Brief abgedr. bei *Wotschke*, Calovs Historia syncretistica, 457–458; Zitat aus d. Brief bei *Wotschke*, Zum Stettiner Gebetsstreit, 85.

428 S. Anm. 23.

655[429]	—	—	—	—	dt.; lat.
656	Vitzthum von Eckstädt, Christian[430]	Miltitz, Heinrich Gebhardt von[431] Vogel, Gottfried (Voglers)[432] Zahn, Christian[433]	Dresden	10.03.1685	dt.
657	—	—	—	—	
658–659	Calov, Abraham	Lehmann, Georg[434]	Leipzig	15.03.1685	lat.
660[435]	Calov, Abraham	Rango, C[onrad] T[iburtius][436]	Stettin	15.04.1685	dt.; lat.
661–662	Calov, Abraham	Röser, Jacob[437]	Quedlinburg	07.05.1685	lat.
663–664	Calov, Abraham	Schacht, Johannes[438]	[Lübeck]	16.05.1685	lat.
665[439]	Calov, Abraham	Rango, C[onrad] T[iburtius][440]	Stettin	24.07.1683	dt.
666–667	[Calov, Abraham]	Pomer-Esche, J[oachim] A[ndreas][441]	Wittenberg	25.07.1685	dt.

429 Vermutlich Brief von Conrad Tiburtius Rango (s. Anm. 272) an Abraham Calov aus Wismar vom 02.03.1685, abgedr. bei *Wotschke*, Zum Stettiner Gebetsstreit, 120–121; Zitat aus d. Brief bei *Wotschke*, Calovs Historia syncretistica, 431 Anm. 1.

430 Vitzthum von Eckstädt auf Tiefensee, Neuhaus u. Petersrode, Christian, ca. 1680 Kursächs. Kammerherr u. Hauptmann d. Kurkreises.

431 Miltitz auf Burkersdorf, Schönbach u. Rieswalda, Heinrich Gebhardt von (03.11.1633–15.12.1688), 1648 immatr. in Wittenberg, Kursächsischer Geheimer Rat u. Kanzler.

432 Vogel, Gottfried, Sekretär in Dresden, 1697 Kopist bei d. Großen Kommission in Dresden (SächsHStA, Loc. 32665, Pflicht-Buch Herrn Friedrichs Augusti Herzogens zu Sachßen, Jülich, Cleve und Berg auch Engern und Westphalen Churfürstens angetretener Regierung, 1694–1732, Bl. 48 a).

433 Zahn, Christian, 22.11.1691 Kreisamtmann in Wittenberg (SächsHStA, Loc. 33346, Nr. 1967, Bl. 93–104).

434 S. Anm. 172.

435 Brief abgedr. bei *Wotschke*, Zum Stettiner Gebetsstreit, 122–124; Zitat aus d. Brief bei *Wotschke*, Calovs Historia syncretistica, 431 Anm. 1.

436 S. Anm. 272.

437 S. Anm. 15.

438 Schacht, Johannes (24.11.1633–20.10.1689), Studium in Rostock, Gießen u. Wittenberg, 1657 Magister in Rostock, 1662 Prediger, Archidiakonus u. 1686 Pastor in Lübeck.

439 Brief abgedr. bei *Wotschke*, Zum Stettiner Gebetsstreit, 124–125.

440 S. Anm. 272.

441 Vermutlich: Pomer-Eschen, Joachim Andreas (29.01.1663–23.11.1711), Studium in Greifswald, Leipzig u. Rostock, 1689 Magister in Greifswald, 1693 Pfarrer in Gützkow (*Bruhn*, 125).

668–669	Theologische Fakultät Wittenberg	Theologische Fakultät Jena	Jena	16.06.1685	lat.
670–671	Theologische Fakultät Wittenberg	Theologische Fakultät Leipzig	Leipzig	19.06.1685	lat.
672–673	Calov, Abraham	Reising, Johannes Benjamin[442]	Weißach	12.08.1685	dt.
674[443]	Calov, Abraham	Pfeiffer, August[444]	Leipzig	03.09.1685	lat.
675–676	Calov, Abraham	Lehmann, G[eorg][445]	o. O.	08.09.1685	lat.
677–678	—	Marschall, Johann Adolph[446]	Schönstedt	11.09.1685	dt.
679–680	—	—	—	—	—
681–682	Theologische Fakultät Wittenberg	Cobab, Michael[447]	Rostock	14.11.1685	dt.
683–684	Calov, Abraham	Pfeiffer, August[448]	Leipzig	19.11.1685	lat.
685	[Calov, Abraham]	Tentzel, W[ilhelm] E[rnst][449]	o. O.	21.11.1685	lat.
686	Calov, Abraham	Pfeiffer, August[450]	Leipzig	03.12.1685	lat.
687–688	Theologische u. Juristische Fakultät Wittenberg	Reitzenstein, Christoph Carl von[451]	Reitzenstein	30.02.1685	dt.
689–690[452]	Calov, Abraham	Green, Georg[453]	Dresden	12.01.1686	lat.

442 Reising, Johannes Benjamin, Studium u. 1680 Magister in Wittenberg; (diesem Schreiben zufolge:) Pastor in Weißach.

443 Zitat aus d. Brief bei *Wotschke*, Calovs Historia syncretistica, 431 Anm. 2.

444 S. Anm. 91.

445 S. Anm. 172.

446 Marschall, Johann Adolph, Kursächs. Kreishauptmann, Assessor d. Hofgerichts in Leipzig, Oberinspektor in Schulpforta.

447 Cobab, Michael (ca. 1610–Februar 1686), Studium, Schulrektor u. Prof. d. Mathematik in Rostock, Doktor d. Theol. in Greifswald, Prof. d. Theol. u. Senior d. Akademie in Rostock.

448 S. Anm. 91.

449 S. Anm. 252.

450 S. Anm. 91.

451 Reitzenstein, Christoph Carl von (29.12.1646 geboren), 1660 Studium in Leipzig (Evang.-Luth. Pfarramt Issigau).

452 Brief teilw. abgedr. bei *Wotschke*, Calovs Historia syncretistica, 457 Anm. 1.

453 S. Anm. 142.

691–692	Johann Georg III. [Kurfürst von Sachsen][454]	Strauch, Christian[455]	Wittenberg	22.02.1686	lat.
693–694	Calov, Abraham	Hofkuntz, Christian[456]	Torgau	30.01.1686	dt.
695–696	Theologische Fakultät Wittenberg	Krauchenberg, Julius Carolus[457] weitere Unterschriften: Quenstedt, Johann Andreas[458] Deutschmann, Johann[459]	Wittenberg	06.03.1686	lat.
697–698	—	Ponickau, J[ohann] von[460]	Belgershain	30.03.1686	dt.
699–700	Theologische Fakultät Wittenberg	Friesen, Carl F[rei]h[err] von[461] Werner, Th[eodor] [462]	Dresden	01.03.1686	dt.
701–702[463]	—	—	—	—	dt.
703–704	Mayer, Johann Friedrich[464]	Universität, Bürgermeister u. Rat Wittenberg	Wittenberg	30.03.1687	dt.
705–706	Mayer, Johann Friedrich[465]	Jensen, Johann Jacob[466]	Oldenburg	12.07.1688	dt.

454 S. Anm. 236.

455 Strauch, Christian (1665–1741), Studium u. 1688 Magister in Wittenberg, 1696 Substitut in Prettin, 1697 Pfarrer in Großbothen, 1709 Pfarrer in Zschoppach (*Grünberg* 2, 915).

456 Hofkuntz, Christian (20.06.1651–30.11.1711), Studium in Wittenberg u. Leipzig, 1675 Magister in Leipzig, 1677 Archidiakon u. 1682 Superintendent in Torgau, 1686 Licentiat u. 1687 Doktor d. Theol. in Wittenberg.

457 Krauchenberg, Julius Carolus, aus Bremen, 1684 immatrikuliert in Wittenberg.

458 S. Anm. 408.

459 S. Anm. 213.

460 Ponickau auf Belgershain, Pöhla und Schönbrunn, Johann von (1699 gestorben), Kursächs. Kammerherr u. Kreishauptmann.

461 S. Anm. 5.

462 S. Anm. 76.

463 Vermutlich Brief von Matthias Kienast (29.04.1711 gestorben; Studium u. 1676 Magister in Wittenberg, 1683 Mittagsprediger u. 1684 Pastor in Stralsund) an Johann Friedrich Mayer (s. Anm. 221) aus Stralsund vom 30.12.1686, abgedr. bei *Wotschke*, Zum Stettiner Gebetsstreit, 125–127.

464 S. Anm. 221.

465 S. Anm. 221.

466 Jensen, Johann Jacob (1694 gestorben), Studium u. Magister in Jena, Pastor in Gruben in Wagrien, 1675 Pastor in Oldenburg (*Bruhn*, 185).

707[467]	—	—	—	—	
708[468]	Mayer, Johann Friedrich[469]	—	—	—	dt.

[467] Gehört vermutl. zu Brief 708.
[468] Nur Adreßblatt vorhanden.
[469] S. Anm. 221.

Verzeichnis der bei Wotschke abgedruckten oder verwendeten Briefe und Briefteile aus Tom. 3

Bei Wotschke abgedruckte Briefe:
14–15; 18–19; 36–37; 82; 87–88; 195–196; 212–213; 225; 268–269; 270; 300–301; 326; 341–342; 370–371; 453–454; 468–469; 471; 479; 485; 490; 511–512; 513; 529; 537; 554–555; 570–571; 572–573; 574–575; 594–595; 625–626; 631; 654; 660; 665

Bei Wotschke teilweise abgedruckte Briefe:
51; 69–70; 95–96; 99–100; 170–171; 176–177; 218–219; 292–293; 386–387; 390; 397; 461–462; 466–467; 475–476; 484; 491–492; 493–494; 503; 504–505; 516; 525–526; 548–549; 551; 559; 581–582; 598–599; 609–610; 622; 627–628; 631; 645; 689–690

Briefe, aus denen Wotschke zitiert:
52–53; 75; 82; 91–92; 431–432; 470; 517–518; 527–528; 533–533a; 580; 654; 655; 660; 674

Briefe, deren Inhalt Wotschke teilw. referiert:
38–39

Bei Wotschke erwähnte Briefe:
493–494

Bei Wotschke abgedruckte Briefe, die vermutlich mit folgenden in Tom. 3 fehlenden identisch sind:
253–255; 335–338; 495–500; 510; 542; 579; 601–606; 655 (zusätzl. zitiert); 701–702

Briefe aus Tom. 1 – bei Wotschke abgedruckt

Adressat	Absender	Ort	Datum	Sprache
Calov, Abraham	Frimel, Johann	Breslau	23.04.1637[10]	lat.
Calov, Abraham	Reinboth, [Johann]	Flensburg	12.08.1638[11]	dt.
Calov, Abraham	Walther, Michael	Aurich	[03.04.]1639[12]	lat.
Calov, Abraham	Walther, Michael	Aurich	10.06.1641[13]	lat.
Hülsemann, Johann	Schlegel, Christoph	Breslau	[01.05.]1642[14]	lat.
Hülsemann, Johann	Schlegel, Christoph	Breslau	06.02.1643[15]	lat.
Hülsemann, Johann	Schlegel, Christoph	Breslau	[04.04.]1643[16]	lat.
Calov, Abraham	Böckel, Martin	Delmenhorst	[05.04.]1643[17]	lat.
Calov, Abraham	Böckel, Martin	Lübeck	09.07.1644[18]	lat.

10 Wotschke, Breslauer Briefe an Kalow, 11–12.
11 Wotschke, Schleswig-Holstein und die polnischen Brüder, 17 Anm. 72.
12 Wotschke, Aus Abraham Calovs Briefwechsel mit Niedersachsen, 8–11.
13 Wotschke, Aus Abraham Calovs Briefwechsel mit Niedersachsen, 12–13.
14 Wotschke, Breslauer Briefe an Joh. Hülsemann, 83–85.
15 Wotschke, Breslauer Briefe an Joh. Hülsemann, 85–86.
16 Wotschke, Breslauer Briefe an Joh. Hülsemann, 86–88.
17 Wotschke, Aus Abraham Calovs Briefwechsel mit Niedersachsen, 20–22.

Adressat	Absender	Ort	Datum	Sprache
Calov, Abraham	Witzendorf, Wilhelm	Bardowieck	10.02.1644[19]	lat.
Calov, Abraham	Buchholz, Andreas Heinrich	Rinteln	27.03.1644[20]	lat.
Hülsemann, Johann	Schlegel, Christoph	Breslau	10./20.01.1646[21]	lat.
Hülsemann, Johann	Schlegel, Christoph	Breslau	14./24.02.1646[22]	lat.
Calov, Abraham	Buchholz, Andreas Heinrich	Hameln	11.03.1646[23]	lat.
Hülsemann, Johann	Günzel, Albrecht	Berlin	25.03.1646[24]	lat.
Hülsemann, Johann	Weber, Ananias	Breslau	12./22.09.1646[25]	lat.
Theologische Fakultät Wittenberg	Günzel, Albrecht	Berlin	16.06.1647[26]	lat
Hülsemann, Johann	Günzel, Albrecht	Berlin	10.11.1647[27]	lat.
Hülsemann, Johann	Heinsius, Martin	Frankfurt/O.	17.11.1647[28]	lat.
Hülsemann, Johann	Lüdecke	Frankfurt an der Oder	29.11.1647[29]	lat.
Calov, Abraham	Buchholz, Andreas Heinrich	Braunschweig	15.03.1648[30]	lat.
Hülsemann, Johann	Weber, Ananias	Breslau	26/16.04.1648[31]	lat.
Calov, Abraham	Weber, Ananias	Breslau	21/11.07.1648[32]	lat.
Calov, Abraham	Walther, Michael	Celle	[01.09.]1648[33]	lat.
Calov, Abraham	Weber, Ananias	Breslau	31.03.1649[34]	lat.
Calov, Abraham	Walther, Michael	Celle	[06.04.]1649[35]	lat.
Theologische Fakultät Wittenberg	Heubel, Wendelin Heinrich	Gommern	15.10.1649[36]	dt
Calov, Abraham	Walther, Michael	o. O.	12.06.1650[37]	lat.

18 Wotschke, Aus Abraham Calovs Briefwechsel mit Niedersachsen, 22–24.
19 Wotschke, Aus Abraham Calovs Briefwechsel mit Niedersachsen, 24–25.
20 Wotschke, Aus Abraham Calovs Briefwechsel mit Niedersachsen, 25–27.
21 Wotschke, Breslauer Briefe an Joh. Hülsemann, 88–90.
22 Wotschke, Breslauer Briefe an Joh. Hülsemann, 90–91.
23 Wotschke, Aus Abraham Calovs Briefwechsel mit Niedersachsen, 27–29.
24 Wotschke, Brandenburgische Briefe an Hülsemann und Calov, 54–56.
25 Wotschke, Breslauer Briefe an Joh. Hülsemann, 92–94.
26 Wotschke, Brandenburgische Briefe an Hülsemann und Calov, 56–57.
27 Wotschke, Brandenburgische Briefe an Hülsemann und Calov, 57–58.
28 Wotschke, Brandenburgische Briefe an Hülsemann und Calov, 58–59.
29 Wotschke, Brandenburgische Briefe an Hülsemann und Calov, 59–60.
30 Wotschke, Aus Abraham Calovs Briefwechsel mit Niedersachsen, 29–35.
31 Wotschke, Breslauer Briefe an Joh. Hülsemann, 95–99.
32 Wotschke, Breslauer Briefe an Kalow, 4–8.
33 Wotschke, Aus Abraham Calovs Briefwechsel mit Niedersachsen, 13–16.
34 Wotschke, Breslauer Briefe an Kalow, 8–9.
35 Wotschke, Aus Abraham Calovs Briefwechsel mit Niedersachsen, 16–18.
36 Wotschke, Ein von dem Superintendenten P. H. Heubelius in Gommern über den Zigeuner- oder Tartarentanz von der theologischen Fakultät in Wittenberg im Jahre 1649 erbetenes Gutachten, [168]–170.

Adressat	Absender	Ort	Datum	Sprache
Calov, Abraham	Buchholz, Andreas Heinrich	Braunschweig	19.12.1650[38]	lat.
Hülsemann, Johann	Weiss, Simon	Bärsdorf bei Bojanowo	09.10.1651[39]	lat.
Hülsemann, Johann	Ossowski, Andreas	Röhrsdorf	10.05.1652[40]	dt.
Hülsemann, Johann	Bojanowski, Stephan	Bärsdorf	15.09.1652[41]	dt.; lat.
Hülsemann, Johann	Bojanowski, Stephan	Bärsdorf	25.09.1652[42]	dt.
Hülsemann, Johann	Günzel, Albrecht	Berlin	29.10.1652[43]	lat.
Calov, Abraham	Weber, Ananias	Breslau	09.12. oder 29.11.1652[44]	lat.
Hülsemann, Johann	Günzel, Albrecht	Berlin	15.12.1652[45]	lat.
Calov, Abraham	Pomarius, Samuel	Berlin	23.08.1653[46]	lat.
Calov, Abraham	Heinsius, Martin	Frankfurt/O.	[01.11.]1653[47]	lat.
Calov, Abraham	Schindler, Johann	Braunschweig	04.03.1654[48]	lat.
Calov, Abraham	Weber, Ananias	Breslau	26.03.1654[49]	lat.
Calov, Abraham	Schindler, Johann	Braunschweig	08.04.1654[50]	lat.
Calov, Abraham	Schindler, Johann	Braunschweig	15.07.1654[51]	lat.
Calov, Abraham	Schindler, Johann	Braunschweig	02.12.1654[52]	lat.
Calov, Abraham	Schindler, Johann	Braunschweig	01.05.1655[53]	lat.
Calov, Abraham	Reinhart, Sigismund	Berlin	27.08.1656[54]	lat.
Calov, Abraham	Pomarius, Samuel	Berlin	07.01.1657[55]	lat.
Calov, Abraham	Pomarius, Samuel	Berlin	21.01.1657[56]	lat.
Calov, Abraham	Havemann, Michael	Stade	29.01.1657[57]	lat.

37 Wotschke, Aus Abraham Calovs Briefwechsel mit Niedersachsen, 18–20.
38 Wotschke, Aus Abraham Calovs Briefwechsel mit Niedersachsen, 35–39.
39 Zitat aus d. Brief bei Wotschke, Die evangelische Gemeinde in Posen-Schwersenz im 17.Jahrhundert, 29 Anm. 2.
40 Wotschke, Die evangelische Gemeinde in Posen-Schwersenz im 17.Jahrhundert, 55–56.
41 Wotschke, Die evangelische Gemeinde in Posen-Schwersenz im 17.Jahrhundert, 56–57.
42 Wotschke, Die evangelische Gemeinde in Posen-Schwersenz im 17.Jahrhundert, 57–59.
43 Wotschke, Brandenburgische Briefe an Hülsemann und Calov, 60–61.
44 Wotschke, Breslauer Briefe an Kalow, 9–10.
45 Wotschke, Brandenburgische Briefe an Hülsemann und Calov, 61–62.
46 Wotschke, Brandenburgische Briefe an Hülsemann und Calov, 62–63.
47 Wotschke, Brandenburgische Briefe an Hülsemann und Calov, 63–65.
48 Wotschke, Aus Abraham Calovs Briefwechsel mit Niedersachsen, 40–42.
49 Wotschke, Breslauer Briefe an Kalow, 10–11.
50 Wotschke, Aus Abraham Calovs Briefwechsel mit Niedersachsen, 42–43.
51 Wotschke, Aus Abraham Calovs Briefwechsel mit Niedersachsen, 43–44.
52 Wotschke, Aus Abraham Calovs Briefwechsel mit Niedersachsen, 44–45.
53 Wotschke, Aus Abraham Calovs Briefwechsel mit Niedersachsen, 45–46.
54 Wotschke, Brandenburgische Briefe an Hülsemann und Calov, 65–66.
55 Wotschke, Brandenburgische Briefe an Hülsemann und Calov, 66–70.
56 Wotschke, Brandenburgische Briefe an Hülsemann und Calov, 70–72.
57 Wotschke, Aus Abraham Calovs Briefwechsel mit Niedersachsen, 47–48.

Adressat	Absender	Ort	Datum	Sprache
Calov, Abraham	Spengler, Adam	Wriezen an der Oder	03.02.1657[58]	lat.
Calov, Abraham	Heinzelmann, Johann	Berlin	17.03.1658[59]	lat.
Calov, Abraham	Pomarius, Samuel	Berlin	20.07.1658[60]	lat.; dt.
Calov, Abraham	Strahl, Johann	Stendal	10.09.1659[61]	lat.
Calov, Abraham	Rehbinder, Petrus	Lüneburg	14.01.1660[62]	lat.
Calov, Abraham	Schilling, Jakob	Stendal	29.01.1660[63]	lat.
Calov, Abraham	Schilling, Jakob	Stendal	05.02.1660[64]	dt.
Calov, Abraham	Schilling, Jakob	Berlin	02.04.1660[65]	dt.
Calov, Abraham	Schilling, Jakob	Berlin	13.04.1660[66]	dt.
Calov, Abraham	Schilling, Jakob	Berlin	21.04.1660[67]	dt.
Calov, Abraham	Schilling, Jakob	Berlin	29.04.1660[68]	dt.
Calov, Abraham	Buchholz, Andreas Heinrich	Braunschweig	10.05.1660[69]	lat.
Calov, Abraham	Pomarius, Samuel	Magdeburg	17.09.1660[70]	lat.
Calov, Abraham	Buchholz, Andreas Heinrich	Braunschweig	06.10.1660[71]	lat.
Calov, Abraham	Rehbinder, Petrus	Lüneburg	19.02.1661[72]	lat.
Calov, Abraham	Etzler, Adam	Breslau	[12.03.]1662[73]	lat.
Calov, Abraham	Buchholz, Andreas Heinrich	Braunschweig	15.04.1662[74]	lat.
Calov, Abraham	Etzler, Adam	Breslau	06.05.1662[75]	lat.
Calov, Abraham	Fromme, Valentin	Brandenburg	23.01.1663[76]	lat.

58 Wotschke, Brandenburgische Briefe an Hülsemann und Calov, 72–74.
59 Wotschke, Brandenburgische Briefe an Hülsemann und Calov, 74.
60 Wotschke, Brandenburgische Briefe an Hülsemann und Calov, 74–79.
61 Wotschke, Zum synkretistischen Streite in Stendal, 37–38.
62 Wotschke, Aus Abraham Calovs Briefwechsel mit Niedersachsen, 48–49.
63 Wotschke, Zum synkretistischen Streite in Stendal, 38–39.
64 Wotschke, Zum synkretistischen Streite in Stendal, 40–41.
65 Wotschke, Zum synkretistischen Streite in Stendal, 41–43.
66 Wotschke, Zum synkretistischen Streite in Stendal, 43–44.
67 Wotschke, Zum synkretistischen Streite in Stendal, 44–46.
68 Wotschke, Zum synkretistischen Streite in Stendal, 46–47.
69 Wotschke, Aus Abraham Calovs Briefwechsel mit Niedersachsen, 39.
70 Wotschke, Zum synkretistischen Streite in Stendal, 47–48.
71 Wotschke, Aus Abraham Calovs Briefwechsel mit Niedersachsen, 39–40.
72 Wotschke, Aus Abraham Calovs Briefwechsel mit Niedersachsen, 49–50.
73 Wotschke, Breslauer Briefe an Kalow, 12–13.
74 Wotschke, Aus Abraham Calovs Briefwechsel mit Niedersachsen, 56–57; Brief teilw. abgedr. bei Wotschke, Breslauer Briefe an Kalow, 14 Anm. 1.
75 Wotschke, Breslauer Briefe an Kalow, 14–15.
76 Wotschke, Brandenburgische Briefe an Hülsemann und Calov, 79–80.

Vermutlich zu Tom. 1 gehörende Briefe – bei Wotschke teilweise abgedruckt

Adressat	Absender	Ort	Datum	Sprache
Calov, Abraham	Müller, Johann	Hamburg	24.11.1638[77]	lat.
Calov, Abraham	Taddel, [Elias]	[Rostock]	22.03.1641[78]	
Calov, Abraham	Quistorp, [Johann]	Rostock	23.07.1643[79]	lat.
Hülsemann, Johann	Myslenta, Cölestin	Königsberg	14.11.1644[80]	lat.
Calov, Abraham	Tatinghoff, [Johann]	Amsterdam	17.03.1646[81]	lat.
Hülsemann, Johann	Zimmermann, Petrus	Thorn	01.10.1646[82]	lat.
Hülsemann, Johann	Calov, Abraham	Danzig	03.11.1646[83]	lat.
Calov, Abraham	Hülsemann, Johann	Leipzig	09.01.1647[84]	
Calov, Abraham	Müller, Johann	Hamburg	17.03.1647[85]	lat.
Hülsemann, Johann	Botsack, [Johann]	Danzig	06.05.1647[86]	lat.
Calov, Abraham	Müller, Johann	Hamburg	17.05.1647[87]	lat.
Hülsemann, Johann	Calov, Abraham	[Danzig]	25.07.1647[88]	lat.
Hülsemann, Johann	Calov, Abraham	[Danzig]	26.09.1647[89]	lat.
Calov, Abraham	Müller, Johann	Hamburg	17.11.1647[90]	lat.
Hülsemann, Johann	Ludecus	Frankfurt/O.	22.11.1647[91]	lat.
Calov, Abraham	Müller, [Johann]	[Hamburg]	08.01.1648[92]	lat.
Hülsemann, Johann	Vechner, Johann	Fraustadt	11.01.1648[93]	lat.

77 Brief teilw. abgedr. bei Wotschke, Aus Abraham Calovs Briefwechsel mit Niedersachsen, 7 Anm. 2; Briefinhalt teilw. referiert u. evtl. Brief teilw. abgedr. bei Wotschke, Schleswig-Holstein und die polnischen Brüder, 19 Anm. 76.

78 Briefinhalt teilw. referiert bei Wotschke, Brandenburgische Briefe an Hülsemann und Calov, 55 Anm. 4.

79 Brief teilw. abgedr. bei Wotschke, Aus Abraham Calovs Briefwechsel mit Niedersachsen, 26 Anm. 1.

80 Brief teilw. abgedr. bei Wotschke, Breslauer Briefe an Joh. Hülsemann, 80 f. Anm. 3.

81 Brief teilw. abgedr. bei Wotschke, Brandenburgische Briefe an Hülsemann und Calov, 55 f. Anm. 4.

82 Brief teilw. abgedr. bei Wotschke, Breslauer Briefe an Joh. Hülsemann, 81 f. Anm. 2 u. 93 Anm. 1.

83 Brief teilw. abgedr. bei Wotschke, Breslauer Briefe an Joh. Hülsemann, 81 Anm. 1 u. 95 f. Anm. 3.

84 Briefinhalt teilw. referiert bei Wotschke, Breslauer Briefe an Joh. Hülsemann, 95 f. Anm. 3.

85 Brief teilw. abgedr. bei Wotschke, Brandenburgische Briefe an Hülsemann und Calov, 72 Anm. 2.

86 Brief teilw. abgedr. bei Wotschke, Breslauer Briefe an Joh. Hülsemann, 93 Anm. 1.

87 Brief teilw. abgedr. bei Wotschke, Aus Abraham Calovs Briefwechsel mit Niedersachsen, 7 Anm. 2; Briefinhalt teilw. referiert bei Wotschke, Schleswig-Holstein und die polnischen Brüder, 19 Anm. 76.

88 Brief teilw. abgedr. bei Wotschke, Breslauer Briefe an Joh. Hülsemann, 95 f.f Anm. 3.

89 Brief teilw. abgedr. bei Wotschke, Breslauer Briefe an Joh. Hülsemann, 81 Anm. 1.

90 Brief teilw. abgedr. bei Wotschke, Aus Abraham Calovs Briefwechsel mit Niedersachsen, 25 Anm. 1.

91 Brief teilw. abgedr. bei Wotschke, Breslauer Briefe an Joh. Hülsemann, 81 f. Anm. 2.

92 Brief teilw. abgedr. bei Wotschke, Aus Abraham Calovs Briefwechsel mit Niedersachsen, 5 Anm. 2.

Adressat	Absender	Ort	Datum	Sprache
Hülsemann, Johann	Zimmermann, Petrus	Thorn	21.04.1648[94]	lat.
Calov, Abraham	Kundisius, Gottfried	Jena	22.04.1648[95]	lat.
[Calov, Abraham ?]	Schulz, Christoph	Stettin	06.11.1648[96]	lat.
Calov, Abraham	Weber [Ananias]	[Breslau]	07./17.02.1653[97]	lat.
Hülsemann, Johann	Steltzner	[Lissa]	05.03.1653[98]	lat.
[Calov, Abraham]	Mikraelius [Johannes]	[Stettin]	14.02.1656[99]	lat.
[Calov, Abraham]	Müller, Johann	[Hamburg]	01.11.1657[100]	lat.
Calov, Abraham	Grosse, [Christian]	Kolberg	19.06.1658[101]	lat.
Calov, Abraham	Schilling, Jakob	Stendal	14.11.1659[102]	dt.
Calov, Abraham	Maukisch, [Johann]	Danzig	23.10.1661[103]	lat.
Calov, Abraham	Günzel, Albrecht	Stolberg	10.04.1662[104]	lat.
[Calov, Abraham]	Michaelis, [Johann]	Greifswald	26.05.[1662][105]	lat.
[Calov, Abraham ?]	Günzel, [Albrecht]	Stolberg	04.09.1662[106]	lat.
Calov, Abraham	Maukisch, [Johann]	Danzig	30.10.1663[107]	dt.; lat.

Literaturverzeichnis

Adelung, Johann Christoph: Fortsetzung und Ergänzungen zu Christian Gottlieb Jöchers allgemeinem Gelehrten=Lexico [...]. Bd. 2. Leipzig: Gleditsch 1787.

Album Academiae Vitebergensis. Jüngere Reihe T. 1 (1602–1660). Textband. Registerband. Hg. v. d. Historischen Kommission für d. Provinz Sachsen u.

93 Zitat aus d. Brief bei Wotschke, Breslauer Briefe an Joh. Hülsemann, 83 Anm. 1.

94 Brief teilw. abgedr. bei Wotschke, Breslauer Briefe an Joh. Hülsemann, 91 Anm. 1, u. Wotschke, Breslauer Briefe an Kalow, 6 Anm. 5.

95 Brief teilw. abgedr. bei Wotschke, Breslauer Briefe an Kalow, 6 Anm. 4.

96 Brief teilw. abgedr. bei Wotschke, Breslauer Briefe an Kalow, 6 f. Anm. 5.

97 Briefinhalt teilw. referiert u. Zitat aus d. Brief bei Wotschke, Breslauer Briefe an Kalow, 10 Anm. 1.

98 Zitat aus d. Brief bei Wotschke, Brandenburgische Briefe an Hülsemann und Calov, 62 Anm. 1.

99 Brief teilw. abgedr. bei Wotschke, Brandenburgische Briefe an Hülsemann und Calov, 66 Anm. 1.

100 Brief teilw. abgedr. bei Wotschke, Schleswig-Holstein und die polnischen Brüder, 19 Anm. 76.

101 Zitat aus d. Brief bei Wotschke, Brandenburgische Briefe an Hülsemann und Calov, 79 Anm. 1.

102 Brief teilw. abgedr. bei Wotschke, Zum synkretistischen Streite in Stendal, 38 Anm. 2.

103 Brief teilw. abgedr. bei Wotschke, Aus Abraham Calovs Briefwechsel mit Niedersachsen, 50 Anm. 1.

104 Brief teilw. abgedr. bei Wotschke, Brandenburgische Briefe an Hülsemann und Calov, 49 f. Anm. 1.

105 Brief teilw. abgedr. bei Wotschke, Breslauer Briefe an Kalow, 14 Anm. 1.

106 Brief teilw. abgedr. bei Wotschke, Breslauer Briefe an Kalow, 12 f. Anm. 2.

107 Brief teilw. abgedr. bei Wotschke, Breslauer Briefe an Kalow, 11 Anm. 1.

für Anhalt. Bearb. von Bernhard Weissenborn. Magdeburg 1934. T. 2 (1660–1710). Bearb. von Fritz Juntke. Halle 1952.
Anders, Friedrich G.: Statistik der Evangelischen Kirche in Schlesien. Glogau 1848.
Berger, Johann H. von: Hochschulabdankung der Universität Wittenberg vom 26.07.1689.
Berger, Johann H. von: Hochschulabdankung der Universität Wittenberg vom [19.05.]1689.
Blaufuß, Dietrich: Reichsstadt und Pietismus – Philipp Jacob Spener und Gottlieb Spizel aus Augsburg. Neustadt a.d. Aisch 1977.
[Brandes] Antiquariat W. Brandes. Buch- und Graphik-Auktionen. 96. Auktion. Braunschweig 1991.
Bruhn, Hans: Die Kandidaten der hamburgischen Kirche von 1654 bis 1825. Album candidatorum. Hamburg 1963.
Calov, Abraham [Praes.]: Christiani nominis dignitas, ex regali sacerdotio ... [Resp.]: Johann Christian Cramer. Wittenberg: Schrödter 1679.
Calov, Abraham [Praes.]: Curcellaei religio triplex ad Unius fidei Catholicae Simplicitatem. [Resp.:] Georg Reiser. Wittenberg: Henckel 1678.
Calov, Abraham: Leichenpredigt auf Werner Theodor Martini. Wittenberg: Wilcke 1685.
Carpzov, Samuel B.: Leichenpredigt auf Carl Freiherr von Friesen auf Rötha, Cotta, Jeschwitz und Rüben. Dresden: Günther 1686.
[Cramer] Baden-Württembergisches Pfarrerbuch. Hg. im Auftr. d. Vereins für Kirchengeschichte in d. Evang. Landeskirche in Baden u. d. Vereins für Württ. Kirchengeschichte. Bd. 1: Kraichgau, Odenwald. Bearb. v. Max-Adolf Cramer. T. 2. Karlsruhe, Stuttgart 1988.
Crell, Johann C.: Das gesamte itzt-lebende Geistliche Ministerium, im Gantzen Churfürstenthum Sachsen [...] Wie solche im Jahre 1723 In Städten und aufm Lande floriret [...] von J.C. Candern. Andere verb. Aufl. Leipzig: Martini 1723.
Dannhauer, Johann C.: Disputationes theologicae maxim partem in Universitate Argentoratensi [...] in Volumen unum. Leipzig: Reinhold 1707.
Der höchst-verlangte Wechsel [...] Bey [...] Andencken Des [...] Johannis Strauchens [...] [Wittenberg]: Fincelius 1689. [Epicedium der Tischgenossen].
Die von dem Tod unberührte Sennertische Ehren-Pforte [...] Michael Sennert. Wittenberg: Goderitsch 1691. [Epicedium der Tischgenossen des Rektors].
Dorsch, Johann G. [Praes.]: Denarius vespertinus, seu scopus parabolae de operariis in vineam. [Resp.:] Hector Mithobius. Rostock: Wilden 1657.
Dreyhaupt, Johann C. von: Pagus Neletici et Nudzici, Oder Ausführliche diplomatisch- historische Beschreibung des [...] Saal-Creyses [...] T. 2. Halle: Schneider 1750.
Epicedia In Obitum viri [...] Andreae Sennerti [...]. Wittenberg: Henckel 1689.
[Erler] Die jüngere Matrikel der Universität Leipzig 1559–1809. Im Auftr. d. Königl. Sächs. Staatsregierung hg. v. Georg Erler. Bd. 2. Leipzig 1909.
[Estermann] Verzeichnis der gedruckten Briefe deutscher Autoren des 17. Jahr-

hunderts. T. 1. Drucke zwischen 1600 und 1750 bearb. v. Monika Estermann. A-Z. Wiesbaden 1992–93.
Evangelisches Pfarrerbuch für die Mark Brandenburg seit der Reformation. Hg. v. Brandenburgischen Provinzialsynodalverband. Bd. 2. Berlin 1941.
Friedensburg, Walter: Geschichte der Universität Wittenberg. Halle a.S. 1917.
Graesse, Johann Georg Theodor: Orbis latinus oder Verzeichnis der wichtigsten lateinischen Orts- und Ländernamen. 2. Aufl., mit besonderer Berücksichtigung der mittelalterlichen und neueren Latinität neu bearb. von Friedrich Benedict. Unveränd. fotomechan. Nachdr. d. 2. Aufl. Berlin 1909. Berlin 1980.
Grosses vollständiges Universal-Lexikon Aller Wissenschafften und Künste, [...] endlich auch ein vollkommener Inbegriff der allergelehrtesten Männer. Bd. 1–64. Halle, Leipzig: Zedler 1732–50.
Grotefend, Hermann: Taschenbuch der Zeitrechnung des deutschen Mittelalters und der Neuzeit. Reprint [d.] 5. Aufl. Berlin 1984.
Grünberg, Reinhold: Sächsisches Pfarrerbuch. Die Parochien und Pfarrer der Ev.-luth. Landeskirche Sachsens. Im Auftrage des Pfarrervereins für Sachsen bearbeitet von Reinhold Grünberg. Freiberg i.Sa. 1939–40. T. 1–2 .
Grulich, Friedrich Joseph: Die Denkwürdigkeiten der altsächsischen kurfürstlichen Residenz Torgau aus der Zeit und zur Geschichte der Reformation. 2., verm. Aufl. v. Johann Christian August Bürger. Torgau 1855
Heydt, Fritz von der: Verzeichnis der in der Bibliothek des Königlichen Predigerseminars in dem Glasschrank des großen Bibliothekssaales befindlichen Raritäten, Hand- und Druckschriften, neu aufgestellt August 1910. Handschrift. Wittenberg.
Horn, Caspar H.: Hochschulabdankung der Universität Wittenberg vom 24.07.1691.
Jacobs, Friedrich; Ukert, Friedrich A.: Beiträge zur ältern Litteratur oder Merkwürdigkeiten der Herzogl. öffentlichen Bibliothek zu Gotha. Bd. 1. Leipzig 1835.
Jöcher, Christian Gottlieb: Allgemeines Gelehrten=Lexikon. T. 1–4. Leipzig: Gleditsch 1750–51.
Leopold, Friedrich Heinrich Ludwig: Über den gegenwärtigen Zustand der akademischen Bibliothek. In: Grohmann, Johann Christian August: Annalen der Universität zu Wittenberg. T. 3. Meissen: Erbstein 1802, 200–252.
Marti, Hanspeter: Philosophische Dissertationen deutscher Universitäten 1660–1750. Eine Auswahlbibliographie unter Mitarbeit von Karin Marti. München [u. a.] 1982.
Mayer, Johann F.: Curriculum vitae Abrahami Calovii. In: Leichenpredigt auf Abraham Calov. Wittenberg: Schultz 1686.
Medding, Wolfgang: Korbach. Die Geschichte einer deutschen Stadt. 2. Aufl. Korbach 1980.
Moehring, Paulus H.: Leichenpredigt auf Johann Dürr. Zerbst: Palm 1690.
[Müller] Müllers Großes Deutsches Ortsbuch [vollständiges Gemeindelexikon]. 7. neubearb. u. erw. Aufl. Bearb. v. Friedrich Müller. Wuppertal-Barmen 1938.
[NDB] Neue deutsche Biographie. Hg. v. d. Histor. Kommission bei d. Bayerischen Akademie d. Wissenschaften. Bd. 10. Berlin 1974.

Penzler, Johannes: Ritters Geographisch-Statistisches Lexikon über die Erdteile. 9., umgearb., verm. u. verb. Aufl. Revidierter Neudr. Bd. 1 u. 2. Leipzig, Wien 1910.
[PND] Personennamendatei. Informationen zur 3. Redaktionsausgabe auf Mikrofiche. Berlin: Deutsches Bibliotheksinstitut 1992.
Pfarramt Evangelische Marienkirche Torgau: Sterberegister 1672–1707.
Pfarramt Evangelische Marienkirche Torgau: Taufregister 1623–1630.
Pfarrerbuch der Kirchen-Provinz Sachsen. Manuskript. Eigenrieden.
Schüling, Hermann: Johann Weiss (1620–1683). Prof. der Ethik und Politik an der Universität Giessen. Giessen 1977.
Stadtarchiv Wittenberg: Chur-Stadt Wittenberg. Schoß-Revisiones de ais 1644. 1696. u. 1706. mit Beysezung derer Steuer-Schocke. (Schoßbuch 1644, 1696, 1706, Bd. 19).
Stadtkirchenamt Wittenberg: Sterberegister 1666–1714.
Sueno, Enevaldus: De spiritu sancto et aeterna eius divinitate ac processione. Aboa: Hansonius 1661.
[TRE] Theologische Realenzyklopädie. Abkürzungsverzeichnis. 2., überarb. u. erw. Aufl., zusammengest. v. Siegfried M. Schwertner. Berlin, New York 1994.
Weiss, Johann [Praes.]: Disputatio solennis, quam [...] submittunt XI. Honestissimi [...] Philosophiae Candidati [...] Ad gradum Magisterii [...] D. 26. Novemb. Gießen: Hampel 1668.
Weller, Jacob [Praes.]: De dei sanctitate a Calvinianis impugnata. [Resp.:] Johann Jacob Pfeiffius. Wittenberg: Röhner 1636.
Wotschke, Theodor: Analekta zur märkischen Kirchengeschichte im 17. Jahrhundert. In: JBrKG 15, 1917.
Ders.: Aus Abraham Calovs Briefwechsel mit Niedersachsen. Sonderabdruck aus: ZGNKG 24, 1919.
Ders.: Die Beziehungen des Lenneper Superintendenten Scheibler zu Wittenberg. In: MRKG 16, 1922.
Ders.: Brandenburgische Briefe an Hülsemann und Calov. In: JBrKG 17, 1919.
Ders.: Breslauer Briefe an Joh. Hülsemann. Sonderabdruck aus: Correspondenzblatt d. Vereins für Geschichte d. evang. Kirche Schlesiens, 1918.
Ders.: Breslauer Briefe an Kalow, Sonderabdruck aus: Correspondenzblatt d. Vereins für Geschichte d. evang. Kirche Schlesiens, 1916.
Ders.: Ein von dem Superintendenten P. H. Heubelius in Gommern über den Zigeuner- oder Tartarentanz von der theologischen Fakultät in Wittenberg im Jahre 1649 erbetenes Gutachten. In: ZVKGS 12, 1915.
Ders.: Die evangelische Gemeinde in Posen-Schwersenz im 17. Jahrhundert. In: Zeitschrift der Historischen Gesellschaft für die Provinz Posen 29, 1914, 1.
Ders.: Kaspar Hermann Sandhagens Briefe an Abraham Calov. In: ZGNKG 18, 1936.
Ders.: Schleswig-Holstein und die polnischen Brüder. Sonderabdruck aus: SVSHKG.B, 1926.
Ders.: Zum Stettiner Gebetsstreit. In: Pommersche Jahrbücher 19, 1918.
Ders.: Zum synkretistischen Streite in Stendal. In: ZVKGS 15, 1919.
Zitzlaff, Ernst: Die Begräbnisstätten Wittenbergs und ihre Denkmäler. Wittenberg 1896.

Markus Matthias

Mutua Consolatio Sororum

Die Briefe Johanna Eleonora von Merlaus an die Herzogin Sophie Elisabeth von Sachsen-Zeitz

Johannes Wallmann zum 65. Geburtstag

Einführung

1. In seiner Autobiographie berichtet Johann Wilhelm Petersen (1649–1727) von einer Reise, die er mit seiner Frau nach Zeitz in Sachsen unternahm, wo sie von Herzog Moritz Wilhelm (1664–1718)[1] aus der mit dem Gebiet des Stiftes Zeitz ausgestatteten sächsischen Nebenlinie Sachsen-Zeitz freundlich aufgenommen wurden. Der Anlaß für die Einladung des Herzogs war sehr persönlicher Natur. Er besaß ein Bündel von Briefen, die Petersens Frau, Johanna Eleonora von Merlau (1644–1724), an die verstorbene Stiefmutter des Herzogs, Sophie Elisabeth, geschrieben hatte.[2] Von den Briefen, die dem Ehepaar Petersen in Zeitz gezeigt wurden, sind dreizehn Stück aus den Jahren 1678 bis 1684 erhalten.[3] Angesichts des gelegentlich in den Briefen geäußerten Bedauerns über die langen Pausen in der Korrespondenz[4] ist anzunehmen, daß uns

[1] *Frank Baron Freytag von Loringhoven:* Europäische Stammtafeln. Neue Folge. Bd. 1. Marburg 1980, Tafel 45; es handelt sich um denselben Herzog, der 1717 zum römischen Katholizismus konvertierte, um ein Jahr später kurz vor seinem Tod wieder evangelisch zu werden (vgl. *Johann Wilhelm Petersen:* Kurtze Erzehlung Dessen Was mit [...] Moritz Wilhelms [...] Durchlauchtigkeit Selbiger Von der Päbstischen Messe geredet. II. Freude im Himmel über einen zur Evangelischen Gemeinde Wiederkommenden Hertzog. In: [*Christian Gottlieb Buder:*] Merckwürdiges Leben [...] Moritz Wilhelms. Frankfurt a.M. 1719, und das Kondolenzschreiben Petersens an die Witwe vom 3.12.1718 in der Bibliothek der Gesamthochschule Kassel, Sign. 2° Ms. hist. litt. 4).

[2] Das Leben Jo. Wilhelmi Petersen. [Halle a.S.] 1717, 325f.

[3] Die Briefe liegen im Sächsischen Hauptstaatsarchiv Dresden (Loc. 8606). Ein weiterer Brief Johann Wilhelm Petersens an die Herzogin vom 5.11.1680 befindet sich in der Staatsbibliothek Berlin Preußischer Kulturbesitz, Sammlung Darmstadt.

[4] S. Briefe Nr. 3, Z. 4f.; Nr. 8, Z. 4–8; Nr. 11, Z. 5f. u. Nr. 12, Z. 3–5. Die Briefe des Jahres 1678 sind lückenlos numeriert, vermutlich von der Adressatin. – Aus dem Jahr 1679, in dem Johanna Eleonora von Merlau häufig von Frankfurt abwesend war (s. Brief Nr. 8, Z. 6–8), sind uns keine Briefe überliefert. Ebenso fehlen Briefe aus dem Jahr 1681.

die Mehrzahl der von Johanna Eleonora versandten Schreiben an Sophie Elisabeth überliefert ist. Sie sind eine einzigartige Quelle für die Biographie Johanna Eleonoras wie für die Anfänge einer pietistischen Briefkultur und sollen daher an dieser Stelle ediert werden.

2. Aus den mancherlei Nachrichten über zentrale Personen des frühen Pietismus seien zwei wichtige Einzelheiten zur Biographie Johanna Eleonoras herausgestellt.

a) Schon Albrecht Ritschl hat bei Johanna Eleonora von Merlau wie bei Spener eine aus dem Wirkungsbereich Johann Arndts herrührende „Casuistik des Vorsehungsglaube" festgestellt.[5] Ritschl meint damit den Versuch, „Gelassenheit" in den Willen Gottes einzuüben durch den Verzicht auf jeden eigenen Willen. Er exemplifiziert dies an Johanna Eleonora von Merlaus Verhalten angesichts der an sie herangetragenen Brautwerbungen Johann Wincklers (1642–1705) und später Johann Wilhelm Petersens. Anders als die in ihrer Lebensbeschreibung[6] gebotene Darstellung begründet der Brief (Nr. 9, Z. 25 ff.) ihre (zunächst) ablehnende Haltung mit dem in radikalpietistischen Kreisen häufig anzutreffenden Ideal der Ehelosigkeit. Im Falle der Brautwerbung Petersens erweist sich nun die Vorsehungskasuistik als Mittel der Selbstkorrektur Johanna Eleonoras (Z. 29–35). Das offenkundig gehegte Ideal der Ehelosigkeit wird gegenüber der bevorstehenden Ehe relativiert, indem Johanna Eleonora eine selbstgewählte Ehelosigkeit als ein auf Eigenwille beruhendes Ideal diskreditiert. Nun erscheinen Ehe und Ehelosigkeit gleichwertig. Die grundsätzliche Vereinbarkeit beider Optionen mit Gottes Willen erlaubt aber keine freie Entscheidung; vielmehr ist nach dem Willen Gottes in concreto zu fragen. Mit der Berufung auf den göttlichen Plan soll indes nicht einfach die vorfindliche Wirklichkeit sanktioniert werden; sondern Johanna Eleonora von Merlau entwickelt eine klare Methode der Fremdbestimmung, die auf ordentlichen Autoritätsstrukturen beruht. Angesichts der Tatsache, daß Johanna Eleonora in diesem Fall die Methode der Willensaskese wählt, kann man ihr den eschatologischen Vorbehalt wohl glauben, wenn sie sagt, „daß ich eine braut bin als were ich keine".

b) Wir erhalten ferner Einblick in die private Andacht des Hauses Petersen in Eutin (Brief Nr. 13, Z. 29–36). Bishin zu der besonderen Inbrunst des Niederkniens stellt Johanna Eleonoras Hausübung die Fortführung ihrer religiösen Praxis der Frankfurter Zeit dar. Im Mittelpunkt steht die Lektüre des Neuen Testamentes als einer Schritt für Schritt

---

[5] *Albrecht Ritschl:* Geschichte des Pietismus. Bd. 2. Bonn 1884 (Ndr. 1966), 228 f.

[6] Leben Frauen Johannä Eleonorä Petersen. [Halle a.S.] ^{2}1719, § 18 u. 26. – Zur Sache vgl. *Markus Matthias:* Johann Wilhelm und Johanna Eleonora Petersen. Göttingen 1993 (AGP, 30), 83. 124–126.

einzuübenden Anleitung zur Lebensführung.[7] Die ausführliche Schilderung der Hausandacht kann zudem als argumentum e silentio die Ansicht bestätigen, daß die Petersens in Eutin keine Collegia pietatis oder Konventikel gehalten haben.

3. Johannes Wallmann hat im Vorwort zum 1. Band der Bochumer Spener-Briefausgabe auf den noch weithin gelehrten Charakter von Speners Briefen bis zum Erscheinen der Pia Desideria hingewiesen und ausdrücklich Speners Briefe an Johanna Eleonora von Merlau und Sophie Elisabeth von Holstein-Sonderburg (die spätere Herzogin von Sachsen-Zeitz) davon ausgenommen, da mit diesen seelsorgerlichen Briefen Speners „pietistischer" Briefwechsel beginne.[8] Offenbar entscheiden nicht die Person des Verfassers und seine historische Zugehörigkeit zum Pietismus, sondern Inhalt und Form darüber, ob von einem pietistischen Briefwechsel gesprochen werden kann. Gleichwohl bleiben auch die seelsorgerlich-pietistischen Briefe Speners noch diejenigen eines gelehrten Theologen und kirchlichen Amtsträgers und sind davon hinsichtlich ihrer theologischen Reflexionsebene und ihres diskursiven Stiles geprägt.

Anders verhält es sich mit den hier abgedruckten Briefe. Sie sind vermutlich die frühesten, erhaltenen, pietistischen Briefe, die nicht von einem berufenen Theologen, sondern von einer Frau stammen, also von einem (nach der traditionellen Interpretation von 1Kor 14,33 f.) Laien kraft göttlicher Ordnung. Sie sind das Produkt einer Frömmigkeit, die Spener wiederholt als nicht nur für Frauen vorbildlich gerühmt hat. Auffallend und von geistesgeschichtlicher Relevanz ist dabei die Tatsache, wie die geistliche Autorität der Pietistin die Standesgrenzen und Standeskonventionen der höfischen Welt im Zeichen einer Wahrhaftigkeit des Herzens niederreißt (Briefe Nr. 3, Z. 24–26; Nr. 5, Z. 5–7; Nr. 8, Z. 17–21) und eine Seelengemeinschaft statuiert, die Johanna Eleonora sogar zum Medium der Vorsehung werden läßt (Brief Nr. 9, Z. 17 ff.).

4. Die vorliegenden Briefe sind schließlich nicht nur von biographischem oder epistolographischem, sondern auch von kirchen- und frömmigkeitsgeschichtlichem Interesse. Weil ihre zeitliche Nähe zu den Anfängen der pietistischen Reformbewegung in Frankfurt a. M. eine weitgehende inhaltliche Abhängigkeit von Spener ausschließt, muß man die Frage nach der mentalitätsgeschichtlichen Situation von Speners Reformprogramm stellen, die sich nicht einfach durch den Hinweis auf das Konglomerat einer mit Johann Arndt einsetzenden „neuen Frömmigkeit" beantworten läßt.

---

[7] Vgl. *Markus Matthias:* Collegium pietatis und ecclesiola in ecclesia. Speners Reformprogramm zwischen Wirklichkeit und Anspruch. In: PuN 19, 1994, [46–59] 55–57.

[8] *Philipp Jakob Spener:* Briefe aus der Frankfurter Zeit. Hg. v. *Johannes Wallmann*. Bd. 1. Tübingen 1992, VII.

Je mehr sich nämlich die Unterscheidung zwischen einem weiten und engen Pietismus-Begriff als Unterscheidung einer Frömmigkeits- und einer Reformbewegung als heuristisch wertvoll durchzusetzen scheint, um so dringlicher wird die kirchenhistorische Aufgabe, die verschiedenen vorlaufenden Formen der Frömmigkeitsausübung in den Blick zu nehmen, theologisch nach ihren sie strukturierenden Prinzipien, die allein über ihre Evidenz und Rezeption entscheiden, zu differenzieren und nach dem Ausmaß ihrer Bedeutung für die pietistische Reformbewegung zu fragen. Kirchengeschichtlich ist es nicht ausreichend, die verschiedenen Traditionen als vergleichsweise beliebigen Ausdruck eines pietistischen Frömmigkeitstypes zu begreifen.[9]

Bedenkt man etwa, daß Speners Vorstellung von gegenseitiger Erbauung sich seit Ende 1674 zum einen auf die Bibel als Quelle der Frömmigkeit und zum anderen auf ein bibelkonformes Leben (Regeln Jesu Christi) als Ausübung der Frömmigkeit (praxis pietatis) konzentriert, so ist festzustellen, daß beide Elemente schon vorher das religiöse Leben („gottseeligkeit") der beiden adligen Frauen bestimmten (Brief Nr. 7, Z. 35–43), nämlich in einer Zeit, in der beide noch zusammen in Wiesenburg wohnten (vor 1675). Zu fragen wäre also nicht nur nach der Herkunft dieser Frömmigkeitsform, sondern auch nach dem Grund ihrer Evidenz, daß sie an verschiedenen Orten gleichzeitig auflebt.

Als eine wesentliche Frömmigkeitsform ist hier ferner die mutua consolatio (sororum) zu nennen. Betrachtet man nämlich die Brieffolge, so zeigt sich, daß Johanna Eleonora von Merlau, die sich selbst als geistliche Mutter der Herzogin versteht (Brief Nr. 9, Z. 4–8), die Privaterbauung über das Medium des Briefes fortsetzt. Es ist ja auffällig, welche geringe Rolle die „Zeitung" oder die Neuigkeit in den Briefen zu spielen scheinen. Selbst die biographischen Nachrichten wirken eher zufällig, scheinen sich auf konkrete Anfragen zu beziehen und erwecken den Eindruck der Nebensächlichkeit. Hauptgegenstand ist religiöse Erbauung und damit das, was Spener für den wesentlichen Inhalt der Ausübung des „Geistlichen Priestertums" hält.

Dieser in den Pia Desideria an zweiter Stelle genannte Reformvorschlag verdient mehr Beachtung, als ihm in der gegenwärtigen Pietismusforschung zuteil wird. Speners Berufung auf Luthers Lehre vom *allgemeinen* Priestertum, die in Verwerfung einer kultischen Weihehierarchie der Verhältnisbestimmung von Gemeinde, Verkündigung und Amt dient, darf nicht darüber hinwegtäuschen, daß Speners Vorstellung vom

[9] Vgl. die systematisch erhellende Gegenüberstellung der beiden Idealtypen evangelischer Frömmigkeit anhand der Auseinandersetzung von Orthodoxie und Pietismus bei *Elke Axmacher:* Praxis Evangeliorum. Theologie und Frömmigkeit bei Martin Moller (1547–1606). Göttingen 1989, 301–314.

geistlichen Priestertum aller Gläubigen in eine andere Richtung zielt.[10] In der Konzeption Speners ist die Theorie vom allgemeinen Priestertum nicht ein allgemeines Recht, dessen Ausübung durch bestimmte Ordnungen wie etwa derjenigen des Predigtamtes eingeschränkt wird, sondern ein notwendiges Mittel der Kirchenreform, weil *nur* durch gegenseitige Erbauung der Laien untereinander, vornehmlich in Privatzusammenkünften, das erstrebte Ziel erreicht werden kann. Schon 1677 hat Spener in seiner Schrift *Das Geistliche Priesterthum*, konzipiert als katechetisches Lehrbuch im Frage-Antwort-Schema und in Ableitung von dem elementaren Glaubenswissen der fünf Hauptstücke, nichts anderes getan als zu einer das öffentliche Predigtamt zunächst nur ergänzenden, prinzipiell es aber ersetzenden Privaterbauung der Christen untereinander aufgefordert, wobei diese Erbauung wiederum aus einfältiger Schriftlektüre und dem Versuch der Übersetzung des Gelesenen in die eigene Lebensführung resultieren soll.[11] Innerhalb dieses Rahmens räumt Spener der Frau eine gleichwertige Rolle ein, wie die im (kirchlichen) Pietismus allenthalben vorgenommene Aufwertung des Laienstandes die Möglichkeiten und zugleich Grenzen der religiösen Wirksamkeit von Frauen bestimmt.[12]

5. Als Grundmotiv der in den Briefen sich aussprechenden Frömmigkeit fällt auf, daß die Grenzen zwischen dem rechtfertigenden Glauben und der Gottseligkeit (pietas) als Inbegriff religiöser Ethik gefallen sind, insofern die Frömmigkeit den Weg zur Seligkeit bahnen soll. Das ist nicht einfach römisch-katholische „Werkgerechtigkeit", sondern Spiritualismus, der das eschatologische Gegenständlichwerden des Innerlichen erwartet (Brief Nr. 1, Z. 6–10). Man braucht nur auf die Bedeutung der Leiblichkeit (Brief Nr. 10, Z. 25–30) hinzuweisen.

---

[10] Vgl. *Hans Martin Barth:* Einander Priester sein. Allgemeines Priestertum in ökumenischer Perspektive. Göttingen 1990. – *Barth* untersucht in einem historischen Teil verschiedene Modelle des allgemeinen Priestertums, darunter „Das allgemeine Priestertum der Gläubigen nach Martin Luther" (S. 29–53) und „‚Geistliches Priestertum' nach Philipp Jakob Spener" (S. 54–78). *Barths* aus systematischer Sicht vorgenommene Analyse von Speners Schrift über das Geistliche Priestertum verkennt deren historischen Anlaß und Intention, nämlich die theologische Legitimation der Privaterbauung *neben dem Collegium pietatis* in Privatversammlungen. Es ist daher historisch ein Fehlurteil, wenn *Barth* meint, daß bei Spener „das geistliche Priestertum überhaupt wesentlich durch Zusammenkunft [im Sinne des Collegium pietatis; vgl. S. 67] konstituiert wird und daß nicht seine spontane und authentische Wahrnehmung im Alltag die letzte Zielperspektive darstellt" (S. 77). Gerade diese spontane Wahrnehmung intendiert aber Speners seit 1675 bevorzugtes „ecclesiola"-Modell. Hingegen ist *Barth* Recht zu geben, daß das Geistliche Priestertum bei Spener kein ekklesiologisches Gesamtprinzip darstellt (S. 67); man könnte es eher als eine hermeneutische Methode bezeichnen.

[11] *Ph. J. Spener:* Das Geistliche Priesterthum. Frankfurt a. M. 1677 (Ndr. *Ph. J. Spener:* Schriften. Bd. 1. Hildesheim 1979), 41 f. u.ö. (Frage 37).

[12] *Spener,* 7 (Frage 10). 62–66 (Fragen 59–61).

Diese Frömmigkeit ist daher geprägt von einer geradezu paulinischen Sehnsucht „abzusterben", sei es als Absterben des alten, äußeren Menschen, sei es als wirkliches Absterben, sei es schließlich in der Erwartung des nahen Jüngsten Tages, weil die wahren Christen ein ganz realistisch vorgestelltes Leben voller Heiligkeit und Herzlichkeit bei Gott erwartet. Gepaart mit dieser eschatologischen Ausrichtung des Glaubens ist ein rigoroser Heiligungswille, der die Absonderung von der „Welt" verlangt und von der Angst, das Ziel aus den Augen verlieren oder verfehlen zu können, geprägt ist (Brief Nr. 8, Z. 36–44). Der innere Mensch ist auf diese Weise auf das Schauen der Heiligkeit Gottes und auf das Bestehen vor ihr vorzubereiten (Brief Nr. 1, Z. 7–11). Evangeliumsverkündigung im Sinne der lutherischen Rechtfertigungslehre fehlt völlig.

6. Die Charakterisierung der pietistischen Frömmigkeit Johanna Eleonora von Merlaus, auf deren weitere Aspekte (z. B. Pädagogik: Brief Nr. 4, Z. 7–12) ich hier nicht eigens eingehe, muß freilich im Blick auf den Charakter des Briefes als eines Dialoges eingeschränkt werden. Denn Briefe sind ja immer auch auf ihren Adressaten hin entworfen. Im vorliegenden Falle handelt es sich nach den wenigen Zeugnissen, die wir haben, um eine zu Entsagung und Weltverneinung und zu kontinuierlicher Buße neigenden Person.[13]

Herzogin Sophie Elisabeth von Sachsen-Zeitz, geboren am 4. Mai 1653, war eine Tochter von Herzog Philipp Ludwig von Holstein-Sonderburg (1620–1689), der als Nachkomme einer Nebenlinie in Wiesenburg bei Zwickau nur ein kursächsisches Lehensgut besaß. Seine aus zweiter Ehe älteste Tochter lebte nur selten zuhause. Bis zum neunten Lebensjahr wuchs sie bei ihrer Großmutter auf, der Landgräfin Margarethe Elisabeth von Hessen (1604–1667), die ihr eine fromme Erziehung angedeihen ließ. Weitere sechs Jahre war sie bei ihrem Vetter Landgraf Friedrich II. von Hessen (1633–1708), dem „Prinzen von Homburg", untergebracht, ein weiteres Jahr bei der sächsischen Kurfürstin Magdalena Sibylla geb. Markgräfin von Brandenburg (1612–1687) in Dresden (vgl. Brief Nr. 9, Z. 12 f.), von wo sie ungefähr im Jahr 1669 zu ihren Eltern zurückkehrte. In Wiesenburg begegnete ihr Johanna Eleonora von Merlau, die dort seit ca. 1659 als Hofjungfer von Sophie Elisabeths Mutter Anna Margaretha geb. Landgräfin von Hessen-Homburg (1629–

[13] Ihr wird das Lied „So komm, geliebte Todesstunde", überliefert in *Johann Jacob Schütz*: Christliches Gedenck=Büchlein. Frankfurt a. M. 1675, 125–130, zugeschrieben, was freilich weder einen Anhalt findet in dem Nachlaß von *Schütz'* Korrespondenz (Stadt- und Universitätsbibliothek Frankfurt a. M., Senckenbergische Bibliothek), noch angesichts der zur Zeit der Veröffentlichung erst kurzen Bekanntschaft zwischen der Prinzessin und *Schütz* wahrscheinlich ist; es dürfte sich aber um eine Dichtung „in ihrem Geist" handeln; vgl. *Karl Goedeke:* Grundriß zur Geschichte der deutschen Dichtung. Bd. 3. Dresden ^{2}1887, 322 Nr. 20, und *A. F. W. Fischer:* Kirchenliederlexikon. Bd. 1. Gotha 1878 (Ndr. Hildesheim u. a. 1967), 264 f.

1686) lebte. Eine innige Freundschaft und Seelenverwandtschaft verband beide Frauen.

Auf einer gemeinsamen Fahrt nach Bad Ems (1672) begegnen beide Frauen Philipp Jakob Spener und Johann Jakob Schütz, mit denen sie in Briefkontakt treten.[14] Mit der Übersiedlung Johanna Eleonora von Merlaus nach Frankfurt zur Ostermesse 1675 trennen sich die Wege beider Frauen. Ein Jahr später, am 14. Juni 1676, heiratet Sophie Elisabeth und wird die dritte Gemahlin des bald sechzigjährigen Herzogs Moritz von Sachsen-Zeitz (28.3.1619–4.12.1681). Die Ehe erscheint von Anfang an als ein Akt der Selbstverleugnung. Schon 1679 erkrankt ihr Ehemann ernsthaft, seine Hinfälligkeit nimmt stetig zu und sein Tod versetzt Sophie Elisabeth schon nach fünf Jahren in den Witwenstand. Die Krankheit ihres Mannes, seine Pflegebedürftigkeit und die frühe Witwenschaft fördern die Weltentsagung. Auf ihrem Witwensitz (seit Juli 1682) in Schleusingen, so berichtet ihr Biograph,[15] vergeht kein Tag ohne Tränen und gottselige Übungen. Der Welt entsagend, empfängt sie keine Besuche und nutzt kaum die Ausfahrt ins Freie zur Stärkung ihres Leibes. Sie liest geistreiche Bücher, macht schriftliche Anmerkungen dazu, redet und korrespondiert darüber, u. a. mit ihrem Beichtvater in Schleusingen, dem Superintendent Lic. Johann Pretten[16]. Sonntags bleibt Pretten zwei

---

[14] Die Briefe Speners an Sophie Elisabeth sind teils handschriftlich (Hauptstaatsarchiv Dresden; Germanisches Nationalmuseum Nürnberg) und teils nur in den gedruckten Bedenken Speners überliefert; ediert (bislang) in: *Spener*, Briefe aus der Frankfurter Zeit [s. Anm. 8], Nr. 139 u. 159. – Wenige Briefe von Schütz (Abschriften und Entwürfe) finden sich im Nachlaß Schütz in der Stadt- und Universitätsbibliothek Frankfurt a. M., Senckenbergische Bibliothek.

[15] Christ=Fürstlicher Lebens=Lauff/ Der weiland Durchlauchtigsten Fürstin und Frauen/ Frauen Sophien Elisabethen/ Hertzogin zu Sachsen/ Jülich/ Cleve und Berg / gebornen Hertzogin zu Schleßwig Holstein [usw.] Witben/ Unserer gewesenen Gnädigsten Fürstin und Frauen, in: Höchst=verdient= und Unvergängliches Denk= und Ehren=Mahl/ Der weiland Durchlauchtigsten Fürstin und Frauen/ Frauen SOPHIA ELISABETH/ Hertzogin zu Sachsen/ Jülich/ Cleve und Berg/ [...]/ Wittben/ Gestifftet und aufgerichtet. Zeitz: Friedemann Hetstädten (Hof- und Stiftsbuchdrucker) [1684], S. [95] 97–106 (Stolberg Nr. 19577). Verfasser ist der Hofprediger *Michael Christian Ludwig [Ludovici]* (1635–1700).

[16] *Johann Pretten* (1634–1708), Dichter, Theologe, Pädagoge; nach dem Studium in Leipzig Rektor der Domschule in Naumburg, 1663 dort Diaconus, 1681 Pfarrer, Superintendent und Theologieprofessor in Schleusingen, 1684 Pastor primarius in Naumburg. Er ist bekannt geworden durch sein Schleusinger Bibelwerk (BIBLIA, Das ist: Die gantze Heilige Schrift / Alten und Neuen Testaments / Teutsch / D. Martin Luthers. Anjetzo abermal nach des Seel. Mannes reiner Dolmetschung / und richtigsten Exemplaren / mit besondern Fleisse corrigiret / dabey sehr nützliche Ein= und Abtheilungen der Capitel mit grossen Zahlen / wie auch kurtz=gefasste Summarien / ingleichen die Rand=Glossen und Vorreden des Herrn Lutheri / samt den Tituln der Fest= Sonn= und Feyertags=Evangelien und Episteln / auch neue Kupffer zu befinden / Samt einer Erklärung der alten / und andern an vielen Orten unbekannten Teutschen Wörtern und Vorrede D. Johann Prettens. Leipzig und Schleusingen [1684] 1698), über das er mit Spener korrespondiert hat, dem er über die Herzogin ein Exemplar überschickt hatte (DBA 980, 231–260; ADB 53, 114; *Johann Martin Schamelius:* Numburgum Literatum. Leipzig 1727, 106–114 u. Anhang, 55 f.; dort S. 113 f. der Brief Speners vom 1. April 1684).

Stunden abends bei ihr, um mit ihr ein theologisches Gespräch zu halten, sie erwählen dazu das Johannes-Evangelium. Die Herzogin läßt sich Wortverstand, Nutzen und Applikation erklären. Im übrigen besucht sie regelmäßig die Gottesdienste und Betstunden, beichtet viermal im Jahr knieend, nimmt andächtig das Abendmahl und bedenkt genau ihre Worte und Werke, um Gott gefällig, dem Nächsten nützlich und niemandem ärgerlich oder schädlich zu sein. Zur Erinnerung an ihren Mann ißt sie sonntags mittags nichts und übt große Mildtätigkeit aus. Kurz, sie wird das Muster einer Witwe nach 1Tim 5,4. Bald schon erkrankt sie selbst und stirbt am 19. August 1684. Der Lebenslauf, der ihrer Leichpredigt angehängt ist, hält die Zeit ihrer christlichen Pilgerschaft genau fest: 31 Jahre, 3 Monate, 2 Woche, 1 Tag weniger zwei Stunden. Veit Ludwig von Seckendorff, der ehemalige Rat des Herzogs von Sachsen-Zeitz, regelt die Erbschaft.

Überblickt man diesen Lebensbericht, so erklärt sich das geistliche Autoritätsgefälle in den Briefen Johanna Eleonoras. Sophie Eleonora erscheint immer nur als Adressat religiöser Erbauung, nie selbst als gereifte Christin. Trotz ihrer weltflüchtigen intensiven Frömmigkeit fällt es schwer, sie als Pietistin zu bezeichnen. Denn es gibt gerade dafür, was Johanna Eleonora von Merlau auszeichnet, kein Zeugnis: für die Ausübung des geistlichen Priestertums.

7. Im folgenden werden alle überlieferten Briefe Johanna Eleonora von Merlaus (Petersen) an Sophie Elisabeth abgedruckt. Zusätze Johann Wilhelm Petersens oder andere Beigaben werden hingegen nur angezeigt. Die ersten zehn Briefe sind nach Zeitz, die übrigen nach Schleusingen adressiert.

Auf eine Normalisierung der Zeichensetzung wurde bewußt verzichtet, um den impulsiven Briefstil nicht zu bändigen. Gleichwohl wurden der Übersicht halber Absätze gebildet und dort auch jeweils mit Großbuchstaben eingesetzt. Die Schreibung der Grapheme ß, ss, k, ck wurde modernisiert, weil weder eine klare Unterscheidung auf Grund des Schriftbildes möglich noch eine orthographische Regel erkennbar war. Ligaturen sind kursiv gesetzt, auf einen textkritischen Nachweis der Entstehungsvarianten wurde – mit Ausnahme einer Streichung in spitzen Klammern (Brief Nr. 7, Z. 36 f.) – verzichtet. Editorische Eingriffe (Konjekturen etc.) stehen in eckigen Klammern.

Abgekürzt zitierte Literatur:

DWB Deutsches Wörterbuch. Begr. von *Jacob und Wilhelm Grimm*. Leipzig 1854–1971.

DBA Deutsches Biographisches Archiv. Hg. von *Bernhard Fabian*. München u. a. 1982–1985 (Mikrofiche-Edition).

Die Briefe Johanna Eleonora von Merlaus an Sophie Elisabeth von Sachsen-Zeitz

Nr. 1

Frankfurt a. M., 30. Januar 1678

DurchLeuchtigste Hertzogin
gnädigste Fürstin und Frau

Ew: Durch*laucht* werden verhoffendlich mein voriges[17] mit gnädiger hand empfangen haben, zu dessen continuation komet gegenwärdiges, Ew. Durch*laucht* gnad und Friede von unserm hochgelobten Gott aus Hertz*ens* grunde anzuwünschen: auff daß Sie darinnen wachsen nach dem inwendigen menschen[18], welcher einsten vor das angesicht des Heiligen Mayestätischen Gottes soll dargestelt werden! Ach wie sollen wir dann mit Heiligem wandel geschickt[19] seyn, das angesicht unsers glorwürdigst*en* gottes, ohne beschemung, zu schauen? Darumb thun Sie wohl Auserwehlte Hertzogin! daß Ew: Durch*laucht* ie mehr und mehr darnach ringen, durch die Enge Pforte[20] (welches die wahre nachfolge Christi ist) ein zu tring*en*, mit gewalt durch alle die feinde hindurch, die zur rechten und linken[21] uns abtreiben wollen, als da ist augen lust, fleisches lust, und hoffertiges leben, unachtsamkeit, heucheley, falsche hoffnung p[erge][22] welches Ew: Durch*laucht* durch krafft Ihres Ewig*en* Königs alles bestreiten! Nur ist mein wunsch, ferner, an dero geheiligten Seele, daß Ew. Durch*laucht* imer völliger[23] werden möchten; wornach auch ich strebe, und finde ie länger ie mehr, welch einen wahren Ernst, das rechtschaffene Christenthum erfotert[24]. Ach Herr Herr gebe uns erLeuchtete augen, daß wir nicht im todt einschlaffen![25]

Wegen der Jung*fer*[26] | wird mit=komend*er* brieff von hanau eigendli-

---

[17] Nicht überliefert.
[18] Vgl. Eph 3,16.
[19] Vorbereitet (DWB 4 I 2, [3880–3884] 3881).
[20] Vgl. Mt 7,13 f.
[21] Vgl. Dtn 5,32.
[22] Perge (lat.): Fahre fort, und so weiter.
[23] Vgl. 1 Thess 3,12; 4,1.
[24] Erfodern, erfordern (DWB 3, 802).
[25] Vgl. Mt 25,1–13.
[26] Es handelt sich offenbar um eine von Johanna Eleonora vermittelte Kammerjungfer aus Hanau für Sophie Elisabeth (vgl. die folgenden Briefe).

chen[27] bericht thun, was nun Ew Durch*laucht* darin*en* gnädigst gefallen möchte, wird nach dero gnädigst*en* befehl, H*err* Echlitio[28] zur antwort meld*en*; Ich weiß dies mahls nichts ferners zu schreib*en* als daß ich mein stetiges wünschen nochmahls wiede*r*holle, nehmlich*en*, daß der Gott des friedens[29] Ew Durch*laucht* wolle heilig*en* durch und durch Amen.

ersterbe darnechst
Ew. Durch*laucht*
unterthenigste magd und Diener*in*
JEvM

F:f. den 30 Jan: 1678.

Nr. 2

Frankfurt a. M., 20. März 1678

Der Herr Jesu sey mit dero Geist Seel und Leib!

DurchLeuchtigste Hertzogin
gnädigste Fürstin

Ew: Durch*laucht* gnädiges schreiben vom 5 dies[30], ist mit unterthenigstem dank, mir zuhanden komen. Ach gesegnete Seele! die sich der warheit freuet, welche bey vielen verlästert wird! wie wohl were es mancher Seelen, wenn Sie alles nach des liebsten Heylandes lehr und Evangel[ium] prüffete, ehe Sie liecht fünsternus, und fünsternus liecht heißt? Aber gelobet sey unser gott, der Ewre Durch*laucht* einen solchen lautern Sinn gegeben, der wohl [= wolle ?] solchen in ihnen iemehr und mehr lauter machen, in göttlicher warheit! Damit Sie prüffen kennen, was das beste ist umb solches zu lieben und zu behalten[31] bis in den todt p. wo Sie als dan des ienigen werden theilhafftig werden, was dieselben hie

---

[27] Eigentlicher: genauer (DWB 3, 102).

[28] Christian Gottfried Echlitius (1643/44–1721), geb. in Allsted (Thüringen); nach dem Studium in Jena Hofprediger und Informator am Hof in Zeitz, 1680 Pfarrer in Langenau, 1682 Diaconus in Zeitz, 1688 Superintendent in Weyda, 1690 Superintendent des Stiftes Zeitz; Liederdichter (DBA 264, 78 f.; *Karl Gottlob Dietmann:* Die gesammte der Ungeänderten Augspurgischen Confession zugethane Priesterschaft in dem Churfürstentum Sachsen. Bd. 5. Dresden/Leipzig 1763, 139 f.).

[29] Vgl. 1Kor 14,33 u. ö.

[30] Nicht überliefert.

[31] Vgl. 1Thess 5,21.

geliebet und belebete! nehmlich*en* Jesum Christum der unser Leben und unser alles ist!

Was meine hinkunfft[32] belanget, so wegere ich mich nichts, was nach dem wohlgefelligen willen meines hochgelobten gottes seyn wird: ist es nun umb | bemeldete Zeit noch in Ew. Durch*laucht* hertzen, meine gerinheit [!] zu sich zu haben, so werden dieselben gnädigst belieben solches zumelden, od*er* melden zu lassen: so werde ich thun nach dem als mir befohlen wird, und werde es annehmen als von dem Herrn, dem mein willen in allem unterworffen seye, Er führe mich nach seinem H[eiligen] rath p.

Wegen der Jung*fer*[33] habe ich mit der Fr[au] Lindauin[34] geredet, Sie wills bestellen daß dieselbe erst zu mir komen und als dann mit dieser Meß[35] gelegenheit fortreisen soll: der Herr gebe seinen Seg*en* darzu!

Ja wohl ists nöthig geheiligte Seele! zu ruffen: immer völliger![36] die vielen gar zu viel hinderungen od*er* begeb*en*heit*en* sind, die zurück ziehen, daß man wohl wachen und beten[37] muß, will man die Seele erreten! Die aber den Herrn allezeit vor augen behalten, und zu ihrer rechten seyn lassen p. die werden wohl bleib*en*!

Ew Durch*laucht* werden selbsten an sich gewahr werden, wie | kalt das hertz in der gemeinschafft gottes wird, wo mann durch unachtsamkeit, die welt liebe in sich komen läßt, da ist uns wachens und betens von nöthen, die weilen unser wiedersacher d*er* teuffel umbherschleiget, und suchet welche er betrüge: nicht meine wertheste! des müßte mann imer traurig seyn, und sich nur ängsten. Ach nein, denn die frucht des geistes ist freude p.[38] sondern daß man wache, und prüffe, was lieg*en* od*er* warheit, gut od*er* bös ist p. damit wir uns nicht betrügen, und anstatt verlangter freude ewiges hertzen leid bekomen! Nun unser gott, der das gute in Ew. Durch*laucht* angefangen, der wolle es auch vollführen, biß auff den Tag Jesu Christi,[39] der sey unterdessen Ew. Durch*laucht* Liecht und Krafft, und leide Sie auff Ewigem wege, Amen.

---

[32] Offenbar hatte Sophie Elisabeth einen Besuch von Johanna Eleonora in Wiesenburg gewünscht (vgl. die folgenden Briefe).

[33] Vgl. Brief Nr. 1, Z. 22 f.

[34] Frau von Lindau in Hanau, offenbar eine entferntere Verwandte Johanna Eleonora von Merlaus (vgl. *Spener*, Briefe aus der Frankfurter Zeit [s. Anm. 8], Brief Nr. 167, Z. 30–41).

[35] Die Frankfurter Frühjahrsmesse vom 17. März bis 6. April 1678.

[36] S. Anm. 23.

[37] Vgl. Mt 26,41.

[38] Gal 5,22.

[39] Phil 1,6.

wünschet
Ew Durch*laucht*
unterthenigste Magd und dienerin
JEvM

V.I.C.B.V.T.U.S.M.D.[40]

PS. Die fr[au] bauerin, H*err* D. Spener und H*err* Schütz[41] sagen ihren unterthenigst*en* gruß und friedens wunsch an Ew Durch*laucht* Seele deren Ewiges wohlergehen ich wohl iniglich wünsche! und glaube!

F:f. den 20. Marti 1678

Nr. 3

Frankfurt a. M., 14. Mai 1678

Durchleuchtigste Hertzogin
gnädigste Fürstin und Frau

Ew Durch*laucht* gnädigstes Schreib*en*[42] habe ich mit unterthenigstem danck und gewöhnlicher hertzensfreud zu recht erhalten. Mein langes stillschweigen[43] ist nicht aus vergessenheit, sondern Ew: Durch*laucht* zu verschonen. Unterdessen sollen meine Seufftzer zu meinem gott nicht stille seyn, sondern vor dero hohes wohlergeh*en*, vor dem höchsten kundt werden, und so viel mehr, als ich weiß, daß das rechte wohlergehen von Ew Durch*laucht* beliebet wird, zu dem irdischen habe ich (was über die nothdurfft ist) keine gewißheit im gebet, und also auch keine festigkeit, daß ich erhöret würde, weil*en* unser Heiland uns solchen Verspruch niemahlen gethan, sondern nach dem reich gottes und seiner gerechtigkeit trachten heißen, so würde uns alles anders zufallen, weil*en* der Himlische Vatter besser weiß, was wir bedörff*en*, als wir ihm vorsagen kennen p.[44] Er hat uns den inwendig*en* und auswendig*en* mensch*en* gegeben, so wird er auch vor beyde sorg*en*, wohl allen denen, die mit maria das beste Theil erwehlen.[45] | Ew Durch*laucht* verstehen mich wohl, daß

[40] Offenbar die Initialen eines (biblischen) Wahlspruchs.
[41] Maria Juliane Baur von Eyseneck (1641–1684), bei der Johanna Eleonora von Merlau in Frankfurt im Saalhof wohnte, Philipp Jakob Spener (1635–1705) und Johann Jakob Schütz (1640–1690).
[42] Nicht überliefert.
[43] Der letzte Brief Johanna Eleonoras datiert vom 20. März 1678 (Brief Nr. 2).
[44] Vgl. Mt 6,32 f.; Lk 12,30 f.

ich nicht von einem faulen müßiggang rede, od*er* daß man die zeitliche güther verschwenden solte, sondern daß unser hertz nach solchen gütern streben sollete, die Ewig bleibend sind, und was der höchste, an irdischem gegeben, recht gebrauchet werden möchten, wie manns einmahl vor dem großen hausherrn, welcher uns nur als haushalter darüber gesetzet,[46] verantwort*en* kann, und dann ein iedes seiner hend*e* arbeit, nach eines ieden stand, und ambt vollbringe p. Ich rede gerne einfeldig mit meiner auserwehlt*en* Hertzogin! weilen zu Ew Durch*laucht* ich mich alles versehen darff! p.

Der Herr wird es mit meiner reise[47], und mit all*em* füg*en*, wie es seines H[eiligen] nahmens Ehre ist. Mit der Jungfrau[48] will ichs bestellen, und so bald antwort erfolget, an Ew: Durch*laucht* wied*er* unterthenigst berichten.

Unser lieber D. pener[49] [!] ist zwar äußerlich eine zeitlang unbaß[50] gewesen, aber nach dem inwendig*en* menschen so gestärket, daß er seine Krankheit, welche doch sehr schmertzhafft war, weil*en* es auff die art als ein reißend gift | nur seine ruhe neuerte, die ihm der Herr gemacht hat*e* p. ist wied*er* gantz wohl, und lässet Ew: Durch*laucht* gantz unterthenigst grüßen: Er wandelt fort in den wegen seines gottes, und lässet die welt urtheilen, was Sie will, wohl wissende, daß wir dermahleins alle vor dem richterstuhl Christi werden dargestellt, da es hernachmahls nicht gehet nach dem, als wie hie gerichtet, od*er* losgesprochen word*en* von der welt, sondern, es wird allda ein gerechtes gericht seyn, wenn der rath des hertzens offenbahr und einem ieglich*en* vergold*en* wird nach sein*en* wercken![51]

Ach liebeste Seele! lasset uns fleißig seyn in guten werken, so werden wirs auch gut haben, an dem tag seiner des H*err*n Christi erscheinung; nicht als verdienten wirs mit guten werken, sondern weil*en* wir gott die Ehre geben, und die Krafft unsers geschenket*en* Heilandes gebrauchen zum neu*en* leben p. anders verachten wir, und werd*en* wied*er* verachtet werd*en*. Dar vor unser gott uns vätterlichst bewahr*en* wolle und Ew Durch*laucht* stärken, kräfftig*en*, und gründen Amen.

wünschet Ew Durch*laucht*

---

45 Vgl. Lk 10,42.
46 Vgl. Mt 25,14–30 (Lk 19,12–27).
47 Vgl. Brief Nr. 2, Z. 16–23.
48 Vgl. Brief Nr. 1, Z. 22 f.
49 Philipp Jakob Spener (s. Anm. 41).
50 Unpaß, unpäßlich (DWB 11.III, 1224 f.).
51 Vgl. Röm 2,6.

unterthenigste magd und diener*in*
JEvM

F:f: den 14 May 1678.

H*err* Schütz[52] recom: sich unterthenigst!

Nr. 4

Frankfurt a. M., 7. Juni 1678

Durchl*euchti*gste Hertzogin — den 7. Junij 1678
gnädigste Fürstin

E. D*urchlaucht* berichte in höchster Eil*en* mit unterthenigkeit, daß die Jung*fer*[53] sambt der Margarethe Elisabetha H*errn* Heckmans Tochter[54], dies*en* Peter Pauely [!][55] mark [!] werden hinnen komen. Ich habe die Jung*fer* schon gesehen ist ein fein Mägdgen, die sich verhoffendlich wohl schicken wird. Die Margarethe lis[56] ist ein gottseelig kind, die sich gern sagen läßt, still, und demüthig, aber noch nicht geworffelt[57], als in d*er* welt seyen muß, aber sie ist zu unterricht*en*, man muß sie nicht über hauen, sondern mit sanfftmuth untersag*en*[58] so wird sie alles thun was man begehret, wo man sie aber mit vielem zürnen wolte führen, so ist Sie zu forchtsam, und würde noch untichtiger werd*en*, Ew. D*urchlaucht* werd*en* Ihr in Gnaden die hand halten, ist gewiß ein sehr gut gemüth, Sie hat eine kleine zeit bey ein*em* fromen doctor[59] gedienet, welcher vor etzliche wochen sehr christ*lich* gestorben, der H*err* Echlitius[60] kenet ihn wohl, ist in seinem hiesein bey ihm gewest.

Gnädigste Hertzogin die welt tobet, aber der Herr Herr ist mit den seinig*en*, darumb fürchten Sie sich nicht. Seine Krafft sey Ewig über Eure Durch*laucht*

---

52 Johann Jakob Schütz (s. Anm. 41).
53 S. Brief Nr. 1, Z. 22 f.
54 Margarethe Elisabetha Heckmann (Lebensdaten nicht ermittelt).
55 Aposteltag Peter und Paul am 29. Juni 1678.
56 S. Anm. 54
57 Vgl. Mt 3,12.
58 Untersagen mit Akkusativ im Sinne von „Vorhaltungen machen", „Zureden" (DWB 11.III, 1740 f.).
59 Vermutlich Johann Kißner (9.2.1645–24.5.1678), Dr. med. und Arzt in seiner Heimatstadt Frankfurt a. M. (Stadtarchiv Frankfurt a. M.).
60 Christian Gottfried Echlitius (s. Anm. 28).

wünschet Ew Durch*laucht*
unterthenigste Magd p.
J.E.v.M.

NB. Ew: Durch*laucht* gn[ädiges] schreib*en* vom 30 May[61] habe ich erhalten, und weil*en* eeben denselb*en* tag, als Ew: D*urchlaucht* brieff tactiret, ich willentz gewes*en*, die M. E.[62] mit d*er* Jung*fer* hinnen zu schicken damit Sie nicht allein reisete, als habe geschlossen, daß von Gott sey. In großer eil.

Nr. 5

Frankfurt a.M., 18.Juni 1678

Durch*leuchtigste* Hertzogin
Gnädigste Fürstin

Ew: Durch*laucht* werd*en* verhoffend*lich* mein voriges[63] gn[ädig] empfangen haben, zu dessen Cuntinuation komet gegenwärdiges Ew Durch*laucht* unterthenigst die liebe händ zu küssen, solte zwar aus respect den rock sagen, aber ich rede wie mirs im hertzen ist, ich habe die Hände lieber als d*en* rock: Der Herr Herr segne sie und mache sie zu waffen der gerechtigkeit[64], den dürfftig*en* zum dienst ihrer nothdurfft p.

Sonsten wünsche ich daß die mitkomende Jung*fer*[65] und mägdg*en*[66] nach Ew. Durch*laucht* hertz*en* seyn mögen in dem Herrn, in dem Sie beruffen sind, und glaube ich von Ew D*urchlaucht* daß wenn Sie sich in demselben wohl verhald*en* werd*en*, Ew Durch*laucht* Sie am aller gefeligst*en* seyn werd*en*, die weil der Herr größer ist dann alles! die ihn aber also ehren mehr als sich selbst die wird er wied*er* ehren mit einer warhafften Ehre.

Daß bewußter freund[67] viel neues mit | bring*en* wird, ist leicht zu glaub*en*, in dem er bey solchen leut*en* unterrichtet wird, die gewohnet sind, zu lästeren, was Sie nicht verstehen, und zu sagen, was sie wed*er* gehört, noch gesehen, damit ia ein Verdach [!] gemacht werde, alles was Chri-

---

[61] Nicht überliefert.
[62] S. Anm. 54
[63] Brief Nr. 4.
[64] Vgl. 2Kor 6,7.
[65] S. Brief Nr. 1, Z. 22 f.
[66] Margaretha Elisabetha Heckmann (s. Anm. 54).
[67] Nicht ermittelt.

stum nach folget, auch die irdisch gesinneten nicht offenbahr werd*en* möchten: aber der Herr Herr wird den seinigen bey stehen mit seiner mächtig*en* Krafft, darauff sie sich verlassen. Ich halte gedachte Person werth, weil*en* ich viel Jahr lang alles guts von ihr gehöret: von gerechtigkeit und warheit p. solte sie dann das gute anfeinden, so geschiehets nur daß ihr bös vor gemahlet wird! Der Herr Herr aber erleuchte seine augen, daß er prüffen lerne, was liecht und fünsternus sey und nichts richte, er habe es denn erkand: der Herr gebe ihm weisheit zu erken*nen* die list des Satans. Ew. Durch*laucht* werden mehr glauben haben, deme zu begegnen, was auff einer seite unrecht gedeutet werd*en* solte, als die meine wenigkeit von Jugend auff andre fund*en* aber auch schon lange kenne deme nicht ia mehr zu | glaub*en*, als die ein*en* belassen schall menschlicher lüg*en* gehöret, nicht meine ich, daß ich, od*er* andre liebe freunde möchten unschuldig gehalten werd*en*, denn es ist uns wenig dran gelegen, was die menschen auff uns halten, sondern, wenn es eine hinderung des guten (als Ew Durch*laucht* melden) seyn solte, so redet man was zur besserung dienet; unsere hoffnung ist nicht auff menschen, sondern auff den Herrn Herrn, der wird uns und alles offenbahr machen an dem tage seiner offenbahrung, darnach müssen wir uns richten, auff daß wir nicht zu schanden werd*en*, vor ihm, was sind menschen, ein gras p.[68] und wie thörigt ists ehre von ihnen zu suchen!

Daß der Echlitio[69] und sein weibgen auch schon leid*en* müssen umb d*er* gottseligkeit, ist mir nicht frembt, der Herr aber gebe ihnen die hertzens demuth Christi, daß Sie in allem ihres nechsten besserung suchen, und alle eigenwilligkeit von hertzen flieh*en*, welche nur zank gebähret. Ach Herr Herr gib uns weisheit aus der Höhe daß wir dein*en* H. nahmen Ehr*en* Amen.

sterbe
Ew Durch*laucht*
unterthenigste magd und dienerin
J.E.v.M.

V.I.C.B.V.T.U.S.M.D.[70]

Frf den 18 Junii 1678

PS. H*err* D. Spener und H*err* Schütz[71] grüß*en* Ew Durch*laucht* unterthenigst!

[68] Vgl. 1Petr 1,24.
[69] Christian Gottfried Echlitius (s. Anm. 28).
[70] S. Brief Nr. 2, Z. 47.

Nr. 6

Frankfurt a. M., 7. September 1678

Durchleuchtigste Hertzogin
gnädigste Fürstin und Frau

Ich bin eine Zeit hero imer in hoffnung gestanden Ew. Durch*laucht* hochwerthesten gegenwarth, alhie in d*er* nehe theilhafftig zu werd*en* nunmehro aber ist solche hoffnung durch absterb*en* des hochseelig*en* fürst*en*[72] fast gesunken, und beklage ich hertzlich*en*, daß nicht nur dem armen land dardurch sehr wehe geschehen, sondern auch die fürstliche braut[73] in so frühen Trauerstand gesetzet worden: der treue gott der alles wohl meinet! gebe Ihro Durch*laucht* der lieb*en* Princessin zu erkenen, was Sein Heiliges wohlgefallen darbey ist, und lasse ihre Seele finden, was ihr dardurch gegeb*en*, damit Sie ihren Seelenbräutigam (der Sie noch bis auff gegenwärdige stund keinem vergänglichen bräutigam überlassen wollen!) desto fester einverleibet werd*en*, auff daß wenn die rechte stunde komet, Sie auch an ein*en* leiblichen bräutigam zu vermehlen, Sie desto fester und untrenlicher an dem Himmels=bräutigam bleib*en* möge und ihr*en* mitgesellen auch darzu reitzen kann in d*er* liebe.

Wenn wir alle wege unsers gottes erkeneten, welch lob und dank solte in unsr*em* hertzen und in unsr*em* | munde sey [!]: anstatt die unerkandnus nur vorklagen und weinen ist. Aber also müssen wir unser Elend zuvor fielen, damit wir durch demüthige unterwerffung unter gott gehorsam lern*en*, und nachmahls desto genauer prüffen ken*nen*, wie gut es in gott zu seyn ist und seine wege wissen Ewiges leben gibet. Wo wir unsre Hertzen von d*er* weltliebe abwend*en* und zu gott kehren, so werd*en* wir solche warheit inen werden, und selbsten schmecken wie köstlich Sie sey über alles was uns menschen davon sagen kön*nen*! Der Herr Herr lasse Ew Durch*laucht* Seele reichlich*en* schmecken und bewahre Sie in sein*em* treu*en* Vatters schutz Amen.

Ew. Durch*laucht*
unterthenigste magd und dienerin
JEvM.

---

[71] Philipp Jakob Spener und Johann Jakob Schütz (s. Anm. 41).

[72] Ludwig VII. von Hessen-Darmstadt (12.6.1658–31.8.1678); er war auf der Reise zur Hochzeit nach Zeitz am 12. August vermutlich an der Roten Ruhr erkrankt und starb in der sächsischen Residenz Friedenstein (Leichpredigt: Immer=Grünendes Grab=Mahl. Darmstadt 1682; Stolberg Nr. 13160 [-69]).

[73] Erdmuthe Dorothea von Sachsen-Zeitz (13.11.1661–20.4.1720).

Ff: den 7 Sep. 1678.

PS. Ew. Durch*laucht* empfang*en* meine unterthenigst*en* grüße von alle hiesige bekande diener und dienerin*nen*: bey welchen dero hohe Person offtmahls gedacht wird zum guten p. Ew. Durch*laucht* vergeben gnädigst meiner eilfertigkeit!

Nr. 7

Frankfurt a. M., 28. November 1678

DurchLeuchtigste Hertzogin
gnädigste Fürstin und Frau.

Ew: Durch*laucht* hohes wohlergehen sambt dero gnädigst*en* gruß habe ich bey meiner zurückkunfft von Erbach[74] allwo ich mich auff umbständiges anhalten d*er* beyderseits hochgräfflich*en* personen[75] ein woch od*er* viere [?] auffgehalten, mit unterthenigstem dank zu meiner freud erfahren und empfangen. Der große gott der sein werk in Ew. Durch*laucht* schon bey früher Jugend angefangen, der wolle es auch reichlich*en* in ihnen vollend*en*, zum preis, auff den Tag Jesu Christi[76], an welchem alles offenbar wird! zum lob der fromen, und zur Ewig*en* schmach und schande denen die unrecht thun p.

Was Ew. Durch*laucht* wegen meiner hinkunfft[77] gnädigst begehret, solte mich wohl von hertzen vergnügen, wenn wir abermahl in persönlicher gegenwart vor dem angesicht unsers großen gottes uns erfreuen und seine barmhertzigkeit preisen solten die werende Zeit an unser*en* Seelen vermehret | würd*e* p. weil*en* aber sothane meine hinauskunfft von Ihrer Durch*laucht* dem H*err*n Hertzog[78] vermuthlich ungleich angesehen auch von einigen bedienten vor verwegenen Vorwitz angenom*en* werden dörffte als weiß ich nicht wessen ich mich hirine zu verhalten[79]. Stelle alles göttlicher ferneren regirung und verordnung anheim. Der Herr Herr füge alles zu seinen H. Ehren, und lasse uns seinen aller Heiligsten

---

[74] Erbach im Odenwald.

[75] Georg Ludwig I. von Erbach (8.5.1643–5.4.1693), seit 1672 zu Erbach, Freienstein und Wildenstein, 1678 in Michelstadt und Amalia Katharina Gräfin von Erbach zu Erbach geb. Gräfin von Waldeck (18.8.1640–4.1.1697), Tochter des Grafen Philipp Theodor in Eisenberg und Culemborg (*Loringhoven* [s. Anm. 1], NF 5, 4).

[76] Vgl. Phil 1,6.

[77] Vgl. Brief Nr. 2, Z. 16–23.

[78] Herzog Moritz von Sachsen-Zeitz (s. Einleitung).

[79] Verhalten: mit dem Genetiv (DWB 12.I [508–515] 513 f.).

willen in allen Stücken wohl erkenen: meine Seele ist ruhiger göttlicher verordtnung zu folgen, als nach ein*em* gemein*en* gutdünkel zu verfahren: die gedanken der menschen sind offtmahls eitel wo Sie am besten gemeinet, aber die wege des Herrn sind allezeit heylig.

In solcher erwegung bleibet mir nichts übrig, als der Hertzliche wunsch, daß der große gott all unser verlangen thun und lassen lenken wolle in allem zu erwehlen was vor ihm das wohlgefeligste ist; auff | daß solches mein komen od*er* zurückbleiben zu seinem preis fruchtbar seyn möge. Wormit ich abwesend als gegenwerdig verbleibe

Ew: Durch*laucht*
unterthenigste Magd und dienerin
JEvM.

Franckfurt den 28/18. Nov: 1678

PS. Auserwehlste Hertzogin! wie offt gedenke ich doch an die Zeit unsers anfangs[80] in d*er* wahr*en* gottseeligkeit. Wie eiffrig waren wir <gegen alles verspoten> die schrifft zu lesen. Was vor herrliche vorsätze war*en* offt gefasset mit ernst in den weg*en* unsers gottes zu lauffen! Ich errinnere Ew D*urchlaucht* gerne an solche Zeit, den Herrn unsern Gott zu loben vor solche treue vatters züge, und dann mit allem ernst fortzusetzen, was damahls dem Herrn gelobt worden absonder*lich* darinnen, daß wir in allen stücken sein*en* Heiligsten willen gehorsamen[81] wolten p. ich will nichts mehr errinnern d*er* Herr wirds selbsten thun!

H*err* Horb[82] ist ietzt hie thut seine unterthenigste recommendation. H*err* D. Spener[83] und H*err* Schütz[84] thun ihren unterthenigsten Christ*lichen* Gruß!

[80] S. Einleitung.
[81] Gehorsam sein (DWB 4.I 2, 2539 f.).
[82] Johann Heinrich Horb (1645–1695), Speners Schwager.
[83] Philipp Jakob Spener (s. Anm. 41).
[84] Johann Jakob Schütz (s. Anm. 41).

Nr. 8

[Frankfurt a. M., 15. Juni 1680][85]

DurchLeuchtigste Hertzogin gnädigste Fürstin und Frau. F=f: den 15 Juni 1680

Ew: Durch*laucht* gn[ädiges] schreiben vom 1. dies[86] habe ich sehr wohl erhalten, daß aber vorhin so lange nicht geschrieben gehabt, ist nicht aus gerinachten [!] geschehen; sondern aus mangel der Zeit die mir offt sehr kurtz worden, absonderlich dies vergangene Jahr, da ich fast keine bleibende statt gehabt, sonder [!] von einem ort zu dem andern geruffen worden,[87] unterdessen ist dero Liebes gedächtnus, mir doch offt im Sinn gewesen, mit flehen zu gott, daß Er meine außerwehlteste Hertzogin in so gefährlichen zeiten unter solchem gefährlichen Stand Erhalten wolle, in seiner liebe, und furcht, auff den tag des H*errn* Jesu, da alle unsere werke, unsers gantzen lebens, herfür a[ns] Liecht komen! wie sollen wir dann mit fürchten wandeln, daß wir als dann in Ihm bestehen, als die in der krafft seines todtes der sünden gestorb*en*, und in seiner Aufferstehung gelebet haben[88] zum preis gottes in dem wahren | glauben an seinen nahmen.

Daß aber meine Liebste Hertzogin mein voriges briefgen[89] gantz anders verstanden als ich geschrieben, wundert mich nicht wenig in dem Sie mein gemüth besser kenen, daß ich nicht Lob sagen würde, wenns schulden heißen solte, sondern mir mehr freyheit geg*en* dieselbe nehme, als mit solchen zweydeutigen worten umbzugehen. Ich versichere Sie, meine wertheste! daß die liebe Gräfin[90], und auch H*err* Schäfer[91] bey Ew.

---

[85] Nach Inhalt (s. Anm. 91) auf das Frühjahr 1680 zu datieren. Terminus ante quem ist die Übersiedlung des solmsischen Grafenhauses nach Laubach im Sommer 1680.

[86] Nicht überliefert.

[87] Zur Abwesenheit Johanna Eleonoras von Frankfurt im Jahre 1679 vgl. die Briefe Speners an Johann Wilhelm Petersen (Halle a.S., Archiv der Franckeschen Stiftungen, A 196): a) 10.6.1679: „Optima Merlavia nostra iam alteram mensem in aula Erpachiana agit, superiori septimana cum Illustrissima Comitissa in urbem redierat, eidem vero comes iterum ire debuit, cum ad suos reverteretur"; b) 5.12.1679: „Nob. Merlavia nostra, cum superioribus diebus Erpacum abiret, cum illa Comite ad Hohenloicas aulas profectura, istos reliquit, quas mei includerem"; c) 8.6.1680: „Nobiliss. Merlavia ab anno fere maiorem temporis partem extra civitatem exegit, huc illuc accersita".

[88] Vgl. Röm 6,5–11.

[89] Nicht erhalten; vorliegender Brief ist numeriert als Nr. 2. 1680.

[90] Gräfin Benigna von Solms-Laubach geb. von Promnitz (24.3.1648–9.11.1702), verheiratet mit Johann Friedrich von Solms-Laubach (19.2.1625–6.12.1696); der folgt 1631 bzw. 1665 in Wildenfels und 1676 (für die im männlichen Stamm ausgestorbene Linie Carl Otto [27.8.1633–6.8.1676]) in Laubach (mit Utphe) (*Loringhoven* [s. Anm. 1], 5, 84). Erst im Sommer 1680 zog die Familie wegen der aus Böhmen nach Sachsen eindringenden Pest nach Laubach.

D*urchlaucht* in unbilligem verdacht sind, die weil*en* Sie alles guts von Ew: Durchl*aucht* geschrieben, daß aber H*err* Schäfer lieber erwehlet zu wildenfelß eine zeitlang zu bleiben, ist etwan darumb geschehen, daß dorten nöthiger und nützlicher ist, in dem Ew: Durchl*aucht* den H*errn* Hoffprediger und lieben H*errn* Echlitio[92] an der hand, da etwan die liebe gräfin niemands hat der | bei ihren vielen kindergen[93] ih[r] an die hand ginge, so muß man als das nothwendigste und beste erwehlen, doch wird es nicht auff beständig seyn, sondern mit gelegenheit auch sein anvertrautes pfund[94] bey Ihnen lassen frucht bring*en*: bleiben Sie nur fein in der Liebe geg*en* die liebe gräfin und alle gott liebende Seelen, und lassen keinerley weise des argwons, ihre liebe stöhren, den der feindselige geist ist gar lästig uns an der liebe zu hindern, wir aber müssen darnach streben, daß wir uns fest machen in Christo p.

Liebstes Hertz! wie gerne wolte ich einfeltig schreiben, wenn mir dero wandel besser bekand were, aber in solcher entfernung thue ich nur die einfeltige vermahnungen die mir ins hertz, od*er* gedächtnus fallen. Dies dünket mich, daß bey meiner liebsten Hertzogin noch kein recht beständiger geist[95] ist, sondern noch vieler umbständligkeit unterworffen sind, welches mich veranlasset, daß ich fast in allen briefen anmahne zum guten. Den ich weiß, daß man in solcher gestalt von *der* welt leicht kan überwunden werden. Ich flehe aber zum Herren, daß Sie überwinden und den Sieg behalten in Christo Jesu der sey mit Ihrem geist

wünschet
Ew: Durchl*aucht*
unterthenigste Magd und d*iener*in
JEvM.

Von allen lieben freunden hertzlichst gegrüßet! in Eil!

---

[91] Johann Peter Scheffer (Schäfer) (gest. 1719 in Utphe); der vermutlich aus Darmstadt stammende Scheffer hatte Theologie studiert und sich in Frankfurt a. M. Spener angeschlossen; im Oktober 1679 reiste er nach Sachsen und wurde bei dieser Gelegenheit von Spener dem Grafen von Solms als Informator empfohlen. Seitdem war Scheffer bei den Grafen von Solms-Wildenfels-Laubach in unterschiedlicher Funktion, auch häufig auf Reisen (u. a. in die Niederlande), angestellt; zuletzt war er Amtmann in Utphe/Wetterau (vgl. *Rüdiger Mack:* Pietismus und Frühaufklärung. Hg. von der Justus-Liebig-Universität i.V. mit der Evangelischen Kirche in Hessen und Nassau. Gießen 1984, 31 Anm. 17).

[92] Christian Gottfried Echlitius (s. Anm. 28).

[93] Magdalena Wilhelmine (2.1.1668–3.8.1719), Johann Siegmund (30.12.1668–18.12.1678), Friedrich Ernst (26.3.1671–26.1.1723), Louise Bibiana (28.4.1672–27.8.1694), Carl Otto (13.9.1673–16.2.1743) und Heinrich Wilhelm (16.5.1675–15.9.1741) (*Loringhoven* [s. Anm. 1], 5, 84).

[94] Vgl. Lk 19,11–27.

[95] Vgl. Ps 51,12.

Nr. 9

Laubach, 19. August 1680

Durchleuchtigste Hertzogin
gnädigste Fürstin und Frau. Laubach, den 19. Aug. 1680.

Ew Durch*laucht* hohes wohlergehen habe von der lieben Fr. gräfin von wildenfelß[96] ich mit inigster freude vernomen, dann ich noch immer in dem gefühle bin, ob ginge meine Liebste Hertzogin mich gar nahe an, als einer Mutter ihr kind welches Sie mit schmertzen gebohren p. Meine auserwehlte! wissen wohl, daß dero gottseeligkeit mich auch manche schmertzen gekostet, und wenn ich offt befahren[97] mußte, daß einige gelegenheit vorhanden, die dero guten zwek hindern möchte, habe ich mit seufftzen und gebet so lange gerungen, bis Sie mir wied*er* als eine Theuere beude[98] geschenket, wie ich als noch in frischem gedächtnus habe, wie wunderbar ihre liebe gegenwarth dem Eitelen Dresden[99] entzogen wurde eben zu der zeit, da meine viele seufftz*en* vor gott komen waren. p.p. Dieses alles hat mich offt veranlasset freyer in briefen zu seyn geg*en* solche, die mir | nicht allein nach dem gemüthe so genau offenbahr, daß ich offt abwesend als gegenwerthig mit ihnen reden kenen, p. sondern auch daß dero leiblicher zustand und heurath mir 3 Jahr lang zuvor im Traum endecket [!], wie Sie selbsten wissen, daß da mich geträumet hate, Es were im selben lande ein schöner brunen gewest, darin hete eine Steinerne Säul gestanden und dero nahmen darauff geschrieben p. ich solchen traum gleich dahin deutete, daß Sie in das sächsische haus heurathen würden p. Sehet meine außerwehlte! so nahe sind Sie mein*em* Hertzen! p. daher ich auch noch imer hoffnung gehabt, in person meine liebe noch einsten an Ihnen zu bezeug*en*.

Aber es will mir fast die hoffnung ietzt entgehen, da es wohl durch wunderbahre regirung gottes dahin gelanget, daß ich durch vätterlichen concens mit dem hoch Ehrwürdigen H*err*n Kirch*en*rath, Hoffprediger und Sup[erintendenten] zu Euthin[100] Ehelich*en* verlobet und etwan in 3 wochen hochzeit halten werde.[101] Wie frembt mir dieser Stand vorkomet,

---

[96] Benigna von Solms-Laubach (s. Anm. 90).

[97] Befürchten (DWB 1, [1246–1248] 1247).

[98] Vgl. Jer 38,2.

[99] Dresden; vermutlich vom Sommer 1673 bis Anfang 1674 (s. *Spener,* Briefe aus der Frankfurter Zeit [s. Anm. 8], Brief Nr. 158 Anm. 11 u. 181, Z. 99 ff.).

[100] Johann Wilhelm Petersen (1649–1726/7), seit 1678 Hofprediger, Superintendent und Konsistorialassessor im Fürstbistum Eutin.

[101] Zum Eheschluß von Johann Wilhelm Petersen und Johanna Eleonora von Merlau am 7. September 1980 s. *Matthias,* Petersen [s. Anm. 6], 124–128.

ist gott bekand, als daß ich wohl sagen kan, daß ich eine braut bin als were ich keine p.[102] Doch ist mir angenehmer den allein seeligsten gotteswillen zu vollbring*en*, als in dem ledig*en* Stande mein*en* eigenen willen zu behalten, wie wohl mein Sinn nicht war umb mein*er* selbst will*en* | den ledig*en* Stande zu behalten, sondern es deuchte mich, meinem gott besser dienen zu kenen p. Desweg*en* schluge ich auch anfangs diese gelegenheit gantz aus, und meinete inskünfftig keine zumuthung mehr davon zu hab*en*, aber es wolte auff der ander*en* seiten kein abschlagen angenomen werden, weilen sich gedachter H*err* Sup: versicherte, daß Er solch vornehmen durch göttliche bewegung bey sich gethan, und keine andre absichte hete als göttl*iche* Ehr. Er auch in seinem gebet dieser sache weg*en*, und im glauben gestärket würde, daß Er über alles abschlag*en* und schwere geg*en*würffe nicht zweiffelen konte, sondern einfeltig glaubete, daß d*er* Herr seine sache so ausführ*en* würde, daß allerseits seinem H[eiligen] nahmen lob geschehe p. Durch dieses und vieles zureden lieber freunde[103] habe ich mich endlichen resolvirt, die sache mein*em* leibl*ichen* Vatter zu übergeben, als welchen gott mehrmahls als einen schiedsman gebrauchet, wenn wir offt meineten, göttlich*en* willens zu seyn, was nur eine Probe war p. Aber derselbe hat über alles vermuth*en* bezeuget, daß Er göttl*ichen* willen nicht wiederstreben kente, sondern sein*en* vätterlich*en* concens gantz willig mitgetheilet p. un[d] bitte ich meinen gott iniglichst, daß Er solche Ehe allein zu sein*en* H: Ehren segnen wolle, daß wir nicht uns selbst, sondern Ihme leben mögen p.[104] und mir auch krafft mittheilen, das was mein leib*liches* angesicht an meiner auserwehlten ermangelen muß, daß meine schrifft an Ihn*en* desto gesegneter seyn möge, also daß wir uns vor dem angesicht unsers gottes Ewiglich sehen und freuen mög*en*, daß wir in dieser leben gefährlich*en* zeit einander auffgewecket haben, nach dem zu trachten, das Ewig*lich* weret p. ringet, ringet meine Kron! und sparet kein fleiß. Der Herr Jesus sey mit dero geist Amen.

wünschet Ew: Durch*laucht*
unterthenigste Magd und Dienerin
JEvM

Sie vergeben meine eilfertigkeit!

PS. Ich bin ietzt hier bey d*er* lieben gräfin[105] der*en* Standhafftigkeit mich

[102] Vgl. 1Kor 7,31.
[103] Philipp Jakob Spener und Johann Jakob Schütz (s. Anm. 41).
[104] Vgl. 2Kor 5,15.
[105] Benigna von Solms-Laubach (s. Anm. 90).

recht im Herrn erfreuet, wer überwindet der soll alles ererben.[106] Welche herrlichkeit umb eine solche schendliche welt. Wer nicht gar verblendet ist, der wird sich von dem betrangenen fürsten d*er* welt[107] nicht auffhalten lassen, sondern alle gewalt brauch*en*, seinen dausend stricken zu entgeh*en* p.p.p. Dero hertzlieben Herrn[108] habe ich auch rühmen hör*en* p. Gott lasse Seiner Durch*laucht* lob frey seyn.

NB. Wenn Ew. Durch*laucht* einmahl an die liebe hertzogin nach Euthin[109] schreiben, so gedencken Sie meiner im besten damit ich auch fruchtbar seyn möge an selb*en* ort. Ihro D*urchlaucht* haben ihren H*errn* Schwager[110] [?] sehr gerühmet welches mich auch desto getröster machet. D*er* H[err] H[err] segne alles. Amen.

Nr. 10

Eutin, 8. Februar 1682

DurchLeuchtigste Hertzogin
Gnädigste Fürstin und Frau.

Ew: Durch*laucht* Gnädigstes Schreiben[111] hat mich zwar herzlichen erfreuet aber das betrübte hertz so ich daraus wahrnehme beweget mich allemahl zu Thränen der liebe in welcher ein glied des ander*en* angelegenheit fühlet und es empfindet, aber meine auserwehlteste Hertzogin wie seelig ist Ihr solcher zustand da Sie mit reinem demüthigen zerschlagenem geist vor gott liegen und an aller welt üppigkeit einen Ekel haben, welches sich in den guten Tagen nicht so findet, da man offt viele mühe hat daß das hertz die vergäng*liche* wohlust nicht lieben solte, welche doch die Seele verderben und das Ewige hertzleid nach sich ziehen, welches so gar wenige glauben wollen, weil Sie alle welt in solcher thorheit wandelen sehen, auch die besten gemüther darin auffgehalten werden durch den gemeinen gebrauch; welches doch nicht seyn solte, die weil uns das kostbare blut Jesu Christi[112] von unserm Eidelen wandel erkauffet hat, nicht mehr der menschen lüsten, sondern dem Herrn unserm gott zu

---

106 Apk 21,7.
107 Vgl. Joh 12,31 u. ö.
108 Herzog Moritz von Sachsen-Zeitz (s. Einleitung).
109 Herzogin Christine von Holstein-Gottorp geb. Gräfin von Sachsen-Weißenfels (1656–1698), die Frau des evangelischen Fürstbischofs des Bistums Lübeck-Eutin, August Friedrich von Holstein-Gottorp (1646–1705).
110 Nicht ermittelt.
111 Nicht überliefert.
112 Vgl. 1Petr 1,19.

dienen mit furcht und zucht p. Wie schwer würde Ew: Durch*laucht* gewesen seyn in dero vorig*em* Stand, alle die Eidelkeit*en* zu verleugnen die Sie ietz mit gutem fug ablegen, und in einem Christ*lich*en wietben Stand[113] gott preisen. Es | thut zwar wehe wenn man durch solch mittel soll neher zu dem Herrn gezogen werden, aber der allwissende Vatter siehet am besten, daß kein ander mittel darzu kräfftig ist als eben solches das Er gebrauchet. Er hat seine Vatters ruthe geg*en* meine auserwehlte inigstgeliebte Hertzogin zwar scharff gemacht, daß Sie bis auff das innerste des Hertzens durchgebissen, aber Sie ist voller liebe und barmhertzigkeit gegen die Seele und auch geg*en* den leib der seiner herrlichkeit soll theilhafftig werden, wenn Er hie ein reines faß der Seelen gewesen od*er* ein werzeug [!] dar durch Sie den willen ihres gottes vollbringen ken*en* die sich selbst gott begeben und auch die glied*er* zu waff*en* der gerechtigkeit[114] worden, mit leib und Seel Ewig wohl seyn, wenn Sie die kleine und leichte Trübsallen überwund*en*, und gerne zu ihrem besten von der Treue Vatters Hand angenommen, getrost mein liebes Hertz es ist nur noch ein kleines, so werden wir Jesum sehen und in ihm alle die uns in Ihm lieb gewesen, alle die in seinem nahmen | gestorben od*er* entschlaffen mit denen werden wir uns Ewig freuen, O wie süß wird da die liebe seyn die so herlich und lauter ia vollkomen seyn wird gegen gott und gegen alle. Freuet euch meine auserwehlte, es kombt gewiß! es ist nahe! Halleluia!

Das gebett gefelt mir sehr wohl ich will sehen daß ich ein lied von dem guten freund[115] darbey vor Ihre D*urchlaucht* bekome.[116]

Es schadet nichts, daß die äußer*lich*e gestaldt sich geendert. Es solte mich so viel mehr freu*en* wenn ich vermittelst des lieb*en* conterfeids dero demüthig*en* geist in gott aus den augen leuchten sehen solte. Die augen sind die fenster des Hertzens,[117] ach wie angenehme ist unsrem himmlisch*en* Vatter solche niedrige gestaldt! Die Er nachmahls zu einer geistes fröh*lich*keit auff erhebet, da zu vor die fröh*lich*e gestalt noch gar vermischet war mit fleisch und blut p.

Sonsten meine liebste Hertzogin muß ich auch schreiben, daß wir in d*er* nehe ein nothleidenes Glied Christi funden,[118] welches großen mangel

---

[113] Zum Witwenstand Sophie Elisabeths s. Einführung.

[114] Vgl. Röm 6,13.

[115] Nicht ermittelt.

[116] Vgl. Brief Nr. 11, Z. 50–59

[117] Sprichwort (vgl. *Karl Friedrich Wilhelm Wander:* Deutsches Sprichwörter-Lexikon. Bd. 1. Leipzig 1867 [Ndr. 1987], 172, Nr. 89).

[118] Nicht ermittelt.

an zeitlicher nahrung, und ohne einige verschwendung weg*en* vieler krankheit an seiner person und angehörig*en* in schulden gerath*en*, dessen leben mein*em* lieben Man bekand, daß es ohne heucheley Christ*lich* gewes*en* von langer zeit her, als haben wir uns vorgesetzet, solcher gott=liebenden Seelen nach unser mög*lich*keit zu helffen, weil aber unser vermög*en* so weit nicht langet, als wolten wir rechtschaffene Christen ansprechen, daß Sie eine kleine gabe mit beytragen daß der lieben Seel geholffen werde, und haben bereits [solch]es an unterschiedliche berichtet weil es aber | so gar ein gutes werk ist warhafften Christen was mit zu theilen, als habe meine liebste Hertzogin auch gerne mit unter solcher zahl haben wollen die an ienem Tag hören werden, was beym Mat: 25[119] stehet. Und bitte dero scherfflein[120] mit bey zu tragen es wird nicht ungesegnet bleiben. Die liebe Christ*lich*e Geisspizin[121] [?] und der auffrichtige bedauer*liche* [?] Echlitio[122] werden auch etwas mit beylegen und mit der meß[123] gelegenheit anhero senden, der liebe Echlitio will mir doch etwas artzeney schicken, bey welcher solches kan mitkomen. Der Herr wird euer aller Lohn seyn und euch kein Gutes mangelen lassen p.

NB. daß die Kind*er*[124] nicht sind wie man wünschen mögte, ist wohl zu beseufftzen, der Herr erbarme sich ihrer und erlöse Sie von dem verderb*en* ihrer Seelen. Betten ist nun das beste, weil das hinweg womit man Sie noch hette unter die furcht bring*en* mögen. Gott wird meiner auserwehlten beystand thun in allem, wormit seiner Vatters Liebe Ewigst empfohlen von

Ew: Durch*laucht*
unterthenigsten Magd und D*ienerin*
JEvMP

Mein lieber Man grüßet unterthenigst und hertzlichst. Er betet wohl fleißig vor Ew: Durch*laucht*.

Euthin, den 6. Feb 1682

119 Mt 25,[31–46] 40.
120 Vgl. Mk 12,42.
121 Nicht ermittelt.
122 Christian Gottfried Echlitius (s. Anm. 28).
123 Die dreiwöchige Leipziger Ostermesse, beginnend am Sonntag Iubilate.
124 Offenbar die Stiefkinder der Herzogin.

Nr. 11

[Eutin, November 1683][125]

DurchLeuchtigste Hertzogin
Gnädigste Fürstin und Frau.

Ew: Durch*laucht* hohes wohlergehen ist unsere freude wie wir den beyderseits mein lieber mann und ich ein großes verlangen tragen etwas darvon zu hören und dünket uns allzu lange von Ew: Durchl. nichts gehöret zu haben. Wir würden mit unterthenigster nachfrage nicht auffhören, bis wir eine gnädigste antwort erweckt hetten, wo uns nicht die gelegenheit die briefe fortzuschicken mangelte, in dem unsere liebste Hertzogin[126] sich beklagen, daß Sie auff unterschiedliche schreiben keine antwort von Ew: Durch*laucht* empfangen, und eine zeither nicht geschrieben haben wir auch nichts fort bringen könen. Dieses aber hat mir der H*err* Hoffrath Jahn[127] versprochen zu bestellen.

Ach meine Hertzensfürstin wie leben Sie doch in ihrem Jesu? Sehen und erkenen Sie auch diese zeiten da uns die letzten Plagen[128] vor Augen schweben? Gewiß wenig wenig sind die augen zum sehen haben noch hertzen zu vernehmen wie daniel von den heutig*en* | Menschen weissaget: daß Sies nicht achten würd*en*, aber die verständig*en* (in gott) würdens achten und zu hertzen nehmen;[129] es siehet nur ein ieder auff das was vor augen ist, und achten die zeitliche güter vor gewinn, versäumen darüber so viel geistlich*en* reichthums ia wohl gar das Ewige leben wie aus dem 4ley aker[130] vorgebildet, da auff dem dornigten die frucht auffging und wuchs, aber weil die dornen mit auffging*en* dieselbe ersticken daß Sie nicht zur völligkeit gelang*en* konte, welches man nicht bey den bösen welche dem weg gleich sind nur siehet sondern bey so vielen guten gemüthern die noch das wort zu hertzen nehmen aber von den sorg*en* der zeittlich*en* dinge so hingerissen werden, daß Sie sehr unempfind*lich* im geist werden und dunkele aug*en* bekomen zu erkenen den weg ihres heils und zu beobacht*en* was zu ihr*em* wahren fried*en* dienet.

Meine Hertzensfürstin und auserwelste Hertzogin! Sie sind von gott in solchen stand gesetzet darin Sie gelegenheit haben zu suchen was dem

---

[125] Zur Datierung s. Brief Nr. 12, Z. 10.
[126] Herzogin Christine von Holstein-Gottorp (s. Anm. 109).
[127] Nicht ermittelt.
[128] Vgl. Apk 15,1.
[129] Dan 12,10.
[130] Mt 13,1–9.18–23 par.

Herrn angehöret daß Sie heilig seyn mögen beydes am leib und am geist und könen reich | werden in guten werken einen schatz zu samlen auffs zukünfftige[131] welches Sie auch thun werd*en* weil*en* Sie besser wissen als andre daß das wesen dieser welt bald vergehen wird.[132]

Der Herr Herr der Sie vormahls geliebet hat und vor vielen auserwehlet, der wolle mit diesem herannahend*en* neu*en* Jahr neue Krafft und göttliches gedeyen darzu mildiglich verleyen und Ew: Durch*laucht* schmecken lassen die kräfften der zukünfftig*en* welt des neuen Jerusalems[133], so werd*en* Sie nicht allein vor sich das alte hassen lernen, sondern noch viele andere darzu anreitz*en* ach wie Seelig werd*en* Sie als dan seyn wo das kurtze restgen unsers noch rückständig*en* lebens wird folgens verflossen seyn und das Ewige Ewige anheben daß nimermehr endet, wie würde man es dan seine Thorheit scheld*en* wo man etwas verseumet hette wofür uns seine göttliche allmacht bewahren wolle welcher Ew: Durch*laucht* auch von hertzen empfohlen sey von Ew: Durch*laucht*

unterthenigste Magd und Dienerin
JEvMP

[Es folgt ein an den Rand geschriebenes geistliches Grußwort von Johann Wilhelm Petersen.]

[Dabei ein Gedicht von sieben Strophen mit je sechs Versen im Paarreim unter der Überschrift: „Cœur Content c'est un grand talent". Die Versanfänge lauten:][134]

1. Mein Hertz sey zufrieden betrübe dich nicht
2. Mitt Trauren und Thränen wirt nichts ausgericht
3. Die rechte Vergnügung darinnen besteht
4. Drum will ich zufrieden mitt meinem Gott sein
5. Vergnügung des Hertzens ist besser denn Goldt
6. Gott gäbe einem jeden vergnügten muth
7. Wer nur hier auff Erden Glückselich will sein

---

[131] Vgl. 1Tim 6,19.

[132] 1Kor 7,31.

[133] Vgl. Apk 21.

[134] Es handelt sich offenbar um die Vorlage zu dem Lied Nr. 1023 des Freylinghausenschen Gesangbuchs (Geistreiches Gesang=Buch, den Kern alter und neuer Lieder in sich haltend. Halle 1741, 683 f.), dessen Verfasser(in) bislang unbekannt ist. – Das gedruckte Lied weist gegenüber dem Manuskript einige Änderungen auf, die möglicherweise auf einer genaueren Übersetzung einer französischen Vorlage beruhen. Gegenüber dem Begriff des Vergnügens (in Gott) wird der Begriff der Gelassenheit in den Vordergrund gestellt. Außerdem steht die oben an 4. Stelle genannte Strophe im Gesangbuch an 6. Stelle; vgl. Brief Nr. 10, Z. 39 f.

Nr. 12

Eutin, 31. Dezember 1683

DurchLeuchtigste Hertzogin Euthin, den 31. Dec: 1683
Gnädigste Fürstin und Frau.

Ew: Durch*laucht* gn[ädiges] schreiben hat uns sehr erfreuet weilen wir fast bekümmert waren, so lange nichts von Ew: Durch*laucht* gehört zu haben, wie es mit dero wohlstand nach Seel und leib stehe. Wir haben Ew Durchlaucht gn[ädiges] schreiben erst gestern als den 30. Dec: empfang*en* und uns verwundert, daß die brief so lange unterweges blieben, da wir von frankfurt in 8 tag*en* briefe haben könen, welches ia noch weider ist.

Habe vor etzlich*en* woch*en* meinen gering*en* neuJahrswunsch[135] abgeleget welches verhoffendlich zu recht wird komen seyn, ach daß wir doch bald in unserem recht*en* vatterland beysamen wohnen möchten, so dörfften wir nicht mehr der briefe sondern könten von angesicht zu angesicht miteinander umbgehen und gott loben welche zeit dem höchsten sey dank herzunahet und alle tage weniger werd*en*, in diesen Eidelen hütten zu wohnen. Ach daß wir nur fleiß theten daß wir den eingang nicht verseumeten. Gott gebe uns gnad darzu umb Christi willen.

Daß der H*err* von Seckendorff[136] so zunimt in seinem Christenthum freuet uns sehr ach wie werden wir uns Ewig aneinander erfreuen, wenn wir beständig bleib*en* | bis ans ende.

Den lieben Printz*en*[137] wolle der barmhertzige Gott bewahren vor der Ittalienisch*en* boßheit und wolle sein hertz vielmehr dar durch an der welt und ihrem verfluchten wesen einen ekel machen, ach wie nöthig hat man vor solche junge hertzen zu betten, daß ihre hertz*en* nicht verrückt werden von so unzehlbarer boßheit die ietzt im schwang geh*en*. Gewiß wen uns die augen nur recht auffgethan werd*en*, die heutige boßheit zu sehen so muß man sich darfür entsetzen, wie so gar keine warnung vom Himmel durch allerley straff*en* mehr geld*en* wollen. Man hat

---

135 Vgl. Brief Nr. 11, Z. 35 ff.

136 Veit Ludwig von Seckendorff (1626–1692), 1664–1681 Kanzler und Konsistorialrat des Herzogs Moritz von Sachsen-Zeitz.

137 Von den drei Stiefsöhnen Sophie Elisabeths Moritz Wilhelm (1664–1718), Christian August (1666–1725) und Friedrich Heinrich (1668–1713) war es wohl der älteste Prinz, der in diesem Jahr nach Italien reiste.

wohl uhrsach über seine Seele fleißig zu wachen. Ach Herr Herr lehre uns doch betten und wachen umb Christi willen Amen.

Es ist mir von hertz*en* lieb, daß Ew. Durch*laucht* sich genüg*en* lassen und nicht die güter der welt verlang*en*. Ach was gefahr ist dabey daß man nicht die Seele darüber verliehre, da die Ewige warheit selbsten spricht: wie schwerlich werd*en* die reich*en* ins reich gottes komen p.[138] Man kan sich bey solchem erträglich*en* zustand nicht genugsam prüffen ob man auch nach dem vermögen so da ist, die glied*er* Christi nach gebühr bedecke und mit unseres Herrn güther treulich umbgehe, nicht nach der welt weis die da meint es gehöre ihr zum eig*en*thum was ihr nur anvertrauet, sondern also wie es vor dem allwissend*en* Herrn recht und wohlgefellig ist, wie solte man dan mehr begeren. Es ist ein großer gewinn wer gottseelig ist und läßet sich genügen. Es sind ia nur güther vor | dieses leben und gehet nichts darvon mit in die Ewigkeit wer wolte dan sein hertz darzu neig*en* das wir doch zurück lassen müssen und nicht viel mehr nach dem trachten, das drob*en* ist, da wir Ewig bleiben wollen bey Christo Jesu, wer das eine liebet, wird das andre verliehr*en*, das Ewige gut macht recht*en* muth. Halleluia!

Unser liebste herrschafft[139] sind in einem guten stand und danken ihrem gott vor die gnad die wir an dies*em* ort noch hab*en*, da wir vor krieg und pestilentz bishero sicher blieben, unter seine*m* gnad*en* schutz, ach es solte ia alles dem Herrn dancken daß Er seines Sohnes ehre geretet und den bösen [?] Christen Sich [?] gegeb*en* nicht umb ihrend sondern umb seinetwillen. Des lieben Echlitio[140] freude ist auch unser freud, gott lasse ihm seinen Sohn zum Seegen auffwachsen. Wir hab*en* fleißig vor ihro entbindung gebetet, gott hats erhöret er wirds ferner erher*en* was wir bitten. Der liebst*en* Jung*fer* geisspiz*in*[141] kan ich weg*en* großer eil nicht antwort*en*, Sie ist in unserem hertz*en* in der liebe Jesu, als ein liebes mitglied. Mein lieber Man grüßet unterthenigst von hertz*en*. Kann wegen seiner MorgendPredig nicht schreiben will dafür vor Ew: Durch*laucht* hohe wohlfart bett*en*.

Wormitt der gnade des höchst*en* dausendmahl empfohl*en* von
Ew. Durch*laucht*
unterthenigst*en* Magd und Dienerin
JEvMP

---

[138] Vgl. Mt 19,24.
[139] August Friedrich und Christine von Holstein-Gottorp (s. Anm. 109).
[140] Christian Gottfried Echlitius (s. Anm. 28).
[141] S. Anm. 121.

Die liebste Princessin[142] grüßen wir ganz unterthänigst.

[Dabei auf einem eigenen Blatt (zweiseitig) ein anonymes und undatiertes theologisches Bedenken über die (verneinte) Frage:]

Kan ein Christ ohne Verlezung seines gewißens und ohne Schiffbruch des glaubens sich zur Päbstisch*en* Kirche bekennen, und doch dabey im hertz*en* Evangelisch bleiben, wenn es die Papisten begehren, ihme auch die freyheit Evangelisch zu leben versprech*en*? Kann er auch mit gut*em* gewißen sein leben dadurch salviren?

Nr. 13

Eutin, 8. Februar 1684

Immanuel!

DurchLeuchtigste Hertzogin
Gnädigste Fürstin und Frau.

Ewer Durch*laucht* beyde gnädigste schreiben haben wir auff einmahl vor 2 tagen mit unterthenigster danksagung erbrochen, mein Hertzensman[143] ist allemahl froh wenn er etwas von Ew: Durch*laucht* hört und versichert wird daß Sie noch in dem guten kampff[144] fortlauffen da anietzo ein stetes abweich*en* aller orten ist. Da die böse gelegenheit*en* dieser argen welt so manche feine Seele unvermerkt verdürbet, man kan kaum die gefahr geringsam vorstellen, und wird viel weniger geglaubet, weil man keine gute, sonder bösere Exempel vor sich siehet als man selbsten ist daß offt dem menschen einen schein gibet daß er from sey aber solte Er einen wahr*en* Christ*en* in dem Christus Jesus warhafftig lebet vor sich seh*en*, Er würde erschrecken und seiner noch groben fünsternus überzeugt werden müssen, aber es ist so verfallen, daß wo noch ein kleiner anfängling Christi ist, der ist ein verborgener gottes, und kann kaum gesehen od*er* wohl gar recht angeseh*en* werd*en* wer nun diese gefahr ansiehet der wolte gerne alle gutwillige hertzen herausreißen daß Sie nicht möchten in der sicherheit verderb*en* und freuet sich wen er höret daß einige ihren weg mit furcht und zittern[145] bewahren.

Mein liebes kind[146] ist dem höchsten sey Dank noch wohl, ist ietzt an-

---

142 Vermutlich Erdmuthe Dorothea von Sachsen-Zeitz (s. Anm. 73).
143 Johann Wilhelm Petersen (s. Anm. 100).
144 Vgl. 1Tim 6,12.
145 Vgl. Phil 2,12.
146 August Friedrich Petersen (1682–1732).

derthalb Jahr alt aber von solch*em* verstand als ob es sehr alt wer. Kniet des tages offtmahls von sich selbst auff die Erd*en* und hebet sein angesicht in die höhe mit gefaltenen händen und betet Abba Abba ohne daß | ihn iemahls were geheiß*en* word*en*. Hat eine große holdseligkeit in sich, obs der herr lange auff dieser welt wird leben lass*en* stehet bey seinem H. wohlgefallen. Er thue mit ihm allein seinen Heiligsten wohlgefallen in zeit und Ewigkeit.

Was meine hausübung belanget, so betten wir abends und morgens mit unserm gantzen haus auff den knien und lesen ein cap. aus dem n. test. od*er* etzliche sprüche mit solchem vorsatz das wenige was wir geles*en* auch zu practisiren, nach der mahlzeit pfleg*en* wir ein danklied zu singen und nachmittag lese ich wen meine leute beysamen sind, etwas aus dem Marterbuch[147] od*er* aus einem ander*en* geistreichen buch. Den benahmt*en* Selenschatz[148] habe ich zwar noch nicht gelesen, ist aber unter meines lieben Mans büchern.

Daß die liebe geheimte räthin[149] so Christ*lich* ist freuet mich von hertz*en*, es ist ietzt wahr, daß bey aller gleichstellung d*er* welt ein wahrer Christ hervor wachsen solte. Man meinets wohl nicht daß so ein wahr gewächse ist aber es ist doch die höchste warheit, der Herr vermehre alle das gute an allen orten und lasse seinen H. nahm*en* bekand werd*en* in all*en* landen.

Daß viel lästige anschläge von dem Pabstum geschmiedet werd*en*, ist wohl wahr und wer ein wenig augen hat, der siehet, was ander*en* noch verborg*en* ist, aber wie kahl wird man besteh*en* in den anfechtungen. Weilen die erkandnus der warheit zur gottseeligkeit[150] fehlet, so wird das wissen nicht viel helffen, es ist ein haus ohne grundt, und ob einige solten umb die religon [!] sterb*en* und hetten die warheit darin nicht erkand sondern weil Sie darbey erzog*en* und vor recht hielten täten [?] was ruhms hetten Sie vor gott? Darumb ists nöthig vor die so ihre Seele liebhab*en* daß Sie beyzeit*en* anfang*en* thäter des worts[151] zu werd*en*, auff daß Sie seine krafft schmecken lernen, und wiss*en* an wen Sie glaub*en* und aus dem glaub*en* red*en* p. es dürffte uns wohl widerfahren was vom 1. den heyd*en* geseh*en*! daß da Sie wußten daß ein gott were und

[147] Märtyrerbuch.

[148] *Christian Scriver* (1629–1693): Seelenschatz/ Darinn von der menschlichen Seelen hohen Würde/ [...] tröstlich gehandelt wird. Vor etlichen Jahren in [...] Wochen=Predigten [...] fürgezeiget/ Nachmahls [...] weiter außgeführet/ [...] und zum Druck übergeben. Leipzig 1675.

[149] Sophie Susanne von Seckendorf geb. von Ende (24.3.1653–10.4.1710) (Leichpredigt: Stolberg Nr. 8799), die Frau von Veit Ludwig von Seckendorf (s. Anm. 136).

[150] Tit 1,1.

[151] Jak 1,22.

Ehrten ihn nicht als ihren gott und achtet*en* nicht daß Sie ihn erkennet*en*, so gab Sie gott darhin in verkehrt*en* Sinn p.[152] wie wenig achtet man zu dies*en* zeitten daß man gott erkenen möge man meinet weil man einige wissenschafft von gott und seinem wesen hette so were es genug, aber wissen ist noch lange nicht erkenen: 1Joh2 stehet: wer da saget er kene | gott und helt seine gebot nicht, das ist ein lügner p.[153] Suchet man nicht mehr ernst nach geld und guth zu trachten als nach der wahr*en* erkandnus gottes, ia wer sich nur recht prüffen will der wird find*en*, daß er sich hirzu gewalt anthun muß umb zu der Selig*en* erkandnus gottes zu gelang*en*; es gild nicht schlaffen und in sicherheit schlumern, es heißet wachen und betten und mit furcht und zittern die Seeligkeit würken.[154] Ach wie gut ists, daß Ewer Durch*laucht* erkenen und ihre Seele erretten die so manche schändlich verliehren.

Unsere liebste hertzogin[155] ist auch noch in gutem wohlstand ihrer Seel*en* der höchste erhalte sie darinn*en*.

Holstein[156] wird von denemarck recht ausgesog*en*. Der höchste hat unser stifft vor einlagerung noch gnädig*lich* bewahret, ob Sie uns gleich gar nahe bey 2 Meil*en* sind. Was aber künfftig*en* frühling geb*en* will, dafür möchte einen wohl grauen wen man nicht sich auff den schutz iacobs[157] verlassen kente, es siehet allenthalben sehr wunderlich aus, ist wohl ein so hartes reich wies dem Daniel gezeiget word*en*. Das alles fressen und zermallmen wird [Dan: 7: 19].[158]

D. Speners tractätlein[159] ist sehr bequem zu dies*en* Zeit*en* er hats uns auch zu gesandt, etwan muß Er auch noch viel leiden umb d*er* warheit will*en*. Alles nach gottes willen. Denen die Gott lieb*en* müss*en* alle Ding zum besten dienen[160] Hallelia [!]!

Daß die liebe gräffin[161] unbäß*lich* ist mir leid Gott lasse solche ihrem inwendig*en* mensch*en* zum wachsthum gereich*en*.

---

152 Röm 1,21–32.

153 1Joh 2,4.

154 Phil 2,13.

155 Christine von Holstein-Gottorp (s. Anm. 109).

156 Im Rahmen der militärischen Auseinandersetzungen zwischen Christian V. von Dänemark (1659–1699) und Christian Albrecht von Holstein-Gottorp (1659/61–1694) um den gottorpischen Anteil von Schleswig („Reunion" 1684-1689).

157 Vgl. Ps 46,8.

158 Dan 7,19 (Marginalnotiz).

159 *Philipp Jakob Spener:* Christliche Aufmunterung zur Beständigkeit bei der reinen Lehr des Evangelii. Frankfurt a. M. 1684 (*Paul Grünberg:* Philipp Jakob Spener. Bd. 3. Göttingen 1906, Bibliographie Nr. 304).

160 Röm 8,28.

Das Mägdg*en*[162] kenne ich nicht, welche es ist, es war damahls ein [!] als ich heurathete ein Jungmägd*gen* da, das war sehr fein, und eine die war corpulent. Der gräffin ihr mägd*gen* das gefiehl mir nicht so wohl. Der Herr gebe Ewer D*urchlaucht* was guts eine Pflanze seiner Ewigkeit, dan es ist ein großes umb gute dienstbot*en* die Christi glied*er* sind. Mein HerzensMan[163] grüßet ganz unterthenigst und wil Ew: Durch*laucht* in seinem schwach*en* gebet nicht vergess*en* der gleich*en* thut

Ewer Duch*laucht*
unterthenigste Magd und Diener*in*
JEvMP

Euthin, den 8. Feb. 1684

PS: Wo sind doch anietzo meine liebste hertzogin und der hertzog?[164] Ist Hertzog Wilhelm Christian[165] auch in gutem stand seiner Seelen und die liebste Princes Anna Friederike[166]? Mir träumet so offt von ihnen.

[Dabei ein Schreiben gleichen Datums von Johann Wilhelm Petersen.]

---

161 Vermutlich Benigna von Solms-Laubach (s. Anm. 90).

162 Nicht ermittelt.

163 Johann Wilhelm Petersen (s. Anm. 100).

164 Herzog Philipp Ludwig von Holstein-Sonderburg (1620–1689) und Anna Margaretha geb. Landgräfin von Hessen-Homburg (1629–1686).

165 Wilhelm Christian, der unverheiratete Bruder Sophie Elisabeths (1661–1711) (*Loringhoven* [s. Anm. 1], 1, 90).

166 Anne Friederike Philippine von Holstein-Sonderburg, die unverheiratete Schwester Sophie Elisabeths (1665–1748) (*Loringhoven* [s. Anm. 1], 1, 90).

ARNO SAMES

Hallesche Beiträge zur Pietismusforschung nach 1945

Johannes Wallmann zum 65. Geburtstag

Die Herbsttagung 1992 der Historischen Kommission zur Erforschung des Pietismus fand am 12. und 13. November in Halle (Saale) statt. Für die Referate und Diskussionen konnten sich die Kommissionsmitglieder in dem bereits renovierten „Englischen Haus“ in den Franckeschen Stiftungen treffen. Dieses helle Haus mit seinem ansprechenden Tagungsraum war so etwas wie der äußere Hinweis auf eine neue Situation. Die Wiedervereinigung Deutschlands hatte auch die Forschungslandschaft verändert. Für die „Pietismuskommission“ bedeutete das u.a., daß sie ihre unter den Bedingungen der Teilung Deutschlands erzwungene Gliederung in eine Sektion West und eine Sektion Ost aufgeben konnte: Mit Wirkung vom 1. Januar 1992 schlossen sich beide Sektionen zu einer einheitlichen Kommission zusammen, die dann im November in dieser Gestalt in Halle zusammentrat.

Die neuen Bedingungen regten dazu an, auf der Tagung in Halle die Perspektiven der Pietismusforschung zu bedenken. Udo Sträter hat in diesem Jahrbuch über wesentliche Ergebnisse der Beratungen berichtet und „Überlegungen zu Projekten der Halleschen Pietismusforschung“ vorgestellt.[1] In diesem Kontext legte sich auch der Gedanke nahe, einmal zurückzublicken und die Beiträge zur Pietismusforschung würdigend zusammenzufassen, die nach 1945 in Halle erarbeitet worden sind.

I. Resümee und Perspektive: Kurt Aland (1955) und Erhard Selbmann (1963)

Im Jahre 1955 hat Kurt Aland die „Annales Hallenses ecclesiastici“ als das „älteste Denkmal der Geschichtsschreibung des Halleschen Pietis-

[1] In: PuN 19, 1993, 196–202.

mus" aus den Beständen des Archivs der Franckeschen Stiftungen erstmals herausgegeben.[2] Er schildert im Vorwort dieser Edition eindrücklich, wie er noch vor 1945 das Archiv erlebte: In einem „kleinen Nebenraum" „lagen", „z. T. in wunderlicher Verpackung, auf zwei Regalen die Archivalien gestapelt". Der Besucher erhielt als „Wegweiser" „das ‚Repertorium', ein stärkeres Diarium, in welchem die Archivalien verzeichnet waren: die eng geschriebenen und schwer leserlichen Eintragungen waren durch eingelegte Zettel ergänzt, auf die wieder Zettel geklebt waren usw. Schon durch das ‚Repertorium' fand sich allein der Archivar hindurch, und gar die Archivalien kannte nur er und niemand sonst einigermaßen vollständig".[3] Die Bedingungen für die Forschung waren also denkbar schlecht, und sie wurden dadurch noch komplizierter, daß sich innerhalb der Stiftungen eine Fülle nichterfaßten Materials befand bzw. vermutet werden konnte, von dem niemand genau wußte, wo es lagerte und was es alles umfaßte.[4]

Aland hat das große Verdienst, eine Neuaufnahme des Archivmaterials in die Wege geleitet und durchgeführt zu haben. Mit nicht erlahmender Energie und organisatorischem Geschick gelang ihm die Erarbeitung eines neuen Repertoriums und eines Autorenkatalogs für die Handschriftenhauptabteilung. Jede weitere Arbeit, die seitdem aus den Beständen des Archivs der Franckeschen Stiftungen geschöpft hat, hat von den durch ihn geschaffenen verbesserten Arbeitsbedingungen profitiert.[5]

Die neu gewonnene Übersicht über das vorhandene Quellenmaterial hat der „Aktionsfreiheit" der Forscher einen größeren Handlungsspielraum gegeben. Aland hat das selbst so empfunden und vier Editionsaufgaben formuliert, die er mit seinen Mitarbeitern z. T. auch schon in Angriff genommen hatte:

---

[2] *Kurt Aland:* Die Annales Hallenses ecclesiastici: Das älteste Denkmal der Geschichtsschreibung des Halleschen Pietismus. In: Wissenschaftliche Zeitschrift der Martin-Luther-Universität Halle-Wittenberg. Gesellschafts- und Sprachwissenschaftliche Reihe, 4, 1955, 375–402 (wieder abgedr. in: *Ders.:* Kirchengeschichtliche Entwürfe. Alte Kirche – Reformation und Luthertum – Pietismus und Erweckungsbewegung. Gütersloh 1960, 580–649 [die Verweise im folgenden beziehen sich auf den Nachdruck]).

[3] *Aland,* 586.

[4] *Aland,* 586.

[5] Die von Aland vollzogene Neuaufnahme hatte nach seiner Darstellung folgende Ergebnisse: Neun maschinenschriftliche Repertorienbände erschließen mit einigen Ausnahmen („Teile des sog. Verwaltungsarchivs, des sog. Missionsarchivs [Indien-Korrespondenz] und wenige andere Faszikel sind noch aufzunehmen") den Gesamtbestand des Archivs. Als ein weiteres Hilfsmittel ist eine Kartei hergestellt worden, in der die Einzelstücke der Handschriftenhauptabteilung erfaßt und nach den Verfassernamen geordnet worden sind (*Aland* [s. Anm. 2], 586 f.). In der Zwischenzeit ist, besonders seit der Wiederherstellung der Rechtspersönlichkeit der Franckeschen Stiftungen im Jahre 1993, die Erschließung des Archivmaterials methodisch weitergeführt worden. Über den gegenwärtigen Stand informieren die Stiftungen regelmäßig, vgl. z. B. das Faltblatt „Archiv der Franckeschen Stiftungen, Informationen" (1995).

„1. Edition der Tagebücher Franckes und seiner autobiographischen Aufzeichnungen
2. Edition der Konferenzprotokolle
3. Auswertung der Materialien zur Frühgeschichte der deutschen lutherischen Gemeinden in Nordamerika
4. Edition der Kirchengeschichte Callenbergs.“[6]

Durch seine Vertreibung aus Halle im Jahre 1958 ist Aland nicht in der Lage gewesen, diese Vorhaben, so wie geplant, auch zu verwirklichen. Erschienen sind vier Bände der Korrespondenz Heinrich Melchior Mühlenbergs.[7] Die Vorarbeiten für diese Editionen sind noch in Halle erfolgt; das Gesamtvorhaben ist dann aber in Münster (Westfalen) durchgeführt worden, so daß es – bei Engfassung des Themas – eigentlich nicht mehr in diesen Bericht gehört.

Acht Jahre nach Aland hat Erhard Selbmann (1963) den Forschungsstand noch einmal beschrieben und aus der Bestandsaufnahme Arbeitsaufgaben abgeleitet.[8] Sein Ausgangspunkt ist die Beobachtung, daß die unterschiedlichen Franckebilder, welche die Forschung bisher erarbeitet hat, weniger in Francke selbst und in seiner Situation ihren Grund haben, als vielmehr „in der isolierten Betrachtungsweise und subjektiven Ausgangsposition seiner Biographen“ sowie in dem „Fehlen gründlicher Quellenstudien“.[9] Er konstatiert sowohl ein Versagen der Kirchengeschichtsschreibung, der das Verständnis für „religionsgeschichtliche und religionssoziologische Problematik“ abgehe, als auch das Ungenügen der historischen und soziologischen Beurteilung, welche „die religiöse Sphäre als episodenhafte und zeitgemäße, ... ideologische Begleiterscheinung beiseite drängt“. Er selbst stellt dagegen die aus den Quellen gewonnene Überzeugung von der „Identität des Theologen mit dem Sozialreformer, Pädagogen und dem im Vorsehungsglauben wagenden und nüchtern handelnden Mann der Praxis“ heraus.[10]

Selbmanns Beitrag trägt den lapidaren Titel „Ad Fontes“ und leitet nach einem knappen problemorientierten Forschungsüberblick und einer kurzen Skizze über die nach 1945 erfolgte Erschließung des Archivmaterials zur Formulierung einiger Forschungsaufgaben über, die vorrangig erledigt werden sollten. Mit Aland nennt er die Edition der Francketagebücher, der Callenbergschen Kirchengeschichte und der

---

[6] *Aland* [s. Anm. 2], 587.

[7] Die Korrespondenz Heinrich Melchior Mühlenbergs aus der Anfangszeit des deutschen Luthertums in Nordamerika. Hg. [...] v. *Kurt Aland*. Berlin, New York. Bd. 1. 1740–1752: 1986. – Bd. 2. 1753–1762: 1987. – Bd. 3. 1763–1768: 1990. – Bd. 4. 1769–1776: 1993 (TGP III/2, 3, 4, 5).

[8] *Erhard Selbmann:* Ad Fontes. In: August Hermann Francke. Festreden und Kolloquium [s. Anm. 13], 156–162.

[9] *Selbmann,* 156. 158.

[10] *Selbmann,* 159.

Konferenzprotokolle; die Amerika-Korrespondenz wird dagegen nicht erwähnt. Als weitere Aufgaben werden u. a. aufgeführt die Geschichte des Institutum Judaicum et Muhamedicum (Callenbergs), die Bibliographie August Hermann Franckes und des Halleschen Pietismus, Editionen aus den Briefbeständen sowie Darstellungen der Theologie des Halleschen Pietismus und des Franckebildes in der protestantischen Theologie. Auch die Notwendigkeit einer intensiveren Erschließung der Archivbestände wird genannt.[11]

Selbmann war Direktor der Universitäts- und Landesbibliothek Sachsen-Anhalt in Halle. Sein Beitrag ist auf dem Kolloquium der Martin-Luther-Universität zum 300. Geburtstag August Hermann Franckes gehalten worden und in der Dokumentation dieser Veranstaltung 1964 erschienen. Obgleich in ihm methodisch grundlegende Überlegungen dargestellt werden, steht er in dem Veröffentlichungsband ganz am Ende; der Leser gewinnt den Eindruck, daß Selbmanns Gedanken gerade noch angehängt wurden. Der Grund dafür wird nach der Lektüre anderer Beiträge (vor allem der Dieter Bergners und Heinz Schwabes) erkennbar. Da zeigt sich dann, daß Selbmanns Überzeugung von der „Identität des Theologen mit dem Sozialreformer" der politisch leitenden These widersprach, daß die Theologie Franckes für seine „Einschätzung" als einer progressiven Persönlichkeit nicht nur ohne Bedeutung, sondern vielmehr sogar hinderlich sei.

II. Der Ertrag der Jubiläen: Vielfalt behandelter Forschungsthemen

Die Franckeforschung profitierte in Halle auch von den Jubiläen. Die Festschrift zum 450. Gründungsjahr der Universität Wittenberg im Jahre 1952 (erschienen 1955) enthielt allerdings nur zwei Beiträge zu A.H. Francke;[12] das ist bei einem Umfang von drei Bänden nicht viel. Zahlenmäßig ertragreicher waren der 300. Geburtstag Franckes im Jahre 1963 und sein 250. Todestag im Jahre 1977; beide Ereignisse beging die Martin-Luther-Universität mit Kolloquien, das Sterbejahr allerdings in einem weit bescheideneren Rahmen als das Geburtsjahr. Die Vorträge beider Kolloquien wurden veröffentlicht.[13] Zum Geburtsjahr erschien auch

[11] *Selbmann,* 161f.

[12] *Erhard Selbmann:* Die gesellschaftlichen Erscheinungsformen des Pietismus hallischer Prägung. In: 450 Jahre Martin-Luther-Universität Halle-Wittenberg. Bd.II: Halle 1694–1817. Halle-Wittenberg 1817–1945. Halle 1955, 59–76. – *Hans Ahrbeck:* Über die Erziehungs- und Unterrichtsreform A. H. Franckes und ihre Grundlagen. In: 450 Jahre [s. oben], 77–93.

[13] August Hermann Francke. Festreden und Kolloquium über den Bildungs- und Erziehungsgedanken bei August Hermann Francke aus Anlaß der 300. Wiederkehr seines Geburtstages. 22. März 1963. Martin-Luther-Universität Halle-Wittenberg 1964. – August Hermann Francke 1663–1727. Hg. v. *Rosemarie Ahrbeck* u. *Burchard Thaler.* Wissenschaftliche Beiträge der Martin-Luther-Universität Halle-Wittenberg 1977/37 (A 39).

ein kleiner Aufsatzband, der die Ergebnisse der Franckeforschung für die Hand des Lehrers zusammenzufassen versuchte.[14] Eine kirchliche Franckeehrung 1963 und die dazu gehörende Veröffentlichung stehen eigenständig neben der Universitätsveranstaltung.[15]

Das Themenspektrum, das in Festschriften und auf derartigen Kolloquien behandelt wird, ist gewohnheitsmäßig sehr vielfältig: So wurden auch im Rahmen der Franckegedenken historische,[16] pädagogische,[17] medizinhistorische,[18] theologische,[19] kunstgeschichtliche[20] und andere Fragestellungen[21] aufgenommen und abhängig von den Interessen und den methodischen Ansätzen der Referenten ganz verschieden behandelt. Es ist hier nicht der Raum, auf alle Beiträge einzugehen. Eine Bemerkung zu den Voraussetzungen muß aber gemacht werden. Jubiläumsveranstaltungen haben einen politischen Kontext; in der DDR hatten sie einen vorgeschriebenen politischen Kontext. So will das schon genannte, für Lehrer gedachte Sammelbändchen Francke nicht „als Theologe[n], als Pietist eigener Prägung, der er war, in den Vordergrund" stellen; er soll vielmehr dargestellt werden „als der große Erzieher und Menschenfreund, als der Träger und praktische Organisator der Jugenderziehung und Jugendpflege".[22] Es geht um das „humanistische Erbe des großen Erziehers" – so lautet deshalb auch der Untertitel des Bändchens. Dieter Bergner, Direktor des Philosophischen Instituts und später auch Rektor der Martin-Luther-Universität, hat auf dem Kolloquium im Jahre 1963 betont, daß er „ein Francke-Bild nicht auf den äußerst spärlichen progressiven Zügen der pietistischen Denkweise aufbauen [könne], sondern nur von Franckes praktischer Wirksamkeit her".[23] Diese Linie findet ihre ausführlichste Formulierung in Heinz Schwabes Beitrag „Zur Klassen-

---

[14] August Hermann Francke. Das humanistische Erbe des großen Erziehers. Halle (Saale) 1965.

[15] August Hermann Francke. Wort und Tat. Ansprachen und Vorträge zur dreihundertsten Wiederkehr seines Geburtstages. Berlin 1966.

[16] Vgl. etwa *Eduard Winter:* A. H. Francke (1663–1727) und seine Beziehungen zu den slawischen Völkern. In: August Hermann Francke, 1964 [s. Anm. 13], 11–19.

[17] Pädagogischen Fragen war das von Rosemarie Ahrbeck geleitete Kolloquium im Jahre 1977 gewidmet [s. Anm. 13].

[18] Vgl. etwa *Werner Piechocki:* Die Krankenpflege und das Klinikum der Franckeschen Stiftungen. In: August Hermann Francke, 1965 [s. Anm. 14], 52–59.

[19] *Erhard Peschke:* Die Theologie August Hermann Franckes. In: August Hermann Francke, 1966 [s. Anm. 15], 42–61.

[20] Vgl. etwa *Sibylle Harksen:* Das Bildnis August Hermann Franckes von Antoine Pesne. In: August Hermann Francke, 1965 [s. Anm. 13], 121–125.

[21] Genannt sei noch die wirtschaftsgeschichtliche Arbeit von *Heinz Welsch:* Die Franckeschen Stiftungen als wirtschaftliches Großunternehmen. In: August Hermann Francke, 1965 [s. Anm. 14], 28–44.

[22] August Hermann Francke, 1965 [s. Anm. 14], 5.

[23] *Dieter Bergner:* Bemerkungen zur geschichtlichen Stellung des halleschen Pietismus und zur Bedeutung A. H. Franckes. In: August Hermann Francke, 1964 [s. Anm. 13], [20–24] 24.

frage im Werk A. H. Franckes".[24] Schwabes Artikel ist mit rund fünfzig Seiten der bei weitem umfangreichste in dem Kolloquiumsband von 1963. Er soll hier nicht besprochen werden. Der Titel zeigt die Intention genügend deutlich an. Es geht, um den Verfasser nur einmal selbst zu Wort kommen zu lassen, darum, „Franckes Stellung im nationalen Geschichtsbild der deutschen Arbeiterklasse noch eindeutiger zu bestimmen". Das macht es möglich, „die Sphäre der Religiosität" „unbeachtet" zu lassen.[25]

Doch ist die Francke- und Pietismusforschung in Halle nicht insgesamt auf eine solche zweigleisige Interpretation festzulegen, die Francke in den Theologen und in den Praktiker zerlegt. Die Namen einzelner Forscherpersönlichkeiten, wie z. B. der Rolf Lieberwirths[26], stehen für Eigenständigkeit, und schließlich hat auf dem Kolloquium im Jahre 1963 mit Erhard Peschke auch ein Theologe gesprochen, dessen Formulierung vom „gläubigen Realismus" Franckes in der Folge immer wieder aufgenommen worden ist.[27] In bescheidenem Maße entwickelten sich im Zusammenhang mit diesen Jubiläen auch Ansätze eines interdisziplinären Gesprächs. Jeder einzelne Beitrag aus den Kolloquienbänden oder anderswoher ist deshalb genau daraufhin zu befragen, inwieweit er durch Erschließung neuer Quellen oder durch Anwendung anderer theoretisch-methodischer Grundsätze die Forschung bereichert hat. Um das zu unterstreichen, ist oben Selbmanns These von der Identität des Theologen und des Reformers Francke und seine Forderung, das Francke-Bild auf allen zur Verfügung stehenden Quellen aufzubauen, genannt worden.

III. Konstante Forschungslinien

Martin Schmidt beschreibt in seinem Forschungsbericht „Epochen der Pietismusforschung" als ein besonderes Kennzeichen der Pietismusforschung nach dem 2. Weltkrieg, daß auch die „allgemein kulturelle Wirkung des Pietismus, namentlich in Politik und Wirtschaft" stärker in das Interesse gerückt ist.[28] Er nennt als prägende Forscher dieser Richtung

[24] *Heinz Schwabe:* Zur Klassenfrage im Werk A. H. Franckes. In: August Hermann Francke, 1964 [s. Anm. 13], 25–73.

[25] *Schwabe,* 27, 25.

[26] *Rolf Lieberwirth:* Christian Thomasius und August Hermann Francke in ihrem Verhältnis zum brandenburgisch-preußischen Staat. In: August Hermann Francke, 1964 [Anm. 13], 74–78.

[27] *Erhard Peschke:* A. H. Franckes Reform des theologischen Studiums. In: August Hermann Francke, 1964 [s. Anm. 13], [88–115] 113.

[28] *Martin Schmidt:* Epochen der Pietismusforschung [1974]. In: *Ders.:* Der Pietismus als theologische Erscheinung. Gesammelte Studien zur Geschichte des Pietismus. Band II. Göttingen 1984 (AGP, 20), [34–83] 65. 78 f.

Carl Hinrichs[29] und Klaus Deppermann[30]. Die Arbeiten von Hinrichs haben insofern einen konkreten Bezug zu dem auf Halle konzentrierten Thema, als er von 1944 bis Anfang 1951 als Professor in Halle wirkte und einen Teil seiner Forschungsergebnisse, die den Pietismus als eine politische, pädagogische und soziale Reformbewegung interpretieren, in dieser Zeit in Halle erarbeitet oder zumindest vorbereitet hat.[31]

Erstaunlicherweise werden die Forschungen Eduard Winters nicht genannt. Winter war von 1948/49–1950/51 Professor in Halle. Aland nennt ihn in seinem Forschungsbericht von 1955 einen der ersten, der für seine Forschungen zur osteuropäischen Geschichte von dem neuerschlossenen Material in den Stiftungen profitieren konnte und so den Forschungsstand deutlich vorangebracht hat.[32]

Winter hat die zentrale Stellung, die Halle (und das heißt August Hermann Francke) in den Beziehungen nach Ost- und Südosteuropa im 18. Jahrhundert einnahm, bereits in den Titeln seiner Bücher ausgedrückt: „Halle als Ausgangspunkt der deutschen Rußlandkunde im 18. Jahrhundert“ (1953)[33], „Die Pflege der west- und südslavischen Sprachen in Halle im 18. Jahrhundert. Beiträge zur Geschichte des bürgerlichen Nationwerdens der west- und südslavischen Völker“ (1954).[34] Der Untertitel des zuletzt genannten Werkes gibt vielleicht einen Hinweis darauf, warum Schmidt die Arbeiten von Winter nicht genannt hat: Ihr Beitrag richtet sich auf die politische und die Kulturgeschichte, und die Diskussion um ein angemessenes theologisches Verständnis des Pietismus wird durch sie nach Schmidts Auffassung nicht bereichert. War Schmidt doch hauptsächlich am Pietismus als theologischer Erscheinung interessiert.[35]

---

[29] *Carl Hinrichs:* Preußentum und Pietismus. Der Pietismus in Brandenburg-Preußen als religiös-soziale Reformbewegung. Göttingen 1971.

[30] *Klaus Deppermann:* Der hallesche Pietismus und der preußische Staat unter Friedrich III. (I.). Göttingen 1961.

[31] Vgl. *Hinrichs* [s. Anm. 29], XI f. (Vorwort).

[32] *Aland* [s. Anm. 2], 587.

[33] *Eduard Winter:* Halle als Ausgangspunkt der deutschen Rußlandkunde im 18. Jahrhundert. Berlin 1953 (Deutsche Akademie der Wissenschaften zu Berlin. Veröffentlichungen des Instituts für Slawistik, 2).

[34] *Eduard Winter:* Die Pflege der west-und südslavischen Sprachen in Halle im 18. Jahrhundert. Beiträge zur Geschichte des bürgerlichen Nationwerdens der west- und südslavischen Völker. Berlin 1954 (Deutsche Akademie der Wissenschaften zu Berlin. Veröffentlichungen des Instituts für Slawistik, 5). – In die Reihe dieser Werke gehört inhaltlich auch: *Ders.:* Die tschechische und slowakische Emigration in Deutschland im 17. und 18. Jahrhundert. Beiträge zur Geschichte der hussitischen Tradition. Berlin 1955 (Deutsche Akademie der Wissenschaften zu Berlin. Veröffentlichungen des Instituts für Slawistik, 7).

[35] Vgl. *Martin Schmidt:* Der Pietismus als theologische Erscheinung [1970] (in dem gleichnamigen Studienband [s. Anm. 28], 9–33) und seine Selbstcharakterisierung in: *Ders.:* Epochen der Pietismusforschung [1974] [s. Anm. 28], 65.

Zwar versteht Winter seine Arbeiten auch „als Neuinterpretation des Pietismus"[36], diese Neuinterpretation geht jedoch von einer Subsumtion des Pietismus unter die Aufklärung in ihrer ersten Phase aus[37] und konzentriert sich schließlich auf eine Einordnung Franckes und seines Werkes in die großen geschichtlichen Gegensätze zwischen katholisch-jesuitischer und evangelischer Weltmission, genauer um die Bindung Halles an den brandenburgisch-preußischen Staat in diesem Kräftespiel.[38] Winter hat der Forschung trotz dieser Engführung eine interessante Perspektive eröffnet und durch eine Fülle von Detailerkenntnissen und wichtigen Einsichten die Pietismusforschung bereichert. Auch die angegliederten Quellenabdrucke sind von großem forschungsgeschichtlichen Wert. Und doch bleibt beim Leser aufgrund der Ausklammerung der religiösen Komponente der Eindruck nicht ganz stimmiger Konstruktionen.

Eins ihrer Kennzeichen ist der häufige Hinweis auf die „Geheimaktivitäten" Franckes und seiner Mitarbeiter.[39] Die Frage nach der Art der Zusammenarbeit Franckes mit politischen Interessenträgern, die Frage nach dem Grad der „Kollaboration" und das heißt schließlich die Frage nach der Echtheit missionarischer und christlich-weltverbessernder Aktivitäten, also auch nach ihrer theologischen Legitimation, ist längst noch nicht deutlich genug beantwortet worden. Bis zu welchen Fehlurteilen die unkritische Voraussetzung der „Geheimtheorie" führen kann, hat Hermann Goltz in seinem beachtenswerten Beitrag „Ecclesia universa: Bemerkungen über die Beziehungen H. W. Ludolfs zu Rußland und zu den orientalischen Kirchen"[40] vorgeführt. Joachim Tetzner, ein Schüler Winters in Berlin, versucht in seiner Arbeit über „Heinrich Wilhelm Ludolf und Rußland" (1955)[41], den „Geheimrat" H. W. Ludolf als politisch-geheimdiplomatisch tätigen Reisenden darzustellen, und übersetzt unter dem Zwang dieser Konstruktion – als Slawist, der er war – das auf einen Freund Ludolfs gemünzte skromny dejatel, was einen Menschen beschreiben soll, der auf bescheidenerer Ebene tätig ist, mit „Geheim-

---

36 *Winter,* Pflege [s. Anm. 34], III, 7.

37 *Winter,* Pflege, 1–5, 189.

38 *Winter,* Ausgangspunkt [s. Anm. 33], 28, 32–34. – *Ders.:* Pflege [s. Anm. 34], 189f.

39 Vgl. z. B. *Winter,* Pflege [s. Anm. 34], 11, 13f.

40 *Hermann Goltz:* Bemerkungen über die Beziehungen H. W. Ludolfs zu Rußland und zu den orientalischen Kirchen (Ökumenische Beziehungen des August-Hermann-Francke-Kreises). In: Wissenschaftliche Zeitschrift der Martin-Luther-Universität Halle-Wittenberg. Gesellschafts- und Sprachwissenschaftliche Reihe 28, 1979, 19–37.

41 *Joachim Tetzner:* H. W. Ludolf und Rußland. Berlin 1955 (Deutsche Akademie der Wissenschaften zu Berlin. Veröffentlichungen des Instituts für Slawistik, 6). – Die Vorarbeiten für diese Monographie sind: *Ders.:* Heinrich Wilhelm Ludolf als Mitarbeiter A.-H. Franckes in seinen Beziehungen zum europäischen Osten und zum Orient. Halle 1951 (Staatsexamensarbeit [masch.], phil. Fak. Halle 1951). VI, 86 S. – *Ders.:* H. W. Ludolf, der Kenner des petrinischen Rußlands und des Vorderen Orients. Berlin 1953 (Diss. phil. [masch.] Berlin: Humboldt-Universität 1953).

agent“ und bezieht in diese Charakteristik Ludolf summarisch gleich mit ein.[42] Dagegen macht Goltz zu Recht deutlich, daß Ludolf von seinem „scopus ecclesiasticus“ – jedenfalls nach seinem Selbstverständnis – interpretiert werden muß.[43] Damit ist so etwas wie ein methodischer Gegenentwurf gegen die Arbeiten Winters und seiner Schule formuliert worden.

Die literatur- und kulturgeschichtliche Fragestellung ist durch die intensiven Forschungen Winters, die in wichtige Bücher mündeten, weiterführend und anregend bearbeitet worden. Daß sie durch theologische ökumenisch-ekklesiologische Aspekte zu ergänzen ist, wurde angedeutet. Andere Forschungslinien wurden nicht so ausgeprägt behandelt. Ein besonderes Interesse fanden Fragen der Wirtschaftsführung in den Anstalten. Hinrichs hat bereits energisch auf die Verbindung von Halleschem Pietismus und Frühkapitalismus hingewiesen.[44] Die Fragestellung wurde im Jahre 1964 in der Perspektive der marxistischen Ökonomiegeschichte von Gerhard Bondi in seinem Aufsatz „Der Beitrag des hallischen Pietismus zur Entwicklung des ökonomischen Denkens in Deutschland“[45] aufgenommen. Bondi kann in seinem Aufsatz auf Vorarbeiten wie die von Ernst Bartz über „Die Wirtschaftsethik August Hermann Franckes“ (1934)[46], von Joachim Böhme über Heinrich Julius Elers, den Leiter des Buchhandels der Stiftungen und später auch der gesamten Stiftungsverwaltung, (1956)[47] und von Heinz Welsch über „Die Franckeschen Stiftungen als wirtschaftliches Großunternehmen“ (1956)[48] zurückgreifen. Dabei lieferte besonders Welsch, bei dessen Arbeit es sich übrigens um eine hallesche Dissertation handelt, das aus den Akten erarbeitete Faktenmaterial für Bondis Interpretation der wirtschaftlichen Entwicklung der Anstalten. Bondi greift aber auch auf andere Quellen wie Predigten, Traktate, den Großen Aufsatz usw. zurück,

---

[42] *Tetzner* 1955 [s. Anm. 41], 50.

[43] *Goltz* [s. Anm. 40], 23, 24 f., 31.

[44] *Hinrichs* [s. Anm. 29], 301–351.

[45] *Gerhard Bondi:* Der Beitrag des hallischen Pietismus zur Entwicklung des ökonomischen Denkens in Deutschland. In: Zur neueren Pietismusforschung. Hg. v. *Martin Greschat.* Darmstadt 1977 (Wege der Forschung, 40), 259–293. Der Aufsatz erschien zuerst 1964 im Jahrbuch für Wirtschaftsgeschichte.

[46] *Ernst Bartz:* Die Wirtschaftsethik August Hermann Franckes. Harburg-Wilhelmsburg 1934.

[47] *Joachim Böhme:* Heinrich Julius Elers, ein Freund und Mitarbeiter August Hermann Franckes. Berlin 1956 (Diss. phil. [masch.] Berlin: Freie Universität 1956). – XIV, 199 S. – *Ders.:* Heinrich Julius Elers und die wirtschaftlichen Projekte des hallischen Pietismus. In: Jahrbuch für die Geschichte Mittel- und Ostdeutschlands 8, 1959, 121–186 (hierbei handelt es sich um einen ergänzten Teildruck der Dissertation).

[48] *Heinz Welsch:* Die Franckeschen Stiftungen als wirtschaftliches Großunternehmen untersucht auf Grund der Rechnungsbücher der Franckeschen Stiftungen. Halle 1956 (Diss. phil. [masch.] Halle 1956). – 151 S. – Zu *Welsch* vgl. auch oben, Anm. 21.

um die theologische Grundkonzeption Franckes darzustellen. Er sieht eine Verbindung zwischen Franckes theologischen Grundgedanken und seinem ökonomischen Handeln und versucht damit, die von Selbmann beklagte Trennung Franckes in den Theologen und in den Praktiker zu vermeiden. Das Handeln des „wiedergeborenen" Menschen in wirtschaftlichen Dingen ergibt sich als „logische Fortsetzung seiner theologischen Lehren". Franckes ökonomisches Planen und Handeln aber spiegelt „die Anschauungen der Bourgeoisie in einem sehr frühen Entwicklungsstadium der kapitalistischen Produktionsweise erstaunlich getreu" wider. So hat Francke nach Bondi die theologische Basis für die Rechtfertigung der kapitalistischen Entwicklung gegeben.[49]

Bondis Aufsatz ist mit Sachkenntnis, Offenheit für theologische Fragestellungen und teilweise abwägendem Urteil geschrieben. Umso mehr befremdet dann der abrupte Übergang von sachgemäß dargestellten theologischen Gedanken Franckes zur Interpretation nach Maßgabe der marxistischen Ökonomiegeschichte. Er stellt dadurch aber unüberhörbar die Frage nach dem Zusammenhang von Theologie und Praxis bei Francke. Die Frage ist in ähnlicher Weise schon bei dem Problem der sog. „Geheimdiplomatie" des Francke-Kreises angeklungen. Daß sie hier wieder auftaucht, markiert ihre Dringlichkeit.

Als weitere Arbeitsschwerpunkte der Pietismusforschung in Halle müssen ferner die Gebiete der Pädagogik und der Medizingeschichte genannt werden. Mit Arbeiten zur Pädagogik Franckes sind besonders Hans Ahrbeck[50] und Rosemarie Ahrbeck-Wothge[51] hervorgetreten, weiter auch der Comeniusforscher Franz Hofmann[52], zur Medizingeschichte Wolfram Kaiser[53], Arina Völker[54] und Werner Piechocki[55], der Leiter des

---

[49] *Bondi* [s. Anm. 45], 264, 280, 266.

[50] *Hans Ahrbeck:* Über einige fortschrittliche Elemente in der Pädagogik August Hermann Franckes. In: Jahrbuch für Erziehungs- und Schulgeschichte 3, 1963, 3–11. – Zu *Ahrbeck* vgl. auch oben, Anm. 12.

[51] *Rosemarie Ahrbeck(-Wothge):* Über August Hermann Franckes Lehrart. In: Jahrbuch für Erziehungs- und Schulgeschichte 3, 1963, 13–23. – *Dies.:* Zu Fragen der Arbeitserziehung und Allgemeinbildung bei August Hermann Francke. In: August Hermann Francke 1964 [s. Anm. 13], 116–126. – *Dies.:* Franckes Idee der humanitas – Wirklichkeit und Vision. In: August Hermann Francke 1663–1727 [s. Anm. 13], 3–19. – *Dies.:* Zur Dialektik von Ziel und Methode in Franckes Pädagogik. In: August Hermann Francke 1663–1727 [s. Anm. 13], 37–44. – *Dies.:* Zum Prinzip der Selbständigkeit und seiner gesellschaftlichen Funktion in August Hermann Franckes Pädagogik. In: Jahrbuch für Erziehungs- und Schulgeschichte 17, 1977, 55–79. – *Dies.:* Zur Bildungskonzeption von Pietismus und Philanthropismus. In: Wissenschaftliche Beiträge der Martin-Luther-Universität Halle-Wittenberg 1979/29 (T 31), 50–57. – Vgl. zu pädagogischen Fragen insgesamt: August Hermann Francke 1663–1727 [s. Anm. 13].

[52] *Franz Hofmann:* A. H. Franckes Idee der „Universal-Verbesserung" und die Weltreformpläne des Comenius. In: August Hermann Francke 1964 [s. Anm. 13], 79–87. – *Ders.:* Die Stellung August Hermann Franckes in der Geschichte der Pädagogik. In: August Hermann Francke 1965 [s. Anm. 14], 9–18. – *Ders.:* Zur Stellung des Pietismus in der Geschichte der pädagogischen Theorie. In: August Hermann Francke 1663–1727 [s. Anm. 13], 75–85.

halleschen Stadtarchivs; diese drei Forscher haben auch einige Gemeinschaftsarbeiten verfaßt.[56] Keiner von ihnen hat es jedoch auf seinem Gebiet zu einer zusammenfassenden Monographie gebracht.

Zu den konstanten Forschungslinien gehören auch Arbeiten, die gleichsam von Berufs wegen erstellt worden sind. So hat Jürgen Storz, langjähriger Archivleiter in den Stiftungen, über die Geschichte der Stiftungen und ihrer Bücher- und Archivbestände gearbeitet,[57] und auch andere Mitarbeiter der Universitäts- und Landesbibliothek sind auf diesem Gebiet tätig gewesen.[58] Doch können die Ergebnisse aller dieser Einzelarbeiten hier nicht diskutiert werden.

---

[53] Beispielhaft sei auf folgende Titel hingewiesen: *Wolfram Kaiser:* 275 Jahre hallesche Medikamentenexpedition. In: Zeitschrift für die gesamte innere Medizin 39, 1984, 125–133. – *Ders.:* 275 Jahre Versorgungs- und Lehrkrankenhaus Halle. In: Historia Hospitalium 15, 1983/84, 243–272. – Vgl. weiter: Verzeichnis der medizinhistorischen Veröffentlichungen von Wolfram Kaiser. In: Dixhuitième: Zur Geschichte von Medizin und Naturwissenschaften im 18. Jahrhundert. Hg. v. *Arina Völker.* Wissenschaftliche Beiträge der Martin-Luther-Universität Halle-Wittenberg 1988/20 (T 67), 214–242 (S. 243–245 werden die von *Kaiser* betreuten Dissertationen und Diplomarbeiten aufgeführt).

[54] Vgl. z. B. *Arina Völker:* Die Medizin der Aufklärungsepoche und die heilkundliche Konzeption des Pietismus hallescher Prägung. In: Dixhuitième [s. Anm. 53], 9–15.

[55] Vgl. z. B. *Werner Piechocki:* Gesundheitsfürsorge und Krankenpflege in den Franckeschen Stiftungen in Halle/Saale. In: Acta historica Leopoldina 2, 1965, 29–56.

[56] Vgl. z. B. *Wolfram Kaiser* u. *Arina Völker:* Die Krankenhausorganisation des frühen 18. Jahrhunderts im Spiegel der zeitgenössischen Darstellung. In: Zeitschrift für die gesamte innere Medizin 40, 1985, 73–80 (I. Das Krankenhaus im halleschen Schulkomplex „auf dem Waisenhause"); 151–157 (II. Der Aufgabenkomplex des Anstaltsarztes im halleschen Schulkomplex „auf dem Waisenhause"). – *Wolfram Kaiser* u. *Werner Piechocki:* Die Familie Richter – ein Beitrag zur Geschichte der Medikamentenexpedition des halleschen Waisenhauses. In: Wissenschaftliche Beiträge der Martin-Luther-Universität Halle-Wittenberg 1969/2 (R10), 139–151. – *Wolfram Kaiser, Werner Piechocki, Arina Völker:* Die Anfänge einer pharmazeutischen Industrie am Beispiel der Waisenhausmedikamentenexpedition. In: Pharmazeutische Praxis 1975, 187–192.

[57] Aus der Reihe seiner Veröffentlichungen sollen hier genannt werden: *Jürgen Storz:* Hauptbibliothek, Archiv und Naturalienkabinett der Franckeschen Stiftungen. In: Die Franckeschen Stiftungen zu Halle an der Saale. Hg. v. *Paul Raabe* [...]. Wolfenbüttel (o. J.), 35–67 (Nachdruck aus August Hermann Francke 1965 [s. Anm. 14], 96–108). – *Ders.:* Die Auslandsbeziehungen A. H. Franckes unter besonderer Berücksichtigung Rußlands. In: Die Franckeschen Stiftungen, 68–83 (Nachdruck aus August Hermann Francke 1663–1727 [s. Anm. 13], 100–107). – *Ders.:* Franckens Stiftungen zu Halle an der Saale. In: Die Franckeschen Stiftungen, 16–34 (Nachdruck aus Dixhuitième [s. Anm. 53], 16–21). Die Nachdrucke sind jeweils durch Illustrationen ergänzt worden. Aus dem Bereich der Quellenerschließung stammt die Arbeit *Jürgen Storz* (Bearbeiter): Leichenpredigten in der Hauptbibliothek der Franckeschen Stiftungen zu Halle (Saale). Ein Verzeichnis. Halle (Saale) 1975 (Schriften zum Bibliotheks- und Büchereiwesen in Sachsen-Anhalt, 17).

[58] *Joachim Dietze:* August Hermann Franckes „Anfang der christlichen Lehre" in russischer Übersetzung. In: Wissenschaftliche Zeitschrift der Martin-Luther-Universität Halle-Wittenberg. Gesellschafts- und Sprachwissenschaftliche Reihe 27, 1978, 79–94. – *Ders.:* Die Pflege der polnischen Sprache durch die halleschen Pietisten im ersten Drittel des 18. Jahrhunderts. In: Zehn Jahre Freundschaft und Zusammenarbeit zwischen der Martin-Luther-Universität Halle-Wittenberg und der Adam Mickiewicz-Universität Poznan. Hg. v. *Hans Werner Hübner.* Wis-

IV. *Die theologische Pietismusforschung*

Gemeint ist mit dieser Bezeichnung die von der halleschen Theologischen Fakultät getragene Forschung. Sie hat seit 1964 Impulse und Unterstützung durch die Historische Kommission zur Erforschung des Pietismus bekommen, einmal im wissenschaftlichen Bereich in der Kommission selbst und auf Kommissionstagungen sowie zum andern durch organisatorische und finanzielle Hilfe besonders im Zusammenhang mit Veröffentlichungsvorhaben.

Die hallesche Pietismusforschung kann zum größeren Teil Professoren der Theologischen Fakultät zugeordnet werden, die durch ihre Arbeitsschwerpunkte die Forschung für bestimmte Zeitabschnitte angeregt und geprägt haben. So soll sich diese Übersicht an ihnen als an den Leitfiguren orientieren.

Auf die Bedeutung Kurt Alands für die Schaffung neuer Arbeitsgrundlagen und die Formulierung dringend zu erledigender Forschungsaufgaben ist bereits hingewiesen worden. In seiner halleschen Zeit hat er die in der Vorkriegs- und Kriegszeit begonnenen Spenerstudien fortgeführt und weiter über die Privatbeichte im Luthertum und im Pietismus, über das Bekehrungserlebnis Franckes und über den Problemkreis „Hallescher Pietismus und Bibel" gearbeitet.[59] Wenn Aland seine Vorhaben in Halle auch nicht so verwirklichen konnte, wie er es geplant hatte, so haben seine Anregungen doch weiter gewirkt. Das wird z. B. an Dissertationen deutlich, die durch seine Fragestellungen angeregt worden sind. Im Jahre 1959 promovierte Otto Podczeck mit einer Arbeit über Franckes „Großen Aufsatz", die im Jahre 1962 in den Leipziger Akademieabhandlungen erschien.[60] Auch die bisher leider unveröffentlichte Dissertation von

---

senschaftliche Beiträge der Martin-Luther-Universität Halle-Wittenberg 1978/10 (T 23), 25–30. – *Fritz Juntke:* Die geplante Einrichtung eines Buchladens des Hallischen Waisenhauses in Göttingen. In: Archiv für die Geschichte des Buchwesens 3, 1961, 982–987. – *Ders.:* Über den Frankfurter Buchladen des Hallischen Waisenhauses. In: Börsenblatt für den deutschen Buchhandel (Frankfurter Ausgabe) 17, 1961, Heft 41 a, 823–828. – *Hildegard Herricht:* Die ehemalige Stolberg-Wernigerödische Handschriftenabteilung. Die Geschichte einer kleinen feudalen Privatsammlung. Halle 1970 (Schriften zum Bibliotheks- und Büchereiwesen in Sachsen-Anhalt, 31).

59 Vgl. die „Bibliographie Kurt Aland" in: *Kurt Aland:* Supplementa zu den Neutestamentlichen und den Kirchengeschichtlichen Entwürfen. Zum 75. Geburtstag hg. v. *Beate Köster* [...]. Berlin, New York 1990, [487–514] 490–494. Die Arbeiten, die hier infrage kommen, sind in: *Ders.:* Kirchengeschichtliche Entwürfe [s. Anm. 2], zusammengefaßt.

60 August Hermann Franckes Schrift über eine Reform des Erziehungs- und Bildungswesens als Ausgangspunkt einer geistlichen und sozialen Neuordnung der Evangelischen Kirche des 18. Jahrhunderts. Der Große Aufsatz. Mit einer quellenkundlichen Einführung hg. v. *Otto Podczeck.* Berlin 1962 (Abhandlungen der Sächsischen Akademie der Wissenschaften zu Leipzig, Philologisch-historische Klasse, Bd. 53, Heft 3). – In den Themenbereich der Reformprojekte gehört auch der Aufsatz: *Ders.:* Die Arbeit am Alten Testament in Halle zur Zeit des Pietismus

Hermann Winde aus dem Jahre 1961 „Die Frühgeschichte der lutherischen Kirche in Georgia“ [61] nimmt eines der von Aland namhaft gemachten Forschungsdesiderate auf. Die von ihm ebenfalls geforderte Arbeit über das Institutum Judaicum Callenbergs wird wenigstens als Forschungsaufgabe einmal genannt.[62]

Als Fachvertreter für Missionswissenschaft, allgemeine Religionsgeschichte und Drawidologie hat Arno Lehmann sein Forschungsinteresse auf die missionarisch-ökumenische Dimension des hallischen Pietismus gerichtet und damit einen weiteren Schwerpunkt in der halleschen Pietismusforschung konkretisiert. Sein Hauptwerk auf diesem Gebiet „Es begann in Tranquebar“ (1955)[63] verbindet seine Tätigkeit als Missionar in Tranquebar in den Jahren 1926–1934 mit der halleschen Tradition der Tranquebarmission und stellt die Geschichte der dänisch-halleschen Mission in Südindien dar. Es wird durch eine Ausgabe von Briefen Bartholomäus Ziegenbalgs unter dem Titel „Alte Briefe aus Indien“ (1957)[64], die aus halleschen Beständen stammen, ergänzt. Aufsätze sprach- und religionsgeschichtlichen[65] sowie medizinhistorischen[66] Inhalts mit dem Bezug auf Südindien ergänzen seinen Schwerpunkt. Diese Problembereiche mußten Lehmann als Kenner des Tamilischen naheliegen. Auch aus seinem Schülerkreis sind Arbeiten hervorgegangen.[67] Als Hinter-

---

– Das Collegium Orientale theologicum A. H. Franckes –. In: Wissenschaftliche Zeitschrift der Martin-Luther-Universität Halle-Wittenberg, Gesellschafts- und Sprachwissenschaftliche Reihe 7, 1958, 1059–1078.

[61] *Hermann Winde:* Die Frühgeschichte der lutherischen Kirche in Georgia: dargestellt aus den Archivalien der Franckeschen Stiftungen in Halle und der Universitätsbibliothek in Tübingen. Halle 1960 (Diss. theol. [masch] Halle 1961). – 360 S.

[62] *Otto Podczeck:* Das Callenberg'sche Institutum Judaicum 1728–1791: Notizen zu einer erforderlichen Studienarbeit. In: Lutherische Rundschau 13, 1963, 542–544.

[63] *Arno Lehmann:* Es begann in Tranquebar. Berlin 1955 (2. Auflage 1956. Englische Ausgabe: It began at Tranquebar. Madras 1956).

[64] Alte Briefe aus Indien. Unveröffentlichte Briefe von Bartholomäus Ziegenbalg 1706–1719. Hg. v. *Arno Lehmann*. Berlin 1957. Diese Ausgabe wird ergänzt durch: *Ders.:* Alte Indien-Post. Briefe der Maria Dorothea Ziegenbalg geb. Saltzmann an A. H. Francke und ihre Verwandten und 4 Briefe A. H. Franckes an sie. In: Wissenschaftliche Zeitschrift der Martin-Luther-Universität Halle-Wittenberg. Gesellschafts- und Sprachwissenschaftliche Reihe 7, 1959, 487–500.

[65] *Arno Lehmann:* Halle und die südindische Sprach- und Religionswissenschaft. In: Wissenschaftliche Zeitschrift der Martin-Luther-Universität Halle-Wittenberg. Gesellschafts- und Sprachwissenschaftliche Reihe 2, 1952/53, 149–156. – *Ders.:* Bibliotheca Malabarica. Eine wiederentdeckte Handschrift. In: Wissenschaftliche Zeitschrift der Martin-Luther-Universität Halle-Wittenberg, Gesellschafts- und Sprachwissenschaftliche Reihe 7, 1959, 903–906.

[66] *Arno Lehmann:* Hallesche Mediziner und Medizinen am Anfang deutsch-indischer Beziehungen. In: Wissenschaftliche Zeitschrift der Martin-Luther-Universität Halle-Wittenberg, Gesellschafts- und Sprachwissenschaftliche Reihe 5, 1955, 117–132. – Zu weiteren Details vgl. die Bibliographie Arno Lehmann in: ThLZ 86, 1961, 547–552; 91, 1966, 385 f.; 96, 1971, 628–630.

[67] *Otto Pappe:* Bartholomäus Ziegenbalg und das indische Heidentum. Halle 1955 (Examensarbeit [masch.], Theol. Fak. 1955). – 86, 25 S. – *Kurt Marx:* August Hermann Francke und die

grundmotiv ist in seinen Arbeiten die apologetische Absicht zu erkennen, das Luthertum vom Vorwurf des Desinteresses an der Mission zu entlasten.

Als Erhard Peschke 1959 nach Halle berufen wurde, begann ein weiterer Abschnitt der theologischen Pietismusforschung. Sehr schnell hat er sich intensiv der Franckeforschung zugewandt. Die Titel seiner Aufsätze aus den 60er und 70er Jahren belegen deutlich, wie er sich dem Thema „August Hermann Francke" methodisch näherte. In zeitlicher Reihenfolge seien einige genannt: „Zur Struktur der Theologie August Hermann Franckes" (1961)[68], „Kirche und Welt in der Theologie August Hermann Franckes" (1963)[69], „Zur Hermeneutik August Hermann Franckes" (1964)[70] – und das war dann schon das Jahr, in dem der erste Band seiner „Studien zur Theologie August Hermann Franckes" mit seinen beiden Teilen „Die Ordnung Gottes" und „Die Kinder Gottes und die Kinder der Welt" erschien.[71] Dieser Band wurde 1966 durch den zweiten ergänzt, der die Problembereiche „Die Heilige Schrift" (Hermeneutik) und das „Studium der Theologie" behandelt.[72] Der dritte Band ist dann 1977 unter dem Titel „Bekehrung und Reform"[73] erschienen. Auch für diese beiden Bände läßt sich die planmäßige Annäherung an das Thema durch vorauslaufende Aufsätze genau verfolgen.[74]

Als Schüler Erich Seebergs interessierten Peschke vor allem die geistesgeschichtlichen Strömungen, aus denen Francke schöpfte. In „Bekehrung und Reform" werden als solche Traditionen genannt: die mittelalterliche Mystik, vermittelt durch Johann Arndts „Wahres Christentum", die spanische quietistische Mystik des Michael Molinos, die lutherische (Reform-)Orthodoxie (Christian Kortholt), der englische Puritanismus (Lewis Bayly), Philipp Jakob Spener, die pansophischen Reformideen des Johann Amos Comenius – so in der Reihenfolge der Aufsätze. Die von Francke nie aufgegebene Grundlage, auf der alle diese Traditionen vereinigt wurden, bildet nach Peschkes Interpretation seine Bindung an Luther. Peschke weist entschieden darauf hin, „daß Francke

---

indische Mission. Halle 1956 (Examensarbeit [masch.], Theol. Fak. 1956). – 50 S. – *Gottfried Werther:* Die Briefe von Bartholomäus Ziegenbalg. In: Wissenschaftliche Zeitschrift der Martin-Luther-Universität Halle-Wittenberg. Gesellschafts- und Sprachwissenschaftliche Reihe 5, 1955/56, 221–226.

68 *Erhard Peschke:* Zur Struktur der Theologie August Hermann Franckes. In: ThLZ 86, 1961, 881–896.

69 *Ders.:* Kirche und Welt in der Theologie A. H. Franckes. In: ThLZ 88, 1963, 241–258.

70 *Ders.:* Zur Hermeneutik A. H. Franckes. In: ThLZ 89, 1964, 97–110.

71 *Ders.:* Studien zur Theologie August Hermann Franckes I. Berlin 1964.

72 *Ders.:* Studien zur Theologie August Hermann Franckes II. Berlin 1966.

73 *Ders.:* Bekehrung und Reform. Ansatz und Wurzeln der Theologie August Hermann Franckes. Bielefeld 1977 (AGP, 15).

74 Vgl. dazu die Bibliographie Erhard Peschkes in: ThLZ 97, 1972, 476f.; 112, 1987, 558, und Peschke-Ehrung [s. Anm. 101], 25–28.

der Lehre Luthers im wesentlichen treu geblieben ist".[75] Doch habe er „die ihm vielfältig überkommenen Gedanken in produktivem Mißverstehen, mit selbständiger Gestaltungskraft zu etwas Neuem verschmolzen",[76] so daß es auch zu sachlichen Veränderungen gegenüber Luther gekommen ist. So sollte Francke von einseitigen Urteilen (lutherisch, mystisch) abgehoben und gerade mit seinen neuen Komponenten anschaulich dargestellt werden. Dieses entworfene Franckebild hat Peschke in den letzten Jahren durch weitere Forschungen fundiert.[77]

Peschkes Urteil über Francke ordnet sich nicht in allem der zeitgleichen Pietismusforschung ein. Martin Schmidt konnte 1974 nach der Lektüre der ersten beiden Studienbände Peschkes schreiben, daß er sich durch ihn in seinem Urteil über die beherrschende Rolle der Wiedergeburt in der Theologie August Hermann Franckes bestätigt fühle.[78] Das hat sich dann doch nicht so bewahrheitet. Denn in dem Aufsatz „Speners Lehre von der Wiedergeburt" (1976) macht Peschke deutlich, daß bei Francke die Bekehrung eine viel größere Rolle spielt als die Wiedergeburt.[79]

Erhard Peschke gehört zu den Gründungsvätern der Historischen Kommission zur Erforschung des Pietismus (1964) und war bis zu seiner Emeritierung (1972) der Vorsitzende ihrer Ostsektion. Durch die Kommission ist ihm die Herausgabe der Abteilung II der „Texte zur Geschichte des Pietismus" übertragen worden, welche die „Schriften und Predigten" August Hermann Franckes enthalten soll. Diese Begrenzung auf das gedruckte Material ist unter den Bedingungen der Teilung Deutschlands und nach Absprachen über die verschiedenen Forschungsinteressen in der Kommission so festgelegt worden. Das Projekt der „Schriften und Predigten" war ursprünglich sehr umfangreich angelegt worden; es wurde unter dem Einfluß verschiedener Zwänge schließlich auf 10 Bände reduziert. Die bisher in dieser Abteilung erschienenen drei Bände sind nicht nur von Peschke herausgegeben, sondern im wesentlichen auch von ihm erarbeitet worden. Es handelt sich um die Bände „Streitschriften"[80] und „Predigten" (I und II).[81] In entsagungsvoller

---

[75] *Ders.*, Bekehrung und Reform [s. Anm. 73], 148.

[76] *Ders.*, Studien zur Theologie I [s. Anm. 71], 153.

[77] Aus der Reihe der Schriften sei die Buchveröffentlichung genannt: *Ders.*: Die frühen Katechismuspredigten August Hermann Franckes 1693–1695. Göttingen 1992 (AGP, 28).

[78] *Schmidt* [s. Anm. 28], 73.

[79] *Erhard Peschke:* Speners Lehre von der Wiedergeburt. In: Traditio-Krisis-Renovatio aus theologischer Sicht. Festschrift Winfried Zeller zum 65. Geburtstag. Hg. v. *Bernd Jaspert* u. *Rudolf Mohr.* Marburg 1976, 206–224 (hier zitiert nach Bekehrung und Reform [s. Anm. 73], 83–114, bes. 114).

[80] *August Hermann Francke:* Streitschriften. Hg. v. *Erhard Peschke.* Berlin, New York 1981 (TGP II/1).

[81] *August Hermann Francke:* Predigten. Hg. v. *Erhard Peschke.* Berlin, New York. Bd. 1: 1987, Bd. 2: 1989 (TGP II/9,10).

textkritischer Kärrner-Arbeit hat Peschke wichtige Francke-Texte als Grundlage der Abteilung vorgelegt.

Zwei weitere Bände, die Franckes „Schriften zur biblischen Hermeneutik" enthalten, liegen derzeit beim Verlag und werden hoffentlich in absehbarer Zeit erscheinen. Zum Editionsprogramm gehören ferner die folgenden Komplexe: Schriften zur Reform des kirchlichen Lebens (Gemeindereform), Schriften zur Geschichte der Stiftungen (u. a. die „Fußstapfen"), Schriften zur Reform des Theologiestudiums und zur Führung des Predigtamtes sowie die „Lectiones paraeneticae". Die Arbeit an diesen Schriften befindet sich in ganz verschiedenen Stadien der Vorbereitung, von der noch nicht beendeten Planungsphase bis zur abgeschlossenen Textkonstitution. Es ist eine eindrucksvolle Forschungsleistung, die uns Peschke vorgelegt hat. Dabei fällt auf, daß seine „Studien" im wesentlichen auf gedruckten Quellen beruhen: auf Predigten, Traktaten, Programmschriften. Dahinter mag die Entscheidung stehen, Francke so zu Wort kommen zu lassen, wie er weiterwirken wollte. Auch die von ihm edierten Texte geben zum allergrößten Teil Drucke wieder. Das gilt auch für die sehr geglückte Franckeauswahl „August Hermann Francke: Werke in Auswahl" (1969)[82]. Doch hat Peschke zumindest Vorarbeiten zu einem Übergang auch auf das handschriftliche Material geleistet. Sie liegen in dem „Katalog der in der Universitäts- und Landesbibliothek Sachsen-Anhalt zu Halle (Saale) vorhandenen handschriftlichen und gedruckten Predigten August Hermann Franckes" (1691–1726)[83] vor, den Peschke in Verbindung mit Friedrich de Boor erarbeitet hat.

Friedrich de Boor hat der Pietismusforschung in Halle einen ergänzenden Schwerpunkt gegeben. Er hat sich darum bemüht, seine Forschungen in immer stärkerem Maße auf neu erschlossene handschriftliche Quellen zu konzentrieren. Seine Habilitationsschrift von 1968 stellt in minutiöser Weise August Hermann Franckes paränetische und methodologische Vorlesungstätigkeit dar[84] und verbindet dabei Franckes akademische Tätigkeit mit der Druckgeschichte eines Teils seiner Schriften. Zugleich ist mit dieser Arbeit auch so etwas wie das Gerüst einer Biographie Franckes entstanden. Seine gewonnene Detailkenntnis hat de Boor in einigen Aufsätzen und Artikeln bewährt, die das biographische

---

[82] *August Hermann Francke:* Werke in Auswahl. Hg. v. *Erhard Peschke*. Berlin 1969 (Parallelausgabe in Witten 1969).

[83] Katalog der in der Universitäts- und Landesbibliothek Sachsen-Anhalt zu Halle (Saale) vorhandenen handschriftlichen und gedruckten Predigten August Hermann Franckes. In Verbindung mit *Friedrich de Boor* bearbeitet von *Erhard Peschke*. Halle (Saale) 1972 (Schriften zum Bibliotheks- und Büchereiwesen in Sachsen-Anhalt, 36).

[84] *Friedrich de Boor:* Die paränetischen und methodologischen Vorlesungen August Hermann Franckes (1693–1727). Halle 1968 (Habil. theol. [masch.], Halle 1968. – Bd. 1: XII, 61, (28) S.; Bd. 2: VI, 204 S.). – Vgl. dazu *ders.:* A. H. Franckes paränetische Vorlesungen und seine Schriften zur Methode des theologischen Studiums. In: ZRGG 20, 1968, 300–320.

und territorialgeschichtliche Element mit dem theologischen in weiterführender Weise verbinden.[85] Hier sei noch besonders auf seine konzentrierte Francke-Darstellung in der Theologischen Realenzyklopädie (1983) verwiesen.[86]

In der Edition der Francke-Schriften waren ihm außer den Paränetischen Vorlesungen die Bände 2 und 3 (Gemeindereform; Fußstapfen usw.) übertragen worden. Er hat diese Arbeit durch zielgerichtete Vergabe von Examensarbeiten[87] und von Dissertationsthemen vorzubereiten versucht (Peter Weniger zur Frühgeschichte der Stiftungen;[88] Friedrich Detlef Plasan zum Streit August Hermann Franckes mit der halleschen Stadtgeistlichkeit[89]). Zwar sind die Dissertationen noch nicht abgeschlossen, aber ihre Ergebnisse sollen – wenn auch unter anderer Herausgeber-

---

[85] In zeitlicher Abfolge seien aufgeführt: *Friedrich de Boor:* Der Nordhäuser Gesangbuchstreit 1735–1738. Orthodoxie, Pietismus und Frühaufklärung im Streit um das rechte Gesangbuch. In: PuN 1, 1974, 100–113. – *Ders.:* Erfahrung gegen Vernunft. Das Bekehrungserlebnis A. H. Franckes als Grundlage für den Kampf des Hallischen Pietismus gegen die Aufklärung. In: Der Pietismus in Gestalten und Wirkungen. Martin Schmidt zum 65. Geburtstag. Hg. v. *Heinrich Bornkamm, Friedrich Heyer, Alfred Schindler.* Bielefeld 1975 (AGP, 14), 120–138. – *Ders.:* A. H. Franckes Hamburger Aufenthalt im Jahre 1688 als Beginn seiner pädagogischen Wirksamkeit. In: August Hermann Francke 1663–1727 [s. Anm. 14], 24–36. – *Ders.:* A. H. Franckes Beitrag zu einer umfassenden Interpretation der Römerbriefvorrede Luthers. In: ThLZ 107, 1982, 573–586, 649–658. – *Ders.:* Die Franckeschen Stiftungen als „Fundament" und „Exempel" lokaler, territorialer und universaler Reformziele des Hallischen Pietismus. In: PuN 10, 1984, 213–226.– *Ders.:* Zur Sprachwirkung Luthers im deutschen Pietismus des 17./18. Jahrhunderts. In: Beiträge zur Sprachwirkung Martin Luthers im 17./18. Jahrhundert. Teil II. Vorträge des Kolloquiums zu Luthers Sprachwirkung 1986. Hg. v. *Manfred Lemmer.* Wissenschaftliche Beiträge der Martin-Luther-Universität Halle-Wittenberg 1988/5 (F 77), 4–35.

[86] *Friedrich de Boor:* Art. „Francke, August Hermann (1663–1727)". In: TRE 11, 1983, 312–320.

[87] In Auswahl seien als Beispiele genannt: *Thomas Müller:* Die Geschichte des Pietismus in der Darstellung Paul Antons. Halle 1972 (Diplomarbeit [masch.], Theol. Fak. 1972). – 60 S. – *Jürgen Kohtz:* Die Reformziele A. H. Franckes und ihre Verwirklichung in Glaucha/Halle: Gemeindereform und Anstalten, untersucht an seinem Briefwechsel mit Ph. J. Spener. Halle 1981 (Diplomarbeit [masch.], Theol. Fak. 1981). – 56 S. – *Matthias Spenn:* Die Bedeutung der Gemeinde für A. H. Francke, untersucht an seinem Collegium Pastorale (1713). Halle 1983 (Diplomarbeit [masch.], Theol. Fak. 1983). – IV, 76 S. – *Martin Land:* Die „Handlung des Göttlichen Wortes" als Ansatz der Gemeindereform A. H. Franckes in Glaucha 1692/93. Untersucht an den Angaben A. H. Franckes in seinem „Tagebuch" (1691/92), in seinem Briefwechsel mit Ph. J. Spener (1692/93) und in seinem „Glauchischen Gedenck-Büchlein" (1693). Halle 1988 (Diplomarbeit [masch.], Theol. Fak. 1988). – 91 S.

[88] Vgl. *Peter Weniger:* August Hermann Francke „Project Wie die, zu Glaucha an Halle, zur Besserung in allen Ständen, fundirte Anstalten unter dem Seegen Gottes zu erweitern, und zu ihrem rechten Endzweck auszuführen". Halle 1984 (Diplomarbeit [masch.], Theol. Fak. 1984). – Teil 1: 76 S.; Teil 2: 79 S. – *Ders.:* Anfänge der „Franckeschen Stiftungen". Bemerkungen zur Erforschung der Geschichte der Glauchaschen Anstalten in ihrem ersten Jahrzehnt. In: PuN 17, 1991, 95–120.

[89] *Plasans* Diplomthema lautete: Neue Aspekte in der marxistischen Sicht des deutschen Pietismus im 17./18. Jahrhundert. Halle 1985 (Diplomarbeit [masch.], Theol. Fak. 1985). – 79 S.

schaft – in die Editionen einfließen. Zu den Fragen, die sich mit der frühen Geschichte Franckes in Halle verbinden, gehört sein ambivalentes Verhältnis zur spiritualistischen Bewegung. In diesem Problembereich ist die Dissertation von Martin Schulz „Johann Heinrich Sprögel und die pietistische Bewegung Quedlinburgs" (1974)[90] angesiedelt. Sie wurde auch von de Boor angeregt und charakterisiert seinen Fragehorizont, ist bisher aber nicht veröffentlicht worden.

Kurt Aland, Arno Lehmann, Erhard Peschke und Friedrich de Boor – damit sind die Persönlichkeiten genannt, die Schwerpunkte in der theologischen Pietismusforschung in Halle gesetzt haben. Neben ihnen sind aber noch weitere Forscher zu erwähnen, die das Forschungsspektrum bereichert haben.

Zu ihnen zählt der praktische Theologe Hans Urner mit der kleinen Textedition „Der Pietismus" (1952)[91]. Ebenfalls gehört in diese Reihe Peter Schicketanz mit seiner Berliner Dissertation von 1960 über Carl Hildebrand von Canstein und Philipp Jakob Spener[92] sowie mit seiner Edition des Briefwechsels Cansteins mit August Hermann Francke[93]. Zwar ist Schicketanz' Dissertation von Martin Schmidt angeregt worden, doch hat er so lange in Halle gelebt und gearbeitet, daß er in diesem Zusammenhang hier genannt werden kann. Aus der Schule Peschkes stammt Helmut Obst, der über „Speners Lehre vom Heilsweg" (1967) promovierte.[94] Seine Habilitationsschrift ist dem Berliner Beichtstuhlstreit gewidmet;[95] diese Arbeit stützt sich zum großen Teil auf handschriftliches Quellenmaterial und gehört damit in die Phase des Übergangs von der Interpretation gedruckter Quellen zur verstärkten Aufnahme von Archivmaterial, wie er sich unter den Peschke-Schülern Ende der 60er und Anfang der 70er Jahre zeigte.

Von der neueren Forschung noch weitgehend unbearbeitet sind Themen über die Mitarbeiter Franckes.[96] Auf dieses Gebiet hat sich Eckhard

---

[90] *Martin Schulz:* Johann Heinrich Sprögel und die pietistische Bewegung Quedlinburgs. Halle 1974 (Diss. theol. [masch.] 1974). – IX, 322 S.

[91] *Hans Urner:* Der Pietismus. Gladbeck 1952 (Kirchengeschichtliche Quellenhefte, 6).

[92] *Peter Schicketanz:* Carl Hildebrand von Cansteins Beziehungen zu Philipp Jacob Spener. Berlin 1960 (Diss. theol. [masch.], Berlin: Kirchliche Hochschule 1960). – II, 183 S. Gedruckt unter demselben Titel Witten 1967 (AGP, 1).

[93] Der Briefwechsel Carl Hildebrand von Cansteins mit August Hermann Francke. Hg. v. *Peter Schicketanz.* Berlin, New York 1972 (TGP III, 3).

[94] *Helmut Obst:* Speners Lehre vom Heilsweg. Halle 1967 (Diss. theol. [masch.], Theol. Fak. 1967). – 256 S.

[95] *Ders.:* Der Berliner Beichtstuhlstreit. Die Kritik des Pietismus an der Beichtpraxis der lutherischen Orthodoxie. Halle 1970 (Habil. theol. [masch.], Theol. Fak. 1970). – 194 S. Die Arbeit wurde unter demselben Titel veröffentlicht Witten 1972 (AGP, 11). Zu *Obsts* pietistischen Arbeiten vgl. ferner *ders.:* Elemente atheistischer Anfechtung im pietistischen Bekehrungsprozeß. In: PuN 2, 1975, 33–42.

[96] Vgl. z.B. oben [Anm. 47] die Arbeiten von *Joachim Böhme* über H.J. Elers. Zwar sind in

Altmann mit seiner Habilitationsschrift über Christian Friedrich Richter (1676–1711)[97] begeben. Diese Arbeit war vom ursprünglichen Interesse des Verfassers her hymnologisch orientiert, wurde aber auf der Grundlage des benutzten Quellenmaterials auf die Gebiete der Biographie, Pharmazie, Medizin, Philosophie und des Manufakturwesens erweitert. Weiter ist hier die Habilitationsschrift des Verfassers von 1983 über Anton Wilhelm Böhme (1673–1722)[98] zu nennen; Böhme lebte einundzwanzig Jahre lang als Vermittler des halleschen Pietismus in London. In dieser Arbeit wird nach den Grundlagen für die ökumenische Haltung der Pietisten aus Halle gefragt.

V. Rückblick und Vorblick

Der Überblick ist bis an die Zeit der Wiedervereinigung Deutschlands im Jahre 1990 herangeführt bzw. auch schon darüber hinausgeführt worden. Dabei war es nicht das Ziel, eine vollständige Bibliographie der Pietismusforschung in Halle seit 1945 zu erstellen, sondern die Schwerpunkte der geleisteten Arbeit herauszuheben. Die Wendezeit selbst brachte, ehe dauerhafte institutionelle Formen der Pietismusforschung in Halle gefunden wurden, verschiedene Versuche, die Forschung zu konzentrieren und zu intensivieren. Einige von ihnen haben zwar einen literarischen Reflex gefunden, der die Forschungsrichtung der Unternehmungen und ihren Kontext erkennen läßt,[99] konnten sich aber in den institutionellen und personellen Umbruchsprozessen dieser Jahre schließlich doch nicht behaupten. Auf dem Gebiet der Forschungsorganisation ist für die Pietismusforschung das wichtigste Ergebnis dieser Zeit die Gründung des „Interdisziplinären Zentrums für Pietismusforschung der Martin-Luther-Universität Halle-Wittenberg in Verbindung mit den Franckeschen Stiftungen".

---

den Arbeiten über Francke auch einige seiner Mitarbeiter teilweise behandelt worden, aber eigentliche Monographien über wichtige Mitarbeiter fehlen.

[97] *Eckhard Altmann:* Christian Friedrich Richter 1676–1711. Halle 1967 (Habil. theol. [masch.], Theol. Fak. 1967). – XXXIII, 304 S. Diese Arbeit ist veröffentlicht als: Christian Friedrich Richter (1676–1711). Arzt, Apotheker und Liederdichter des halleschen Pietismus. Witten 1972 (AGP, 7).

[98] *Arno Sames:* Anton Wilhelm Böhme (1673–1722). Studien zum ökumenischen Denken und Handeln eines halleschen Pietisten. Halle 1983 (Habil. theol. [masch.], Theol. Fak. 1983). – Bd 1: XIX, 154 S.; Bd. 2: 122, 12 S. Gedruckt unter demselben Titel Göttingen 1989 (AGP, 26).

[99] Vgl. z. B. *Jürgen Konert:* Deutsche Missionsärzte in Tranquebar – vermittelt durch die Franckeschen Stiftungen. In: Hallesche Medizinhistorische Hefte I/92. Schriftenreihe der Arbeitsgruppe Medizinhistorisches Museum. Hg. v. *Jürgen Konert*. Halle 1992, 20–42. – Zum Leben und Wirken hallescher Missionare in Indien. Ergebnisse der Studentenkonferenz vom 15. Oktober 1989. Hg. v. *Hanne Mode*. Halle 1991 (Orientalia, 5).

Natürlich ist die Pietismusforschung nicht prinzipiell an eine Institution gebunden; es wird immer wieder auch beachtenswerte Leistungen geben, die außerhalb des etablierten Forschungskontextes entstehen. Doch profitiert die Forschung natürlich von einer wirksamen Forschungsorganisation. Diese Forschungsorganisation ist mit der Gründung des „Pietismuszentrums" institutionell und konzeptionell geschaffen worden. Dabei ist von besonderer Bedeutung, daß die wichtigen Einrichtungen, die an der Pietismusforschung interessiert sind, mit dem „Pietismuszentrum" kooperieren: Die erste ist die Martin-Luther-Universität als Rechtsträgerin des Zentrums sowie die Theologische Fakultät, deren Kirchengeschichtler Udo Sträter der geschäftsführende Direktor des Zentrums ist. Die andere sind die Franckeschen Stiftungen, die eigene Forschungsinteressen in die Wissenschaftslandschaft eintragen.[100] Und die dritte ist die „Historische Kommission zur Erforschung des Pietismus", deren Arbeit durch Personalunion mit dem „Pietismuszentrum" in Halle verbunden ist: Sträter ist als Mitglied der Pietismuskommission der geschäftsführende Herausgeber von „Pietismus und Neuzeit", und die „Pietismus-Bibliographie" dieses Jahrbuches wird unter seiner Leitung am halleschen „Pietismuszentrum" erarbeitet. Damit ist ein Kommunikationsnetz der Pietismusforschung geknüpft worden, das in Halle seinen Mittelpunkt hat.

An welche Elemente der lokalen Tradition kann die in Halle konzentrierte Pietismusforschung anknüpfen? Ein Vergleich der Forschungsforderungen, die Aland und Selbmann formuliert haben, mit den Projekten in Sträters Überlegungen zeigt die Kontinuität der Forschungsaufgaben, vor die sich die Pietismusforschung in Halle gestellt sieht. Dafür sind hauptsächlich zwei Gründe maßgebend. Einmal bestimmt das in Halle vorhandene Quellenmaterial zumindest partiell auch die wissenschaftliche Fragestellung. Dadurch ergeben sich mit sachlichem Zwang einige der von Sträter formulierten Projekte. Zum andern zeigt der Blick auf die Forschungssituation, daß die Pietismusforschung in Halle aufgrund der besonderen hochschulpolitischen und personellen Bedingungen, unter denen sie stattfand, die 1955 und 1963 formulierten Desiderate nicht hat aufarbeiten können, so daß viele von ihnen immer noch der Erledigung harren.

Neben der Kontinuität der Aufgaben gibt es aber auch eine Fülle von Forschungsleistungen und Forschungsansätzen in Halle, an die in positiver Weise angeknüpft werden kann. Wenn für die hallesche Forschung der letzten fünfzig Jahre auch eine starke regionale Konzentration auf den Pietismus in Halle und hier wiederum auf die erste Generation der Pietisten und unter ihnen vor allem auf August Hermann Francke festgestellt

---

100 *Sträter* [s. Anm. 1], 198.

werden kann und das als eine Beschränkung bezeichnet wird, so ist dem Urteil sicher zuzustimmen. Doch ist dem aufgrund des gegebenen Forschungsüberblicks zugleich entgegenzuhalten, daß es sich auch hier um Forschungslücken handelte, deren Bearbeitung zu anerkennenswerten Ergebnissen geführt hat, auf die von der Forschung weitergebaut wird. In diesem Zusammenhang soll auf die wohl geschlossenste Forschungsleistung hingewiesen werden, die Peschke vorgelegt hat. Sie wurde 1994 durch die Verleihung des August-Hermann-Francke-Preises auch öffentlich anerkannt.[101]

Ein wirkliches Desiderat der Pietismusforschung in Halle war die Interdisziplinarität. Der forschungsgeschichtliche Kontext wurde nur wenig deutlich. Die Kontakte zu Pietismusforschern an anderen Fakultäten waren nicht sehr intensiv. Man ließ einander gewähren, um nicht aufeinander reagieren zu müssen. Die Gründe dafür sind leicht einsichtig. Auch übergreifende Fragestellungen wurden wenig reflektiert. Obwohl z. B. die Arbeiten von Hinrichs und Deppermann zitiert wurden, hatten ihre Fragestellungen wenig Einfluß auf die Forschung. Das hat für die letzte Zeit sicher in der theologiegeschichtlich ausgerichteten Forschungsrichtung Peschkes einen wichtigen Grund. Die Folge war, daß die von Hinrichs aufgeworfene Frage nach der Wandlung des halleschen Pietismus von einer universal ausgerichteten Reformbewegung zur „Staatsreligion" in Brandenburg-Preußen substantiell nicht weitergeführt worden ist. Hinter ihr verbirgt sich die umfassendere Frage nach dem Verhältnis von pietistischer Theologie und Gesellschaft oder noch allgemeiner von Theorie und Praxis des Pietismus. In dem Forschungsüberblick ist auf sie mehrmals hingewiesen worden. Zu ihrer Beantwortung bedarf es aber des interdisziplinären Zugriffs auf den Pietismus. Hier nun liegt der Neuansatz des Pietismusforschungszentrums in Halle: Es hat die Interdisziplinarität der Arbeit durch die Namensgebung zu einer seiner Arbeitsaufgaben gemacht und markiert dadurch über die verbesserte Forschungsorganisation hinaus auch methodisch einen Neueinsatz der Pietismusforschung.

---

[101] Ehrung für Professor Dr. Dr. Erhard Peschke. Verleihung des August-Hermann-Francke-Preises 1994. Franckesche Stiftungen zu Halle 1994.

Frieder Seebass

Die Schrift „Paraenesis votiva pro pace ecclesiae" (1626) und ihr Verfasser

Ein Beitrag zu den Arndtschen Streitigkeiten*

Die Schrift unter dem Titel „Paraenesis votiva pro pace ecclesiae ad Theologos Augustanae Confessionis. Auctore Ruperto Meldenio Theologo" – im folgenden mit „Paraenesis" bezeichnet – erschien im Jahre 1626 in Rothenburg ob der Tauber ohne Angabe von Drucker, Druckort und -jahr.

Angesichts nicht enden wollender Streitigkeiten innerhalb der lutherischen Kirche mahnt die „Paraenesis" zum Frieden. Bekannt geworden ist die Schrift vor allem durch den Friedensspruch: In necessariis unitas, in non necessariis libertas, in utrisque charitas.[1] Es wurden mancherlei Vermutungen geäußert, wer sich hinter dem Pseudonym „Rupertus Meldenius"[2] verbergen könnte, doch ist die Verfasserfrage der „Paraene-

* Überarb. u. erw. Fassung d. Hausarb. b. Prof. Dr. Joachim Mehlhausen f. d. Erste Ev.-Theol. Dienstprüfung d. Ev. Landeskirche in Württemberg (WS 1993/94). Für Hinweise und Literaturangaben danke ich Prof. Dr. Martin Brecht, Prof. Dr. Hans Schneider u. Prof. Dr. Theodor Mahlmann, Stadtarchivar Dr. Ludwig Schnurrer, Rothenburg o. T. sowie Bibliotheksdirektor Dr. Gier, Augsburg.

[1] Vgl. *Friedrich Lücke:* Über das Alter, den Verfasser, die ursprüngliche Form und den wahren Sinn des kirchlichen Friedensspruches In necessariis unitas, in non necessariis libertas, in utrisque charitas! Eine litterarhistorische theologische Studie. Nebst einem Abdrucke der Paraenesis votiva pro pace ecclesiae ad Theologos Augustanae Confessionis. Auctore Ruperto Meldenio Theologo. Göttingen 1850. *Ders.:* Nachträge. In: ThStKr 24, 1851, 905–938. *Wilhelm Koepp:* Vom Verfasser und Ursprung des christlichen Friedensspruches: In necessariis unitas, in non necessariis libertas, in utrisque charitas. In: ThStKr 85, 1912, 140–152. *Gustav Krüger:* Über den Friedensspruch: In necessariis unitas, in non necessariis libertas, in utrisque charitas. In: ThStKr 100, 1927, 154–163. *A. Eekhof:* De zinspreuk In necessariis unitas, in non necessariis libertas, in utrisque charitas. Eenheid in het noodige, vrijheid in het niet noodige in beide de liefde. Oorsprong, beteekenis en verbreiding. Leiden 1931. *Viktor Burr:* Zur Geschichte des Wahlspruches: In necessariis unitas, in dubiis libertas, in omnibus charitas. In: Unitas-Salia zu Bonn 1847–1957. Hg. v. *Anton Brenig*. Köln [1957], 7–24; sowie den instruktiven Beitrag von *Theodor Mahlmann:* Art. „Meldenius". In: BBKL 5, 1993, 1202–1208 (umfassende Darstellung des bisherigen Forschungsstandes).

[2] Vgl. die entsprechenden Artikel „Meldenius" bzw. „Melden" in ADB, ^{3}RE bzw. $^{1.2.3}$RGG und *Mahlmann* [s. Anm. 1].

sis“ sowie die genauen Umstände ihrer Drucklegung noch nicht eindeutig geklärt.

Diesen Fragen soll im folgenden nachgegangen werden, indem nach einer einführenden Beschreibung der kirchlichen Zustände Anfang des 17. Jahrhunderts zunächst der Inhalt der „Paraenesis“ dargestellt wird.

Durch den Augsburger Religionsfrieden von 1555 als politische Zäsur und die Einigungsbestrebungen der deutschen Lutheraner, die 1577/80 mit Konkordienformel bzw. Konkordienbuch ihren vorläufigen Abschluß finden, wird der Übergang in das Zeitalter der Konfessionalität markiert.[3]

Die Theologie wurde zur Orthodoxie, d. h. sie bekam die Aufgabe zugewiesen, die eigene Lehre gegenüber anderen Konfessionen zu vertreten und zu verteidigen. Diese polemische und apologetische Funktion suchte die Theologie unter Rückgriff auf aristotelische Philosophie und Scholastik zu erfüllen. Dadurch verlagerte sich das theologische Schwergewicht immer mehr auf Fragen der reinen Lehre und dogmatische Einzelpunkte (ein Beispiel hierfür ist der Kenosis-Streit[4] zwischen Tübingen und Gießen).

Demgegenüber ist für die zweite Hälfte des 16. Jahrhunderts in verschiedenen Kreisen eine zunehmende Hochschätzung von Gebets-, Meditations- und Erbauungsliteratur festzustellen, bei der über die Konfessionsgrenzen hinweg auf ältere Frömmigkeitstraditionen – etwa der Kirchenväter oder der mittelalterlichen Mystik – zurückgegriffen wurde. Diese standen mitunter in deutlichem Gegensatz zur jeweilig herrschenden konfessionellen Orthodoxie, aber hier glaubte man die Frömmigkeit zu finden, die der zeitgenössischen orthodoxen Theologie abging. Zu diesen mystischen, spiritualistischen, naturphilosophischen und oftmals kirchenkritischen Strömungen gehörten insbesondere Anhänger der Lehren von Schwenckfeld, Paracelsus und Weigel.

Hauptexponent dieser neuen Frömmigkeitsrichtung ist Johann Arndt (1555–1621)[5], seit 1611 Generalsuperintendent des Herzogtums Braunschweig-Lüneburg, mit seinem berühmten Erbauungsbuch „Vier Bücher von wahrem Christentum“ (1605/10).

---

[3] Vgl. hierzu und zum folgenden *Martin Brecht:* Das Aufkommen der neuen Frömmigkeitsbewegung in Deutschland. In: Geschichte des Pietismus. Bd. 1. Der Pietismus vom 17. bis zum frühen 18. Jahrhundert. Hg. v. *M. Brecht.* Göttingen 1993, 113–203.

[4] Vgl. *Friedrich Loofs:* Art. „Kenosis“. In: ³RE 10, 261f., u. *Jörg Baur:* Auf dem Wege zur klassischen Tübinger Christologie. Einführende Überlegungen zum sogenannten Kenosis-Krypsis-Streit. In: Theologen und Theologie an der Universität Tübingen. Hg. v. *Martin Brecht.* Tübingen 1977 (Contubernium, 15), 195–269; hier bes. 239ff.

[5] Vgl. *Wilhelm Koepp:* Johann Arndt. Eine Untersuchung über die Mystik im Luthertum. Berlin 1912 (NSGTK, 13). *Johannes Wallmann:* Der Pietismus. Göttingen 1990 (KIG, O1), 14–19; u. *Brecht* [s. Anm. 3], 130–142.

Wohl nicht zu Unrecht hat man gesagt, Arndt sei „neben Schleiermacher der größte Zeitenwender in der Geschichte der lutherisch-protestantischen Frömmigkeit gewesen“[6].

Gerade an Arndts Büchern vom wahren Christentum läßt sich deutlich die Akzentverschiebung weg von der reinen Lehre hin zum Leben, zu einer Wiedergeburts- und Heiligkeitsfrömmigkeit ablesen.

Arndt hatte in seinem wahren Christentum ausgiebig so verschiedene Quellen wie die Kirchenväter, die mittelalterliche Mystik (z.B. Angela von Foligno, Tauler), Thomas von Kempen, Paracelsus, Weigel und andere[7] zitiert und das Ganze durch orthodox klingende Änderungen und Zusätze zu einem neuen evangelischen Frömmigkeitstyp einzuschmelzen versucht, soweit dies bei solch disparaten Stoffen möglich war.

Die Urteile über Johann Arndts Person und Werk gehen bis heute weit auseinander: „Die einen sehen in ihm einen Vertreter des Spiritualismus und der Mystik, den anderen gilt er als der Erneuerer und Reformer der Frömmigkeit im Luthertum oder als Vater des Pietismus.“[8]

Schon zu Arndts Lebzeiten waren die „Vier Bücher von wahrem Christentum“ ein umstrittenes Werk. Neben begeisterter Zustimmung, etwa bei Johann Valentin Andreae (1586–1654)[9] und dem Tübinger Ju-

---

[6] *Wilhelm Koepp* in dem v. ihm hg. Band: Johann Arndt. Berlin-Schönberg 1912 (KlRel, 2), 11. Der schwedische Kirchenhistoriker Pleijel sieht in Johann Arndt „Die einflußreichste Gestalt der lutherischen Christenheit seit der Reformation“; so *Hilding Pleijel:* Die Bedeutung Johann Arndts für das schwedische Frömmigkeitsleben. In: Der Pietismus in Gestalten und Wirkungen. FS Martin Schmidt. Bielefeld 1975 (AGP, 14), 394.

[7] Vgl. die Quellenanalyse bei *Edmund Weber:* Johann Arndts Vier Bücher vom wahren Christentum als Beitrag zur protestantischen Irenik des 17. Jahrhunderts. Eine quellenkritische Untersuchung. 3., verbess. Aufl. Hildesheim 1978 (STIren, 2), 42–177.

[8] *Brecht* [s. Anm. 3], 131. Vgl. auch *Berndt Hamm:* Johann Arndts Wortverständnis. Ein Beitrag zu den Anfängen des Pietismus. In: PuN 8, 1982, 73: „Arndt ging seinen eigenen Weg zwischen Luther, der Orthodoxie und dem radikalen protestantischen Spiritualismus.“ Dagegen hebt *Christian Braw* in seinem Aufsatz: Das Gebet bei Johann Arndt. In: PuN 13, 1987, 24, die Nähe Arndts zu Luther hervor.

[9] Vgl. *Wallmann* [s. Anm. 5], 20, u. *Brecht* [s. Anm. 3], 142 bzw. 151–166. Beredtes Zeugnis der frühen Hochschätzung von Arndts Wahrem Christentum ist ein Brief des zum engsten Kreis um Andreae gehörenden Christoph Welling aus dem Jahr 1610; vgl. zur Person Wellings *Johann Valentin Andreae:* Vita, ab ipso conscripta [...]. Ed. *F.H. Rheinwald*. Berolini 1849, 14f., 19 u. 39; sowie *Ders.:* Ein geistliches Gemälde, entworfen und aufgezeichnet von Huldrich StarkMann Diener des Evangeliums. Nach dem wiedergefundenen Urdruck Tübingen 1615 hg. v. *Reinhard Breymayer*. Tübingen 1991, XLVI f. u. LIII–LXXI.
Welling schreibt: „Das erste Buch [von wahrem Christentum]/ welches vorhanden/ vnd zweymal gedrucket worden/ ist so schön/ daß ich mein lebetage nie nichts herrlichers vnd eyfferigers gelesen“. So wartet er gespannt, aber bisher vergeblich auf die angekündigten weiteren Bücher vom Wahren Christentum.
Dieser Brief Wellings ist abgedruckt in einer Sammlung aus Arndts Nachlaß mit dem Titel: Warhafftiger/ Glaubwirdiger vnd gründlicher Bericht von den vier Büchern vom Wahren Christenthumb Herrn Johannis Arndten/ auß den gefundenen brieflichen Vrkunden zusammen getragen [...] Entgegen gesatzt [...] Insonderheit [...] Lucae Osiandri. Lüneburg 1625, 17ff.

risten Christoph Besold (1577–1638)[10], erfuhr es von seiten der Orthodoxie mancherlei Anfeindungen.

Die sogenannten „Arndtschen Streitigkeiten“[11] über die Vereinbarkeit der „Vier Bücher von wahrem Christentum“ mit der lutherischen Theologie begannen ab 1618 in Danzig und erreichten nach Arndts Tod im „Theologische(n) Bedencken“ des orthodoxen Tübinger Theologieprofessors Lukas II. Osiander (1571–1638)[12] im Jahre 1623 ihren Höhepunkt.

Osiander zeigt in seinem „Bedencken“[13], aus welchen Quellen Arndt im Wahren Christentum geschöpft hat und macht deutlich, an welchen Punkten er damit von orthodoxer Lehre abgewichen sei. Das angeblich „wahre“ Christentum sei im Grunde genommen ein „Daulerthumb“[14]. Man dürfe, so Osiander, Arndt und sein Werk nicht nach dem äußerlichen guten Schein beurteilen, sondern müsse aufdecken, was unter dem Schafspelz verborgen sei, „namblich Schwärmerey/ Wigelianisch/ Schwenckfeldisch/ Enthusiastische vnd andere grobe Irrthummen vnd

---

Wellings Brief wird (wohl aufgrund eines Druckfehlers) auf das Jahr 1620 datiert, was jedoch seinem Inhalt widerspricht (wer sollte noch 1620 vergeblich auf die Fortsetzung des ersten Buches von wahrem Christentum warten?). Dies hat bereits *Gottfried Balthasar Scharff:* Supplementum historiae litisque Arndianae [...]. Wittenbergae 1727, 82f., richtig erkannt.

[10] Vgl. zur Person Besolds *Brecht* [s. Anm. 3], 199 Anm. 4, und weiter *Barbara Zeller-Lorenz* und *Wolfgang Zeller:* Christoph Besold 1577–1638. Polyhistor, gefragter Consiliator und umstrittener Konvertit. In: Lebensbilder zur Geschichte der Tübinger Juristenfakultät. Hg. v. *Ferdinand Elsener.* Tübingen 1977 (Contubernium, 17), 9–18, sowie *Barbara Zeller-Lorenz:* Christoph Besold (1577–1638) und die Klosterfrage. Diss. Jur. Tübingen 1986.
Zu Besolds Stellung gegenüber Arndt vgl. *Koepp* [s. Anm. 5], 79f., und Johann Valentin Andreae 1586–1986. Die Manifeste der Rosenkreuzerbruderschaft. Katalog einer Ausstellung in der Bibliotheca Philosophica Hermetica. Bearb. *C. Gilly.* Amsterdam 1986, 38 bzw. 134. Interessant auch die Erwähnung Arndts in *Besolds* früher Schrift „Templum Iustitiae, sive de addiscenda et exercenda Iurisprudentia Dissertatio“. Tübingen 1612. Besold führt in seinem Werk aus, warum ein Jurist alle Wissenschaften beherrschen müsse. Er verweist im Abschnitt unter dem Titel „Astronomia Potentiam et Sapientiam DEI spectandam dat“ auf das vierte Buch vom Wahren Christentum: „Arnd lib. 4 per tot“ (30).

[11] Vgl. *Gottfried Arnold:* Unpartheyische Kirchen- und Ketzer-Historie [...]. Franckfurt am Mayn 1729. Nachdr. 2 Bde. Hildesheim 1967. Bd. 1, 942–947. *Johann Georg Walch:* Historische und Theologische Einleitung in die Religions-Streitigkeiten Der Evangelisch-Lutherischen Kirchen. Von der Reformation an bis auf ietzige Zeiten. 5 Bde. Jena 1730–1739. Bd. 3, 191–242, bzw. Bd. 5, 1123–1161; *Koepp* [s. Anm. 5], 86ff. bzw. 101ff., u. *Brecht* [s. Anm. 3], 143–148.

[12] Vgl. *Gustav Bossert:* Art. „Osiander“. In: ^{3}RE 14, 512f.

[13] *Lucas Osiander:* Theologisches Bedencken/ Vnd Christliche Treuhertzige Erinnerung/ welcher Gestalt Johann Arndten genandtes Wahres Christenthumb/ nach Anleitung deß H. Worts Gottes/ vnd der reinen Evangelischen Lehr vnd Bekandtnussen/anzusehen vnd zuachten seye [...]. Tübingen 1623. Zum Inhalt der Schrift vgl. *Friedrich Fritz:* Die württembergischen Pfarrer im Zeitalter des dreißigjährigen Krieges. In: BWKG 30, 1926, 62–68, u. *Koepp* [s. Anm. 5], 110–116.

[14] *Osiander* [s. Anm. 13], 29.

Verführungen"[15]. Ja, Osiander bezeichnet Arndt wegen seiner Lehre indirekt gar als Diener des Satans.[16]

Der teilweise sehr harsche Ton Osianders ist zweifellos durch dic Vorgänge um den Tübinger Buchdrucker Eberhard Wild[17] bedingt. Wild, der enge Kontakte zu Schwenckfeldern und Mystikern pflegte, hatte jahrelang illegal verbotene sektiererische Bücher gedruckt und verschickt. Als man ihm 1622 den Prozeß machte, fanden sich bei ihm unter anderem Schriften von Johann Arndt. Gegen diese Umtriebe war auch die Schrift „Impietas Wigeliana" (1622) von Osianders Kollegen Theodor Thumm (1586–1630)[18], seit 1618 Professor in Tübingen, gerichtet.

Für Arndts Rechtgläubigkeit traten dagegen neben anderen[19] ein: Melchior Breler[20], Leibarzt des Herzogs August d.J. von Braunschweig-Lüneburg, der holsteinische Pastor Paul Egard[21] sowie der Hitzackerer Hofprediger von Herzog August, Heinrich Varenius.[22] Letzterer, auf den sich später Spener mit Vorliebe berief, versah die „Vier Bücher von wahrem Christentum" mit orthodoxen Zusätzen.

I. Die „Paraenesis votiva pro pace ecclesiae" – eine Inhaltsangabe mit kommentierenden Anmerkungen

Mit der Schrift „Paraenesis votiva pro pace ecclesiae"[23] aus dem Jahr 1626 wendet sich der Verfasser, dessen Name auf dem Titelblatt mit

---

[15] *Osiander* [s. Anm. 13], 147f.

[16] Vgl. *Osiander* [s. Anm. 13], 143.

[17] Vgl. *Gunther Franz:* Bücherzensur und Irenik. Die theologische Zensur im Herzogtum Württemberg in der Konkurrenz von Universität und Regierung. In: Theologen und Theologie an der Universität Tübingen. Hg. v. *Martin Brecht.* Tübingen 1977 (Contubernium, 15), 141–146, u. *Richard van Dülmen:* Die Utopie einer christlichen Gesellschaft. Johann Valentin Andreae (1586–1654). Teil 1: Kultur und Gesellschaft 2/1. Stuttgart-Bad Cannstatt 1978, 124–135.

[18] Vgl. *Friedrich Fritz:* Theodor Thumm. Ein Vorkämpfer der lutherischen Kirche in der Zeit des dreißigjährigen Krieges. In: Luthertum 50, 1939, 202–219 u. 225–230.

[19] Vgl. etwa *Johann Valentin Andreae:* Theophilus (1649). Lat.-dt. hg. v. *Richard van Dülmen.* Stuttgart 1973 (QFWKG, 5), 124–127.

[20] Vgl. *Johannes Wallmann:* Herzog August zu Braunschweig und Lüneburg als Gestalt der Kirchengeschichte. Unter besonderer Berücksichtigung seines Verhältnisses zu Johann Arndt. In: PuN 6, 1980, 24ff.

[21] Vgl. *Wallmann* [s. Anm. 20], 24, u. *ders.* [s. Anm. 5], 20f.

[22] Vgl. *Wallmann* [s. Anm. 20], 24 und 28ff.

[23] Exemplare dieses seltenen Werkes befinden sich in Rothenburg o.T. (Konsistorialbibliothek), im Landeskirchlichen Archiv (LKA) Stuttgart, in den Stadtbibliotheken Ulm und Augsburg, der Bayerischen Staatsbibliothek München, der Herzog August Bibliothek Wolfenbüttel und der Nationalbibliothek Paris. Die zunächst bekanntgewordenen Exemplare in Kassel und Hamburg wurden dagegen im zweiten Weltkrieg vernichtet; vgl. *Burr* [s. Anm. 1], 22 Anm. 18. Im folgenden wird – wenn nicht anders angegeben- nach dem Abdruck der „Paraenesis" bei *Lücke* [s. Anm. 1], 87–145, zitiert.

Rupertus Meldenius angegeben wird, an die Theologen der Augsburgischen Konfession, um angesichts theologischer Streitigkeiten zum Frieden zu mahnen. Aus dem Inhalt ergibt sich, daß der Autor zweifellos Lutheraner ist.[24]

Das kleine Werk – die Originalausgabe umfaßt knapp acht nicht paginierte Bögen zu je vier Blättern – besteht aus Vorrede und zweigeteiltem paränetischen Hauptteil. Im ersten pathologischen Teil der Paränese werden Mißstände der Kirche dargestellt, während im zweiten therapeutischen Teil Heilmittel dagegen angegeben werden.[25]

1. *Vorrede*

In der Vorrede[26] schreibt der Verfasser, folgender Traum habe ihn zu seiner Schrift veranlaßt: er habe einen alten, frommen Mann gesehen, der in der Bibel gelesen habe. Diesem sei Christus erschienen, um ihn vor dem Versucher zu warnen, der bald als Engel des Lichts verkleidet auftreten werde, um ihn zu täuschen und in die Hölle zu bringen. Kaum ist Christus fort, erscheint tatsächlich dieser falsche Lichtengel, der sich als göttlicher Bote ausgibt und die Ketzereien und das Sektenwesen in der Kirche beklagt. Deshalb habe Gott selbst ihm Macht gegeben, „instituendi novum quendam ordinem, in quem asciscerentur non nisi praedestinati ab ipso: et quicunque reciperentur, iurarent in certa quaedam capita, conditiones, formulas ac phrases, a quibus nec latum unguem se discessuros sancte promitterent". Nachdem auf Gottes Geheiß hin dieser neue Orden mit verbindlichen Regeln für alle Mitglieder gegründet worden sei, habe er, so sagt der Engel zu dem Mann, schon viele tausend Erwählte in seinem Album gesammelt und wolle auch ihn als frommen Streiter Christi darin aufnehmen.

Der Mann aber unterbricht den Lichtengel durch lautes Gebet zu Christus und bittet diesen um Beistand. Als der Engel sieht, daß er nichts ausrichten kann, fährt er wütend mit Getöse und Gestank davon. Darauf erscheint Christus und lobt den Mann für seine Tapferkeit, die ihm im Himmel die Ehrenkrone einbringe. Mit diesen Worten scheidet Christus von ihm.

---

[24] Vgl. *Lücke* [s. Anm. 1], 45, u. *Otto Ritschl:* Dogmengeschichte des Protestantismus IV. Das orthodoxe Luthertum im Gegensatz zu der reformierten Theologie und in der Auseinandersetzung mit dem Synkretismus. Göttingen 1927, 446. Einerseits vertritt der Verfasser die Realpräsenz beim Abendmahl (vgl. *Lücke* [s. Anm. 1], 119), andererseits wendet er sich gegen den Primatanspruch des römischen Papstes (vgl. *Lücke*, 132).

[25] Vgl. die Darstellungen des Inhalts der „Paraenesis" bei *Lücke* [s. Anm. 1], 24–38; *August Tholuck:* Lebenszeugen der lutherischen Kirche aus allen Ständen vor und während der Zeit des dreißigjährigen Krieges. Berlin 1859, 416–420; *Koepp* [s. Anm. 5], 127–129; *Fritz* [s. Anm. 13], 84–86; *Ritschl* [s. Anm. 24], 446f., u. *Mahlmann* [s. Anm. 1], 1203–1206.

[26] Vgl. *Lücke* [s. Anm. 1], 87–90.

Der Autor schreibt, er habe seinen Traum mit dem Zustand der Kirche verglichen und dabei festgestellt, daß jener Lichtengel auch in der gegenwärtigen Kirche viele Theologen liederlich täusche. Den Traum und seine Gedanken habe er mit wenigen Freunden besprochen; diese hätten ihn bestätigt. Am Ende der Vorrede fordert der Verfasser dazu auf, mit ihm zusammen Gott um Pfarrer für die Kirche zu bitten, die nicht nur in der Lehre, sondern auch im Leben Vorbilder seien.

Man hat den Traum manchmal als authentisch angesehen.[27] Dagegen spricht aber die nicht zu übersehende Stilisierung und die Tatsache, daß der Trauminhalt sofort auf die Situation der Kirche übertragen wird. Bei der Frage, was mit dem „neuen Orden" und dem „Album" des Lichtengels gemeint sein könnte, liegt es nahe, diese auf Konkordienformel bzw. -buch zu beziehen.[28] Osiander hatte in seinem „Bedencken" mit Blick auf Arndt gesagt, da sich der Satan selbst zum Engel des Lichts verstelle, sei es nicht verwunderlich, wenn seine Diener als Prediger der Gerechtigkeit erschienen.[29] Sollte man daraus, daß hier gleichsam der Spieß umgedreht wird, schließen können, bei dem „Traum" in der „Paraenesis" handele es sich um eine gut verpackte Polemik gegen Osiander?

Inwiefern dies möglicherweise der Fall ist, muß die weitere Darstellung der „Paraenesis" zeigen.

2. *Erster Hauptteil*

Der Hauptteil der „Paraenesis" beginnt mit dem sehnlichen Wunsch nach äußerem Frieden im vom Krieg geplagten Deutschland. Um wieviel wünschenswerter sei da Friede in der Kirche.[30]

Deshalb wendet sich der Verfasser an diejenigen, die orthodoxe Theologen sein wollten, und fleht sie bei der Ehre Gottes, der Liebe Christi und dem Heil der Kirche an, doch ein wenig mit der elenden Streiterei aufzuhören und einen gemäßigteren Rat anzunehmen.

Der Autor redet die Theologen in der ganzen Schrift beständig mit „vos" an, scheint also nicht zu ihnen zu gehören.

---

[27] Vgl. *Ludwig Bauer:* M. Peter Meiderlin, Ephorus des Kollegiums bei St. Anna von 1612–1650 [...]. Augsburg 1906, 41f., u. *Marie Weitbrecht:* M. Peter Meiderlin, Ephorus des Kollegiums bei St. Anna, Augsburg. In: BWKG 33, 1929, 298 Anm. 2.

[28] Im Stuttgarter Exemplar der „Paraenesis", das Anmerkungen und Anstreichungen der Tübinger Professoren Osiander und Thumm enthält [vgl. Anm. 78], ist dieser Abschnitt (Bl. A 2) unterstrichen, und am Rand steht der Vermerk „F.C.". Merkwürdig ist, daß *Lücke* [s. Anm. 1], 45 bzw. 50, im Autor der „Paraenesis" einen treuen Anhänger der Konkordienformel sieht. Allerdings bezieht Lücke den Friedensspruch der „Paraenesis" auch auf die Unionsbestrebungen seiner Zeit (vgl. 80–84). So enthält Lückes Abhandlung zugleich dessen eigenes theologisches und kirchliches Programm; vgl. *Julius August Wagenmann:* Art. „Lücke". In: ADB 19, 358.

[29] Vgl. *Osiander* [s. Anm. 13], 143.

[30] Vgl. *Lücke* [s. Anm. 1], 90.

Er hält den Theologen ihr hohes und verantwortungsvolles Amt vor Augen. Das kirchliche Amt habe zwei Aufgaben, nämlich Kämpfen und Bauen. Allerdings sei Bauen weit wichtiger als Kämpfen, denn jenes sei immer und überall, dieses aber nur unter bestimmten Umständen notwendig. Vor allem dürfe nicht im Übereifer gegen Freunde oder Gefährten gekämpft werden. Ein guter Bauplan allein genüge jedoch nicht, vielmehr komme alles auf das Tun und Umsetzen des Planes an.

Dann kommt der Verfasser auf die alttestamentlichen Orakel „Vrim et Thummim" (sic!) zu sprechen, die theoretische und praktische Theologie bezeichneten; letztere mache einen vollkommenen Theologen aus. Denn wer mit glänzenden Worten das eine lehre, aber durch seine Taten anderes zeige, „is hypocrita est, pseudochristianus, salutaris doctrinae simius ac simulator, putridum Ecclesiae membrum, excrementum, pus, ulcus, aridum lignum, nubes sine aqua, monstrum, sancto Christi nomine ac professione indignum, sal fatuus, foras proiiciendus"[31]. Nach dieser Aufzählung übler Beschimpfungen wird Mt 5,14a.16.13a zitiert.

Hier mußte sich in der Tat die Tübinger Orthodoxie – allen voran Theodor Thumm – direkt angesprochen fühlen.[32]

Der Verfasser der „Paraenesis" legt Wert auf das Tun des Guten, was er biblisch durch Mt 7,21 und Röm 2,3–6 begründet. Denn, so sagt er mit Jak 2,17: „Fides siquidem sine operibus est mortua, demonstranda igitur operibus."

Er fährt fort, es gebe kein abscheulicheres Laster bei Theologen als die Heuchelei.[33] Aus der Heuchelei als Mutter seien als Töchter drei schauerliche Ungeheuer und schreckliche Seuchen der Kirche entstanden, nämlich φιλοδοξία, φιλαργυρία und φιλονεικία; diese seien den Theologen verlobt.

Jene drei Laster der Ehrsucht, des Geizes und der Streitsucht werden im folgenden näher entfaltet:

Die Ehrsucht, die „primogenita Filia Satanae", locke insbesondere Theologen wie eine schmeichelnde Dirne in ihr Netz. Aus diesem unzüchtigen Beischlaf entstünden alle Häresien.

Das Merkmal der Theologen sei der Starrsinn, wegen unstillbarer Ehrsucht unbeirrbar auf einmal bezogenen Positionen zu verharren und niemals eigene Irrtümer zuzugeben.

Der daraus für die Kirche entstandene Schaden sei unter Tränen zu beklagen. Inzwischen wanke die Kirche, aber niemand bewahre sie, denn alle suchten nur das Ihre. So wendet sich der Autor an Gott selbst mit der bitteren Klage über die Ehrsucht vieler Theologen, die nur mit

---

[31] *Lücke* [s. Anm. 1], 94.

[32] Vgl. *Franz* [s. Anm. 17], 151. Im Stuttgarter Exemplar der „Paraenesis" (Bl. B 1) ist zweimal das Wort „Thummim" unterstrichen.

[33] Vgl. *Lücke* [s. Anm. 1], 95.

unnützen Streitereien und eitlen Disputationen beschäftigt seien, aber „ad Praxin Theologicam numquam serio animum adiiciunt". Das Volk Gottes sei in die Gefangenschaft weggegangen, wohingegen die Feinde, den Sieg vor Augen, triumphierten.

Die zweite Tochter der Heuchelei sei der Geiz, die Wurzel allen Übels.[34] Er habe die Theologen so sehr eingenommen, daß jeder nur nach eigenem Gewinn strebe. Anhand von 1 Joh 2,15–17 wird erklärt, man könne nicht irdischen Dingen und Gott zugleich anhangen. Dies wird mit einer Absage an die Alchemie verbunden. Die „Paraenesis" meint, der treulose, durch Geld zum Verräter gewordene Judas habe heute viele Nachfolger. Geiz und Habgier herrschten vielfach auch in der Kirche. Dabei sei doch höchste Mißgunst der Welt höchste Ehre vor Gott, und aus zeitlicher Armut fließe ewiger Reichtum.

Der Autor bekennt, daß er wie die Theologen die Gottlosigkeit der Gegenwart und den Atheismus geiziger Menschen hasse, aber dennoch müsse er der Kirche das Gericht Gottes ansagen.

Schließlich geht der Verfasser zum dritten Laster der Theologen über, der Streitsucht, die er als deutsche Schwester oder Tochter der kirchlichen Seuchen bezeichnet.[35]

Es gebe zum Beispiel die Theologaster, die mit jedermann immer nur streiten wollten und stets einen Vorwand dazu suchten. Ja, nicht wenige Pseudo-Theologen habe die wahrhaft diabolische Frechheit dazu hingerissen, einige der verdientesten Arbeiter der Kirche wütend anzubellen, fälschlich anzuklagen und schändlichster Häresien zu bezichtigen. Jene Pseudo-Theologen spielten sich selbst als Richter aller Auseinandersetzungen, als Zensoren aller Schriften und als Examinatoren aller Theologen auf. Liebe oder Mäßigung seien dabei nicht vorhanden.

Nicht nur in theoretischen Fragen handelten diese strengen Kritiker derartig, „sed et Practicos ad vitae sanctitatem, pietatem, poenitentiam et mentis ad DEUM veram elevationem compositos libros sub censuram revocant, et si qua duriuscula verba occurrunt, ad imum usque orcum damnant"[36].

Diejenigen würden zu Häretikern erklärt, die das ihre immer dem Wort Gottes und den symbolischen Büchern der Kirche unterworfen hätten, die zu ihren Lebzeiten niemals von einer Häresie geträumt oder gehört hätten, nun aber im Herrn entschlafen seien und nichts weiter antworten könnten.

Wo milde gehandelt werde, würden deren Redensarten von ihren Schülern und Nachfolgern „velut parum orthodoxae reiiciuntur, corriguntur, sub virgam revocantur". Dies geschehe weder mit Autorität der

---

[34] Vgl. *Lücke* [s. Anm. 1], 100.
[35] Vgl. *Lücke* [s. Anm. 1], 104.
[36] *Lücke* [s. Anm. 1], 105.

Kirche oder durch Übereinstimmung, sondern durch privates Belieben gewisser Leute und Gewalt.

Wenn nicht Gott selbst in dieser ausweglosen Situation Hilfe bringe, sei für die Kirche alles verloren. Unter bitteren Tränen und Schmerzen schreibt der Verfasser: „Ventum ad supremum est, incidimus eheu in profundissimam cloacam Satanae, infima sentina Mundi est haec, in qua vivimus ...".

Der erste Teil der „Paraenesis" schließt mit den Worten: „Undique saevae procellae ac tempestates irruunt: Serva nos, Domine, alioqui perimus."

Es liegt auf der Hand, daß in diesem letzten Abschnitt von Johann Arndt und seinen „Vier Büchern von wahrem Christentum" die Rede war, auch wenn sein Name hier (noch) nicht fällt. Seine Gegner sind demnach die „Pseudo-Theologen", die ihn fälschlich der Häresie bezichtigen.

3. Zweiter Hauptteil

Der zweite Hauptteil der „Paraenesis" beginnt mit der Einsicht des Mediziners Galen, wonach die Heilung aller Krankheiten durch das Gegenteil geschieht. Folglich werden nun den drei oben angeführten Lastern als Tugenden Demut, Genügsamkeit und Eintracht gegenübergestellt.

Zunächst wird unter Hinweis auf Mt 23,12 par und 1 Petr 5,5b die Demut gelobt. Es gelte, Gott allein die Ehre zu geben. Mit der Aussage: „Vides multos disputare de Praesentia Carnis CHRISTI in profundissimo humilitatis statu"[37] spielt der Autor auf den Kenosis-Streit an. Allerdings glaube er nicht, daß Christus bei den Streitenden gegenwärtig sei, da sie ohne Niedrigkeit und Liebe über die Niedrigkeit Christi schwatzten. Sie hätten sich kaum mit der Rinde, geschweige denn mit dem Kern des wahren Christentums befaßt, verketzerten jedoch alle, die ihnen widersprächen.

So ruft der Autor aus: „O vanas hominum mentes! o pectora coeca! Nesciunt scilicet miseri, in quantis versentur tenebris! non considerant regnum DEI consistere in Spiritus demonstratione, in virtute, in charitate, in humilitate, non in humana sapientia, non in grandiloquentia, non in subtilitate, non in disputandi acumine, non in litigandi fervore, aut pertinacia."

Im Abschnitt über die Genügsamkeit wird erneut das Laster der Habgier geschildert. Dagegen führt der Verfasser eine Vielzahl biblischer Belege an (z. B. Mt 5,11f.; 6,19–21; 25,21), die dazu auffordern, sich Schät-

---

[37] *Lücke* [s. Anm. 1], 108. Dieser Satz ist in der „Paraenesis", die im LKA Stuttgart liegt, unterstrichen (Bl. C 4).

ze im Himmel zu sammeln, bzw. großen Lohn im Himmel für treue Nachfolger verheißen.

Dann geht der Autor zur Tugend der Eintracht über, die wegen der endlosen Streitereien von Gott zu erflehen sei. Er zeigt, wie oft im Neuen Testament zur gegenseitigen Liebe als dem Band der Vollkommenheit (Kol 3,14) gemahnt wird. Die Warnungen in den Pastoralbriefen vor unnützem Streit würden in der gegenwärtigen Theologie oft nicht genug beachtet: „En tibi interpolatas Scholasticas illas distinctiones, ociosas, imo barbaras, subtilitates e confuso illo Pseudo-Philosopho-Theologico Chao oriundas, quibus velut atro fumo obscuratur prisca Apostolica simplicitas."

Die unzähligen eitlen theologischen Kontroversen und Wortkämpfe der Gegenwart könne man nur als Possen bezeichnen, denn sie geschähen gänzlich ohne Liebe. Der Grundsatz: „Sicut enim fides vera est mensura et anima charitatis: sic charitas est mensura omnium bonorum operum" wird an 1Kor 13 und Stellen aus dem Corpus Johanneum verdeutlicht.

Danach will der Autor der „Paraenesis" an den Glaubensartikeln aufzeigen, daß diese zu Liebe und Eintracht führten:[38]

In der Gotteslehre wird auf die gegenseitige Liebe zwischen Vater und Sohn abgehoben; der heilige Geist sei dabei „utriusque mutuus et essentialis amor"[39].

Im Lehrstück der Christologie wird gesagt, Christus habe uns zuerst geliebt (Joh 3,16; Röm 5,6). So sei die fromme Betrachtung der Lehre von Christus im Grunde eine Quelle der Gottes- wie Nächstenliebe. Dasselbe zeige auch die Pneumatologie.

Derselbe praktische Gewinn folge aus der Soteriologie, „loci illius cardinalis de Iustificatione hominis gratuita coram DEO". Gott habe uns vergeben, damit wir ebenso handelten. Daher seien Sanftmut und Liebe untereinander geboten. Wichtig, aber selten, seien die heiligen Früchte der Liebe.

Auffällig ist, daß die Soteriologie knapp behandelt wird und in der ganzen „Paraenesis" die klassischen Stellen der Rechtfertigungslehre im Neuen Testament fehlen. Otto Ritschl sieht bei Äußerungen der „Paraenesis" über die Rechtfertigung „zwar keine direkten Verstöße gegen die orthodoxe Auffassung"[40], aber der Verfasser lege allen Nachdruck auf gute Werke der Liebe und nicht auf Glauben oder Wissen um Glaubensdogmen.

Auch die Gnadenmittel, fährt der Autor bei seiner Behandlung der

---

[38] Vgl. *Lücke* [s. Anm. 1], 116.

[39] *Lücke*, 116. Dies erinnert an die Trinitätslehre Augustins; vgl. *Alfred Schindler:* Art. „Augustin/Augustinismus I". In: TRE 4, 687, 3–5.

[40] *Ritschl* [s. Anm. 24], 446.

Dogmatik fort, die jetzt leider ein Ort des Streites seien, sollten zur Gemeinschaft brüderlicher Liebe dienen.

In der Ekklesiologie wird die Einheit des Leibes Christi unter Verweis auf Eph 4, Röm 12 und 1Kor 12 betont. Welch ein Wahnsinn sei es doch, daß Glieder eines Leibes aufeinander losgingen. Wie Jesus in Lk 11,18 gezeigt habe, könnten weder Kirche noch Gemeinwesen ohne Konsens bestehen.

Ohne die Eschatologie berührt zu haben geht der Autor danach zur Frage der Schrifterkenntnis über: Die eine Weise, die Schrift zu kennen, sei die der Heuchler. Sie disputierten zwar hervorragend über Glaubensdogmen, würden aber dennoch Gott nicht kennen. Die andere Weise der Schrifterkenntnis bestehe darin, den Willen Gottes zu kennen und zu tun. So beweise man das Bekenntnis mit der Tat. Die erste Erkenntnis der Schrift gesteht der Autor den gelehrten Theologen gern zu, aber er bezweifelt heftig, ob sie auch letztere haben, denn er vermißt die Liebe in ihren Schriften und Disputationen.

Daran schließt sich eine lange Reihe von Vorwürfen gegen die Theologen an, die sich überall zu Richtern aufspielten. Dabei werden alle Vorhaltungen vom Ende des ersten Hauptteils ausführlich in Frageform wiederholt. Demgegenüber hält die „Paraenesis" an der Nächstenliebe als oberster Norm fest: „Omnium vero norma sit Charitas, cum Prudentia quadam pia et Humilitate non ficta coniuncta."

Der Notwendigkeit, bei den gegenwärtigen verdorbenen Zeiten und Sitten für die Wahrheit einzutreten und Irrtümer zurückzuweisen, werde damit keineswegs widersprochen. Dies solle aber maßvoll und unter Schonung der Schwachen geschehen.

Weiter mahnt die „Paraenesis" dazu, „in piscatoria simplicitate acquiescendum" und nicht die Geheimnisse des Himmelreiches erforschen zu wollen. Denn „mirari, non rimari sapientia summa est". Schließlich übersteige das Göttliche die menschliche Auffassungsgabe bei weitem.

Dann nimmt der Autor erneut Bezug auf die christologischen Streitigkeiten.[41] Am Artikel von der Person Christi sei festzuhalten, aber die jetzige theologische Anwendung sei falsch. Die Streitenden sollten ihn überzeugen, daß Christus in ihren Herzen wohne, denn das sei die Hauptsache.

Die „Paraenesis" nimmt ein von Arndt geschätztes Zitat des Bernhard von Clairvaux auf, um deutlich zu machen, wie Chistus zu ergreifen sei: „Christum citius apprehendes sequendo, quam legendo: imitando, quam limitando, pravos affectus amputando, quam acute disputando."[42]

---

[41] Vgl. *Lücke* [s. Anm. 1], 127f. Auch hier (Bl. F 2) sind Anstreichungen im Stuttgarter Exemplar der „Paraenesis" vorhanden.

[42] Dieses Bernhard-Zitat (PL 182, 241C) hat Arndt seinem ersten und zweiten Buch von Wahrem Christentum vorangestellt.

Der Verfasser der „Paraenesis" meint, früher sei es in der Theologie um Christus gegangen, während sich heute die Theologen mit ihrer Schulweisheit in den Mittelpunkt stellten: „Olim Christo placebant, hodie sibi ipsis Theologi, et quo plus sibi, eo minus Christo. Olim Christianismus constabat in demonstratione Spiritus et Virtutis: hodie in persuasibilibus humanae sapientiae verbis." Seinen Grund habe dies alles in der unstillbaren Ehrsucht der Theologen.

Dann folgt – etwas unvermittelt – der Spruch, der die „Paraenesis" bekannt gemacht hat: „Verbo dicam: Si nos servaremus in necessariis Unitatem, in non necessariis Libertatem, in utrisque Charitatem, optimo certe loco essent res nostrae."[43]

Dabei komme nun natürlich alles darauf an, zu unterscheiden, was notwendig sei und was nicht. Daher müßten besonnene und friedfertige Theologen zur Beratung hinzugezogen werden, die das Heil der Kirche allem anderen vorzögen.

Diese erachteten zweifellos solche Dogmen für notwendig, die einen Glaubensartikel oder Hauptpunkt des Katechismus betreffen, die aus Schriftzeugnissen klar abgeleitet werden können, die von der Kirche bereits durch eine freie Synode beschlossen bzw. zum Bekenntnis erklärt worden sind oder die alle orthodoxen Theologen als notwendig ansehen.

Nicht notwendig zum Heil seien dagegen solche Dogmen, die in den heiligen Schriften nicht klar bezeichnet sind, die keine Hauptstücke des Katechismus oder des christlichen Glaubens sind, die von der alten Kirche nicht klar entschieden wurden oder die die meisten der gegründeteren und klügeren Theologen nicht als notwendig ansehen.

Dieser Aufstellung fügt der Verfasser der „Paraenesis" hinzu: „Addo tandem, ea minime necessaria, quae ... nihil aut perparum proficiunt ad Pietatem, ad Charitatem, ad aedificationem, ad consolationem."

Die Forschung[44] hat gezeigt, daß der Friedensspruch in der „Paraenesis" erstmals in dieser Form erscheint.[45] Seine Keimzelle dürfte aber in einem Brief liegen, den Isaac Casaubon (1559–1614)[46] im Auftrag des englischen Königs Jakob I. 1612 an den Kardinal Du Perron in Paris geschrieben hat.[47] Dort heißt es nämlich, es gebe keinen kürzeren Weg

---

[43] *Lücke* [s. Anm. 1], 128.

[44] Vgl. *Lücke* [s. Anm. 1]; *Karl Müller:* Kirchengeschichte II/2. 1. u. 2. Aufl. Tübingen 1919, 582f.; *Krüger* [s. Anm. 1]; *Ritschl* [s. Anm. 24], 446; u. *Mahlmann* [s. Anm. 1].

[45] Vgl. *Krüger* [s. Anm. 1], 157.

[46] Zu ihm s. Isaaci Casauboni Epistolae, insertis ad easdem responsionibus [...]. Ed. *Theodor Janson*. Roterodami 1709, 1–76, u. *Friedrich Wilhelm Bautz:* Art. „Casaubonus". In: BBKL 1, 945f.

[47] Vgl. den Hinweis bei *Müller* [s. Anm. 44], 477 bzw. 583 Anm. 1, sowie *Krüger* [s. Anm. 1], 160f. Zu Vorgeschichte, Hintergründen, Quellen und Wirkungen des Briefes an Du Perron vgl. *Horst Witte:* Die Ansichten Jakobs I. von England über Kirche und Staat, mit besonderer Berücksichtigung der religiösen Toleranz. Berlin 1940 (HS, 362), 72–92.

zur Eintracht, als sorgfältig Notwendiges von nicht Notwendigem zu trennen. „Et ut de necessariis conveniat omnis opera insumatur: in non necessariis libertati Christianae locus detur." Notwendig sei „quae vel expresse verbum Dei praecipit credenda faciendave: vel ex verbo Dei necessaria consequentia vetus Ecclesia elicuit"[48].

Dies entspricht genau dem Programm der „Paraenesis".

Die Unterscheidung von notwendigen und nicht notwendigen Dogmen[49] findet sich auch in den „Stratagemata Satanae" des Jacob Acontius (vor 1515–1567).[50] Schon Acontius kämpfte gegen den Bekenntniszwang seiner Zeit und empfahl, nicht über zum Heil nicht notwendige Dinge zu streiten, sondern unter Rückgang auf Schrift und altkirchliche Tradition die durch Satans Listen entzweite Kirche wieder zu einigen.

Zwar läßt sich aus dem Text der „Paraenesis" nicht beweisen, daß ihr Verfasser das Buch des Acontius benutzt hat, aber es liegt doch nahe, da die „Paraenesis" etwa von der „stratagema" des bösen Feindes spricht.[51]

Die Formulierung der necessaria, bei denen Schrift und altkirchliche Bekenntnisse nebeneinander gestellt werden, erinnert auch an Georg Calixt (1586–1656).[52] Calixt hat jedoch erst ab 1629 seine Anschauung des consensus antiquitatis vertreten.[53] So steht die „Paraenesis" zwar in

---

Der Brief des Casaubon wurde bereits 1612 unter dem Titel „Ad Epistolam Illustr. et Reverendiss. Cardinalis Peronij, Responsio" in London bei Johannes Norton (dem Buchdrucker des englischen Königs) gedruckt. Es existieren zwei in Titelblatt, Seitenzählung und Drucksatz verschiedene Ausgaben. Die zweite Auflage (vorhanden als Kopie in der UB Tübingen) wurde gegenüber der ersten (vorhanden in der Herzog August Bibliothek Wolfenbüttel) um eine Vorrede des Casaubon vermehrt. Neben diesen beiden lateinischen Ausgaben gibt es noch eine französische Fassung o. O. [Paris?] ebenfalls aus dem Jahr 1612 (vorhanden in Wolfenbüttel).

48 *Casaubon*, Responsio (1. Aufl.), 23. Vgl. auch *Krüger* [s. Anm. 1], 160. Casaubon sagt an anderer Stelle (Responsio, 9), die wahre Kirche sei geeint in Christus, in der Einheit des Glaubens und der Lehre in jenen Punkten, die zum Heil notwendig seien, und durch wahre Liebe. *Eekhof* [s. Anm. 1], 58f., weist darauf hin, daß schon Arminius im Streben nach der Einheit des Christentums zu unterscheiden gelehrt habe „inter fundamentalia et non fundamentalia, ut de illis certi esse possemus, de his libere prophetare".

49 Nach freundlicher Mitteilung von Prof. Dr. Theodor Mahlmann begegnet diese Unterscheidung bereits bei *Luther*, De servo arbitrio (WA 18, 606,2); hier wird sie Erasmus zugeschrieben. Auch in der „Institutio" *Calvins* erscheint die entsprechende Wendung; vgl. *Mahlmann* [s. Anm. 1], 1206.

50 Vgl. *Erich Hassinger:* Art. „Acontius". In: TRE 1, 404,48ff. bzw. *Müller* [s. Anm. 44], 125–128.

51 Vgl. *Müller* [s. Anm. 44], 583 Anm. 1, sowie *Fritz* [s. Anm. 13], 86, u. *Krüger* [s. Anm. 1], 161f. *Acontius* führt mehrfach 1Kor 14,26–32 gegen den Anspruch des kirchlichen Amtes an, allein die Autorität der Schriftauslegung zu besitzen; z. B. Stratagematum libri octo [...]. Editio critica. Curavit *Gualtherus Koehler.* Monaci 1927, 104–106; vgl. *Müller*, 127. Dies wird in der „Paraenesis" aufgegriffen; vgl. *Lücke* [s. Anm. 1], 124f. Vgl. auch die Erwähnung bzw. das Lob des Acontius bei *Johann Valentin Andreae* in seinen Schriften „Menippus sive dialogorum satyricorum centuria [...]". Cosmopoli 1618, 30–32, bzw. „Theophilus" [s. Anm. 19], 170–173.

52 Vgl. *Lücke* [s. Anm. 1], 50; *Koepp* [s. Anm. 5], 128, u. *Ritschl* [s. Anm. 24], 447.

53 Vgl. *Johannes Wallmann:* Art. „Calixt". In: TRE 7, 553, 48ff.

der Nähe Calixtscher Theologie, kann aber nicht von ihr abhängig sein. Die Formulierung der necessaria in der „Paraenesis" bleibt im Rahmen der Orthodoxie.[54] Allerdings liegt die Pointe dessen, was als notwendig angesehen wird, im Zusatz des Autors am Ende. Wahrhaft notwendig ist demnach alles, was zu Frömmigkeit, Nächstenliebe, Erbauung und Tröstung beiträgt. Hierdurch werden formelles Schriftprinzip wie altkirchliches Prinzip dem materiellen praktischen untergeordnet.[55] Dabei fragt sich dann jedoch, wie dies mit dem reformatorischen sola scriptura in Einklang gebracht werden kann.[56]

Andererseits stellt dieses Programm der „Paraenesis", das durchaus als irenisch bezeichnet werden kann,[57] einen ernstzunehmenden Versuch dar, durch Betonung der Praxis die theologischen Erstarrungen des konfessionellen Zeitalters zu überwinden und weist damit voraus auf den Pietismus.[58]

Doch zurück zum Text der „Paraenesis":

Der Autor meint, die Selbstanmaßung und Diktatur derer, die beständig andere als Enthusiasten, Schwenckfelder, Weigelianer usw. verdammten, sei unerträglich. Der Stand der sichtbaren Kirche sei aristokratisch und nicht monarchisch oder tyrannisch. Denn: „Fratres sumus omnes, Collegae sumus, membra unius Corporis sumus: non uni dedit omnia DEUS."[59]

Auf den Einwand, ob bei so vielen Meinungen der Glaube nicht ungewiß werde, antwortet die „Paraenesis": Zweifel an den notwendigen Dogmen sei Sünde, aber in nicht Notwendigem dürfe man schwanken und zweifeln. Schließlich sei doch ein Unterschied zwischen dem Glaubensstand hier auf Erden und der Schau Gottes von Angesicht zu Angesicht im Himmel.

Wesentlich sei ein achtungsvoller Umgang mit der heiligen Schrift. Gott habe diesen himmlischen Schatz nicht gegeben, um ihn durch Streitereien zu entweihen, „sed ut cum omni humilitate eiusdem maiestatem adoremus, sublimitatem admiremur, et in simplicitate cordis, quae sunt nobis necessaria, inde ex fonte uberrimo hauriamus, idque potius operam demus, ut in succum et sanguinem convertamus,[60] hoc est, in vivam praxin transferamus ea, quae didicimus, quantumvis pauca".

---

[54] Vgl. *Mahlmann* [s. Anm. 1], 1206.

[55] Vgl. *Lücke* [s. Anm. 1], 34f.

[56] Vgl. *Fritz* [s. Anm. 13], 86.

[57] Leider wird bei *Wilhelm Holtmann:* Art. „Irenik". In: TRE 16, 268–273, weder Casaubon noch die „Paraenesis" genannt. Ärgerlich ist, daß im Text jeder Hinweis auf Acontius und Castellio fehlt.

[58] Vgl. *Brecht* [s. Anm. 3], 148.

[59] *Lücke* [s. Anm. 1], 132.

[60] Die Wendung „in succum et sanguinem convertere" ist eine von Arndt gern verwendete Formel. Sie erscheint etwa in einem Brief an Johann Gerhard: „Sed haec ipsa doctrina confes-

Denn nicht Hörer oder Leser, sondern die Täter des Gesetzes würden von Gott gerechtfertigt (vgl. Röm 2, Mt 7 und Jak 1).

Es folgt die schon bekannte Klage, man sei durch die vielen Kontroversen von der apostolischen Vollkommenheit weggekommen.

Der Verfasser beschwört die Theologen erneut, bei allem was heilig ist, doch endlich von den unnützen Streitereien abzulassen und stattdessen eifrig für den Frieden zu wirken. Den Grund für die Bedrängnisse der Kirche sieht er in der Uneinigkeit und Konfusion der Theologen. Damit werde dem Antichristianismus die Tür geöffnet. Einfache Leute und Skeptiker wendeten sich anderen Religionen zu, da sie wegen der Entzweiungen nicht mehr wüßten, was sie glauben sollten. „Vae vobis!" ruft der Autor den Theologen mehrfach zu.

Die Feinde – gemeint sind die Katholiken[61] – hätten den Triumph vor Augen, denn aus Zwietracht folge der eigene Untergang. So sei ja auch das morgenländische Christentum aufgrund der vielen Streitigkeiten zuletzt eine Beute der Türken geworden. Was solle mit jener Konkordienformel geschehen, auf die sich zwar alle beriefen, über deren rechte Auslegung aber Streit in der Kirche herrsche? Wer solle Richter sein? Etwa die Fürsten? Oder gar die Feinde?

Der Verfasser der „Paraenesis" wirft den streitenden Theologen vor, ihre Zwietracht und Uneinigkeit hätte die Kirche schon längst zugrunde gerichtet.

Zum Abschluß müsse er noch etwas sehr Notwendiges erwähnen: Man habe gewagt, „sanctum illum Virum, et de Ecclesia DEI praeclarissime meritum IOANNEM ARNDIUM, imo Angelum DEI, missum ad praedicandam poenitentiam adhuc semel ante novissimum diem"[62] schändlichster Irrlehren zu bezichtigen.

Gegen Vorwürfe, Arndt habe anstelle aus den klaren Quellen der Schrift aus den Lachen Taulers und anderer geschöpft und sei ein Anführer der Schwärmer – „imo ipsius Diaboli minister audire cogitur"[63] – verwahrt sich der Verfasser der „Paraenesis" entschieden. Vielmehr sagt die „Paraenesis" von Arndt: „Tale describit, quale Cor DEUS a nobis requirit post conversionem et iustificationem nostram, liberum ab amore mundano, vacuum curis huius seculi, repurgatum a coeca philautia,

---

sionis nostrae praxin et usum monstrat, in sanguinam et succum vitae interioris convertit et ad internum hominem eam revocat [...]"; vgl. den Abdruck des Briefes bei *[Melchior Breler]*, Bericht [s. Anm. 9], 2–9. Für diesen Hinweis danke ich Prof. Dr. Hans Schneider, Marburg. Vermutlich lassen sich noch eine ganze Reihe weiterer Formulierungen Arndts in der „Paraenesis" nachweisen; [vgl. auch Anm. 42].

[61] Vgl. *Lücke* [s. Anm. 1], 140. Die Feinde raten, „ad gremium nostrae Ecclesiae Romanae" zurückzukehren.

[62] *Lücke* [s. Anm. 1], 141.

[63] Mit dieser Bemerkung spielt die „Paraenesis" auf Osianders Kritik gegenüber Arndt an.

mundum a pravis affectibus". Schließlich habe er sich auch stets der Schrift und den lutherischen Bekenntnissen unterworfen.

Arndts Gegner werden dagegen „miseri Theologastri", Feinde des Kreuzes Christi, Wahnsinnige und Heuchler genannt. Der Autor schreibt, er wolle nicht das „patrocinium" für jenen frommen Mann übernehmen, denn dessen bedürfe Arndt nicht.

Wenn bei der Lektüre von Arndts „Vier Büchern von wahrem Christentum" nicht selten harte Redensarten, die nach Enthusiasmus röchen, begegneten, so stehe doch fest: „Causam non ignorant, qui viventem familiariter norant."[64] – Aus dieser Bemerkung ist zu schließen, daß der Verfasser der „Paraenesis" wohl in persönlichem Kontakt mit Arndt stand.[65]

Weiter heißt es über Arndt: „Apparet illum fuisse virum pium, Israelitam, in quo non fuerit dolus, Theologum zelo ferventem, et insignem Practicum in Christiana Doctrina." Johann Arndt habe von Kindheit an unter Rechtgläubigen gelebt, sei mit nicht wenigen orthodoxen Theologen persönlich bekannt gewesen und habe ein hohes kirchliches Amt bekleidet.

Freilich will der Autor nicht verhehlen, daß auch Enthusiasten Arndts Schriften mißbrauchten und in ihrem Sinn umdeuteten. Damit die Schwachen keinen Anstoß nähmen, solle man harte oder unklare Redeweisen Arndts „in benigniorem partem" interpretieren, denn dies geböten Billigkeit und Redlichkeit gegenüber einem solch frommen und gelehrten Theologen.

Welche Tollheit sei es dagegen, Arndt zu verdammen. Diejenigen, die Arndt liebgewonnen hätten, „persuasum habebunt [...] non illum, sed vos esse Diaboli Ministros". – Damit zahlt die „Paraenesis" Osiander den Vorwurf, Arndt sei unter die Diener des Satans zu rechnen, mit gleicher Münze heim.

Der Autor fährt fort, es stehe fest, daß unzählige durch Arndts Schriften zu Frömmigkeit und wahrem Christentum erweckt worden seien. So müsse Gott gebeten werden, „quo mittere dignetur plures Arndios, hoc est, igneos, et pio zelo flagrantes poenitentiae Praecones, qui veros fontes Christianae vitae ex imis scatebris monstrent et aperiant". Ja, man schulde Gott unendlichen Dank für die einzigartigen, in jenem guten Mann empfangenen Gaben. Wer Gott allein ehre, der werde schließlich mit der schönsten Krone der Ehre gekrönt, „quod et beatissimo nostro ARNDIO contigisse non est dubium".

Am Ende betet der Verfasser der „Paraenesis" zu Christus und fleht ihn an, vom Himmel herabzukommen, seine angefochtene Kirche zu

---

[64] *Lücke* [s. Anm. 1], 142. Die Originalausgabe, die eine ganze Reihe Druckfehler aufweist, liest „videntem" statt „viventem" (Bl. H 1), was aber keinen Sinn ergibt.

[65] Vgl. *Lücke* [s. Anm. 1], 46: „War er also vielleicht ein Lüneburgischer Geistlicher?"

beschützen und den Frieden in ihr wieder herzustellen. Das Werk schließt mit dem Zitat aus Apk 20,17a.20.

So ist die „Paraenesis votiva pro pace ecclesiae" eine Schrift, die zum Frieden in der deutschen lutherischen Kirche mahnt. Allerdings enthält sie auch lange Passagen voll beißender Polemik – Lücke urteilt: „eine, leider nur zu gerechte, Strafrede"[66] – gegen orthodoxe Theologen im allgemeinen und die Tübinger Professoren im besonderen.

Aus dem Inhalt der Schrift, insbesondere nach den Äußerungen zur Konkordienformel und der Betonung der Gerechtigkeit aus Werken, ist es zweifelhaft, ob der Verfasser zutreffend als „orthodoxer Lutheraner"[67] bezeichnet werden kann. Vielmehr scheint er eher das Interesse zu haben, die Orthodoxie möglichst zu erweichen, um für anderes Raum zu gewinnen.[68] Sein Programm, das durch die Konzentration auf die wesentlichen Glaubensartikel in die Neuzeit weist, entwickelt er im Anschluß an den von ihm geprägten Friedensspruch.

Jedenfalls muß der Autor der „Paraenesis" ein gelehrter und umfassend gebildeter Mann gewesen sein, der griechische und hebräische Sprachkenntnisse sowie beachtliche rhetorische Fähigkeiten besaß.

Von großer Wichtigkeit ist seine entschiedene Parteinahme für Johann Arndt, den er gegen alle Angriffe verteidigt und bis in den Himmel lobt. Mit diesem scheint er auch in persönlichem Kontakt gestanden zu haben.

Lücke urteilt über den Verfasser der „Paraenesis": „Kurz, – er ist eine edle, erfreuliche Theologengestalt aus dem Kreise von Joh. Arnd, ein Mann der gerechten Mitte des lebendigen Evangeliums"[69].

Auffällig ist, daß die „Paraenesis" Philipp Jakob Spener und Gottfried Arnold wohl unbekannt geblieben ist, denn andernfalls hätten sie sicher Bezug darauf genommen.[70]

---

[66] *Lücke* [s. Anm. 1], 49.

[67] So *Carl Bertheau:* Art. „Meldenius". In: ³RE 12, 551, 54. Vgl. *Bauer* [s. Anm. 27], 41.

[68] Vgl. *Koepp* [s. Anm. 1], 151 Anm. 1.

[69] *Lücke* [s. Anm. 1], 50.

[70] Vgl. *Lücke* [s. Anm. 1], 50, bzw. seine Nachträge [s. Anm. 1], 926f.

II. Annäherungen an den Verfasser der „Paraenesis"

1. Die Reaktion der Tübinger Professoren auf den Druck der „Paraenesis"

Nachdem die „Paraenesis" im Jahr 1626 in Rothenburg ob der Tauber gedruckt worden war, gelangte ein Exemplar nach Ulm zu einem Mediziner namens Henisius und weiter zu dem Superintendenten Konrad Dieterich. Letzterer schickte es unbefugt an seinen Brieffreund Theodor Thumm nach Tübingen.[71]

Die Professoren Thumm und Osiander waren über den Inhalt der „Paraenesis" verständlicherweise einigermaßen erzürnt und brachten die Sache im Senat der Universität Tübingen zur Sprache.[72]

Daraufhin beschlossen die Tübinger Professoren in Rothenburg vorstellig zu werden und so wurde am 8. September 1626 mit eigenem Boten ein Protestschreiben an den Rat der Reichsstadt Rothenburg ob der Tauber abgeschickt.[73] Darin heißt es, man habe erfahren, daß der Rothenburger Buchdrucker Hieronymus Körnlin[74] vor wenigen Wochen „ein gantz ehrendrührig schmähhafftes Tractätlin" mit dem Titel „Paraenesis votiva" ohne Angabe von rechtem Autor, Drucker und Druckort herausgebracht habe, was nach Reichsrecht verboten sei. Es seien bereits Exemplare nach Ulm, Augsburg, Jena, Wittenberg und andere Orte verschickt worden.

In dieser Schmähschrift würden württembergische und andere orthodoxe Theologen samt ihren Fürsten und Obrigkeiten[75] „vff das schimpfflichst herdurch gezogen vnd tractiert, gleichwol nicht mitt außtrucklichen Namen gesetzt, darneben aber allso describiert ..., daß im wenigsten nicht zu zweifflen, wer an einem oder andrem Ortt damitt gemeint vnd verstanden seye". Deshalb fordere die Tübinger Fakultät den Rothenburger Rat auf, sofort alle Exemplare der Schrift zu konfiszieren und Körnlin über den Autor zu verhören.

---

[71] So jedenfalls der (wohl zutreffende) Bericht von *Andreas Samuel Gesner:* Selectae exercitationes scholasticae varii argumenti. Colligit et praefatus est Theophilus Christopherus Harles. Noribergae 1780, 22f. Dieser ist auch bei *Fritz* [s. Anm. 13], 79 Anm. 140, abgedruckt.

[72] Vgl. Universitätsarchiv Tübingen (UAT) 2/14, 421 (Acta in Senatu 7. September 1626).

[73] Vgl. *Franz* [s. Anm. 17], 151 (zusammenfassende Darstellung des Briefwechsels zwischen Tübingen und Rothenburg). Vgl. weiter *van Dülmen* [s. Anm. 17], 122f. (hier ist allerdings die Rothenburger Antwort mit dem anonymen Augsburger Schreiben verwechselt). Das Konzept des Schreibens nach Rothenburg befindet sich in UAT [s. Anm. 72], 12/12, 36.

[74] Vgl. zur Person Körnlins *Wilhelm Dannheimer:* Rothenburger Buchdruck im 16. und 17. Jahrhundert. In: Börsenblatt für den Deutschen Buchhandel (Frankfurter Ausgabe) 23. Jg., Nr. 91, v. 14. Nov. 1967, 2554.

[75] Die Tübinger Professoren gingen von einem korporativen Denken aus, nach dem sich Beleidigungen gegen herzogliche Beamte (zu denen die Theologieprofessoren gehörten) gleichzeitig auch gegen den Herzog von Württemberg richteten. Vgl. dazu *Franz* [s. Anm. 17], 152.

Mit Datum vom 11. September 1626 antwortete der Rat von Rothenburg: Man habe die Tübinger Beschwerde „nit ohne Befrembden vnd sehr vngerne" aufgenommen.[76] Die „Paraenesis" sei ohne Wissen des Rates gedruckt worden. Körnlin habe den Druck zugegeben, aber er und die Zensoren hätten sich damit entschuldigt, daß sie die Schrift für kein Pasquill gehalten hätten, da keine Personalia enthalten seien. Körnlin habe ausgesagt, die Schrift vor wenigen Wochen von einem „politico" erhalten zu haben. Nachdem ihm die Zensoren erlaubt hätten, vorab Exemplare zu drucken, habe er etwa 500 Stück an den Nürnberger Buchhändler Simon Halbmair verkauft, der diese weiter vertrieben habe. Er selbst habe nur acht oder zehn Exemplare zurückbehalten.

Die Rothenburger Antwort wurde im Tübinger Senat am 17. September 1626 besprochen.[77] Man beschloß, einen Bericht über die Angelegenheit zusammen mit Abschriften des Briefwechsels und dem Exemplar der „Paraenesis" an den württembergischen Herzog nach Stuttgart zu schicken.[78]

Das Rothenburger Schreiben macht zur Person des Autors der „Paraenesis" keinerlei Angaben. Dennoch sind die Tübinger Professoren nach langem Überlegen durch Umstellung der Buchstaben von „Rupertus Meldenius" – der Verfasserangabe auf dem Titelblatt der „Paraenesis" – auf den Namen Petrus Meuderlinus gekommen. So steht auf dem Titelblatt des Exemplars der „Paraenesis", das von Tübingen nach Stuttgart gelangte, der Vermerk: „Petro Meiderlin Theologo Augustano". Offenbar verdächtigten die Tübinger den Theologen Peter Meiderlin (1582–1651), damals Ephorus des Kollegiums bei St. Anna in Augsburg, die „Paraenesis" verfaßt zu haben.

2. Das anonyme Augsburger Schreiben

Weitere interessante Angaben zu den Umständen der Drucklegung und zum Autor der „Paraenesis" macht ein anonymes Schreiben aus Augsburg, das im November 1626 in Stuttgart einging.[79] Darin heißt es, Georg Rem (1561–1625)[80], Nürnberger Rat und Kanzler der Universität

---

[76] Vgl. das Original des Briefes in UAT [s. Anm. 72], 12/12, 37.

[77] Vgl. UAT [s. Anm. 72], 2/14, 426 (Acta in Senatu 17. September 1626).

[78] Vgl. das Konzept des Berichts an den Herzog v. 17. Sept. 1626 in UAT [s. Anm. 72], 12/12, 38. Das Material befindet sich heute im Landeskirchlichen Archiv (LKA) Stuttgart (Sign. A 26, 719, 14). In diesem Exemplar der „Paraenesis" haben die Tübinger Professoren anstößige Stellen markiert.

[79] Vgl. die Kopie in LKA [s. Anm. 78], A 26, 719, 14, bzw. eine andere Kopie in UAT [s. Anm. 72], 12/15, 46. Letztere ist abgedruckt bei *Friedrich Fritz:* Zur Frage nach dem Verfasser der Paraenesis votiva pro pace ecclesiae. In: BWKG 46, 1942, 62–64. Vgl. auch *Franz* [s. Anm. 17], 151f. Zitiert wird nach UAT [s. Anm. 72], 12/15, 46.

[80] Vgl. zu ihm *Georg Andreas Will:* Nürnbergisches Gelehrten-Lexicon [...]. 4 Teile. Nürnberg, Altdorf 1755/57; fortges. v. *Christian Conrad Nopitsch.* 4 Suppl. Bde. Altdorf 1802–1808;

Altdorf, habe die „Paraenesis“ vor zwei Jahren gelesen und in Nürnberg drucken lassen wollen, sei aber darüber gestorben. Von Nürnberg aus sei das Werk nach Rothenburg gekommen und dort von einer Ratsperson den Zensoren übergeben worden, die den Druck dieses sehr nützlichen Werkes gebilligt hätten.

Was den Autor betreffe, sollten die Tübinger zusehen, daß sie nicht einen falschen verdächtigten. Der rechte Autor sei „professione khein Theologus“. Er habe sein Werk zuerst kürzer entworfen und anderen Theologen und Politikern zur Prüfung mitgeteilt,[81] die dann ihrerseits etwas hinzugefügt hätten.[82] Zu diesen gehöre auch der falsch verargwohnte Autor, der „etwas quoad stylum & S. Scripturae testimonia atque allegationes daran verbeßert“ habe, aber nicht zum Druck der Schrift habe raten wollen. „Es ist zwar nicht ohn, des falsch verargwohneten Autoris Namen würdt in dem titulo der Schrift mit Versezten Buchstaben gefunden. Wie aber solcher Nam hinzu khommen, waißt weder der rechte, noch der vermeinte Author zusagen. Aber sovihl nachrichtung hat mann, daß solches bey Herrn D. Rhemio p.m. geschehen seyn muoß, weyl villaicht derselb suspicirt, der Vermeinte, Vnnd ihme sonsten wohl bekandte author, seye der rechte author solcher schrift.“

Der rechte Autor bitte die „Herrn Theologos Tübingenses, Sie wollen sich zu rhuo begeben, Vnnd sich mit andern Vmb den schaden Joseph bekümmern, Vnnd nicht mit den allten Pharisaeern mit dem brachio seculari auffziehen“. Aber im Notfall sei er bereit, die „Paraenesis“ deutsch und lateinisch mit Zeugnissen und Urteilen angesehener Theologen zu publizieren.

Sieht man die Angaben des offenbar aus gut unterrichteter Quelle stammenden, anonymen Schreibens aus Augsburg als authentisch an, so hätte Meiderlin zwar ein wenig an der „Paraenesis“ mitgearbeitet, käme aber – entgegen dem Tübinger Verdacht und der Annahme von Rem – nicht als deren Verfasser in Betracht. Andererseits bleibt unklar, wer hin-

---

Bd. 3, 294–299, bzw. Suppl. 3, 244f., sowie *Fritz* [s. Anm. 79], 65 Anm. 11. Die Briefsammlung von Casaubon enthält zwei Briefe an Rem; vgl. *Janson* [s. Anm. 46], 250 bzw. 518. Rem war außerdem ein vertrauter Ratgeber des Herzogs August d.J. von Braunschweig-Lüneburg; vgl. Amoenitates literariae, Quibus variae observationes, Scripta item quaedam anecdota & rariora Opuscula exhibentur. Ed. *Johann Georg Schelhorn*. Tom. 3. Francofurti et Lipsiae 1725, 251–257. August bittet Rem z. B. um Angaben zur Person des Verfassers der Schrift „Reformatio papatus“ [vgl. Anm. 173], die der Herzog 1621 mit einer Vorrede Johann Arndts herausgab.

[81] Dies stimmt mit der Angabe der „Paraenesis“ überein; vgl. *Lücke* [s. Anm. 1], 90. Hierauf hat bereits *Fritz* [s. Anm. 79], 64 aufmerksam gemacht.

[82] Beispiel für einen solchen Zusatz könnte etwa eine Reihung von Pauluszitaten sein; vgl. *Lücke* [s. Anm. 1], 135,12–17, da hier zur Einleitung des Zitates anstelle des üblicherweise verwendeten „apostolus“ ein schlichtes „Paulus“ steht. Zudem bringen die Zitate keinen Gedankenfortschritt, sondern bilden eher eine assoziative Ergänzung zu bereits Gesagtem. So sind sie leicht aus dem Kontext herauszulösen, ohne eine Lücke zu hinterlassen. Ähnlich steht es mit dem Petruszitat bei *Lücke*, 117,26f.

ter dem Augsburger Schreiben steht. Auffällig ist, daß trotz des deutlichen Bemühens, den Verdacht einer Autorschaft Meiderlins zu entkräften, nicht geleugnet wird, daß dieser etwas mit der „Paraenesis“ zu tun hatte.

So ist es unerläßlich, sich in der Frage nach dem Autor der „Paraenesis“ der Person Meiderlins zuzuwenden.

3. Peter Meiderlin

Peter Meiderlin[83] wurde 1582 als Sohn eines Pfarrers im damals noch württembergischen Oberacker bei Maulbronn geboren. Durch seine Mutter war Meiderlin weitläufig mit der Familie Osiander verwandt.[84] So wohnte er als Schüler von 1590 bis 1594 in Stuttgart im Haus des Andreas II. Osiander, dem älteren Bruder von Lukas II.[85] Nach dem Besuch der Klosterschulen Adelberg und Maulbronn bezog Meiderlin 1599 die Universität Tübingen. 1605 wurde er Repetent. Von 1608 an stand Meiderlin als Oberdiakonus in Kirchheim/Teck in den Diensten der württembergischen Landeskirche, bis er 1612 einen Ruf nach Augsburg annahm und dort Ephorus des Kollegiums bei St. Anna[86] wurde. Meiderlin hatte die Aufgabe, die Augsburger Gymnasiasten auf die Universität vorzubereiten. Er bekleidete dieses Amt bis 1650; im Jahr darauf starb Meiderlin in Augsburg.

---

[83] Neben „Meiderlin“ kommen auch „Meuderlin“ und „Meyderlin“ als Namensformen vor. Er selbst benützt in seinen Briefen an Johann Valentin Andreae (vorh. in Wolfenbüttel, Cod. Guelf. 11.12 Aug. fol. 291–356) abwechselnd alle diese Formen. Sein Vater wird im LKA Stuttgart unter „Meuderlin“ geführt; vgl. Generalmagisterbuch. Mitteilungen aus dem Leben der evangelischen Geistlichen von der Reformation an bis auf die Gegenwart. Ein Nachschlagwerk in alphabetischer Ordnung. Hg. v. *Christian Sigel:* Bd. M-N [masch.], 873. – Zu seiner Person s. *Johann Heinrich Faber:* Christlicher Leich-Sermon/ Vber dem seeligen Abschied Deß Weylund Ehrwürdigen vnd Hochgelehrten Herren M. Petri Meuderlini geweßten trewen Ephori in dem Evangelischen Collegio allhie in Augspurg [...]. Stuttgart 1654; Kurzfassung bei *Georg Wilhelm Zapf:* Augsburgische Bibliothek [...].1. Bd. Augsburg 1795, 356f.; *Ludwig Melchior Fischlin:* Memoria Theologorum Wirtembergensium resuscitata [...]. Pars II. Ulmae 1709, 115–118; weiter *Sigel, Bauer, Weitbrecht* [beide s. Anm. 27], *Eekhof* [s. Anm. 1], 39–52, sowie jetzt *Robert Stupperich:* Art. „Meiderlin“. In: NDB 16, 1990, 637f., u. *Mahlmann* [s. Anm. 1], 1202f.

[84] Die dritte Frau von Andreas I. Osiander heiratete nach dessen Tod Johann Rucker. Die Tochter Anna Rucker war Peter Meiderlins Mutter. Folglich war dieser ein angeheirateter Vetter mütterlich-großmütterlicherseits zu Andreas II. und Lukas II. Osiander, deren Vater, Lukas I., der zweiten Ehe von Andreas I. Osiander entstammte.

[85] *Weitbrecht* [s. Anm. 27], 298 Anm. 2, hat Andreas und Lukas Osiander verwechselt. Lukas war zu dieser Zeit gar nicht in Stuttgart; vgl. *Bossert* [s. Anm. 12], 512.

[86] Vgl. allgemein *Leonhard Lenk:* Augsburger Bürgertum im Späthumanismus und Frühbarock (1580–1700). Augsburg 1968 (Abhandl. z. Gesch. d. Stadt Augsburg. Schriftenreihe des Stadtarchivs Augsburg, 17); sowie *Karl Köberlin:* Geschichte des Humanistischen Gymnasiums bei St. Anna in Augsburg von 1531 bis 1931. Zur Vierhundertjahrfeier der Anstalt. Augsburg 1931.

Peter Meiderlin hat sich auf seinem Todbett uneingeschränkt zu Augsburgischer Konfession und Konkordienformel bekannt, die er ja auch in Stuttgart auf dem Konsistorium unterschrieben hatte.[87]

In Bezug auf Meiderlins Haltung zur „Paraenesis" wird berichtet, er habe anfangs aus Furcht und Wankelmut geleugnet, ihr Verfasser zu sein.[88]

Es wird überliefert, Meiderlin sei ein sehr gelehrter Mann gewesen, der neben Griechisch und Hebräisch auch Chaldäisch, Syrisch und Arabisch verstanden habe.[89] Meiderlin korrespondierte unter anderem mit dem Straßburger Theologieprofessor Johann Schmidt[90] und Johann Valentin Andreae[91]. Offensichtlich hatte er auch Beziehungen zu Herzog August d.J. von Braunschweig-Lüneburg.[92]

Interessant ist, daß sich Meiderlin 1623 durch Schmidt beim Rektor der Universität Straßburg um eine theologische Professur beworben hatte, aber abschlägig beschieden worden war.[93] Für die Frage, ob Meiderlin der Verfasser der „Paraenesis" war, sind natürlich seine Schriften heranzuziehen:[94]

Meiderlins Erstlingswerk „Die Güldin Ketten deß ewigen Lebens"[95] von 1612 ist eine Auslegung von Röm 8,28–30. In der Vorrede dankt Meiderlin Gott dafür, daß „sein liebes Wort/ so hell vnd lautter gelehret wirdt/ als jemaln vor disen Zeiten". Aber dann klagt er, es gebe ja so viele polemische Schriften besonders in Religionssachen. So wolle er

[87] Vgl. *Faber* [s. Anm. 83], 32f. Vgl. auch *Fritz* [s. Anm. 13], 86 Anm. 171.

[88] Vgl. *Gesner* [s. Anm. 71], 23. Vgl. auch *Fritz* [s. Anm. 13], 79 Anm. 140.

[89] Vgl. *Zapf* [s. Anm. 83], 357.

[90] Zu ihm s. *Johannes Wallmann:* Philipp Jakob Spener und die Anfänge des Pietismus. 2., überarb. u. erweit. Aufl. Tübingen 1986 (BHTh, 42), 4ff.

[91] Vgl. die Briefe an Andreae aus den Jahren 1636 bis 1650 [s. Anm. 83]. Vgl. auch die Erwähnung Meiderlins in Andreaes Vita [s. Anm. 9], 124, 181, 194, 252; vgl. *Fritz* [s. Anm. 13], 79 Anm. 140.

[92] Zu der von Herzog August pseudonym veröffentlichten Schrift „Cryptomenytices et Cryptographiae Libri IX [...]" (Lüneburg 1624) hat Meiderlin ein Lobgedicht beigesteuert: Autograph Cod. Guelf. 63.2 Extrav. 19r. – Ferner hat sich ein Brief von Meiderlin an den Herzog aus dem Jahr 1638 erhalten, in dem dieser August für die Übersendung der 1634 verfaßten Schrift „Praeludia pansophiae" des Comenius dankt; vorh. im Niedersächs. Staatsarchiv Wolfenbüttel 1 Alt 22 Nr. 225.

[93] Vgl. Quellen zur Geschichte des geistlichen Lebens in Deutschland während des siebzehnten Jahrhunderts. Nach Handschriften hg v. *Alexander Reifferscheid.* Bd. 1: Briefe G.M. Lingelsheims, M. Berneggers und ihrer Freunde. Heilbronn 1889, 828. Die Bewerbung Meiderlins ist in der Anm. 83 genannten Literatur nicht erwähnt.

[94] Verzeichnisse bei *Bauer* [s. Anm. 27], 38–43, u. *Weitbrecht* [s. Anm. 27], 305f.

[95] *Petrus Meüderlinus:* Die Güldin Ketten deß Ewigen Lebens/ Das ist: Ein Trostschrifft auß Gottes Wort/ darinn angezeügt wird/ wie Gott seine Außerwehlte liebe Kinder/ durch sonderbare/ Ihme hierzu wolgefällige/ vnd in seinem Wort geoffenbarte Mittel/ (welche als die Glaich oder Ring einer Ketten aneinander hangen/) zu sich auß diser Welt in die ewige Seeligkeit ziehe. Kempten 1612.

selbst in seinem Buch wichtige Punkte der christlichen Lehre einfältig darlegen „vnnd daß ohne Pitterkeit/ Verunglümpffung/ Lästerung oder gifftiges anstechen einiges Gegentheils". Der Autor widmet seine Arbeit dem württembergischen Herzog Johann Friedrich, da er von dessen Vater von Jugend auf bis zum Kirchendienst in Kirchheim im „Hochlöblichen Hauß Würtemberg/ meinem lieben Vatterland" gnädig erhalten worden sei.

Meiderlins zweite Schrift, das „Evangelium Lutherano-Catholicum aeternum"[96], erschien 1621. Wie schon der Untertitel zu erkennen gibt, versucht der Autor, durch vielerlei Zeugnisse und Dokumente nachzuweisen, daß die Lehre von der Gerechtigkeit allein aus Glauben schon immer in der katholischen Kirche üblich und bekannt war. Bei der eigenen Darstellung der Rechtfertigungslehre bleibt Meiderlin ganz im Rahmen reformatorischer Theologie und zitiert einschlägige Bibelstellen.[97]

In den beiden kleinen Schriften „Trewhertzige Erinnerung"[98] und „Der kleine Catechismus"[99] von 1622 hält Meiderlin den Münzfälschern und Schacherern eine Bußpredigt, indem er die Lehrstücke des Katechismus traktiert. Am Ende des zweiten Traktates heißt es: „Ob nun etliche harte wort hierein gefallen seind (wie ich dann gleichsamb von natur ein scharffe Feder/ vnd eyferigs Gemüt habe/ welchs/ sofern es wider die gebür vnd Christliche Liebe lauffen solte/ mir eben so laid ist/ als alle andere meine menschliche gebrechen)."[100]

Unter Berufung auf Ludwig Bauer, der 1906 das Pseudonym „Rupertus Meldenius" als Anagramm auf Meiderlins Namen identifizierte, hat sich allgemein die Ansicht durchgesetzt, Meiderlin habe als Verfasser der „Paraenesis" zu gelten.[101]

---

[96] *Petrus Meyderlin:* Evangelium Lutherano-Catholicum aeternum. Klare Beweisung vnd vielfeltige offenbahre Zeugnuß/ daß die Hauptlehr Augspurgischer Confession, von der Gerechtigkeit deß Glaubens/ durch Christum allein auß gnaden GOTTES/ vnnd von der Gewißheit deß seeligmachenden Glaubens/ je vnd alzeit/ vor/ vnd nach D. Lutheri zeiten/ in der gennanten Römisch-Catholischen Kirchen vblich vnnd bekant gewesen sey. Kempten 1621.

[97] Vgl. *Meyderlin*, Evangelium [s. Anm. 96], 128–138. Vgl. auch die Beispiele für Sterben in Glaubensgerechtigkeit bei *Meüderlinus* [s. Anm. 95], 142ff.

[98] *Petrus Meyderlin:* Trewhertzige Erinnerung/ Von der Weißheit/ vnd dem Gelt [...]. Augspurg 1622.

[99] *Peter Meiderlin:* Der kleine Catechismus/ Für die Kipperer/ Geldwechßler/ Schacherer/ Müntzverfälscher [...]. Augspurg 1622.

[100] *Meiderlin*, Katechismus [s. Anm. 99], 24.

[101] Vgl. *Bauer* [s. Anm. 27], 41, unter Rückgriff auf *Gesner* [s. Anm. 71], 22f., und *Franz Anton Veith:* Bibliotheca Augustana. Tom. XI. Augusta Vindelicorum 1795, 190. Bauer folgten dann *Carl Bertheau:* Nachtrag zum Art. „Meldenius". In: ³RE 20, 859; *Leopold Zscharnack:* Art. „Meldenius". In: ²RGG 3, 2083f.; *Wilhelm Holtmann:* Art. „Meldenius". In: ³RGG 4, 845; *Weitbrecht* [s. Anm. 27], 297; *Eekhof* [s. Anm. 1], 36f.; *Burr* [s. Anm. 1], 14; *Dietrich Blaufuß:* Reichsstadt und Pietismus. Philipp Jacob Spener und Gottlieb Spizel aus Augsburg. Neustadt/Aisch 1977 (EKGB, 53), 63; u. *Stupperich* [s. Anm. 83], 638.

Bei genauerem Zusehen bleiben aber doch auch Zweifel: So bestehen zwischen den Aussagen der „Paraenesis" einerseits und Meiderlins Haltung zur Konkordienformel bzw. seiner Soteriologie andererseits erkennbare Unterschiede. Für eine persönliche Beziehung Meiderlins zu Johann Arndt, wie sie die „Paraenesis" vorauszusetzen scheint, gibt es keinen Anhaltspunkt. Außerdem fragt sich, warum ein aus Württemberg stammender, wissenschaftlich ambitionierter Theologe wie Meiderlin – selbst bei aller Hochschätzung für Arndt und dementsprechendem Ärger über Osianders „Theologisches Bedencken" – die Tübinger Professoren Osiander und Thumm derartig persönlich attackieren sollte, wie dies in der „Paraenesis" geschieht. Hinzu kommen Angaben des anonymen Augsburger Schreibens, die ebenfalls einer Verfasserschaft Meiderlins widersprechen.

Aus diesen Gründen ist die Frage nach dem Autor der „Paraenesis" nicht allein mit dem Hinweis auf das zweifellos vorhandene Anagramm „Rupertus Meldenius" alias „Petrus Meuderlinus" zu klären.

4. Der Briefwechsel von Johann Georg Styrzel

Unter Heranziehung eines Autographenbandes[102] des Rothenburger Ratsherrn und späteren Bürgermeisters Johann Georg Styrzel (1591–1668)[103] fällt neues Licht auf die Vorgänge um den Druck der „Paraenesis":

Im ersten erhaltenen Schreiben an seinen engen Freund Meiderlin vom 16. Januar 1626[104] bedankt sich Styrzel überschwenglich für dessen Brief samt Beilagen von Epiphanias: „Prae laetitia animus exilijt ad conspectum transmissarum mihi Remianarum Epistolarum,[105] maxime vero Paraeneticae tuae orationis ... O scriptum diu desideratum! diu exoptatum!" Styrzel meint, es sei seit vielen Jahren kein Werk nützlicher als dieses, um die Laster der Theologaster zu züchtigen. Er mißbilligt ausdrücklich, daß Meiderlin seine schönen Arbeiten nur privat verbreite und nicht veröffentliche.

Noch im Januar 1626 hat Styrzel das Manuskript der „Paraenesis" zur

---

[102] Vorhanden in der Stadtbibliothek (StB) Augsburg: 4° Cod. H. 20. Für den Hinweis auf diesen Band danke ich Herrn Stadtarchivar Dr. Schnurrer, Rothenburg. Auch *van Dülmen* [s. Anm. 17], 237 Anm. 33 bzw. 35, hatte bereits die Briefe Styrzels herangezogen.

[103] Vgl. *Ludwig Schnurrer:* Johann Georg Styrzel (1591–1668). In: Fränkische Lebensbilder. Neue Folge der Lebensläufe aus Franken 13. Neustadt/Aisch 1990 (VGFG, Reihe 7 A), 62–74, u. *Fritz* [s. Anm. 13], 79 Anm. 140.

[104] StB Augsburg: 4° Cod. H. 20 Centuria I, Epistola 53.

[105] Nach Rems Tod im August 1625 hatte Styrzel verschiedene Freunde gebeten, ihm bei ihnen befindliche Briefe des Verstorbenen zuzuschicken.

Begutachtung an Freunde in Rothenburg weitergegeben[106] und bereits im Februar ist er dabei, den Druck vorzubereiten.[107]

Im nächsten Brief an Meiderlin vom 23. Mai schreibt Styrzel: „Ruperti Meldenij Paraenesis mox lucem publicam adspiciet, uti spero: videbis, ubi exemplaria acceperis. Me impulsore, adprobantibus vero nostris Theologis et literatis, imo instigantibus, id susceptum est."[108]

Es ist demzufolge deutlich, daß Styrzel die treibende Kraft bei der Drucklegung der „Paraenesis" war. Die Aussage des Druckers Körnlin im Verhör durch den Rothenburger Rat nach dem Protestschreiben aus Tübingen, er habe das Manuskript der „Paraenesis" von einem „politico" erhalten, trifft demnach zu: jener „politicus" war niemand anderes als Johann Georg Styrzel.[109]

Mit Brief vom 21. August 1626[110] kann Styrzel seinem Freund Meiderlin endlich ein Exemplar der „Paraenesis" übersenden, nachdem sich die Drucklegung etwas verzögert hatte. Styrzel selbst hat 25 Exemplare vom Drucker Körnlin gekauft, um sie an Verwandte und Freunde zu verteilen. Den Rest davon solle Meiderlin bei Gelegenheit erhalten. Nachdem ein Nürnberger Buchhändler Interesse für 400 Stück der „Paraenesis" bekundet hatte, habe er, Styrzel, den Drucker Körnlin angewiesen, mindestens 1000 weitere Exemplare zu drucken, was dieser jedoch – wohl aus Furcht vor fehlender Nachfrage – ablehnte. Somit steht fest, daß die „Paraenesis" im Juli oder August 1626 in einer Auflage von 500 Stück in Rothenburg ob der Tauber gedruckt worden ist.

Der folgende Brief Styrzels an Meiderlin vom 14. September 1626[111] beginnt mit den Worten: „Salutem et victoriam triumfumque de omnibus hostibus tuis." Styrzel schreibt, er könne den Freund nicht anders anreden, „cum tot tibi ortos intellegam hostes, tantum parari bellum, instrui aciem adversum tuam Paraenesin". Dann schildert Styrzel eingehend den Eingang des Tübinger Protestschreibens in Rothenburg und

---

[106] Vgl. StB Augsburg: 4° Cod. H. 20 Centuria I, Epistola 55 (vom 29. Januar 1626 an Johann Ludwig Schaiblin) und das positive Gutachten des Rothenburger Superintendenten Georg Zyrlin vom 26. Januar 1626, der die Veröffentlichung der „Paraenesis" befürwortet; vgl. die Abschrift des Gutachtens in StB Augsburg 4° Cod. H. 20 nach Brief II, 4. Vgl. zur Person Zyrlins (andere Namensform Zierl) *Wilhelm Dannheimer:* Verzeichnis der im Gebiete der freien Reichsstadt Rothenburg o. T. von 1544 bis 1803 wirkenden ev.-luth. Geistlichen. Nürnberg 1952 (EKGB, 26), 144.

[107] Vgl. StB Augsburg: 4° Cod. H. 20 Centuria I, Epistola 57 (vom 6. Februar 1626 an Johann Ludwig Schaiblin).

[108] StB Augsburg: 4° Cod. H. 20 Centuria I, Epistola 73.

[109] Vgl. die entsprechende Aussage des anonymen Augsburger Schreibens, nach der die „Paraenesis" den Rothenburger Zensoren von einer „Raths Person" übergeben worden sei.

[110] Vgl. StB Augsburg: 4° Cod. H. 20 Centuria I, Epistola 86.

[111] Vgl. StB Augsburg: 4° Cod. H. 20 Centuria I, Epistola 94. Aus diesem Brief geht nach *van Dülmen* [s. Anm. 17], 237 Anm. 33 bzw. 35, „ganz eindeutig" hervor, daß Meiderlin der Verfasser der „Paraenesis" ist.

die Antwort des Rothenburger Rats.[112] Außerdem weiß Styrzel zu berichten, es sei „a quodam Studioso[113] perscriptum, valde irritatos esse Professores Tub[ing]ios, et hac de re, in pleno Senatu, consilia agitasse, et tandem Petri Meiderlini nomen, anagrammatismi crebra evolutione & revolutione, eruisse & eum ipsum admodum suspectum habere".

Styrzel entschuldigt sich, falls er Meiderlin durch den Druck der „Paraenesis" in Schwierigkeiten gebracht habe, weist aber zugleich darauf hin, daß er aus Meiderlins Stillschweigen dessen Einverständnis zu den Druckplänen vorausgesetzt habe. Styrzel ist zuversichtlich, daß der Tübinger Verdacht Meiderlins guten Ruf und Gelehrsamkeit in keinem Fall beschädigen werde, und gibt dem Freund den Rat, als tapferer Streiter Christi für die Wahrheit des Glaubens zu kämpfen. Der Rothenburger Ratsherr wünscht sich im Fall der „Paraenesis" ein klärendes Urteil anderer Theologen, etwa von Johann Gerhard und insbesondere von Balthasar Mentzer.

Aus Styrzels nächstem Brief an Meiderlin vom 1. November 1626[114] läßt sich erschließen, welch heftige Reaktion die Mitteilungen vom September bei Meiderlin ausgelöst haben müssen.[115] Meiderlins Aufregung ist allerdings umso begreiflicher, da er inzwischen Briefe aus Stuttgart und Tübingen erhalten hat, in denen er offenbar direkt beschuldigt wird, die „Paraenesis" verfaßt zu haben.[116] Meiderlins Vorhaltungen wegen der Herausgabe der „Paraenesis" begegnet Styrzel erneut mit dem Hinweis auf das Stillschweigen des Freundes zu seinen Plänen. Styrzel beteuert, daß von ihm niemand etwas über den Autor der „Paraenesis" erfahren habe noch erfahren werde.[117] Außerdem sichert er Meiderlin seine volle Unterstützung in der Auseinandersetzung mit den Württembergern zu: „Si quid potero, non deero, et symbolam conferam."

Einen ausführlichen Bericht der Vorgänge um die „Paraenesis" gibt

---

[112] Vgl. auch die Abschrift des Tübinger Protestschreibens vom 12. September 1626 in Styrzels Autographenband: StB Augsburg: 4° Cod. H. 20 Centuria II, vor Epistola 5.

[113] Hierbei handelt es sich möglicherweise um den aus Rothenburg stammenden stud. theol. Wilhelm Lull (auch Lüll, Lülly, Lill), der sich im Juli 1622 in Tübingen immatrikulierte; vgl. Die Matrikeln der Universität Tübingen. Bearb. v. *Albert Bürk* u. *Wilhelm Wille*. Bd. 2: 1600–1710. Tübingen 1953, 143.

[114] Vgl. StB Augsburg: 4° Cod. H. 20 Centuria II, Epistola 3.

[115] Bereits der Beginn von Styrzels Antwort macht dies unmißverständlich deutlich: „Satis tu quidem acerbe [...] in me inveheris."

[116] Styrzel schreibt: „Optem legere, quae Stutgardiam & Tybingam a te perscripta sunt, et quid inde responsi acceperis."

[117] Styrzel hält es für möglich, daß ein Exemplar der „Paraenesis" durch jenen Studenten aus Rothenburg nach Tübingen gelangt ist. Dies steht jedoch im Widerspruch zu *Gesners* Bericht [vgl. Anm. 71], nach dem die Schrift von Konrad Dieterich in Ulm an Thumm nach Tübingen geschickt worden ist.

Johann Georg Styrzel in einem Brief[118] an den damals in Augsburg ansässigen Mediziner David Verbez (1577–1634):[119]

Etwa um die Mitte des Jahres 1625 habe ihm, Styrzel, ein großer und gelehrter, aber inzwischen leider verstorbener Mann[120] die „Paraenesis" eines gewissen „Rupertus Meldenius" zugeschickt, die „is aliunde (innuere videbatur Saxoniam) acceperat". So vermutet Styrzel den Verfasser der „Paraenesis" im Umfeld von Johann Arndt in Lüneburg.

Weiter schreibt Styrzel, er habe die Schrift mit Begeisterung gelesen und gespannt auf ihr Erscheinen im Druck gewartet, da er erfahren hatte, daß über Deutschland verteilt genügend Abschriften vorhanden seien. Nachdem aber auch die Frankfurter Messe vorübergegangen war, habe er selbst die Drucklegung der „Paraenesis" in Rothenburg veranlaßt.

Des weiteren beschreibt Styrzel die Reaktion der Tübinger Universität auf die „Paraenesis", die ihm völlig unverständlich erscheint: „Proh DEUM atque hominum fidem! exclamavi. Quid hoc est?" Styrzel fragt sich, ob die Tübinger Professoren etwa die in der „Paraenesis" dargestellten Liebhaber oder gar Besitzer der Ehrsucht und elenden Streitsucht seien, um schließlich lakonisch festzustellen: „Canis ictus latrat." Jedenfalls verdächtige man in Tübingen „vestrum Meyderlinum", der Autor der „Paraenesis" zu sein, und sei deshalb dabei, diesen schrecklich zu verfolgen. Styrzel glaubt jedoch nicht an eine Verfasserschaft Meiderlins.[121] Dabei sieht der Rothenburger Herausgeber der „Paraenesis" durchaus nicht ein, daß etwas an dem Werk bedenklich sein könnte.[122]

In einem weiteren Brief vom 12. Dezember 1626[123] berichtet Styrzel die ganze Angelegenheit auch nach Tübingen an den Professor Johann Martin Rauscher (1592–1655):[124]

---

[118] Der Brief an Verbez (in Styrzels Augsburger Autographenband StB Augsburg: 4° Cod. H. 20 Centuria II, Epistola 4) trägt das Datum des 14. September 1626. Seinem Inhalt nach kann er aber nicht vor November geschrieben worden sein. Auf diese Abfassungszeit weist auch seine Stellung innerhalb des streng chronologisch geordneten Briefcorpus. Somit dürfte das tatsächliche Abfassungsdatum der 14. November sein.

[119] Vgl. über ihn DBA.Mf 1304, 341–343, bzw. *Veith* [s. Anm. 101], VI,118 und IX,108f. Styrzel hatte Meiderlin in seinen Briefen mehrfach auf Verbez hingewiesen, dem die „Paraenesis" sicher gefallen werde, da auch er Arndt schätze und mit diesem befreundet gewesen sei.

[120] Hiermit meint Styrzel ganz offensichtlich Rem, auch wenn er keinen Namen nennt.

[121] Styrzel begründet dies u. a. folgendermaßen: „Nam, Meyderlinum hoc opusculum confecisse, mihi propterea vix fit verisimile, quod constat illum primo natione Würtembergicum, et forte etiam Würtembergicis nonnullis Theologis necessitate aliqua conjunctum, quos scripto isto, (si modo Paraenesis illos tangit) sibi invisos reddere voluisse, non est credibile."

[122] So fragt Styrzel: „Demus autem, illum [d. h. Meiderlinum] esse auctorem, quid peccavit, quid falsi scribsit, et quod non extemplo probari possit?"

[123] In Styrzels Autographenband: StB Augsburg: 4° Cod. H. 20 Centuria II, Epistola 8.

[124] Vgl. über ihn ADB 27, 448f., sowie *Ulrich Sieber:* Prof. Johann Martin Rauscher (1592–1655). Studien zur Geschichte der Universität Tübingen im Dreißigjährigen Krieg. Diss. Phil. Tübingen 1968. Hierin wird der Briefwechsel mit Styrzel erwähnt (59). Styrzel bezeichnet Rauscher in genanntem Brief als „amicus vetus et fraterne". Die Bekanntschaft der beiden

Dieses Schreiben hat in etwa denselben Inhalt wie der Brief an Verbez. Styrzel äußert wiederum sein Unverständnis gegenüber der Tübinger Reaktion auf die „Paraenesis“ und meint, man hätte sich in Tübingen mit der Antwort des Rothenburger Rats zufriedengeben sollen. Stattdessen hätten die Tübinger nun dem vermeintlichen Autor Meiderlin die völlige Vernichtung angedroht, wie er gehört habe. Meiderlin sei jedoch ganz und gar unschuldig. Im übrigen gibt sich Styrzel als Anhänger Arndts zu erkennen und bleibt dabei, daß die „Paraenesis“ mit ihrem Eintreten für Eintracht und Frieden in der Kirche bei gleichzeitiger Geißelung weit verbreiteter theologischer Laster ein sehr nützliches und notwendiges Werk sei, dessen Wahrheitsgehalt im Grunde niemand ernsthaft bestreiten könne.

Am Ende bittet Styrzel seinen alten Freund Rauscher, das „patrocinium“ für ihn und das von ihm herausgegebene Werk zu übernehmen und den Inhalt des Briefes – freilich ohne Nennung des Informanten – an seine Tübinger Kollegen, insbesondere der theologischen Fakultät, weiterzugeben. So könnten diese vielleicht dazu gebracht werden, die Dinge auf sich beruhen zu lassen. Sollten sie aber dennoch nicht aufhören wollen, werde die Sache zu ihrem Nachteil ausgehen.

Vom 1. Januar 1627 datiert der nächste Brief an Meiderlin.[125] Styrzel setzt den Freund über das Schreiben an Rauscher in Kenntnis, bei dem er auf dieselbe Weise vorgegangen sei wie Meiderlin bei seinen Briefen nach Stuttgart und Tübingen.

Bereits am 6. Januar 1627 schreibt Styrzel erneut an Meiderlin,[126] nachdem er von diesem in der Zwischenzeit wieder einen Brief erhalten hat, aus dem hervorgeht, daß die Tübinger „theologastri“ zum wiederholten Mal und immer übler gegen Meiderlin vorgehen und versuchen, ihn und die Seinen völlig zu vernichten. So hatte Meiderlin angefragt, ob er notfalls mit seiner Familie in Rothenburg unterkommen könne, falls er aus Augsburg weichen müsse. Styrzel sichert dem Freund daraufhin jede Unterstützung und seine beständige Fürbitte zu.

Als Beilage übersendet Styrzel die Abschrift eines Briefes von Johann Schmidt aus Straßburg vom 25. November 1626, der eine Beurteilung der „Paraenesis“ enthält.[127] Schmidt schreibt, er kenne den Autor, einen wahrhaft frommen und gelehrten Mann, seit vielen Jahren sehr gut. Dieser habe in seinen Briefen oft die unglückseligen Kämpfe und Streitig-

---

könnte aus Styrzels Studienzeit in Tübingen (1611–1613) herrühren. Vgl. *Schnurrer* [s. Anm. 103], 63.

125 StB Augsburg: 4° Cod. H. 20 Centuria II, Epistola 9.

126 StB Augsburg: 4° Cod. H. 20 Centuria II, Epistola 10.

127 Mitgeteilt nach II, 10. Der Rothenburger Superintendent Zyrlin hatte Schmidt ein Exemplar der „Paraenesis“ zukommen lassen und den Straßburger Professor um seine Meinung dazu gebeten.

keiten beklagt, die wenige Württemberger in der Kirche ausgelöst und immer weiter betrieben hätten. Weiter urteilt Johann Schmidt: „Tandem et ipse prodijt tecto nomine per literarum metathesin, et isthanc paraenesin edidit eum tantum in finem, ut suorum conterraneorum, id est Würtenbergicorum, gravia vitia et affectus minime Theologicos perstringeret ac ad studium concordiae et pacis in totius afflictae Ecclesiae commodum, omnibus modis colendum et urgendum Theologos permoveret. Quod si itaque phrasis una atque altera forte durior prima fronte apparet, ea mea opinione ex libelli scopo aestimanda est". Johann Schmidt hält Meiderlin für den Verfasser der „Paraenesis" und meint, selbst wenn das eine oder andere harte Wort gegen württembergische Theologen falle, sei der Skopus des Büchleins doch zu schätzen.

Der folgende Brief Styrzels an Meiderlin trägt das Datum des 19. Februars 1627.[128] Darin äußert sich Styrzel betrübt über die Hartnäckigkeit, ja Halsstarrigkeit jener zwei Vorkämpfer der neuen Theologie[129], meint aber, sie würden auf diesem Weg nichts ausrichten, da sie selbst in Württemberg ziemlich isoliert seien. Weil sie keine Streitschrift ohne Zustimmung des Stuttgarter Konsistoriums drucken lassen dürften,[130] brauche Meiderlin solche Veröffentlichungen nicht zu fürchten.

Wie es scheint, wurde unterdessen in Augsburg fleißig an der Verteidigung der „Paraenesis" gearbeitet.[131] Für den Fall, daß die Tübinger keine Ruhe geben sollten, wurde auch der Druck einer entsprechenden Schrift in Erwägung gezogen. Da Styrzel die Stadt Rothenburg nicht gerne in weitere Streitigkeiten verwickelt sehen möchte, steht er einem möglichen Druck einer Verteidigungsschrift der „Paraenesis" bei Körnlin in Rothenburg allerdings eher reserviert gegenüber.

Im Herbst 1627 ist Meiderlin offenbar dabei, eine zweite Ausgabe der „Paraenesis" vorzubereiten.[132] Styrzel lobt dieses Vorhaben, mahnt aber gleichzeitig zur Besonnenheit, damit nicht noch größerer Aufruhr entsteht. Außerdem zeigt sich Styrzel sehr verwundert, daß der Zorn der Tübinger gegen Meiderlin und die „Paraenesis" inzwischen nicht erneut entbrannt ist.

---

[128] StB Augsburg: 4° Cod. H. 20 Centuria II, Epistola 21.

[129] Es ist deutlich, daß Styrzel hier Osiander und Thumm im Blick hat.

[130] Vgl. dazu *Franz* [s. Anm. 17], 148–150.

[131] Meiderlin hatte Styrzel mehrere derartige Schriftstücke zugeschickt, darunter eine „protestatio", eine „apodeixis" und die Kopie eines Briefes von Verbez.

[132] Vgl. den Brief Styrzels an Meiderlin vom 30. September 1627 in StB Augsburg: 4° Cod. H. 20 Centuria II, Epistola 53. Diesem Schreiben liegt ein Brief Styrzels an Rauscher bei, den Meiderlin lesen und bei Gefallen (zuvor ordentlich mit spanischem Wachs versehen) nach Tübingen schicken soll. Inhaltlich bietet der Brief an Rauscher (vgl. die Abschrift StB Augsburg: 4° Cod. H. 20 Centuria II, Epistola 52) nicht viel Neues, es geht Styrzel wiederum um die Entlastung Meiderlins. Letzterer hat den Brief an Rauscher aber nicht weitergeschickt; vgl. Styrzel an Meiderlin vom 31. Dezember 1627 in StB Augsburg: 4° Cod. H. 20 Centuria II, Epistola 74.

Dieser Umstand wird jedoch verständlich, wenn man bedenkt, was sich in der Zwischenzeit in Tübingen ereignete: Im Februar 1627 hatte nämlich Kaiser Ferdinand II. dem württembergischen Herzog befohlen, Theodor Thumm wegen seiner Polemik gegen die katholische Kirche gefangenzunehmen und seine Schriften zu konfiszieren.[133] Angesichts dessen hatten Thumm und sein Freund Osiander Wichtigeres zu tun, als weiter gegen die „Paraenesis" und ihren vermeintlichen Verfasser vorzugehen.[134]

Ebenfalls im Herbst 1627 ließ Johann Georg Styrzel dem Marburger Theologieprofessor Justus Feuerborn (1587–1656)[135], der mittlerweile die Stelle seines inzwischen verstorbenen Schwiegervaters Balthasar Mentzer eingenommen hatte, ein Exemplar der „Paraenesis" sowie eine Abschrift der zu deren Verteidigung verfaßten „provocatio" samt „apodeixis" zur Begutachtung zukommen.[136]

Daraufhin erhält Styrzel Anfang 1628 ein Gutachten[137] zur „provocatio", das Feuerborns Kollege Meno Hanneken (1595–1671)[138] verfaßt hat. Darin heißt es, Feuerborn sei nicht grundsätzlich gegen den Druck des Schriftstücks. Marburg käme als Druckort allerdings nicht in Frage, da in der „provocatio" Mentzer und Arndt zusammengestellt worden seien, was so nicht angehen könne: „Dann ob man wohl Arndium für ein rechten, eyfrigen und der rechten Aug. Confessioni zugethanen Theologum hellt; so ist doch gewiß, daß Er seine sachen maisten thaials auß den scriptis Wigelianis gezogen. Zuo dem, ob Er wohl selbsten ein Apologiam[139] geschrieben, so satisfaciert Er doch darinnen nit: dann seine Phrases, die er manigfaltig gebrauchet, nullam prope patiuntur excusa-

---

[133] Vgl. dazu *Fritz* [s. Anm. 18], 213ff., bzw. *Franz* [s. Anm. 17], 153–156. Thumms Schriften sind im März 1627 konfisziert worden. Von Januar bis zum 1. Juni 1628 wurde Thumm auf der Feste Hohentübingen in Haft genommen, danach aber wieder in sein Amt als Professor der Theologie eingesetzt.

[134] So kann Styrzel zur Jahreswende 1627/28 an Meiderlin schreiben: „Scias autem velim, non sine magno gaudio, me particulam istam Stutgardianae ad te Epistolae legisse, exindeque, te tandem extra periculum Thummianum versari, intellexisse", StB Augsburg: 4° Cod. H. 20 Centuria II, Epistola 74.

[135] Vgl. zu ihm DBA Mf 316, 74–95, und *Heinrich Heppe:* Art. „Feuerborn". In: ADB 6, 753.

[136] Dies geschah über den aus Rothenburg stammenden Daniel Rücker; vgl. den Brief Styrzels an diesen vom 7. September 1627 in StB Augsburg: 4° Cod. H. 20 Centuria II, Epistola 50. Rücker immatrikulierte sich am 21. September 1627 in Marburg; vgl. Catalogus studiosorum scholae Marpurgensis per annos 1527–1628 descriptus. Ed. *Julius Caesar.* Pars quarta, ab ineunte anno 1605 usque ad extremum annum 1627 pertinens. Marburgi 1887, 187. Vgl. zur Person Rückers *August Schnizlein:* Daniel Rücker (1605–1665). Sonderabdr. a. d. Jahresbericht 1924 bis 1925 des Vereins „Alt-Rothenburg", und *Dannheimer* [s. Anm. 106], 115.

[137] Im Wortlaut von Styrzel mitgeteilt in StB Augsburg: 4° Cod. H. 20 Centuria II, Epistola 89.

[138] Vgl. DBA Mf 470,31–55, sowie *Heinrich Heppe:* Art. „Hanneken". In: ADB 10, 521f.

[139] Gemeint ist *Johann Arndt:* Repetitio apologetica oder Wiederholung vnd Verantwortung der Lehre von dem wahren Glauben vnd heiligem Leben [...]. Magdeburg 1620.

tionem. Derowegen sey es beschlossen unter Ihnen, man soll zwar Arndium und seine schrifften laßen, und pro sinceris erkennen: aber doch nit gar zu hoch halten. Sonderlich aber gefällt Ihnen das Urim & Thumim mächtig wohl."

Der Beifall der Marburger Fakultät für die Polemik gegen Thumm ist nicht überraschend, da Thumm für die Marburger bzw. Gießener in erster Linie ein Gegner im Kenosis-Streit ist. Umso bemerkenswerter bleibt dagegen die auffallende Distanz gegenüber Johann Arndt. In Bezug auf Arndt gibt man sich in Marburg zwar wesentlich moderater als Osiander in Tübingen, teilt aber offenbar dessen Bedenken.

Ein solches Urteil über Johann Arndt hatte Styrzel aus Marburg nicht erwartet. Er selbst kann die Vorbehalte gegenüber dem von ihm sehr geschätzten Arndt nicht nachvollziehen.[140]

Etwa 15 Jahre nach diesen Ereignissen kommt Styrzel in einem Brief an Johann Valentin Andreae nochmals auf die „Paraenesis" zu sprechen.[141] Nach einer wahren Lobeshymne auf Johann Arndt meint Styrzel, „Ruperti Meldenij Paraenesis" sei ein „opusculum plane divinum" und enthalte eine Apologie für Arndt. Durch die Veröffentlichung dieser Schrift habe er viel Haß und Unannehmlichkeiten erfahren müssen. In diesem allem aber sei er durch Gottes Schutz erhalten worden. Es ist dem Brief deutlich anzumerken, wie nahe Styrzel die ganze Sache auch nach all den Jahren noch immer geht.

5. *Folgerungen*

Aus dem Autographenband von Johann Georg Styrzel ergeben sich demnach für die Frage nach dem Verfasser der „Paraenesis" und den Umständen ihrer Drucklegung folgende Gesichtspunkte:

Nachdem Styrzel bis einschließlich September 1626 angenommen hatte, sein Freund Meiderlin sei Autor der „Paraenesis", vertritt er danach die Ansicht, Meiderlin komme nicht als deren Verfasser in Betracht. Sicher geht es Styrzel in seinen Briefen an Verbez und Rauscher vor allem um eine Entlastung Meiderlins. Aber die Art und Weise, mit der Styrzel zu erweisen sucht, daß Meiderlin nicht Autor der „Paraenesis" war, läßt es kaum glaubhaft erscheinen, als handele es sich hierbei um ein bloßes Ablenkungsmanöver. D. h. Styrzel ist nun in der Tat überzeugt, daß Meiderlin die „Paraenesis" nicht verfaßt hat.

---

140 Vgl. die Äußerungen Styrzels in einem weiteren Brief an Rücker vom 28. März 1628 in StB Augsburg: 4° Cod. H. 20 Centuria II, Epistola 89: „Mihi ita videtur: cor pium, simplex, ad veram & non fucatam, non verbalem, CHRISTI imitationem inclinatum, non offendi ejusmodi Phrasibus, imo ne quidem inibi quid periculosum latitare animadversurum. Curiosulis vero & Lynceis istis, si DIs placet, oculis nihil tuto satis, & suspicione criminis carens, prolatum iri."

141 Vgl. den Brief Styrzels an Andreae vom 21. Januar 1642 in: Herzog August Bibliothek Wolfenbüttel, Cod. Guelf. 11. 12. Aug. fol. 480f.

Im Januar 1626 hat Styrzel von Meiderlin eine Abschrift der „Paraenesis“ erhalten, gibt aber später gegenüber Verbez und Rauscher an, diese im Sommer 1625 von Rem selbst bekommen zu haben. Zutreffend ist jedenfalls, daß Rem eine Abschrift der „Paraenesis“ besessen hat,[142] wie dies auch in dem anonymen Augsburger Schreiben vom November 1626 behauptet wurde.

Die Styrzel zugeschickte Abschrift der „Paraenesis“ enthielt bereits die Verfasserangabe „Rupertus Meldenius“; so kann diese nicht von Styrzel stammen. Die Angabe setzt zweifellos voraus, daß Meiderlin als Verfasser der „Paraenesis“ anzusehen ist. Aus diesem Grund kann auch Meiderlin selbst nicht Urheber der Verfasserangabe sein. Möglich wäre dagegen die Vermutung des anonymen Augsburger Schreiben, nach der das Anagramm auf Meiderlins Namen auf Rem zurückgeht.

Es ist auffällig, daß Styrzels Briefe einige Angaben des offensichtlich gut informierten anonymen Schreibens aus Augsburg bestätigen. Vor allem zwischen dem ersten Brief Styrzels an Rauscher und dem genannten Augsburger Schreiben ergeben sich interessante inhaltliche Parallelen: In beiden Schriftstücken wird – entgegen dem Tübinger Verdacht – behauptet, Meiderlin habe die „Paraenesis“ nicht verfaßt. Es wird betont, daß Meiderlin mit der Herausgabe der Schrift nichts zu tun gehabt habe; diese sei vielmehr in Rothenburg auf Betreiben eines Ratsherrn (eben Styrzel) erfolgt. Andererseits wird der Inhalt der „Paraenesis“ nachdrücklich verteidigt und die Nützlichkeit bzw. Notwendigkeit der Schrift hervorgehoben. Die Argumentation zielt beidesmal darauf ab, die Tübinger zur Ruhe zu bringen. Am Ende steht jedoch in beiden Fällen die unverhohlene Drohung, die Auseinandersetzung fortzusetzen, falls die Gegenseite keine Ruhe geben wolle.

Für diese Gemeinsamkeiten gibt es folgende Erklärung: Styrzel hat sich bei seinem Schreiben an Rauscher vom Dezember 1626 an den Briefen orientiert, die Meiderlin zuvor nach Stuttgart und Tübingen geschickt hatte, nachdem er von dort beschuldigt worden war, Autor der „Paraenesis“ zu sein. Im Brief vom 1. November 1626 wollte Styrzel von Meiderlin wissen, was er auf diese zu antworten gedenke.[143] Daher wird es sich bei dem am 19. November 1626 in Stuttgart eingegangenen Schreiben aus Augsburg um ein Werk Meiderlins handeln.

Hinzu kommt eine weitere Beobachtung: Zu Beginn jenes Augsburger Schreibens werden Balthasar Mentzer und Johann Arndt in einem

[142] Beim Durchlesen der Remschen Briefe ist Styrzel auf ein Schreiben gestoßen, in dem sich Rem bei Magister David Ehinger (1600–1656) für das Abschreiben der „Paraenesis“ bedankt; vgl. Styrzel an Meiderlin vom 19. Februar 1627 in StB Augsburg: 4° Cod. H. 20 Centuria II, Epistola 21. Zur Person Ehingers vgl. *Schnurrer* [s. Anm. 103], 64.

[143] Vgl. oben Anm. 114 bzw. 116.

Atemzug genannt.[144] Eben dieses aber monierte die Marburger Fakultät in ihrem Gutachten bezüglich der zur Verteidigung der „Paraenesis" verfaßten sogenannten „Provocatio". So dürfte die „Provocatio" (wenigstens teilweise) mit dem von Meiderlin verfaßten anonymen Augsburger Schreiben vom November 1626 identisch sein.

Es erscheint fraglich, ob Meiderlin und Styrzel das ganze Ausmaß der in der „Paraenesis" versteckten Polemik speziell gegen Osiander und Thumm erkannt haben. Wie könnten sie sonst die „Paraenesis" derart nachdrücklich verteidigen und zugleich die Vorwürfe der Tübinger als völlig überzogen oder ganz und gar unbegründet abtun? Andererseits ist das leidenschaftliche Engagement der beiden Freunde für das Grundanliegen der „Paraenesis", nämlich das Eintreten für Frieden und Eintracht in der Kirche, deutlich zu sehen und auch anzuerkennen. Johann Schmidt schätzt die „Paraenesis" aufgrund des genannten Grundanliegens, obwohl er offenbar die darin enthaltenen Spitzen gegen die württembergischen Theologen erkannt hat.

Für Osiander und Thumm dagegen war es ein harter Schlag, daß sie sich aufgrund der Umstände nicht wirkungsvoll gegen die in der „Paraenesis" erhobenen Angriffe zur Wehr setzen konnten und ihrem vermeintlichen Verfasser nicht beikamen. Auf der anderen Seite mußte Meiderlin aufgrund des Tübinger Verdachtes wenigstens zeitweise um seinen guten Ruf und seine berufliche Existenz fürchten, obwohl er die „Paraenesis" weder verfaßt noch herausgegeben hatte.

Wenn aber Meiderlin als Autor der „Paraenesis" ausscheidet, wer sollte die Schrift dann verfaßt haben?[145] Darf man den Angaben von Meiderlin und Styrzel Glauben schenken, so wäre der wahre Autor der „Paraenesis"

---

[144] „Nun nimbt es vihl Theologos vnnd Politicos groß wunder, daß die Herrn Tybingenses zwo große wäschen, die sie nicht ohne große ärgernuss der Vnserigen, wie auch nicht ohne frolocken der widerigen vnnd VnEvangelischen, wider die zween fromme vnnd vmb die Kürch Gottes wohlverdiente Theologos D. Menzerum & Arndium eingelegt, noch nicht ausgewaschen, vnnd doch ein newe vnnd nicht weniger ärgerliche wäsch einzutauchen khein Bedencken tragen, vnnd also die vorhin mehr allß vilbetrübte Kürch Gottes ferner molestieren wöllen." Zitiert nach UAT [s. Anm. 72], 12/15, 46, abgedr. bei *Fritz* [s. Anm. 79] und auch bei *Franz* [s. Anm. 17], 151f.

[145] Sicher ist jedenfalls, daß entgegen den Vermutungen von *Heinrich Hermelink:* Geschichte der evangelischen Kirche in Württemberg von der Reformation bis zur Gegenwart. Stuttgart und Tübingen 1949, 148, weder Styrzel noch Rem als Autor der „Paraenesis" in Frage kommen. Rem scheidet deshalb aus, da der wahre Verfasser nach den Angaben des Augsburger Schreibens im November 1626 noch am Leben war. Auch Johann Valentin Andreae scheint mit Abfassung und Herausgabe der „Paraenesis" nichts zu tun gehabt zu haben. Überhaupt gab es in jenen Jahren wohl keine Verbindungen zwischen Styrzel und Andreae bzw. Besold. So enthält Styrzels Autographenband keinen Brief an Andreae, und Styrzel schreibt einmal an Meiderlin in StB Augsburg: 4° Cod. H. 20 Centuria II, Epistola 53, leider habe er außer Rauscher zur Zeit niemanden in Tübingen oder Stuttgart, dem er schreiben könne. Auffällig ist allerdings, daß die „Paraenesis" in der Art der Darstellung gewisse Ähnlichkeiten mit Andreaes Schriften aufweist, wie schon *Lücke* [s. Anm. 1], 50, richtig gesehen hat.

kein Theologe und käme vermutlich aus der Umgebung Johann Arndts im Herzogtum Braunschweig-Lüneburg. Außerdem wäre vorauszusetzen, daß Meiderlin Kontakt zu ihm gehabt hätte.

III. Melchior Breler – der Verfasser der „Paraenesis"

Wilhelm Koepp hatte bereits 1912 ohne Kenntnis der Tübinger bzw. Stuttgarter Archivalien und der Meiderlin-Literatur aufgrund inhaltlicher und stilistischer Übereinstimmungen zwischen dem „Mysterium iniquitatis pseudoevangelicae" des Arndtschülers Melchior Breler und der „Paraenesis" zu erweisen gesucht, daß Breler auch die „Paraenesis" verfaßt habe.[146] Koepps These wurde in der Forschung unter Hinweis auf Meiderlin ohne Prüfung der Quellen abgetan.[147] Dabei hätte es sich gelohnt, Koepps Hinweisen nachzugehen.

Melchior Breler[148] entstammt einem alten fränkisch-hessischen Geschlecht.[149] Er wurde am 5. Dezember 1589 in Fulda getauft.[150] Sein Vater, Michael Breler, war zunächst Rent- und Fruchtschreiber, dann Küchenmeister, später Vogt und schließlich Amtmann auf der Feste Bieberstein bei Fulda; die Mutter, Margreth geb. Mangold starb 1597/98.[151] Am 9. Dezember 1607 hat sich Melchior Breler an der Universität Marburg eingeschrieben.[152] Den nächsten biographischen Haftpunkt stellt der Matrikeleintrag als „M. Melchior Breler, Fuldensis" an der Universität Helmstedt vom 23. August 1614 dar.[153]

---

[146] Vgl. *Koepp*, Verfasser [s. Anm. 1], und *ders.*, Arndt [s. Anm. 5], 127–131 bzw. 313.

[147] Vgl. *Albert Hauck:* Ergänzung zum Art. „ Meldenius". In: ^{3}RE 24, 83; *Leopold Zscharnack:* Art. „Meldenius". In: ^{1}RGG 4, 259, und *Krüger* [s. Anm. 1], 156 Anm. 1.

[148] Vgl. zu Brelers Person DBA Mf 142, 126–129; *Johann Moller:* Cimbria literata [...]. 3 Bde. Havniae 1744. Bd. 2, 124–126; *Koepp* [s. Anm. 5], 104–131; *Wallmann*, Herzog [s. Anm 20], 19ff.; *Ders.*, Pietismus [s. Anm. 5], 21f., und *Brecht* [s. Anm. 3], 145–148. Die z. T. in der Literatur begegnende Schreibweise „Breller" ist falsch, auch wenn sie bereits im Entwurf von Brelers Bestallungsurkunde zum Leibarzt von Herzog August erscheint (Niedersächs. Staatsarchiv Wolfenbüttel 1 Alt 22 Nr. 202f. 4.). Die dort erhaltenen Briefe Melchior Brelers an Herzog August tragen durchweg die Unterschrift „Breler".

[149] Vgl. *Heinz Brähler:* Die Geschlechter Prel/Breler (ab 1178) in Franken und Hessen. In: Deutsches Familienarchiv 26. Neustadt/Aisch 1964, 1–182.

[150] Vgl. *Hans Schneider:* Johann Arndt als Lutheraner? In: Die lutherische Konfessionalisierung in Deutschland. Hg. v. *Hans-Christoph Rublack*. Gütersloh 1992 (SVRG, 197), 274–298, hier 289 Anm. 105. Demententsprechend ist *Brähler* [s. Anm. 149], 72, zu korrigieren, der den 5. Dezember 1589 als Geburtsdatum Brelers angibt.

[151] Vgl. *Brähler* [s. Anm. 149], 71.

[152] Vgl. *Caesar* [s. Anm. 136], 22: „Melchior Breler, Fuldensis".

[153] Vgl. Album Academiae Helmstadiensis. Bd. 1: Album Academiae Juliae. Abt. 1: Studenten, Professoren etc. der Universität Helmstedt von 1574–1636 [...]. Bearb. v. *Paul Zimmermann*. Hannover 1926 (VHKHO, 9/1), 239.

Vermutlich kam Breler hier in Kontakt mit Johann Angelius Werdenhagen (1581–1652)[154], 1616 bis 1618 Professor für Ethik in Helmstedt, zu dem Breler auch später noch Verbindungen hatte.[155] Werdenhagen, ein Antiaristoteliker und Kritiker des orthodoxen Lehrchristentums, hielt zum Reformationsjubiläum 1617 unter Rückgriff auf den jungen Luther acht Reden unter dem Stichwort „Verus Christianismus", die vom Inhalt her an Johann Arndt erinnern.[156] Auffällig ist die starke Betonung des allgemeinen Priestertums verbunden mit einer Abwertung von kirchlichem Amt und kirchlicher Lehre.

Der Königsberger Theologieprofessor Coelestin Mislenta (1588–1653)[157] erhob später den Vorwurf, Breler habe als Student in Helmstedt einen liederlichen Lebenswandel geführt und sei der Universität verwiesen worden. Gegen diese Anschuldigungen wurde Breler jedoch 1649 in zwei öffentlichen Zeugnissen von der Universität Helmstedt verteidigt.[158]

Über Brelers Studienfächer weiß man nichts. Jedenfalls scheint er den Titel eines Doktors der Medizin erworben zu haben.[159] Es wird berichtet, er habe sich auch in Altdorf aufgehalten.[160] Nach einer Reise durch Frankreich, Italien und den größten Teil Deutschlands[161] wurde Breler

---

[154] Vgl. *Carl Mirbt:* Art. „Werdenhagen". In: ^{3}RE 21, 103–105; *Paul Zimmermann* [s. Anm. 153], 437–439; *Ders.:* Art. „Werdenhagen". In: ADB 41, 759–762, und jetzt *Wallmann* [s. Anm. 5], 22.

[155] Vgl. *Wallmann* [s. Anm. 20], 27.

[156] Dazu *Ernst Ludwig Henke:* Georg Calixtus und seine Zeit. 2 Bde. Halle 1853/60; hier: Bd. 1, 247–250; *Inge Mager:* Reformatorische Theologie und Reformationsverständnis an der Universität Helmstedt im 16. und 17. Jahrhundert. In: JGNKG 74, 1976, 23f., und *Johannes Wallmann:* Zwischen Reformation und Humanismus. Eigenart und Wirkungen Helmstedter Theologie unter besonderer Berücksichtigung Georg Calixts. In: ZThK 74, 1977, 352f.

[157] Zu ihm s. Memoriae Theologorum nostri seculi renovatae centuria. Ed. *Henning Witte.* Francofurti 1685, 1057–1072.

[158] Vgl. dazu *Georg Calixt:* Wiederlegung der vnchristlichen vnd vnbilligen Verleumbdungen/ damit Ihn D. Iacobus Weller ChurSächsischer Oberhoffprediger zubeschmitzen sich gelüsten lassen [...]. Helmstedt 1651, § 106–108 (Bl. Ttt 2ff.). Die Breler betreffenden Stellen finden sich auch bei *Moller* [s. Anm. 148], 124f. Zum Hintergrund der Kontroverse zwischen Mislenta und Calixt vgl. *Henke* [s. Anm. 156], 2/2, 158ff. Im „Schwarzen Buch" der Universität Helmstedt (Niedersächs. Staatsarchiv Wolfenbüttel 37 Alt 2592) und den Bänden, in denen die Exzesse der Studenten und deren Bestrafung mit Karzer oder Relegation verzeichnet sind (37 Alt 2603/04), fand sich keine Breler betreffende Eintragung.

[159] Vgl. *Moller* [s. Anm. 148], 125.

[160] Vgl. *Moller,* [s. Anm. 148] 125, mit Verweis auf *Martin Ruarus:* Nec non H. Grotii, M. Mersenni, M. Gittichii & Naerani, Aliorumque virorum doctorum [...]. Ad ipsum Epistolarum selectarum centuria [...]. Amstelodami 1677, 447. Der Sozinianer Ruarus (vgl. *Julius August Wagenmann:* Art. „Ruarus". In: ADB 30, 96f.) erwähnt lediglich einen Aufenthalt Brelers in Altendorf, jedoch kein Studium (so aber *Jöcher, Thiess* und *Schröder* nach DBA Mf 142, 127–129). Brelers Name ist in der Altdorfer Matrikel (hg. durch *von Steinmeyer*) nicht enthalten.

[161] Vgl. *Moller* [s. Anm. 148], 125.

Hofmedicus und Rat des Herzogs August d.J. von Braunschweig-Lüneburg[162] und muß bei diesem persona gratissima gewesen sein.[163]

Melchior Breler stand mit Johann Arndt in dessen letzten Lebensjahren in einem sehr vertrauten Freundschaftsverhältnis; Breler sagt, er sei von Arndt an Sohnes statt geliebt worden.[164] Breler erscheint auch unter den Korrespondenten von Johann Valentin Andreae[165] und hatte offenbar Verbindungen zu rosenkreuzerischen Kreisen. Wahrscheinlich ist Breler sogar Verfasser eines bisher unbekannten Rosenkreuzertraktates:

Der auf Deutsch abgefaßte Traktat mit dem Titel „Echo Buccinae Jubilaei ultimi nuper e Scanzia in Germaniam a F.R.C. missae" hat sich in einer zehn Folioseiten umfassenden Abschrift erhalten.[166] Als Autor wird ein „vir doctissimus D. Melchior Breder" genannt. Der Rosenkreuzertraktat zitiert u. a. Arndt und den Alchemisten bzw. Paracelsisten Benedikt Figulus[167]; auf der letzten Seite erscheint der Name des Danziger Paracelsisten Alexander von Suchten.[168] Letzterer kommt auch in einem anderen Zusammenhang in Brelers Biographie vor: Im Jahr 1621 gab der Hamburger Arzt Joachim Morsius[169] Suchtens „Tractatus de vera medicina" heraus und widmete sie seinem Freund, dem „Theosopho et Medico" Melchior Breler.[170] Am Ende dieser Schrift ist übrigens auch eine Widmung von Johann Arndt für Morsius enthalten.

Melchior Breler trat heftiger und nachdrücklicher als alle anderen Arndtverteidiger für den geliebten Lehrer ein. Bereits 1621, dem Todesjahr Arndts, erschien die Schrift „Mysterium iniquitatis pseudoevangeli-

---

162 Vgl. *Wallmann* [s. Anm. 20], 26.

163 Vgl. *Koepp* [s. Anm. 5], 104.

164 So *Breler* in der Epistola dedicatoria (Bl. b 5) zu seiner Schrift „Vindiciae pro Mysterio Iniquitatis pseudoevangelicae, Adversus Pseudoevangelicum Declamatorem & Postillatorem Hamburgensem". Goslar 1622.

165 Vgl. *Andreae*, Vita [s. Anm. 9], 81.

166 Niedersächsische Landesbibliothek Hannover: Ms IV 341, 740–749. Vgl. *Carlos Gilly:* Iter Rosicrucianum. Auf der Suche nach unbekannten Quellen der frühen Rosenkreuzer. In: Das Erbe des Christian Rosenkreuz. Vortr. geh. anl. d. Amsterdamer Symposiums 18.-20. Nov. 1986. Johann Valentin Andreae und die Manifeste der Rosenkreuzerbruderschaft 1614–1616. Amsterdam 1988, 78 bzw. 86 Anm. 15. Vielleicht ist *Breler* darüber hinaus Herausgeber der Schrift „Offenbarung Göttlicher Mayestat [...]", Frankfurt 1619, von *Aegidius Gutmann.* Vgl. den Andreae-Katalog [s. Anm. 10], 29f.

167 Zu ihm vgl. *van Dülmen* [s. Anm. 17], 51ff., und *Joachim Telle:* Benedictus Figulus. Zu Leben und Werk eines deutschen Paracelsisten. In: Medizinhistorisches Journal 22, 1987, 303–326.

168 Vgl. zu diesem *Hans Schneider:* Johann Arndts Studienzeit. In: JGNKG 89, 1991, 150 Anm. 125.

169 Vgl. *Schneider* [s. Anm. 168], 150 Anm. 126, bzw. *Wallmann* [s. Anm. 20], 26 Anm. 56. Unter den oben in Anm. 148 genannten Briefen Brelers findet sich auch ein auf den 7. Februar 1623 datiertes Schreiben an Morsius.

170 Vgl. *Schneider* [s. Anm. 168], 150, und *Wallmann* [s. Anm. 20], 27 Anm. 57.

cae“[171] mit der Verfasserangabe „M.B.F.B.“. Dies dürfte für „Melchior Breler, Fuldensis Buchoniensis“ stehen.[172] Der Titel von Brelers Werk erinnert an die Vorrede Arndts zu einer auf Betreiben Herzog Augusts herausgegebenen Schrift.[173] Diese trägt die Überschrift „Mysterium iniquitatis Oder Geheimniß der Boßheit ... “ und behandelt das Verhältnis zum Katholizismus.[174] Breler jedoch wendet sich mit seiner Schrift „adversus centauros quosdam Pseudoevangelicos“!

Brelers „Mysterium“[175] besteht hauptsächlich aus Zitaten verschiedener Autoren, mit denen die eigene Argumentation untermauert werden soll. Die Auswahl der Zitate in griechischer, lateinischer, deutscher, französischer und spanischer Sprache zeugt von der umfassenden Bildung des Verfassers. Die antiken Klassiker sind vertreten, mit Vorliebe werden Kirchenväter angeführt und auch große Gelehrte wie Scaliger, Lipsius oder Arndts Lehrer, der Basler Mediziner Theodor Zwinger[176] fehlen nicht. Mit Abstand am häufigsten werden jedoch „amicus noster D.Besold“[177] mit der Spruchsammlung „Axiomata philosophico-theologica“[178] und die „Theca gladii spiritus“ zitiert. Letztere Schrift, die laut Vorrede Tobias Heß[179] als Verfasser haben soll, dürfte sehr wahrscheinlich von Johann Valentin Andreae stammen.[180]

---

[171] *M.B.F.B.*: Mysterium iniquitatis pseudoevangelicae: Hoc est Dissertatio apologetica pro doctrina beati Ioannis Arnd [...]. Adversus centauros quosdam Pseudoevangelicos et sophisticam illorum Theologiam[...]. Goslar 1621.

[172] Vgl. *Moller* [s. Anm. 148], 125. Buchonia ist eine Ortsbezeichnung für die Gegend um Fulda; vgl. Grosses und vollständiges Universallexicon Aller Wissenschaften und Künste [...]. Hg. v. *Johann Georg Zedler*. 64 Bde. Halle, Leipzig 1732–50 [Nachdr. Graz 1961–1964]; hier: Bd. 4, 1748.

[173] Dabei handelt es sich um *Johann Christoph Busenreuth:* Reformatio Papatus iuxta Confessionem Augustanam [...]. Goslar 1621. Vgl. dazu *Inge Mager:* Die Beziehung Herzog Augusts von Braunschweig-Wolfenbüttel zu den Theologen Georg Calixt und Johann Valentin Andreae. In: PuN 6, 1980, 78 bzw. 92.

[174] Vgl. Johann Arndt: Geistreiche Schrifften und Wercke III. Leipzig, Görlitz 1736, 565–568.

[175] Vgl. die Darstellung bei *Koepp* [s. Anm. 5], 104–108. In der Anordnung des Stoffes folgt Breler dem Aufriß von *Daniel Dilger:* Deß Ehrwürdigen/ Achtbaren vnd Hochgelahrten Herrn Iohannis Arndes [...]. Richtige/ und in GOttes Wort wolgegründete Lehre/ in den vier Büchern vom wahren Christenthumb [...]. Magdeburg 1621. Vgl. zu Dilger und seiner Schrift *Koepp*, 86ff.

[176] Vgl. zu diesem *Schneider* [s. Anm. 168], 147–155.

[177] *Breler* [s. Anm. 171], 68 bzw. 114.

[178] *Christoph Besold:* Axiomata philosophico-theologica: vitam vere philosophicam utcunque adumbrantia [...]. Argentorati 1616. Vgl. dazu den Andreae-Katalog [s. Anm. 10], 138. Den „Axiomata“ Besolds beigebunden ist die Schrift „Theca gladii spiritus: Sententias quasdam breves, vereque philosophicas continens“.

[179] Vgl. zu dessen Person *Brecht* [s. Anm. 3], 154 bzw. 199 Anm. 3.

[180] Zu Inhalt und Verfasserfrage der „Theca“ vgl. *Martin Brecht:* Johann Valentin Andreae. Weg und Programm eines Reformers zwischen Reformation und Moderne. In: Theologen und Theologie an der Universität Tübingen. Hg. v. *M. Brecht*. Tübingen 1977 (Contubernium, 15), 284–287, und den Andreae-Katalog [s. Anm. 10], 102f. bzw. 106. Wichtig auch das hohe Lob Andreaes bei *Breler* [s. Anm. 171], 16.

Mit dieser überaus häufigen Bezugnahme auf „Axiomata" und „Theca" übernimmt Breler die Hochschätzung jener beiden Schriften durch Johann Arndt. Diese drückt sich darin aus, daß Arndt dem Druck seiner auf dem Landtag zu Osterroda am 19. September 1618 gehaltenen Predigt als Anhang „Axiomata quaedam politica ex Besoldo & Hesso" beigegeben hat.[181]

Im „Mysterium" rechtfertigt Breler den Titel seines Werkes, indem er über die Gottlosigkeit der Kirche und besonders der führenden orthodoxen Theologen schimpft und mit diesen hart ins Gericht geht. Breler nennt sie „illos nostros Pseudoprophetas & spurios theologos, Christianismi hostes, Pneumatomachos, Evangelii mangones"[182]. Luther habe Tauler allen akademischen Theologen vorgezogen, aber seine Söhne wagten es, aus Haß gegen das christliche Leben auch die besten Schriften zu verleumden und Streit über die überaus heiligen Bücher Arndts anzufangen.[183] Dabei könne doch Gott selbst nicht anders predigen, als Johann Arndt dies getan habe![184]

Breler sucht seinen verehrten Lehrer auch gegen Vorwürfe des Weigelianismus, der Rosenkreuzerei und des schwärmerischen Enthusiasmus zu verteidigen. Er selbst habe oft gehört, wie Arndt die unentschuldbaren Irrtümer Weigels beklagte.[185] Wohl um Arndt zu entlasten, gibt Breler an, er wisse ganz genau, daß die Rosenkreuzerschrift „Fama fraternitatis" drei vornehme Männer als Verfasser habe.[186] Zum Thema Enthusiasmus lautet Brelers Fazit: „Maneat ergo, maneat Christianum non esse, qui simul Enthusiasta non sit."[187]

Weiter zeigt Breler, daß Arndt keineswegs Amt oder äußeres Wort verdamme, noch mit seiner Lehre gegen die Augsburgische Konfession verstoße. Er begründet das Recht Arndts, die Bibel allegorisch auszulegen, und führt Arndts Lehre von Buße und Rechtfertigung aus. Bei diesem Punkt fällt auf, daß ebenso wie zu Beginn der Schrift der Akzent

---

[181] Eine LandtagesPredigt/ Auff dem Landtage zu Osterroda am 19. Septembris gehalten [...]. Durch Johannem Arndten/ des löblichen Fürstenthmbs Lüneburg GeneralSuperintendenten. Zell 1618. Die im Anhang unter der Überschrift „Axiomata quaedam politica ex Besoldo & Hesso" zitierten 15 Sentenzen sind die folgenden: Theca Nr. 614, 627, 629, 600, 491, 484, 444, 445, 114, Axiomata Nr. 601, 332, 333, 603, Theca Nr. 115 und 724. Dieser Anhang wurde beim Abdruck der Landtagspredigt in der Gesamtausgabe der Werke Arndts [s. Anm. 174] weggelassen.

[182] *Breler* [s. Anm. 171], 11.

[183] Vgl. *Breler* [s. Anm. 171], 26.

[184] Vgl. *Breler* [s. Anm. 171], 41.

[185] Vgl. *Breler* [s. Anm. 171], 96.

[186] Vgl. *Breler* [s. Anm. 171], 100f. Meint Breler den Freundeskreis um Andreae, Besold und Heß? Vgl. zur Rosenkreuzerfrage *Brecht* [s. Anm. 3], 154–156, bzw. *van Dülmen* [s. Anm. 17], 73ff.

[187] *Breler* [s. Anm. 171], 135.

einseitig auf Leben und Tun gelegt wird. Die Grundeinsicht der lutherischen Rechtfertigungslehre kommt nicht zur Geltung; immer wieder werden Matthäus und Jakobus als biblische Kronzeugen angeführt.

Gegen dieses mit spitzer Feder geschriebene Werk Brelers – nicht jedoch gegen Arndt – wandte sich 1622 der Hamburger Pastor Jakob Werenberg mit seinen „Vindiciae ecclesiae Lutheranae".[188] Breler antwortete postwendend mit der Gegenschrift „Vindiciae pro mysterium iniquitatis pseudoevangelicae"[189], die Herzog August gewidmet ist, der danach verlangt haben soll, daß Werenberg „das Maul verstopffet werde"[190]. Breler bittet den Herzog, das „patrocinium" über Arndts Werk zu übernehmen.[191] In den „Vindiciae" ist Andreae der meistzitierte Autor; im wesentlichen bleibt Breler auf dem im „Mysterium" bezogenen Standpunkt.

1623 gab Breler aus Arndts Nachlaß das „Informatorium biblicum"[192] heraus. Es ist umstritten, ob es sich um ein Werk Arndts handelt, oder ob Breler als Verfasser anzusehen ist.[193] Denkbar wäre auch eine von Breler bearbeitete Vorlage Arndts. Das „Informatorium biblicum" will die Grundlage eines christlichen Lebens darstellen: Die menschliche Krankheit der Sünde heile der Arzt Christus. Aus Christi Leiden und Tod quelle als Frucht die neue Geburt oder Heiligung und ein Leben in Christi Nachfolge. Wo die neue Geburt nicht erfolge, entstehe die Mißgeburt der „Maul-Christen", von der die Christenheit jetzt voll sei. Hinter dem Schaden des Maulchristentums, das zur Verdammnis führe, stecke der tausendlistige Teufel, der so gegenwärtig mehr Schaden anrichte als jemals durch das Streben nach Werkgerechtigkeit. Falscher Lehre müsse man zwar widersprechen, aber in Religionsstreitigkeiten solle man bei der Einfalt des Wortes Gottes Zuflucht suchen. Das „Informatorium biblicum" schließt mit einer freundlichen Mahnung zu Eintracht und Frieden.

Melchior Breler fertigte auch eine lateinische Übersetzung von Arndts „Vier Büchern von wahrem Christentum" an, in der er die nichtortho-

---

[188] *Jakob Werenberg* (Wehrenberg, Weremberg): Vindiciae Ecclesiae Lutheranae, Dei gratia a mysterio Superstitionis Pontificiae superiore seculo liberatae & a mysterio Apostasiae haereticae ab eo tempore conservatae, contra Mysterium iniquitatis Pseudo-Evangelicae, quod revera est mysterium „tês anomías" cujusdam vespertilitionis, inordinatae ambulantis. Hamburgi 1622. Vgl. zum Inhalt der Schrift und zu Werenbergs Person *Koepp* [s. Anm. 5], 108f., und *Moller* [s. Anm. 148], Bd. 1, 717f. Besold geht in der zweiten Auflage seiner Axiomata (die unter dem leicht veränderten Titel „Axiomatum philosophiae christianae [...]" 1628 in Straßburg erschien) auf Werenbergs Angriffe ein; vgl. dort Index und Vorwort.

[189] Vgl. den vollständigen Titel in Anm. 164. Zum Inhalt vgl. *Koepp* [s. Anm. 5], 109f.

[190] *Breler* [s. Anm. 164], 943.

[191] Vgl. *Breler* [s. Anm. 164]: Epistola dedicatoria an Herzog August, Bl. c 8; zit. b. *Wallmann* [s. Anm. 20], 30 Anm. 77.

[192] Abgedruckt bei *Arndt* [s. Anm. 174], 556–564.

[193] Vgl. dazu *Koepp* [s. Anm. 5], 110, bzw. *Wallmann* [s. Anm. 20], 25.

doxen Traditionsstücke vermehrte. Dieses Werk wurde mit der Bitte um Druckerlaubnis an die Fakultät Jena geschickt, da man dort auf ein günstiges Gutachten hoffte, war doch der frühere Arndtvertraute Johann Gerhard[194] Professor in Jena.[195] Die Antwortzensur[196] vom Juli 1623 war jedoch eine Enttäuschung: zwar wird darin Arndts Rechtgläubigkeit anerkannt und seine Wertschätzung der theologischen Praxis gewürdigt, aber Jena fordert eine Überarbeitung der harten und seltenen Redensarten, die „emollirt" werden sollten, um schwärmerische Mißdeutungen auszuschließen.

Trotzdem gab Breler seine lateinische Übersetzung 1625 zum Druck.[197] In der Widmung an Herzog Friedrich Ulrich von Braunschweig-Lüneburg nimmt Breler voll Bitterkeit Bezug auf Gerhard und die Jenaer Zensur.

Schließlich veröffentlichte Melchior Breler ebenfalls 1625 unter dem Titel „Wahrhaftiger, glaubwürdiger und gründlicher Bericht von den vier Büchern vom wahren Christentum"[198] eine Sammlung von Briefen und Zeugnissen aus dem Nachlaß von Arndt, um den angefeindeten Lehrer zu verteidigen. Diese Sammlung wurde später erweitert und als „Apologetica Arndiana" wieder aufgelegt.[199]

In der Vorrede des Herausgebers Breler von 1625 heißt es unter Verwendung der Josephsnovelle: Da Gott Arndt den bunten Rock zugeworfen habe, müsse dieser nun wie Joseph Neid, Haß und Argwohn bei seinen Brüdern leiden. Dies wird mit harscher Polemik gegen Lukas Osiander verbunden, „welcher ein gantz vntheologisch Bedencken vnd vnchristliche trewlose Verkerung Herrn Johan Arnds Wahren Christenthums vnzeitig vnnd vnbedachtsam hat lassen außfliegen". Am Ende der Vorrede steht der Satz: „Vnd so Gott Gnade/ Gesundheit vnd Zeit verleihen wird/ soltu des Osiandrischen Bedenckens allein auß diesem Epistolischem Bericht gnugsame Refutation (welche doch ein jeder verständiger Christ leicht selbest sihet) zu erwarten haben."[200]

---

194 Vgl. *Martin Honecker:* Art. „Gerhard". In: TRE 12, 448,28 bzw. 449,42–51.

195 Vgl. *Koepp* [s. Anm. 5], 119, und *Wallmann* [s. Anm. 20], 29 Anm. 70.

196 Abgedruckt bei *Breler*, Bericht [s. Anm. 9], 101–104, und *Arndt* [s. Anm. 174], 1045.

197 Vgl. *Koepp* [s. Anm. 5], 123. Der Titel des Werkes lautet: Rev. D. Johannis Arnd: De Vero Christianismo Libri Quattuor, Nunc primum Latine editi, in gratiam exterorum id efflagitantiam. Lunaeburgae 1625.

198 Vgl. Anm. 9. Zu Inhalt und Wirkung vgl. *Koepp* [s. Anm. 5], 123f.

199 Apologetica Arndiana. Das ist Schutz-Briefe/ zur Christlichen Ehren-Rettung des geistreichen Theologi, Herrn Johann Arndts/ Aus seinen hinterlassenen Briefen/ Urkunden/ eigenen Antworten wie auch Testament/ etlichen Censuren und Testimoniis ehemals zusammen getragen [...].Hg. v. *M.C. G[ünther]*. Leipzig 1706. Diese Fassung ist auch abgedruckt bei *Arndt* [s. Anm. 174], 1021–1068. Vgl. auch *Wallmann* [s. Anm. 20], 19 Anm. 24.

200 Bericht [s. Anm. 9], Bl. B ii. Die Worte „allein auß diesem Epistolischem Bericht" fehlen bei den in voriger Anm. genannten späteren Fassungen.

Aus der Darstellung von Brelers Leben und Schriften ergibt sich, daß Koepp mit seiner These, Breler sei der Autor der „Paraenesis", recht hat. In Brelers „Mysterium" und seinen anderen Schriften findet sich dieselbe beißende Polemik gegen die orthodoxen Theologen, dieselbe Klage über das Verderben der Kirche und das „Maulchristentum", hinter dem der Teufel am Werk gesehen wird. Hier wie dort die an Apotheose grenzende Verehrung für Johann Arndt. Ebenso das Fehlen der reformatorischen Rechtfertigungslehre und stattdessen die Betonung der Ethik unter Berufung auf Matthäus und Jakobus. Das Thema der „Paraenesis", die Mahnung zur biblischen simplicitas, sowie zu Eintracht und Frieden erscheint schon im „Informatorium biblicum" – stamme es nun von Arndt oder von Breler.

Hinzu kommen die bereits von Koepp aufgeführten stilistischen Übereinstimmungen zwischen der „Paraenesis" und den anderen Schriften Brelers. Koepp nennt u. a. außerordentliche Gewandtheit und Ausdrucksfähigkeit, geistvollen Sarkasmus, Übermäßigkeit in den Ausdrükken, Stelzen in Komparativen und Superlativen sowie eine große Häufigkeit von Fragesätzen, Ausrufen und Wünschen.[201] Insgesamt zeichnen sich die genannten Schriften von Melchior Breler ebenso wie die „Paraenesis" durch eine überaus treffende, kontrastreiche, mitreißende, ja überschäumende Sprache aus, die in deutlichem Gegensatz steht zum doch eher trocken und hausbacken anmutenden Stil der meisten anderen (vornehmlich von Theologen verfaßten) Werke zum Streit um Arndts „Wahres Christentum". Außerdem paßt das, was sich aus dem Text der „Paraenesis", dem Briefwechsel Styrzels und dem wohl von Meiderlin verfaßten Augsburger Schreiben vom November 1626 über den Verfasser der „Paraenesis" erschließen läßt, sehr gut auf Brelers Person:

Styrzel vermutete den Autor der „Paraenesis" im Umkreis von Johann Arndt im Herzogtum Braunschweig-Lüneburg. Das Augsburger Schreiben betonte, der wahre Verfasser der „Paraenesis" sei „professione khein theologus", was durch den Text der Schrift bestätigt wird, da die Theologen darin beständig mit „vos" angeredet werden. Auf einen Mediziner als Autor der „Paraenesis" weist die Unterteilung der Schrift in einen pathologischen und einen therapeutischen Hauptteil. Zu Beginn des zweiten Teils erscheint zudem der Name des Mediziners Galen. Die in der „Paraenesis" offensichtlich vorausgesetzte persönliche Beziehung ihres Verfassers zu Johann Arndt ist bei Breler gegeben.

---

[201] Vgl. *Koepp*, Verfasser [s. Anm. 1], 149, und *ders.*, Arndt [s. Anm. 5], 130. Teilweise treffen die genannten Charakteristika auch auf Schriften von *Johann Valentin Andreae* zu [vgl. Anm. 145]. Gewisse stilistische Ähnlichkeiten der „Paraenesis" mit Andreae lassen sich damit erklären, daß Breler sowohl in seinem „Mysterium" wie in den „Vindiciae" ausgiebig Andreae zitiert und sich so dessen Stil ein Stück weit zu eigen gemacht hat.

In Brelers „Vindiciae“ ist einmal von einem Buch mit dem Titel „Paraenesis ad Theologos Pseudoevangelicos de Christo Deo ipsis ignoto“ die Rede.[202] Auch wenn sich aus der Andeutung bei Breler nicht viel über Inhalt bzw. Verfasser jener Schrift erheben läßt, so ist doch der Buchtitel insofern interessant, als seine Formulierung sowohl mit Brelers „Mysterium iniquitatis pseudoevangelicae“ als auch der „Paraenesis votiva pro pace ecclesiae“ in Beziehung steht.

Von Bedeutung ist, daß Isaac Casaubon, in dessen Brief von 1612 sich wohl die Vorlage für den Friedensspruch der „Paraenesis“ findet, im „Mysterium“ Brelers mehrfach erwähnt und als „vir incomparabilis“[203] bezeichnet wird.

Bei der ersten Bezugnahme auf Johann Arndt in der „Paraenesis“ fällt im Hinblick auf dessen Schüler und Nachfolger folgender Satz: „Ubi mollissime agitur, saltem a discipulis et successoribus suis castigantur, phrases et locutiones ipsorum velut parum orthodoxae reiiciuntur, corriguntur, sub virgam revocantur.“[204] Dies bezieht sich m. E. eindeutig auf Johann Gerhard und die Jenaer Zensur der von Breler angefertigten lateinischen Übersetzung des „Wahren Christentums“.

Die Aussage der „Paraenesis“: „Non ego patrocinium sancti illius Viri [sc. Arndii] in me recipiam, neque enim indiget ipse, neque ego dignum me iudico“[205] scheint mir ein deutlicher Hinweis auf Breler zu sein, der ja in seinen „Vindiciae“ Herzog August gebeten hatte, das „patrocinium“ für Arndt zu übernehmen und sich sicher ist, daß der Herzog dies tun wird. Demnach hat der zitierte Satz folgenden Sinn: Er, Breler, erachtet sich nicht würdig, das „patrocinium“ für Arndt zu übernehmen, und jener hat dies auch nicht nötig, da er in Herzog August bereits einen hervorragenden „Patronus“ besitzt.

Schließlich schreibt Breler in den „Vindiciae“ über seinen Kritiker Werenberg: „Hamburgi quidam siue lepus siue Asinus, huic mortuo leoni [sc. Arndio] insultare non est veritus, cui viventi matulam praebere dignus non fuisset.“[206] In der „Paraenesis“ erscheint nun mit Blick auf die Gegner des „Wahren Christentums“ genau dasselbe Bild vom toten Lö-

---

202 Vgl. *Breler* [s. Anm. 164], 21. Dort heißt es in der Auseinandersetzung mit Werenberg: „Nec tamen idcirco diffiteor multa me praeterea desiderare, de quibus dicam deinceps & quae gravissimus ac erudita pietate praestantissimus vir singulari libro mox lucem visuro complexus est: cui tituli fecit Paraenesis ad Theologos Pseudoevangelicos de Christo Deo ipsis ignoto.“

203 *Breler* [s. Anm. 171], 67 bzw. 225; vgl. auch *Ders.*, 51, 98 und 135. *Breler* bezieht sich u. a. auf *Isaac Casaubonus:* De rebus sacris & Ecclesiasticis Exercitationes XVI. Ad Cardinal. Baronij Prolegomena in Annales & primam eorum partem, de D.N. IESV CHRISTI Natiuitate, Vita, Passione, Assumptione [...]. Francofurti 1615.

204 *Lücke* [s. Anm. 1], 105f.

205 *Lücke* [s. Anm. 1], 142.

206 *Breler* [s. Anm. 164], Vorrede Bl. b 5.

wen Johann Arndt, den die Hasen verspotten: „... sic mortuo leoni etiam lepores insultant."[207]

Somit kann es keinem Zweifel unterliegen, daß Melchior Breler die „Paraenesis" verfaßt hat.

Steht Breler als Autor der „Paraenesis" fest, so ist zu klären, wie sein Manuskript zu Meiderlin nach Augsburg bzw. zu Rem gelangen konnte. Wie bereits oben aufgezeigt wurde, standen Rem und Meiderlin in Kontakt mit Herzog August von Braunschweig-Lüneburg. Die von diesem 1624 veröffentlichte Schrift „Cryptomenytices et Cryptographiae Libri IX ..."[208] enthält Lobgedichte u. a. von Rem, Meiderlin und Breler. Angesichts dessen ist es durchaus nachvollziebar, wie ein handschriftliches Exemplar der „Paraenesis" von Braunschweig-Lüneburg aus den Weg in den Freundeskreis um Rem, Meiderlin und Styrzel finden konnte. Das von Meiderlins Hand stammende anonyme Augsburger Schreiben setzt ja auch Beziehungen zum wahren Autor der „Paraenesis" voraus.

Das Manuskript der „Paraenesis" muß spätestens im Frühsommer 1625 entstanden sein, da Rem, der nachweislich eine Abschrift des Werkes besessen hat, bereits am 15. August 1625[209] gestorben ist. Falls die Angabe des Augsburger Schreibens vom November 1626, nach der Rem „solche Schrift vor zwayen jahren" zu lesen bekommen habe, zutrifft, wäre die „Paraenesis" in ihrer Grundform im Jahr 1624 oder bereits Ende 1623 verfaßt worden. Ein früheres Abfassungsdatum ist ausgeschlossen, da sich die „Paraenesis" mit Osianders „Theologische(m) Bedencken" auseinandersetzt, das 1623 im Druck erschien.

Durch eine Datierung der „Paraenesis" auf die Jahre 1624/25 befindet sich die Schrift zeitlich in unmittelbarer Nähe der Vorrede Brelers zur Sammlung aus Arndts Nachlaß, die 1625 in Lüneburg unter dem Titel „Wahrhaftiger, glaubwürdiger und gründlicher Bericht von den vier Büchern vom wahren Christentum" gedruckt wurde.[210] In jener Vorrede hatte Breler – wie oben dargestellt – insbesondere gegen Osiander polemisiert.

Vielleicht ist der letzte Satz aus der Vorrede des Herausgebers, nach dem der Leser die „gnugsame Refutation" von Osianders Schrift gegen Arndt „allein auß diesem Epistolischem Bericht" zu erwarten habe, so zu verstehen, daß es neben diesem „epistolischem Bericht" bereits ein an-

---

[207] *Lücke* [s. Anm. 1], 105.

[208] Vgl. Anm. 92.

[209] Vgl. *Will* [s. Anm. 80], Bd. 3, 295.

[210] In dieser Schrift bietet *Breler* durch den Abdruck entsprechender Briefe eine Reihe von Zeugnissen dafür, daß Menschen durch Arndts Schriften im wahren Christentum und der Frömmigkeit außerordentliche Fortschritte gemacht haben, wie dies am Ende der „Paraenesis" behauptet wurde; vgl. *Lücke* [s. Anm. 1], 144.

deres Werk – eben die (nur handschriftlich im Freundeskreis verbreitete) „Paraenesis" – gibt, in dem der Herausgeber gründlich mit Osiander abgerechnet hat.

IV. Die Stellung Melchior Brelers in der Theologie seiner Zeit und seine Beurteilung durch die Nachwelt

Zweifellos war Melchior Breler der schreibfreudigste und heftigste aller Verteidiger Johann Arndts.[211] Charakteristisch für Breler ist die bittere Klage über die kirchlichen Zustände seiner Zeit, für die er die führenden orthodoxen Theologen verantwortlich macht. Kaum jemand ging mit der lutherischen Orthodoxie so sehr ins Gericht wie er. In diese scharfe Kritik bezog Breler in der „Paraenesis" selbst die Schüler und Kollegen Arndts ein, die meinten, unter Ausübung von Gewalt Ausdrücke von Arndt einer orthodoxen Korrektur unterziehen zu müssen.

Die kritische Distanz Brelers zur Orthodoxie spielt auch bei den Umständen seines Todes eine wichtige Rolle:[212] Es heißt, Breler sei 1627 in Hamburg in eine „tödtliche Schwachheit gefallen" und habe von einem Pfarrer Absolution und Abendmahl begehrt. Dieser habe ihm seine Lästerungen gegen das Predigtamt vorgehalten. Breler soll geantwortet haben, dies sei die größte Sünde seines Lebens und er bitte um Vergebung. Nachdem der Pfarrer ihm diese gewährte, sei Breler selig gestorben.

Bezeichnend ist, welche Kreise Breler schätzten, wer ihm distanziert gegenüberstand und wer gegen Breler polemisierte:

Positiv gewürdigt wird Breler vom Antitrinitarier Ruarus[213] und dem in späteren Jahren Böhme zuneigenden Werdenhagen[214], vor allem aber

[211] Vgl. *Wallmann* [s. Anm. 20], 24.

[212] Vgl. *David Schultetus:* Innocentia theologorum Hamburgensium contra Godofr. Arnoldum aliosque. Hamburgi 1706, 107f., unter Berufung auf die vom geistlichen Ministerium zu Lübeck, Hamburg und Lüneburg herausgegebene Schrift „Pruefung des Geistes Eliae Praetorii [...]". Hamburg 1656. Vgl. dazu auch *Wallmann* [s. Anm. 20], 27 Anm. 60.

[213] Vgl. *Ruarus* [s. Anm. 160], 447, in einem undatierten Brief: „Hoc tamen obiter moneo, suspicari me, auctorem Vindiciarum, quem aliquoties allegas, esse Danielem Brelerum, qui nunc passim Daniel Hermannus audit, quem Altorfium olim fovit, tibi ut existimo non ignotum. Degit is apud Augustum Lunaeburgicum principem in ferventi gratia: mihique ante biennium, cum Hamburgi essem, dictus est mysterium aliquod iniquitatis moliri, in quo famosos quosdam theologos mordaci sale defricare, eorumque mores publicare statuisset: id quod illi tum per amicum utriusque nostrum Joachimum Morsium serio disuasi: nec enim placere mihi potest Chamus, qui pudenda Noachi patris nuda fratribus ostendit."

[214] Vgl. *Johann Angel(i)us Werdenhagen:* Synopsis in sex libros Johannis Bodini de republica. Amsterodami 1645, 750: „Sic eodem modo, quum B. ille Arndius veritate sui Christianismi quoque indignantiam habuitalem alicujus M. Jacobi Werenb. Hamb. Past. promeritus fuisset, ac iste mortificari in carne sua Christo nollet, non minus quidem fulmina exspuere coepit, sed quum optimus vir, Dn. M. Mart. Brelerus Franc. Medicus insignis, hunc Mysterio suo Iniqui-

von Christian Hoburg.[215] Letzterer bezeichnet „Mysterium“ und „Vindiciae“ als „zween Goldguldene Schrifften ... des redlichen Brelleri“[216], die es wert seien, wieder aufgelegt zu werden. Schließlich sagt der „Catalogus testium veritatis“ von Friedrich Breckling[217], Breler sei „ein frommer Medicus und liebhaber der wahrheit“ gewesen, der Arndt „sehr gelehrt und herzhafft verthädiget“[218] habe.

Insofern hat Wallmann Breler zutreffend „den Begründer des linken, kirchenkritischen Flügels der Arndtschule“[219] genannt.

Bereits zu Brelers Lebzeiten gab es aber auch kritische Stimmen: Wie oben erwähnt, hatte der Hamburger Pastor Jakob Werenberg Brelers „Mysterium“ schon 1622 seine „Vindiciae ecclesiae Lutheranae“ entgegengesetzt. Werenbergs Schrift ist dem dänischen Reichsrat Holger Rosenkranz[220] gewidmet, und damit pikanterweise eben derselben Person wie Brelers „Mysterium“.

Ein Brief von Rosenkranz an Werenberg aus dem Jahr 1623 gibt darüber Auskunft, wie es dazu kam[221]: Rosenkranz hatte Breler im Jahr 1620 während einer Gesandschaft nach Bremen kennengelernt und beschreibt diesen als „einen jungen Mann, der soeben noch in dem ersten Feuer der Frömmigkeit und der Studien stand, von braven Männern mir empfohlen war und mir in frommer und bescheidener Rede diese Gesinnung zu bestätigen schien“. Die im Jahr 1621 erschienene, aus Brelers Feder stammende und ihm gewidmete Apologie Arndts sei „indeß in mehrfacher Hinsicht in der Frömmigkeit nicht lauter und weit über das Maß stachlich und bitter“. Rosenkranz bekennt, er habe „den seligen Arndt wegen seines Eifers für die Frömmigkeit immer sehr geliebt“, wenn dieser sich auch manche Worte und Ausdrucksweisen „auf unüberlegte Weise“ an-

---

tatis pseudoevangelicae in gyrum sanioris mentis revocare inciperet, mox ita pudore convictus abiit in se confusus, ut morte culpam Deo deprecaretur.“

215 Vgl. zu diesem *Wallmann* [s. Anm. 5], 22, und *Martin Brecht:* Die deutschen Spiritualisten des 17. Jahrhunderts. In: Geschichte des Pietismus. Bd. 1: Der Pietismus vom 17. bis zum frühen 18. Jahrhundert. Hg. v. *M. Brecht*. Göttingen 1993, 223–228.

216 *Elia Praetorius* [= *Christian Hoburg*]: Apologia Praetoriana. Das ist: Spiegels derer Mißbräuche beym heutigen Predigampt/ Gründliche Vertheidigung: Wider die Lutherische Prediger in Lübeck/Hamburg vnd Lüneburg. o. O. 1653, 624f. Als Entgegnung zu diesem Werk Hoburgs gaben die Angegriffenen die oben in Anm. 212 genannte Schrift „Pruefung des Geistes Eliae Praetorii“ (Hamburg 1656) heraus.

217 Vgl. *Dietrich Blaufuß:* Art. „Breckling“. In: TRE 7, 150–153; *Wallmann* [s. Anm. 5], 23f., und *Brecht* [s. Anm. 215], 228–233.

218 *Arnold* [s. Anm. 11], Bd. 2, 1095. Vgl. auch *Scharff* [s. Anm. 9], 57f. Anm. eee.

219 *Wallmann* [s. Anm. 20], 28.

220 Vgl. zur Person *Tholuck* [s. Anm. 25], 95–106, und *J. O. Andersen:* Holger Rosenkrantz den Lärde. Kopenhagen 1896. Von Rosenkranz heißt es, er habe „die Bibel ohne die Brille der Dogmatik und der Konkordienformel“ gelesen; so *Fr. Nielsen:* Art. „Brochmand“. In: ^{3}RE 3, 413, 18. Arndt hat seine Taulerausgabe von 1621 Rosenkranz gewidmet. Für diese Hinweise danke ich Prof. Hans Schneider, Marburg.

221 Vgl. *Tholuck* [s. Anm. 25], 98f.

geeignet habe. Weiter schreibt Rosenkranz an Werenberg: „Daß aber Breler, weil einige in übler Gesinnung die Bemühungen jenes seligen Mannes um das Haus Gottes unbilligerweise herabgesetzt und verkleinert, alle diejenigen, welche unter Anführung unsers Luther aus dem Babylon des Antichrists ausgegangen und nicht gerade ganz dieselbe Sprache mit Arndt reden, allesamt, kaum mit etlichen Ausnahmen, mit gehässiger Rede behandelt und verlästert, das habe ich, als ich es wahrnahm, so übel empfunden, daß ich es bis heutigen Tages nicht vermocht habe, obwohl er mir seitdem öfter geschrieben, ihm irgend ein Wort zu erwiedern."

Philipp Jakob Spener verhält sich bei aller Hochachtung Arndt gegenüber zu Breler auffallend distanziert und nennt diesen nicht einmal mit Namen.[222] Der Herausgeber der „Apologetica Arndiana" meint, Brelers „Mysterium" und seine „Vindiciae" seien „gelehrt/ (wiewohl bißweilen mit gar spitziger und anstößiger Feder) ausgeführet"[223].

Johann Georg Walch[224] urteilt, Breler wie Osiander seien „aus den Schranken der theologischen Moderation kommen"[225]. Bei Breler stellt Walch „auf einen Fanaticismum abzielende Principien"[226] fest und meint, er habe sich bei der Verteidigung Arndts „einer gar beissenden, stachelichten und dem Arndischen Geist nicht gemäsen Schreib-Art bedienet"[227].

Johann Diecmann[228] beklagt, es sei verwunderlich, „wie ein Mensch/ der so viel mit Arnd umgegangen/ dennoch so wenig von seinem Geiste empfangen habe"[229]. Man verdächtigt Breler, ein „Crypto-Papista"[230] ge-

---

[222] Vgl. *Tholuck* [s. Anm. 25], 30 Anm. 72. Vgl. auch *Philipp Jacob Spener:* Warhafftige Erzehlung/ Dessen was wegen des so genannten Pietismi in Teutschland vor einiger Zeit vorgegangen [...]. Franckfurt am Mayn 1697, 16. Bei der Auflistung der Streitschriften für Arndt wird hier neben Varenius, Dilger und Egard „ein ander M.B.F.B. in Mysterio Iniquitatis PseudoEvangelicae" erwähnt.

[223] *Günther* [s. Anm. 199], 181.

[224] Vgl. zu seiner theologischen Stellung *Gustav Kawerau:* Art. „Walch". In: ³RE 20, 794,3–6.

[225] *Walch* [s. Anm. 11], Bd. 5, 1144, zu Osiander; vgl. *Walch* [s. Anm. 11], Bd. 5, 1135 zu Breler.

[226] *Walch* [s. Anm. 11], Bd. 5, 1135.

[227] *Walch* [s. Anm. 11] Bd. 3, 202. Vgl. auch *Johann Anton Trinius:* Beytrag zu einer Geschichte berühmter und verdienter Gottesgelehrter auf dem Lande. Bd. 1. Leipzig 1751, 55. Trinius stellt fest, in „Mysterium" und „Vindiciae" fehlten „Gelindigkeit und Sanftmuth" und es kämen „viele Abweichungen von der reinen Lehre, auch im letztern giftige Lästerungen wider die Prediger" vor.

[228] Vgl. zu ihm ADB 5, 118f., und DBA.Mf 234, 248–263.

[229] *Johann Diecmann:* Bißher einzeln herausgegebene/ nunmehr zusammen gedruckte Teutsche Schriften/ In zwey Theile abgetheilet [...]. Hamburg 1709. Bd. 2, 217 (in der Vorrede zur Ausgabe der „Vier Bücher von wahrem Christentum", Stade 1706).

[230] *Vincen tius Placcius:* Theatrum anonymorum et Pseudonymorum [...]. 2 Bde. Hamburgi 1708. Bd. 1, 137. *Diecmann* [s. Anm. 229], 216 Anm. 99, schreibt *Breler* die lateinische Übersetzung der Schrift „Intérieure occupation d'une âme dévote" des Jesuiten *Pierre Coton* zu; vgl. zu

wesen zu sein und Calov zählt ihn zu denen, „qui e Weigelianis fanaticis damnatis opinionibus, per privatas admonitiones & publica scripta venerandorum Ministeriorum, conversi sunt divina gratia“[231].

Schließlich wird Gottfried Arnold vorgeworfen, er habe in seiner Unparteiischen Kirchen- und Ketzerhistorie unter die Arndtverteidiger auch Leute gesetzt, die „verkehrte Lehre“ geschrieben und mit ihrem „unnützen Geschmier“ dem „redlichen Arnd“ nur geschadet hätten. „Unter solchen unnützen schädlichen Vertheidigern war Brelerus, der ... eine Schwärmerey über die andere hervorgebracht/ und dabey auf die Evangelische Kirche grausam geschmählet und gelästert ...“[232]

Von großer Bedeutung dürfte die Frage sein, wie das Verhältnis von Melchior Breler zu Johann Arndt zu bestimmen ist. Inwiefern handelte und schrieb Breler im Sinne Arndts? Nachweislich verband beide ein großes Interesse an Paracelsus.[233] Aus der Tatsache, daß Breler anscheinend über die Rosenkreuzer genau informiert war, kann man schließen, daß auch Arndt eingeweiht gewesen sein dürfte.[234] Zwar hat Breler wohl auf eigene Faust die heterodoxen Traditionsstücke in seiner Übersetzung des Wahren Christentums vermehrt, aber es ist zu bedenken, daß er sich bei seinem literarischen Wirken für Arndt jederzeit der Gunst des Herzogs erfreuen konnte, was kaum vorstellbar erscheint, hätte Breler Arndt völlig umgedeutet.

Entscheidend ist die Stellung von Arndt bzw. Breler zur lutherischen Orthodoxie und den Bekenntnissen. Im „Traum“ der „Paraenesis“ wird die Konkordienformel indirekt aber doch deutlich sozusagen als „Teufelszeug“ bezeichnet. Bereits in Brelers „Mysterium“ findet sich eine Gegenüberstellung von Christentum und Augsburgischer Konfession.[235]

Von Johann Arndt ist bekannt, daß er sich mehrfach auf die Konkordienformel verpflichtete und seine Bücher den Bekenntnissen unterwor-

---

dessen Person den entsprechenden Artikel von *René Metz.* In: ²LThK 3, 76f. Im „Mysterium“ [s. Anm. 171] zitiert *Breler* auf den Seiten 80f. den Jesuiten Francisco Arias; vgl. *Joaquin Carreras y Artau:* Art. „Arias“. In: ²LThK 1, 849. *Arndt* hatte im „Wahren Christentum“ keinen einzigen Jesuiten angeführt, wie *Weber* [s. Anm. 7], 36, festgestellt hat.

231 *Abraham Calov:* Anti-Böhmius, In quo docetur, Ovid Habendum de Secta Jacobi Böhmen/Sutoris Görlicensis? [...]. Witebergae 1684, 118. Vgl. auch *Wallmann* [s. Anm. 20], 27 Anm. 60.

232 *Hieronymus Bahr:* Arndius Antipietista. Das ist: Widerlegung der höchstärgerlichen Pietisterey/ Aus des sel. Herrn Johann Arnds Schrifften: Nebst Einer Vorrede wider Arnolds Kirchen- und Ketzer-Historie [...] Franckfurt, Leipzig 1712, 20. Vgl. zu Bahr DBA.Mf 49, 151–156.

233 Vgl. *Wallmann* [s. Anm. 20], 27 Anm. 57, und *Schneider* [s. Anm. 168], 149f.

234 Hier wäre den Angaben bei *Arnold* [s. Anm. 11], Bd. 2, 947f., nachzugehen.

235 Vgl. *Breler* [s. Anm. 171], 149: „Nimirum ut isti Pseudoevangelici aliam Fidem nesciunt praeter notitiam articulorum fidei, similem illi qua Donati regulas puer aliquis callet: aliam item Theologiam quam illam vulgarem, verbosam & disputatricem: alium Christianismum quam Augustanam Confessionem: ita praeter illum externum auditum Verbi, alius istis non innotuit.“

fen hat. Hans Schneider hat in seinem Aufsatz über Arndts Studienzeit nachgewiesen, daß Arndt nie ein reguläres Theologiestudium absolviert hat, sondern sich stattdessen in der Studienzeit mit Medizin und Theosophie beschäftigte.[236] Schneider kommt zu dem Schluß, daß es Arndt mittels einer theosophischen Hermeneutik, die zwischen „Kirchenglauben" und theosophischem Wissen trennt, möglich gewesen sei, theosophische Esoterik mit dem Bekenntnis zu den lutherischen Symbolen zu vereinbaren.[237] Allerdings habe Arndt niemals gegen die Bekenntnisse polemisiert.

Pikant ist in diesem Zusammenhang ein Brief des Herzogs August von Anhalt, der wie Arndt Weigel und Paracelsus verehrte, an einen Vertrauten vom Dezember 1612.[238] Darin heißt es, er habe Arndt „per Tertium hartt anreden lassen", warum er sein Wahres Christentum, in dem vieles von Weigel enthalten sei, der Zensur des Konkordienbuches unterworfen habe, „welches sich für Gott schwärlich veranttwortten lasse also die Warheit befordern wellen". Daraufhin habe Arndt zugegeben, daß er die Dinge von Weigel übernommen habe. Weiter habe Arndt geantwortet, er wolle, „dass es noch künftig Mennigklich an Taag publicirtt werden solte, von Wem dise Warheitt keme. Der Censur halber wers wegen des drucks geschehen und weill sie es dabei gelassen, freüet er sich, dass die Rosa under den spinis gewachsen were."

Vor diesem Hintergrund erscheinen Brelers Beteuerungen der Orthodoxie Arndts in der „Paraenesis" in einem neuen Licht. Vom Standpunkt der orthodoxen Dogmatik kann man durchaus fragen, ob Lukas Osiander der Sache nach so unrecht hat, wenn er behauptet: „So ist auch Arndts Protestation vnnd Referieren auff die Formulam Concordiae, ein lautter Impossibile, vnd gantz vnmüglich ding."[239] Osianders Grenze besteht allerdings darin, daß er es nicht vermochte, Arndts Wahrem Christentum etwas Positives entgegenzusetzen, da er Arndts Grundanliegen überhaupt nicht in den Blick bekommen hat.

Johann Arndt ging es zu Beginn des 17. Jahrhunderts um eine Überwindung der Sackgassen, in die Apologetik und Polemik geführt hatten, um ein „wahres", praktisches Christentum, bei dem Reden und Handeln übereinstimmt, kurz, um Orthopraxie anstelle bloßer Orthodoxie.

Die Bekenntnisfrage ist dabei nicht unwichtig, aber zunächst sekundär, ebenso wie die Quellen, aus denen geschöpft wird. Unverkennbar zeigt sich schon bei Arndt selbst das Bemühen, mystisches und spiritualistisches Gedankengut soweit als möglich zu verkirchlichen.

---

236 Vgl. *Schneider* [s. Anm. 168], 170f.
237 Vgl. *Schneider* [s. Anm. 168], 168.
238 Abgedruckt bei *Gilly* [s. Anm. 166], 80.
239 *Osiander* [s. Anm. 13], 410.

So kann Arndt durchaus als Repräsentant „einer kirchlichen Frömmigkeits- und Reformbewegung gelten, die in Verbindung mit der Rechtgläubigkeit blieb“[240]. Ob allerdings die von Arndt ausgehende Bewegung ursprünglich wirklich „wesentlich näher bei der Orthodoxie als beim Spiritualismus stand“[241], mag dahingestellt bleiben.

Deutlich ist jedenfalls, daß das Anliegen Arndts in Glaubens- und Bekenntnisfragen so unterschiedlich denkende Menschen wie Melchior Breler und Peter Meiderlin miteinander verband. Im Eintreten für Arndt und sein Wahres Christentum waren sich, wenn man so will, die verschiedenen Flügel der Arndtschule zumindest am Anfang einig.

Das von dem letzten Arndtschüler Melchior Breler im Anschluß an den Friedensspruch der „Paraenesis“ entwickelte Programm mit der Reduktion auf notwendige Glaubensartikel weist über das konfessionelle Zeitalter hinaus voraus auf den Pietismus. Obwohl die Stimme der „Paraenesis“ im dreißigjährigen Krieg unterging, zeigt ihr Inhalt, daß die jüngste Phase der Pietismusforschung[242] zu Recht den Pietismus im weiteren Sinn als Frömmigkeitsbewegung auf Johann Arndt zurückführt.

---

[240] *Martin Brecht:* Philipp Jakob Spener und das Wahre Christentum. In: PuN 4, 1977/78, 149. Vgl. auch *Johannes Wallmann:* Johann Arndt und die protestantische Frömmigkeit. In: Frömmigkeit in der frühen Neuzeit. Studien zur religiösen Literatur des 17. Jahrhunderts in Deutschland. Hg. v. *Dieter Breuer.* Amsterdam 1984 (Chloe, 2), 71f.

[241] *Brecht* [s. Anm. 240], 150. Vgl. auch *Hamm* [s. Anm. 8], 73 Anm. 173.

[242] Vgl. *Johannes Wallmann:* Die Anfänge des Pietismus. In: PuN 4, 1977/78, 46ff., und *ders.,* Pietismus [s. Anm. 5], 10.

Jürgen Büchsel

Arnolds Beziehungen nach Halle 1695/96, dargestellt an seinen Briefen an den Theologiestudenten Jean Ernst Wilke

In der Landes- und Forschungsbibliothek Gotha befinden sich zehn Briefe von Gottfried Arnold, die in der Literatur bisher unbekannt sind.[1] Acht Briefe sind an einen unbekannten Theologiestudenten Jean Ernst Wilke gerichtet.[2] Der Empfänger der beiden anderen Briefe ist Ernst Salomo Cyprian, ein literarischer Gegner Arnolds im Streit um die Ketzerhistorie.[3] Die Briefe an Wilke sind nicht in der chronologischen Reihenfolge aufbewahrt worden. Außerdem fehlt bei drei Briefen im Datum das Jahr.[4] Aus dem Inhalt der Briefe, dem Abfassungsort und dem Tag und Monat des Datums läßt sich aber die richtige Reihenfolge gut rekonstruieren.

Die Briefe sind für Arnold unter zwei Aspekten interessant. Sie enthalten eine Reihe von Informationen über Arnolds Beziehungen nach Halle und zu August Hermann Francke. Und sie zeigen Arnolds Denken in den Jahren 1695/96 aus einer persönlicheren Perspektive als die etwa gleichzeitig entstandene Schrift „Die Erste Liebe. Das ist Wahre Abbildung der ersten Christen“(1696), da die Briefe nicht für die Öffentlichkeit bestimmt waren. Es ist reizvoll zu sehen, wie Arnold in den Briefen seine religiösen Vorstellungen an einen Theologiestudenten weitergegeben hat. Sie gehören außerdem zu den wenigen erhaltenen frühen Briefen Arnolds.[5]

---

[1] Sie fehlen leider auch in: *Jürgen Büchsel, Dietrich Blaufuß:* Gottfried Arnolds Briefwechsel. In: Pietismus – Herrnhutertum -Erweckungsbewegung. FS Erich Beyreuther. Köln 1982 [Abk.: Briefwechsel]. – Hans Schneider hat sie in seinem Vortrag beim Arbeitsgespräch „Gottfried Arnold“ an der Herzog August Bibliothek Wolfenbüttel vom 10. bis 13. Juni 1990 bereits erwähnt. Ihm möchte ich für die Begleitung dieser Arbeit und für vielfältige Hinweise danken.

[2] Landes- und Forschungsbibliothek Gotha [Abk.: LFBG], Chart. A 297, 361–389.

[3] LFBG, Chart. A 423, Nr. 93, vom 16.11.1700, und Chart. 297, 357–360. Sie bleiben hier unberücksichtigt.

[4] Die gebundene Folge ist: 22.12.95; 30.12.95; 17.4.?; 6.12.?; 29.2.96; 16.1.96; 19.2.96; 5.5.?. – Die zeitliche Reihenfolge ist: 6.12.(95); 22.12.95; 30.12.95; 16.1.96; 19.2.96; 29.2.96; 17.4.(96); 5.5.(96).

[5] Wir kennen nur fünf frühere Briefe, vier an Johann Georg Klimper und einen an Christian Thomasius; Briefwechsel [s. Anm. 1], Nr. 1–4 und 7.

Arnolds Berufung nach Quedlinburg 1693 und Franckes Beziehungen dorthin in dieser Zeit

Gottfried Arnold kam im Sommer 1693 nach Quedlinburg, um dort eine Stelle als Hauslehrer, Informator, bei dem Stiftshauptmann Adrian Adam von Stammer anzutreten. Er blieb dort bis zu seiner Berufung auf die Geschichtsprofessur in Gießen im Sommer 1697.[6] In dieser Zeit wurden die Briefe geschrieben.

Der Stiftshauptmann war der Vertreter des Landes- und Schutzherrn, zunächst des Kurfürsten von Sachsen und von 1698 an des Kurfürsten von Brandenburg, beim freien Reichsstift Quedlinburg und seiner Äbtissin. A. v. Stammer übte dieses Amt von 1687 bis zu seinem Tode 1703 aus.[7] Seine Heimat war Schloß Rammelburg, das ca. 30 km südöstlich von Quedlinburg liegt, nicht weit von Mansfeld. Auch in der Quedlinburger Zeit lebte er mit seiner Familie teilweise dort. Aus diesem Umstand erklärt es sich, daß vier der vorliegenden Briefe in Rammelburg verfaßt wurden, weil Arnold sich mit der Familie von Stammer zu der Zeit dort aufhielt.

Der Stiftshauptmann stand dem beginnenden Pietismus in Quedlinburg, der sich um den Hofdiakon Johann Heinrich Sprögel und seine Frau sammelte, aufgeschlossen gegenüber. Er hat ihn immer wieder vor Angriffen geschützt und dazu beigetragen, daß selbst extreme Äußerungen wie Visionen und Verweigerung der Teilnahme am Abendmahl nicht zu einem grundsätzlichen Verbot der pietistischen Bewegung in Quedlinburg führten.

Anfang des Jahres 1692 wandte er sich an Sprögel mit der Bitte um Vermittlung eines neuen Hauslehrers durch Francke. Daraufhin schrieb Sprögel am 17.2.1692 in einem Brief an Francke: „Es hat nemlich hochgedachten herrn stifftshauptmanns seiner jungen herrschafft informator seinen abschied begehret unter dem vorwand, er wolle nach Halle ziehen; wenn denn nun der stifftshauptmann denselben an seiner wohlfahrt nicht gerne hindern will, dabey aber väterlich bemühet ist, einen frommen und tüchtigen informatorem wieder zu bekommen, und der meinung ist, es werde ihm niemand zu einem beßern informatoren verhelf-

[6] Ein zweites Mal war Arnold von Mai 1698 (vgl. seinen ersten Brief aus Quedlinburg vom 23.5.98 an Prof. Mai in Gießen) bis Januar 1702 in Quedlinburg. Diesmal lebte er im Hause Sprögel.

[7] Für die Zeit des beginnenden Pietismus in Quedlinburg liegt in der Dissertation von *Martin Schulz* eine hervorragende Arbeit mit vielen bis dahin unerschlossenen Quellen vor: Johann Heinrich Sprögel und die pietistische Bewegung in Quedlinburg. Diss. theol. [masch.] Halle 1974. – Zu Stammer vgl. *Schulz*, 7; zu den rechtlichen Verhältnissen in Quedlinburg: *Schulz,* 1–12, hier bes. 6: „Seit Beginn des 16. Jahrhunderts haben die Erbvögte danach gestrebt, neben der Äbtissin als Landesherren angesehen zu werden. Das erreichte erstmals Herzog Georg von Sachsen (1500–1539)."

fen können, als eben der liebste bruder, so habe solches hiermit entdekken und bitten wollen, so gut zu seyn, und auff ein gutes und tüchtiges subjectum, welches nebst der gottesfurcht auch in linguis versirt sey, zu denken, und solches je eher in liebe in vorschlag zu bringen: könte es seyn, daß ein solches subjectum vorgeschlagen würde, welches auch in der französischen und italienischen sprache etwas verstünde, würde es so viel angenehmer seyn. Mein liebster bruder laße ihn meine bitte angelegen seyn, und säume nicht, so bald es müglich damit zu wilfahren. Den ich bin versichert, daß hiedurch viel gutes wird gestifftet und befordert werden. So es Gott nicht sonderlich verhindert, wird der herr stifftshauptmann nebst seiner liebsten gemahlin nechsten sonnabend oder sontages bey ihm seyn, und deswegen ausführlich mit ihm reden, daferne aber solches nicht geschehen solte, so bitte ich mit ehestem eine antwort und gute resolution."[8] Aus einem weiteren Brief vom 5.3.1692 kann man entnehmen, daß Francke inzwischen geantwortet hat. Sprögel bittet noch einmal, besonders im Namen von Frau von Stammer: „Der liebste bruder laße es ihm doch angelegen seyn, wenn es müglich ist, einen auffrichtigen Gott seligen menschen vorzuschlagen."[9]

Hier finden wir einen Hinweis darauf, daß Frau von Stammer eine entscheidende Rolle bei der Besetzung der Hauslehrerstelle spielte. Die offizielle Bitte des Stiftshauptmanns ging über Sprögel an Francke. Die engen persönlichen Beziehungen von Frau von Stammer zu Francke waren dagegen ihre Privatsache.

Zwischen beiden haben schon vor dem frühesten datierten Brief vom 2.3.1692 gute Kontakte bestanden (s. u.). In diesem Brief übermittelte Frau von Stammer ihre Segenswünsche für den beruflichen Neubeginn Franckes in Glaucha. In dem gleichen Brief nahm sie im Postscriptum auch Bezug auf die Besetzung der Hauslehrerstelle: „Demselben erstattet mein lieber man einen dienstlichen gruß und bittet höchlich doch eingedenk zu leben wegen des so durch den herrn Sprögel er erbitten laßen."[10] Zwischen beiden war eine Freundschaft entstanden mit einem regen Briefwechsel in den Jahren von 1692 bis 1703. Es sind 48 Briefe von Frau von Stammer erhalten.[11] Sie berichten leider so gut wie nie über konkrete Dinge. Ich habe in ihnen keine Hinweise auf Arnold oder Wilke gefunden. Es sind Briefe einer frommen Seele an ihren geistlichen „papa". So redete Frau von Stammer Francke gelegentlich an.[12] Sie ist

[8] Archiv der Franckeschen Stiftungen [Abk.: AFSt], D 42, 134–137.

[9] AFSt, C 251, 13, vom 5.3.1692.

[10] AFSt, D 42, 129–133; hier 132.

[11] AFSt, D 42, 130–133; C 274, 1–46; C 818, 2. Etwa die Hälfte der Briefe ist ohne Datum, so daß man die zeitliche Abfolge nicht sicher feststellen kann. Vgl. *Schulz* [s. Anm. 7], 8: „Frau Sophia von Stammer, geborene von Selmnitz, ist eine der besten Freundinnen Franckes."

[12] Zum Beispiel in dem Brief vom 12.2.1697: „Mein in dem Herrn Jesu hertzgeliebter papa"; AFSt, C 274, 30.

auch oft bei ihm in Halle zu Besuch gewesen. Einen ersten Hinweis darauf enthält ein Brief von Godf. Sehliger vom 18.10.1692, den er im Auftrag des besorgten Herrn von Stammer an Francke schrieb. Weil Frau von Stammer viel länger ausblieb als erwartet, wurden eigens Boten nach Halle geschickt.[13] Auch die Briefe Arnolds an Wilke bezeugen für die Jahre 1695/96, daß Frau von Stammer öfter bei Francke in Halle weilte.

Sprögel hatte seinen Brief mit der Anfrage nach einem Hauslehrer im Februar 1692 an Francke geschrieben. Arnold hat diese Stelle erst Mitte 1693 angetreten. Wahrscheinlich war die Stelle inzwischen mit einem anderen Hauslehrer besetzt worden. Es war mit großer Wahrscheinlichkeit der eben erwähnte Godf. Sehliger. Von ihm sind in Halle drei Briefe an Francke erhalten.[14] Der oben genannte Brief wurde in Rammelburg geschrieben, während weder Herr von Stammer noch seine Frau dort waren. Vielleicht war Sehliger mit den Kindern als Hauslehrer dort geblieben. Ein weiterer Brief ist ohne Ortsangabe geschrieben, enthält aber einen Bezug auf die Äbtissin in Quedlinburg und ist zur Hälfte in Französisch geschrieben. Der dritte Brief vom 28.6.1693 kam aus Erfurt und deutet auf einen überstürzten Abschied hin: „Der liebste bruder wolle mir nicht verdenken, daß ich keinen mündlichen abschied von ihm genommen. Ich thue es itzund und befehle ihn dem Herrn und seiner sehligen führung; ... Inliegendes, daran viel gelegen, bitte bey sicherer gelegenheit zu befordern, der umschlag ist an herrn Sprögeln, es liegen aber briefe darin an die frau stiftshauptmann und an meine eltern ...“[15] Aus all diesen Indizien kann man schließen, daß Seliger der von Francke vermittelte Hauslehrer war. Er ist offenbar nur kurz geblieben. Sein Weggang im Juni 1693 würde gut mit Arnolds Anfang zusammenpassen. Leider habe ich in Sprögels weiteren Briefen keinen Hinweis auf Arnold gefunden.[16] – Bisher hatte man angenommen, daß Arnold durch Spener nach Quedlinburg vermittelt wurde.[17] Das ist aber angesichts der Quellenlage eher unwahrscheinlich.

In den Jahren 1690 bis 1694 hatte auch Francke selbst enge Beziehungen nach Quedlinburg: „Als Francke Erfurt verlassen mußte, reiste er über Quedlinburg und Halberstadt zu Spener nach Berlin.“[18] In Quedlinburg hielt er sich vom 22.10. bis 9.11.1691 auf. Er predigte dort mehrfach, traf sich fünfmal mit der Äbtissin und auch mit dem Stiftshauptmann. Dazu schrieb er an Spener: „Der stifftshauptmann zu Quedlinburg

[13] AFSt, C 815, 2.

[14] AFSt, C 815, 2, 3 u. 6.

[15] AFSt, C 815, 6.

[16] AFSt, C 251, 1–32.

[17] Vgl. *Franz Dibelius:* Gottfried Arnold. Berlin 1873, 57 f.

[18] *Schulz* [s. Anm. 7], 49. Noch früher liegt ein Besuch Sprögels und einiger Pietisten aus Quedlinburg bei Francke in Erfurt im Sommer 1690; vgl. Brief Franckes an Spener vom 21.8.1690; *Schulz*, 40.

hat mich auch zur mahlzeit eingeladen und ist dessen liebste bereits in einem sehr feinen anfange eines wahren christenthums. ..."[19] Die Auswirkungen von Franckes Besuch scheinen so tief gegangen zu sein, daß Schulz vermutet, mit ihm hinge der Ausbruch des Enthusiasmus Ende 1691 in Quedlinburg zusammen.[20]

Da man um diese engen Kontakte weiß, kann man auch besser verstehen, daß sich Herr von Stammer über Sprögel an Francke mit der Bitte gewandt hat, ihm einen guten Hauslehrer zu vermitteln.

In den kommenden Jahren war Francke mindestens zweimal in Quedlinburg. Im Januar 1692 war er gekommen, weil Frau von Stammer ihn gebeten hatte, ihren Mann in den Auseinandersetzungen zwischen den Pietisten und den Orthodoxen zu beraten. Er berichtete seinerseits Spener in einem Brief vom 26.1.1693 von den Vorgängen in Quedlinburg.[21] Ein Jahr später war er wieder in Quedlinburg. Diesen Besuch kann man aus einer Predigt erschließen, die er am 14.1.1694 dort gehalten hat und die gedruckt vorliegt.[22] In der schwierigen Situation in Quedlinburg hat er immer darauf geachtet, daß seine Besuche einen öffentlichen Charakter bekamen. Und er hat darüber das Gespräch mit Spener gesucht. Bei den engen Kontakten zwischen Francke und Spener kann es durchaus sein, daß er sich auch bei der Suche nach einem Hauslehrer für die Familie des Stiftshauptmanns an Spener gewandt hat. Aber da Francke Arnold schon in Dresden durch Speners Vermittlung kennengelernt hatte,[23] war ein solcher Umweg eigentlich nicht nötig.

Wie eng die Beziehungen Franckes zur Familie von Stammer, zu der inzwischen Gottfried Arnold als Hauslehrer gehörte, auch später waren, kann man noch aus einem anderen Umstand erkennen. Francke hatte seit 1692 mit Anna Magdalena von Wurm korrespondiert.[24] Als sie 1693

---

[19] Brief Franckes an Spener. In: *Karl Weiske:* 31 bisher unveröffentlichte Briefe A. H. Franckes an Phil. Jak. Spener. In: ZVKGSA 27, 1931; zit. bei *Schulz* [s. Anm. 7], 49 u. 257 Anm. 110; vgl. den ganzen Abschnitt bei Schulz, 48–50.

[20] „Ob Franckes Besuch zum Ausbruch des Enthusiasmus mit beigetragen hat, ist aus den Quellen nicht direkt zu beweisen, jedoch zu vermuten"; *Schulz*, 48 f.

[21] *Schulz* [s. Anm. 7], 89 f.; Speners Brief. In: *Gustav Kramer:* Beiträge zur Geschichte A. H. Francke's, enthaltend den Briefwechsel Francke's und Spener's. Halle 1861, 272. Vgl. auch Speners Antwort vom 4.2.1693, *Kramer*, 287: In diesem Brief und in seinem Kratzenstein-Gutachten wird klar, daß er gegenüber dem Enthusiasmus in Quedlinburg deutlich zurückhaltender war als Francke, um dessen Urteil er sich in diesem Zusammenhang Sorgen macht; *Schulz*, 91 u. 92–94.

[22] In: *Francke:* Sonn-Fest und Apostel-Tags Predigten. Bd. 1. Halle 1704, 273–318. *Schulz* [s. Anm. 7], 91.

[23] *Dibelius* [s. Anm. 17], 53.

[24] Über sie und die Vorgeschichte ihrer Ehe berichtet ausführlich: *Erich Beyreuther:* August Hermann Francke, Zeuge des lebendigen Gottes. Berlin 1958, 166–178. Über die engen jahrelangen Beziehungen von Frau Francke zu Gichtel und seinen Nachfolgern vgl. *Gertraud Zaepernick:* Johann Georg Gichtels und seiner Nachfolger Briefwechsel mit den hallischen Pietisten, besonders mit A. M. Francke. In: PuN 8, 1983, 94–110.

durch den Tod ihres Vaters Vollwaise wurde, bat er die Familie von Stammer, sie bei sich aufzunehmen. Dort wurde sie auf ihren Wunsch auch von Arnold im Griechischen unterrichtet. Sie wollte diese Sprache nicht aus wissenschaftlichem Interesse lernen, sondern aus dem Verlangen nach tieferer Erkenntnis der Bibel. Seit Herbst 1693 redeten Francke und Fräulein von Wurm sich in ihren Briefen als Bruder und Schwester an. Im Frühjahr 1694 lernte Francke sie während eines Besuches in Rammelburg auch persönlich kennen.[25] Am 4. Juni 1694 wurden sie dort von Joh. Heinrich Sprögel getraut.[26] – Man kann also davon ausgehen, daß Arnold mit Francke vielfältige Beziehungen unterhielt und daß sie sich auch theologisch nahestanden.

Die Briefe an Jean Ernst Wilke

Arnold hat die acht Briefe an Jean Ernst Wilke[27] in der Zeit zwischen dem 6. Dezember 1695 und dem 5. Mai 1696 geschrieben, also in einer relativ kurzen Zeit. Es scheint, daß aus diesem Zeitraum kein Brief verloren ging. Zwischen den Briefen besteht ein unmittelbarer zeitlicher und inhaltlicher Zusammenhang. Die ersten vier Briefe hat Arnold in Rammelburg geschrieben, die anderen in Quedlinburg. Bis auf den ersten Brief, der nach Quedlinburg ging, wurden die anderen alle nach Halle geschickt. Aus den Briefen geht hervor, daß Wilke dort mit dem Theologiestudium begann.[28] Antwortbriefe von Wilke an Arnold sind nicht erhalten. Arnold selbst erwähnt mindestens vier Briefe von Wilke.[29]

---

[25] Vgl. den Brief an Spener vom 12.5.1694: Da ihre Mutter und ihr Vater gestorben waren, hielt sie sich „bey der Frau Stifftshauptmännin [auf] durch welche gelegenheit ich auch mit ihr ohnlängst zu Rammelburg, des Herrn Stifftshauptmannes adelichen hause [...] bekant worden, wiewol ich vorhin schon über 1½ jahre brieffe gewechselt hatte und mir das gute zeugniß ihres gar ernstlichen christenthums schon in Erffurt bekannt gewesen“; *Kramer* [s. Anm. 21], 311. Vgl. *Martin Brecht:* August Hermann Francke und der Hallische Pietismus. In: Geschichte des Pietismus. Bd. 1. Hg. v. *M. Brecht*. Göttingen 1993, 461.

[26] Vgl. *Schulz* [s. Anm. 7], 8. Wegen der Trauung durch Sprögel entstand ein lang andauernder kirchlicher Rechtsstreit; *Schulz*, 105–107.

[27] Arnold schreibt auf den Briefumschlägen „Wilke“, bei der Briefanrede gelegentlich „Wilcke“ (8. Brief). Es sind sechs Briefumschläge erhalten. Arnold verwendete dort zweimal „Jean Ernst Wilke“, zweimal „J. Ernst Wilke“ und sonst nur „Wilke“. In der Matrikel der Universität Halle steht „Joh. Ernst Wilke“ [s. Anm. 25].

[28] Wenn im folgenden aus den Briefen zitiert wird, nenne ich die Nr. des Briefes und die Zeile in der Druckvorlage: 5,13 f. u. 32 ff.

[29] Briefe von Wilke werden erwähnt in: 3,3; 4,10 f.; 5,32; 6,37. Bis auf den 5. Brief, der mit einem Koffer Wilkes mitgeschickt wurde, scheinen die anderen jeweils Antwortschreiben zu sein.

Schon im ersten Brief redet Arnold Wilke mit „Freund“ an. Daraus kann man wohl schließen, daß beide sich schon vorher kannten. Arnold erwähnt im vierten Brief eine persönliche Begegnung;[30] ob diese schon vor dem Beginn des Briefwechsels stattgefunden hat oder erst während dieser Zeit, kann man nicht feststellen. Der letzte Brief vom 5. Mai 1696 macht nicht den Eindruck, als sei damit die Korrespondenz abgeschlossen oder der Kontakt zwischen beiden beendet. Von Arnolds eigenem Leben erfahren wir in den Briefen nichts. Aber wir können seine enge Beziehung zu Frau von Stammer erkennen. Sie ist die am häufigsten erwähnte Person.[31] Obwohl sie von sich aus wohl nichts mit Wilke zu tun hatte, wird sie von Arnold in allen praktischen und geistlichen Fragen um Hilfe gebeten. Daraus ergibt sich das Bild einer engen religiösen und geistlichen Partnerschaft. Frau von Stammers enge Beziehungen nach Halle und zu Francke haben sicher mit dazu beigetragen, daß sie in den Briefen so oft erwähnt wird.

Wer war Jean Ernst Wilke, und was erfahren wir über ihn aus den Briefen? Aus dem Matrikelbuch der Universität Halle geht hervor, daß Wilke aus Seesen am Harz stammte und am 14. Juli 1696 als Theologiestudent eingeschrieben wurde.[32] Wilke hat vermutlich auf der Reise von Seesen nach Halle in Quedlinburg Station gemacht, um Arnold zu besuchen, der aber zu der Zeit gerade auf Schloß Rammelburg war. So schrieb er ihm einen Brief, in dem er ihn um Vermittlung von Kontakten in Halle und um materielle Unterstützung bat. Es scheint, als hätte Wilke für sein Studium noch nicht die Einwilligung seiner Eltern gehabt. Arnold riet ihm, trotzdem bald nach Halle weiterzureisen und nicht lange zu warten, weil zu Beginn des Winters viele Studenten dorthin kämen und ihm die „Stellen“ wegnähmen. Ja, er hat seine Weiterreise zu einer Glaubensfrage gemacht. Wilke hatte anscheinend noch darum gebeten, daß Frau von Stammer sich für ihn bei A.H. Francke einsetzte, was zunächst wohl nicht geschah. Arnold hat seinem ersten Brief ein Empfehlungsschreiben nach Halle beigefügt.[33] Vielleicht war es an Schüßler (s. u. S. 183) gerichtet, dem er im dritten Brief für seine Bemühungen dankte.

---

30 4,29–32.

31 1,12.34; 2,33; 3,26.29 f.; 4,5 f.; 6,19; 8,54. Arnold nennt sie nur einmal „Frau von Stammer“, sonst schreibt er „Frau Stifftshauptmännin“.

32 Vgl. Matrikel der Martin Luther Universität Halle-Wittenberg 1690–1730. Bearb. v. *Fritz Juntke*. Halle 1960 (Arbeiten aus der Universitäts- und Landesbibliothek Sachsen-Anhalt, Halle/S., 2), 482: „Wilck, Wilcke, Wilke, Wilckius, Wilken: ... Joh. Ernst, Seensis Sax 14.7.1696 Theol.“ Im Ortsregister wird angegeben, daß Wilke aus Seesen, Kr. Gandersheim, kommt (662). – Der späte Immatrikulationstermin spricht m. E. nicht gegen die Identität dieses Wilke mit dem Empfänger der Briefe.

33 1,10–14.

Daraufhin ist Wilke nach Halle weitergereist, worüber Arnold sich gefreut hat.[34] Inzwischen war auch Frau von Stammer in Halle angekommen. Arnold hatte sie gebeten, sich um Wilke zu kümmern und ihm selbst über das Ergehen von Wilke zu berichten.[35] Das Hauptproblem scheint zunächst Wilkes Geldnot gewesen zu sein. So werden Arnolds Freunde und Frau von Stammer gebeten, ihm etwas vorzustrecken. Als besondere Vertrauensperson erscheint hier der Freund Kalckberner. Arnold versichert, er würde denen das Geld zurückzahlen, die es vorgestreckt haben. Als kleine Hilfe fügte er dem Brief einen Thaler bei.[36]

Bereits im zweiten Brief taucht ein weiteres Problem auf: Wilke hatte in Quedlinburg einen Koffer zurückgelassen und Arnold gebeten, ihn nachzusenden.[37] Wie Arnold feststellen mußte, gab es aber Schwierigkeiten, von denen Wilke nichts erwähnt hatte. Er scheint als Gegenleistung für seine Unterbringung dem Wirt versprochen zu haben, seine Kinder zu unterrichten. Aber schon drei Wochen vor seiner Abreise hatte er damit aufgehört und war ohne Abschied abgereist. Nun wollte der Wirt, der zudem behauptete, daß einige Bücher im Koffer ihm gehörten – der Koffer war offenbar abgeschlossen –, den Koffer nicht herausgeben.[38] Arnold ist über das Verhalten von Wilke verärgert und sieht in dem Mangel an Wahrhaftigkeit ein Zeichen dafür, daß in ihm noch der „alte Mensch" lebendig ist.[39] Da er selbst noch in Rammelburg war, bat er Frau von Stammer, sich um die Angelegenheit zu kümmern.[40] Am 19. Februar 1696 ging der Koffer endlich nach Halle.[41]

Inzwischen hatte sich der Konflikt zwischen Wilke und seinen Eltern verschärft. Als Grund werden die finanziellen Zuwendungen genannt. Man kann nur vermuten, daß sich dahinter der Argwohn der Eltern über den religiösen Weg des Sohnes zum Pietismus verbirgt. Arnold rät ihm, in dieser Situation alles zu tun, um die gestörte Beziehung wieder in Ordnung zu bringen und sich als guter Sohn zu erweisen. Außerdem empfiehlt er ihm, sich in allen äußeren und inneren Nöten an Frau von Stammer zu wenden, wenn sie nach Halle kommt.[42]

Ganz im Sinne der Franckeschen Studienreform begann Wilke auf Arnolds Anraten sein Theologiestudium mit dem Studium Biblicum und

---

34 2,4 f.

35 2,32–35.

36 2,35–40.51; vgl. 3,25–27.

37 2,41 f.

38 3,28–38. Aus diesen Zeitangaben kann man schließen, daß Wilke mehrere Wochen, vielleicht sogar ein bis zwei Monate in Quedlinburg war.

39 3,11.

40 4,3–6.

41 5,3–9.

42 6,9–14.19–23. Aus dem Brief vom 5. Mai geht dann hervor, daß Frau von Stammer inzwischen wieder in Halle ist.

fing auch an, Hebräisch zu lernen.[43] In die gleiche Richtung ging seine Frage nach einer guten lateinischen Version der Bibel.[44] Aus diesen wenigen Hinweisen kann man schon entnehmen, wie wichtig eine gute Studienberatung für den Pietismus war, um seine neuen Vorstellungen vom Theologiestudium unter den Studenten zu verbreiten.

Einen weiteren wichtigen Dienst hat Arnold seinem Schützling auch dadurch erwiesen, daß er ihn in seinen Freundes- und Bekanntenkreis um A. H. Francke vermittelte. Francke selbst wird in den Briefen nur einmal erwähnt.[45] Er hatte gerade erst im Frühjahr 1695 begonnen, das Waisenhaus und die Schule einzurichten. Bereits im Sommer besuchten 50 bis 60 Kinder die Schule. Er bekam auch Spenden für arme Theologiestudenten, die er seit 1696 nicht mehr direkt an sie weitergab. Vielmehr richtete er von diesem Geld „Freitische" ein. So lernte er die Studenten kennen und gewann die fähigsten als Lehrer, „Informatoren", für seine Schule. „Francke kam zu billigen Lehrkräften, diese gewannen ihrerseits wertvolle praktische Erfahrungen und wurden zudem durch Francke und sein Werk geprägt."[46] Gerade in diese Anfangszeit 1695/96 fallen Arnolds Briefe an Wilke.

Francke hat sich, anders als Spener, in den kommenden Jahren nicht von Arnold distanziert. Aus der Zeit der Auseinandersetzung um die Ketzerhistorie ist ein Brief Franckes an den Hofrat Pfanner in Gotha erhalten, in dem es um die von Pfanner verfaßten „Bedenken" zur Ketzerhistorie ging. Aus ihm kann man seine positive Haltung Arnold gegenüber gut erkennen. Darin bedauerte er, „daß sie von des Herrn Arnolds gemüth diejenige gute impression nicht haben, welche sie unfehlbarlich davon haben würden, wenn sie denselben entweder mündlich kennten, oder in christlichem brieff-commercio mit ihm stünden." Er bescheinigte ihm echte Lauterkeit und schrieb weiter: „Sonst ist kein zweiffel, daß die gründliche untersuchung der warheit nicht ohne segen seyn wird." Nur das Wort „unparteiisch" im Titel gefiel ihm nicht. Aber er fuhr fort: „Wenigstens drückt solches die eigentliche und auffrichtige intention des authoris aus, der auch in wahrheit das ansehen der menschen darinnen nicht gescheuet, welches lob man wenigen wird geben können."[47] Francke hat sich also auch in dieser turbulenten Zeit nicht

---

[43] 4,27; 5,13–16.

[44] 5,32–35. Arnold erwähnt hier Tremellius und Pagninus. Zu Immanuel Tremellius (1510–1580): „Sein Hauptwerk ist die mit seinem Schwiegersohn Fr. Junius herausgegebene lat. Übersetzung des AT mit kurzen Erklärungen" (5 Bde. 1575–79): *G. Biundo*, in ³RGG 6, 1962, 1010 f. Zu Santes Pagninus (1470–1541): „In 25jähriger Arbeit schuf er als erster seit Hieronymus nach den beiden Grundtexten eine sehr wörtliche, auch von Luther anerkannte und öfters aufgelegte lat. Bibelübersetzung": *H. Volz*, in ³RGG 5, 1961, 19.

[45] 5,32 f.: „[...] frage er nur den He[rrn] Pr[ofessor] Fr[ancken]".

[46] *Brecht*, Geschichte des Pietismus 1, 477; vgl. 475–477.

[47] LFBG [s. Anm. 2], Chart. A 420, Bl. 317 f. Der Brief ist nicht datiert. Er muß vor dem

von Arnold distanziert. Die Ketzerhistorie hat er inhaltlich vollkommen gebilligt, wie aus einer Bemerkung in einem Brief an Breckling hervorgeht: „Wegen Herrn Arnolds seiner Ketzerhistorie bin ich mit ihm gar einig und bin jenem vor seine arbeit vielen dank schuldig."[48] Vielmehr hat er ihn sogar seinen literarischen Gegnern gegenüber in Schutz genommen.

In diesem Zusammenhang ist es auffallend, daß es nur vier Briefe von Arnold an Francke gibt.[49] Das ist schwer zu erklären, wenn man dagegen die umfangreichen Briefwechsel etwa mit Frau von Stammer oder mit Arnolds Schwiegervater J. H. Sprögel betrachtet. Es ist auch nicht anzunehmen, daß Briefe von Arnold an Francke verloren gingen. Könnte es sein, daß sich beide trotz aller theologischen Übereinstimmung persönlich nicht so gut verstanden haben? Vor allem in ihrer Einstellung zur Kirche und zu allen sichtbaren Ausprägungen christlicher Gemeinschaft bestanden große Unterschiede. Aufgrund seiner inneren Distanz dazu konnte Arnold keine „Kirchenpolitik" machen wie Francke und Spener. Und weil er theologisch eigenständig war, hat er sich in keine Gefolgschaft begeben, sie aber auch nicht von anderen erwartet. Wenn er sich nicht einmal an Bekenntnisschriften binden wollte, wie viel weniger hätte er sich bestimmten Menschen und Theologien gegenüber verpflichtet.

Wie wichtig allerdings Franckes Rückendeckung für Arnold gewesen sein mag, kann man auch daran erkennen, wie anders sich Spener in der Auseinandersetzung um die Ketzerhistorie verhalten hat. Arnold hatte ihn um ein positives Gutachen zur Ketzerhistorie gebeten. Spener war dazu aber nicht bereit. Wie sehr ihm die Ketzerhistorie und der ganze Streit um sie mißfallen hat, kann man daraus entnehmen, daß er sich geweigert hat, die Ketzerhistorie überhaupt zu lesen, um kein Urteil über sie abgeben zu müssen. Er schrieb an Arnold, nach allem, was er gehört habe, müsse er sie mißbilligen.[50]

8.9.1700 geschrieben sein. Denn Francke erwähnt in seinem nächsten Brief vom 4.10.1700 [LFBG, Chart. 420, Bl. 328] eine Antwort Pfanners vom 8.9.1700.

[48] LFBG [s. Anm. 2], Chart. B 198, Nr. 99, Bl. 167. Der Brief wurde am 17.9.1701 geschrieben.

[49] Bisher waren nur drei Briefe bekannt. Bei meinem Besuch in Halle habe ich herausgefunden, daß ein Arnoldbrief aus Quedlinburg vom 27.8.1700 unter einem falschen Namen im Briefkatalog eingeordnet war. Die Briefe haben die Signatur: AFSt [s. Anm. 8], F 10, Bl. 363, 364, 365, 366.

[50] *Dibelius* [s. Anm. 17], 124 f.; Arnolds Brief an Spener vom 31.10.1700 und Speners Antwort vom 25.1.1701. Vgl. Briefwechsel [s. Anm. 1], 78 u. 81.

In den Wilke-Briefen kommen weitere sieben Namen vor, die einen Einblick in Arnolds Freundeskreis in Halle und Quedlinburg geben. Wie wir sehen werden, weisen sie in den Umkreis von A. H. Francke.

Am häufigsten erwähnt Arnold Kalckberner. Er war offensichtlich sein persönlicher Freund, mit dem er im Briefwechsel stand und der auch für das an Wilke verliehene Geld bürgte.[51] Leider ist über diese Freundschaft nichts Näheres zu erfahren. Es handelt sich um *Peter Kalckberner*[52], der am 22. Januar 1661 in Norrköping in Schweden geboren wurde. Nach dem Studium in Uppsala kam er über verschiedene Stationen schließlich nach Halle, wo er am 24. April 1694 immatrikuliert wurde. Er war für kurze Zeit Inspektor über das Pädagogium in Halle, wurde 1697 nach Eisenach berufen und kam 1700 als Inspektor der Diözese nach Meseberg, wo er am 21. November 1733 starb. Er stand im Briefwechsel mit Breckling, dem er auch immer wieder in Franckes Auftrag Bücher aus Halle sandte.[53] In Halle sind elf Briefe von ihm an Francke erhalten.[54]

Ein besonderer Glücksfall ist es, daß ein Brief von ihm an Wilke vom 10. April 1697 aus Halle erhalten ist.[55] In der Adresse wird Wilke als Student der Philologie und Theologie angesprochen. Der Brief ging nach Goslar. Aus ihm geht hervor, daß Wilkes Probleme mit seinen Eltern noch nicht gelöst sind. Sie haben anscheinend durchgesetzt, daß er von Halle fortgehen mußte. Kalckberner unterstellte, daß sie es nicht aus böser Absicht taten, sondern weil sie einem Irrtum unterlagen. Er versuchte, Wilke zu trösten. Außerdem ermutigte er ihn, wieder Briefkontakt mit Arnold aufzunehmen. Von den früheren Bekannten wird Bornemann erwähnt. So fügt sich dieser Brief gut in die Reihe der Arnold-Briefe, bringt aber keine neuen Aspekte. – Die Tatsache, daß Kalckberner aus Schweden stammte, erinnert an die vielfältigen Beziehungen des deutschen Pietismus nach Skandinavien.[56]

---

[51] 2,38; 4,37 f.; 6,12.18; 8,53

[52] In der Matrikel der Univ. Halle [s. Anm. 32] ist als Vorname „George" verzeichnet (63). Daß es sich um dieselbe Person handelt, geht eindeutig aus dem Vergleich mit Kalckberners Biographie hervor; vgl. Fortsetzung und Ergänzung zu Christian Gottlieb Jöchers allgemeinen Gelehrten-Lexico. Bd. 3, angef. v. *Johann Christoph Adelung* u. v. Buchstaben K fortges. v. *Heinrich Wilhelm Rotermund*. Delmenhorst 1810, 52 f. Dieser Artikel enthält noch weitere Angaben über Kalckberner.

[53] LFBG [s. Anm. 2], Chart. B 195, 378–387: Brief Brecklings an Kalckberner. Erwähnung Kalckberners in 2 Briefen an Francke: LFBG, Chart. B 195, 1–7.

[54] AFSt [s. Anm. 8], A 128, 83 u. 86; A 188 a, 63, 197, 344 f.; A 188 b, 139; D 90, 1220–1222; K 2, Bl. 58; K 4, Bl. 154.

[55] LFBG [s. Anm. 2], Chart. A 299, 137–140.

[56] Vgl. *Hilding Pleijel:* Der schwedische Pietismus in seinen Beziehungen zu Deutschland. Lund 1934 (LUÅ, 31/4), und *Hans Schneider:* Beziehungen deutscher radikaler Pietisten zu

Bei Schüßler läßt sich eine Verbindung zu Francke nicht mehr rekonstruieren, sie liegt aber nahe. Es handelt sich hier um *Otto Wilhelm Schüßler* aus Blankenburg/Harz, der am 28. Januar 1693 immatrikuliert wurde und der 1694 Magister wurde. Arnold hatte ihn gebeten, sich um Wilke zu kümmern und ihn zu Beginn seines Studiums zu beraten.[57] Man kann annehmen, daß Arnold mit Schüßler befreundet war, zumal dieser aus der Nachbarstadt von Quedlinburg stammte.

Im Postscriptum des achten Briefes werden drei weitere Namen genannt, Seebach, Wiegers und Rost.[58] *Christoph Seebach* stammte aus Tennstedt bei Langensalza. Er wurde am 15. März 1692 immatrikuliert und war 1697/98 Informator an Franckes Schule. Er gehört zu den Theologen, die in Halle studiert haben und später Separatisten wurden. Er war später Prediger in Schwarzenau, wurde dort 1719 vertrieben und fand in Berleburg Zuflucht. Dort überwarf er sich aber wegen der Leugnung der Gottheit Christi mit der Geistlichkeit 1729. Er wird im Zusammenhang mit der Berleburger Bibel genannt, hat aber wahrscheinlich nicht an ihr mitgearbeitet.[59]

Bruno Wiegers aus Lüneburg, immatrikuliert am 19. Dezember 1695, war schon 1695, also zur Zeit des Briefes, Informator bei Francke. Er wurde 1699 zusammen mit Mehder von Francke nach London entsandt, um dort eine Schule nach dem Vorbild des Waisenhauses zu gründen und ökumenische Kontakte zur Anglikanischen Kirche zu knüpfen. Beide richteten eine Charity-School für arme deutsche Kinder ein und eine English Grammar School. Wiegers unterrichtete dort bis mindestens 1712.[60]

Der dritte war *Joh. Adam Rost* aus Magdeburg, der am 14. Oktober 1695 immatrikuliert wurde. Er hatte einen Freitisch bei Francke.[61] So hatte Wilke durch Arnolds Vermittlung Zugang gefunden zu einem Kreis gleichgesinnter Studenten.

Skandinavien. In: Der Pietismus in seiner europäischen und außereuropäischen Ausstrahlung. Helsinki 1992, 101–125.

57 3,16–19; s. Matrikel der Univ. Halle [s. Anm. 32], 410.

58 8,51–54. Rost wird noch 6,8 genannt; s. Matrikel der Univ. Halle [s. Anm. 32]; Seebach: 414; Wiegers: 480; Rost: 367.

59 Vgl. *Albrecht Ritschl:* Geschichte des Pietismus. Bd. 2. Bonn 1884 [Repr. Berlin 1966], 351 f., 378, 380. – *Martin Brecht:* Die Berleburger Bibel. In: PuN 8, 1983, 179 f. – *Zaepernick,* Gichtel [s. Anm. 24], 78. – Von Seebach finden sich zwei Briefe in AFSt [s. Anm. 8], C 816, 11 u. 12.

60 Vgl. *Erich Beyreuther:* August Hermann Francke und die Anfänge der ökumenischen Bewegung. Leipzig 1957, 105–126. – In der Matrikel der Universität Halle [s. Anm. 32] wird als Gründungsjahr der Lateinschule – wohl irrtümlich – 1697 angegeben (410).

61 Von Rost finden sich zwei Briefe an Francke in AFSt [s. Anm. 8], C 825, 3; D 68, Bl. 151.

Im Zusammenhang mit der Übersendung des Koffers nennt Arnold mehrfach den Namen *Bornemann.*[62] Es muß sich um einen Quedlinburger handeln. Vielleicht ist es Heinr. Jer. Bornemann, der am 24.4.1678 in Quedlinburg geboren ist, im Mai 1700 mit dem Theologiestudium in Halle begann und auch einen Freitisch bei Francke hatte.

Bei Bendler wird es sich um den Quedlinburger Kantor *Johann Philipp Bendeler* handeln. Von ihm sind zwei Briefe aus dem Jahr 1694 an Francke erhalten, aus denen hervorgeht, daß er sich mit einem Traktat an ihn gewandt hat.[63]

Aus alldem kann man erkennen, wie eng und vielfältig Arnolds persönliche Verbindungen zu den Pietisten an der Universität Halle waren. Er hat den jungen Studenten Wilke ganz planvoll mit ihnen zusammengebracht. Gerade weil es aus dieser Zeit keine Briefe von ihm an Francke mehr gibt,[64] sind diese Informationen aufschlußreich und wichtig.

Arnolds Anleitung zu Bekehrung und neuem Leben

Als Arnold die Briefe an Wilke schrieb, war er 29 Jahre alt. Er selbst arbeitete gerade an seinem ersten großen Werk, mit dem er auch einer breiteren Öffentlichkeit bekannt wurde: „Die Erste Liebe. Das ist Wahre Abbildung der ersten Christen“ (1696). In den Briefen gab er einem jungen Mann, der etwa zehn Jahre jünger war als er, Ratschläge für den Beginn seines Theologiestudiums. Wilke war aber zugleich auch ein Anfänger im Glauben, nicht in dem Sinne, daß er vorher kein Christ gewesen wäre. Vielmehr gab er sich nicht mehr mit dem traditionellen Glauben zufrieden, sondern tat die ersten Schritte zu einer persönlichen pietistisch geprägten Frömmigkeit. Arnold war sein geistlicher Führer auf dem Weg zu Bekehrung und Wiedergeburt, zur Innerlichkeit und zum neuen Leben.[65] Arnold bemerkte, gerade der Anfang des neuen Lebens sei schwer und Unterstützung hier besonders wichtig.[66] Wie sehr Arnold die Freundschaft zu Wilke an dessen religiösen Weg band, kann man aus der folgenden Äußerung entnehmen: „Wird er rechtschaffen werden und fest seyn in der liebe Jesu Christi, so soll er mir ein lieber bruder seyn in zeit und ewigkeit.“[67]

---

[62] 5,7; 6,6; 7,12–14. Matrikel der Univ. Halle [s. Anm. 32], 44; ferner *Karl Weiske:* Die 440 Studenten der Halle-Universität, die in den Jahren 1696–1705 in den Franckeschen Stiftungen einen Freitisch genossen haben. In: Familiengeschichtliche Blätter 38, 1940, 106. Seine Eltern sind Andreas und Anna Magdalena Bornemann, geb. Rabe.

[63] 6,8. Die Briefe befinden sich in AFSt [s. Anm. 8], F 11, 45–48 u. 620–621.

[64] Vgl. Briefwechsel [s. Anm. 1], 78, Nr. 65–67 u. 83, Nr. 9 R.

[65] 8,3–6 u. 27–29.

[66] 4,6–10.

[67] 2,46–48.

Die Briefe sind ein gutes Beispiel dafür, wie sich geistliche Führerschaft im frühen Pietismus im Alltag umsetzte. Sie sind deswegen so reizvoll, weil sie eben keine theoretische Abhandlung sind, sondern praktische Theologie, Theologia experimentalis, wie Arnold sagen würde. In diesem Sinne stellen Arnolds Briefe einen geistlichen Briefwechsel dar, zu dem Wilke den Anstoß gegeben hatte. Arnold schreibt, er habe ihn „verführt", ihn geistlich zu begleiten, indem er versprach, er wolle alles in Liebe annehmen.[68] Fast alle Briefe beginnen mit einem geistlichen Motto, z.B. „Immanu El".[69] Oder die Anrede lautet wenigstens: „Lieb werther Freund in Gott".[70] Kann man es als ein Zeichen für eine gewisse Abkühlung, ja sogar Enttäuschung deuten, wenn in den letzten beiden Briefen diese geistliche Anrede und das Wort Freund fehlt? Alle Briefe schließen mit einem Segenswunsch.

Für Arnold ist Wilkes geistliche Entwicklung wichtig. Wilke begibt sich auf dem Weg zu dem „unum necessarium",[71] fort von allen Schätzen der Welt, die ein „geistliches Sodom und Egypten ist", d.h. voller irdischer Lust und Versuchungen und zugleich ein Ort der Gefangenschaft. Dieses Sodom ist nicht nur außerhalb, sondern auch in uns selbst.[72] Im Glauben soll Gott das Reich seines Sohnes in ihm aufrichten.[73] Das ist ein innerlicher Vorgang, der sich im Herzen vollzieht. Christus soll sich dort einwurzeln. Um das Wachstum im Glauben wahrzunehmen, muß man sich selbst genau beobachten. So mahnt ihn Arnold auch: Er „gebe immerdar auff sein herz acht, was darinne vorgeht".[74] An dieser Stelle des Briefes verwendet Arnold wie auch sonst manchmal das Sprechzeichen ♥ für „Herz". Im sechsten Brief kommt ein † vor für „Kreuz".[75] Es ist wohl kein Zufall, daß gerade für diese beiden Worte Zeichen verwendet werden. Sie drücken so etwas wie die Mitte seiner Botschaft aus: „das Kreuz Christi im Herzen".

Wie scharf die Trennung von Welt und Glaube für den Pietismus ist, kann man aus vielen Wendungen in Arnolds Briefen entnehmen. Aus dem Leben Christi können wir Demut und Sanftmut lernen. Gehorsam und Unterwerfung sind nötig. Der Glaube ist eine gerade Straße, die man in kindlicher Einfalt gehen muß. Man darf sich nicht auf die Urteile der Vernunft verlassen,[76] der eigene Wille muß merklich gebrochen werden.[77] Es geht um einen Wechsel tief im Innern des Menschen. Anstelle

---

68 4,16f.
69 2,2.
70 3,2.
71 4,31f.
72 1,23f. u. 2,15f..
73 2,5–8.
74 2,19–21.
75 6,53.
76 2,24f. u. 6,55–62.

meiner selbst, meines Eigenwillens, soll nun Christus treten. Durch ihn ist die Welt mit ihren Wünschen abgetan und Versöhnung mit Gott geschehen.[78]

Es ist daher kein Zufall, daß in den Briefen die Anfechtung einen breiten Raum einnimmt. Wilke hatte über sie geklagt, und Arnold antwortete ihm darauf im sechsten Brief:

– Er sagt zunächst, daß dieser Vorgang der völligen Umkehr des Herzens und die Abkehr von aller „Creatur" eine tiefgreifende Verunsicherung ist und Ängste der Anfechtung hervorruft.

– Als nächstes äußert Arnold eine Vermutung. In ihr meldet sich sein Zweifel, ob Wilke wirklich eine Bekehrung erlebt hat. Es könnte nämlich sein, daß er nur davon rede und sich selbst etwas vormache. Dann wäre es nicht verwunderlich, wenn er in Zweifel geriete. Darum müsse er sich „unpartheyisch"[79] prüfen, ob das, was er redet und schreibt, aus einem redlichen Herzen komme oder nur Schein und Heuchelei sei. Arnolds Argwohn, ob Wilke es auch ehrlich meine, erhält dadurch Nahrung, daß Wilke von „seinem Jesum" spricht und gleichzeitig Zweifel an Gottes Gnade hat. Arnold geht hier wie Spener und Francke davon aus, daß der Glaube die Gestalt der Wiedergeburt hat und den Menschen in einen neuen Stand versetzt. Glaube und Zweifel gleichzeitig, simul justus et peccator zu sein, sind von daher für ihn undenkbar.

– Wenn Wilke schließlich klagt, daß Gottes Gnade ihm entzogen oder verborgen sei, dann antwortet Arnold: Erst die Erfahrung des Mangels an Gnade und die Sehnsucht danach erwecke die Bereitschaft, den niedrigen und verächtlichen Heiland anzunehmen und in den Staub und unters Kreuz zu kriechen. Der Glaube sei ein Kampf, ein rauher und unbequemer Weg. Beten und Fasten können helfen, sich auf diesem Weg zu bewähren. Die Anfechtung sei eher ein Zeichen dafür, daß Wilke sich auf dem richtigen Weg befände, als es die Ruhe wäre. Diese Ruhe könne trügerisch sein, wenn sie nicht Ausdruck von Gelassenheit wäre, die aus einer inneren Befriedung kommt.

---

77 3,11–14; 4,23–25; 8,35 f..

78 6,24.

79 Das Wort „unpartheyisch" kommt in den Briefen noch ein zweites Mal vor (4,37). An beiden Stellen ist es auf den einzelnen Menschen bezogen. Arnold erwartet von Wilke, daß er in der Selbsteinschätzung und Beurteilung unparteiisch ist. Hier ist das Wort im Sinn von „kritisch" und „von sich selbst absehen können" verwendet. – Später, in der Ketzerhistorie, hat der gleiche Begriff eine mehr ins Objektive gehende Bedeutung erhalten. Dort meint er den Standpunkt jenseits der Konfessionen: „So hab ich ferner vor unverantwortlich gehalten, [...] daß ich nemlich nur (wie fast alle gethan) eine einige gewisse parthey aus allen religionen der welt erwelte, selbige allein vor unschuldig u. der ersten Apostolischen Gemeinde gleich oder ähnlich ausgäbe." Und: „eben dieser vorsatz der unpartheylichkeit erfordert [es], nichts was zum gantzen Begriff der historischen warheit dienet, auszulassen." Ketzerhistorie Bd. 1. 1699. Vorrede, 4 f., § 18 u. 28. Vgl. *Büchsel:* Gottfried Arnold. Witten 1970 (AGP, 8), 34 Anm. 16.

Arnold kamen an mehreren Stellen seiner Briefe Zweifel darüber, ob Wilke schon auf dem richtigen Weg sei. Sie verbanden sich mit konkreter Kritik an seinem Verhalten. So bemerkte er, daß Wilke ihm im Blick auf den zurückgelassenen Koffer nicht die ganze Wahrheit gesagt hatte, und bedrängte ihn deswegen heftig.[80] Auch wegen der Form seiner Äußerungen über diese Sache wies er ihn zurück: Was er geschrieben habe, sei nicht in Christi Sinn und nicht einmal nach menschlichen Maßstäben korrekt. Dabei ginge es ihm, Arnold, nicht ums Kritisieren. Ihm sei selbst bewußt, daß es auch bei ihm genug zu korrigieren gäbe. Er sorge sich vielmehr um Wilkes „neues Leben".[81]

Öfters taucht bei Arnold der Verdacht auf, Wilke bediene sich des pietistischen Vokabulars, ohne daß er schon entsprechende Erfahrungen gemacht hat: „Und daß es dahero mit nachsprechung und expression solcher guten formuln noch lange nicht ausgemacht" ist.[82] Der hier ausgesprochene Verdacht hat deswegen ein besonderes Gewicht, weil die neue Frömmigkeitsbewegung und mit ihr Arnold ja gerade der Orthodoxie vorgeworfen hatte, daß sie bloße Formeln weitergebe, hinter denen keine realen Glaubenserfahrungen stünden und die keine Veränderung des Lebens bewirkten. – Da man aber weder die Bekehrung noch das „neue Leben" objektiv feststellen kann, weil es sich um innere Vorgänge handelt, stellt sich schnell der alte Verdacht der Heuchelei wieder ein, und zwar als Kritik an anderen Christen, aber auch als Selbstzweifel.

So verwundert es nicht, daß Arnold im letzten Brief sehr eindringlich und fast beschwörend von der „nothwendigkeit und möglichkeit eines gantz neuen lebens" spricht.[83] Er ermahnt Wilke, sich nicht vor der Selbsterkenntnis und vor der Erkenntnis der Wahrheit zu drücken. Denn man muß sich bewußt bleiben, daß das Herz verderbt ist, gerne für fromm angesehen wird und sich etwas vormacht. Weil also der Weg zum neuen Leben so schwierig ist und unsere Kräfte so begrenzt sind, sind wir auf Gottes Hilfe angewiesen. So steht in der Mitte dieses Briefes eine Anrufung Gottes über Wilke um Gehorsam der Wahrheit Gott und Christus gegenüber.[84]

Anschließend zeigt Arnold ihm noch einmal den einzuschlagenden Weg: Der erste Schritt ist die Selbsterkenntnis, die Erkenntnis der eigenen Weltverfallenheit. Danach folgt eine wahrhaftige Bekehrung. Das ist erst der Anfang. Man muß Christus und seine reine Liebe suchen, die alle anderen Begierden vertilgt. Wenn diese Liebe durch den Hl. Geist in unser Herz ausgegossen ist, wird der Eigenwille gebrochen, und der

[80] 3,32–34.
[81] 4,6–24.
[82] 8,11–13.
[83] 8,5.
[84] 8,20–26.

Mensch wird einfältig und gehorsam im Glauben. Die natürliche Widerspenstigkeit und Hoffart legt sich. So kann Jesus im Herzen wohnen und alles Vorige vergeben.[85] Bei alledem drängt die Zeit. Das Leben ist kurz, und die Ewigkeit ist das Ziel.[86] Man darf die kostbare Zeit nicht mit Streiten verbringen und die Kräfte mit Nebendingen verbrauchen.[87] Denn das große Ziel ist es, mit Christus zu herrschen und vom Vater geehrt zu werden.[88]

In Arnolds Briefen wird noch ein anderes grundsätzliches Problem sichtbar. Es ist die Frage der geistlichen Führerschaft, die im Pietismus eine wichtige Rolle spielte. Es besteht hier eine ungelöste Spannung zwischen der Bindung an einzelne Menschen und der Orientierung allein auf Gott hin. So scheute sich Arnold nicht, Wilke gegenüber mit Kritik und Lob, Drohung und Verheißung zu arbeiten. Und gleichzeitig betonte er, daß alles auf Gottes Handeln ankomme und der Mensch und sein Tun und Wollen in den Hintergrund treten müsse. So wies Arnold den Wunsch nach Trost ebenso zurück wie den Dank für geleistete Hilfe.[89] Andererseits hat er Wilke immer wieder aufgefordert, die Freunde in Halle um Rat zu fragen und den Rat dann auch zu befolgen.[90] Beides ist nur scheinbar ein Widerspruch. Er wird dadurch aufgelöst, daß die Ratgeber selbst wiedergeborene Kinder Gottes sind und ihr Rat wie eine Stimme Gottes geachtet werden kann: „Worinnen er denn die andern kinder Gottes zum fürbilde haben wird, deren ermahnungen also als voces Dei threue achten wolle, und sie seinem eigenen urtheil nach unpartheyischer prüfung vorziehen."[91] Aus diesen Äußerungen kann man Mißtrauen gegen die eigene religiöse Subjektivität heraushören. Durch die Bindung an die Geschwister im Glauben kann sie überwunden werden. Deshalb haben Pietisten immer wieder wichtige persönliche Entscheidungen von dem Rat ihrer Glaubensfreunde abhängig gemacht. So war es auch bei Arnold, als er vor der Frage stand, ob er die Professur in Gießen annehmen sollte.

Wie sehr auch die geistlichen Fragen im Vordergrund standen, man darf darüber nicht übersehen, wie konkret und praktisch die gegenseitige Hilfe oft war, auch in Arnolds Beziehung zu Wilke. Es ist nicht zu über-

---

[85] 8,27–45.

[86] 4,32f..

[87] Mit dieser Begründung tadelt Arnold die Art und Weise, wie Wilke die Sache mit dem Koffer behandelt hat; 5,9–13. Auch in den späteren Auseinandersetzungen um die Ketzerhistorie spielt diese Begründung eine Rolle, wenn Arnold den Streit beenden möchte.

[88] 1,24f..

[89] „[...] was er an trost von mir elenden creatur verlanget, würde nicht bestand haben"; 6,58f.; ferner „Der danck für die wenige procuration gebühret keinem menschen, viel weniger mir"; 7,8f.

[90] 4,35f.; 6,11f.; 8,27.

[91] 4,34–37.

sehen, daß Arnold ihn tatkräftig unterstützt hat. Er gab ihm Geld, stattete ihn mit Empfehlungsschreiben aus, brachte ihn mit einem guten Freund in Kontakt, besorgte ihm den Koffer wieder, spannte die Stiftshauptmännin vielfältig für ihn ein und vermittelte ihn in den Kreis pietistischer Freunde in Halle.

Arnolds Vorstellungen vom Theologiestudium

Zu Arnolds Vorstellungen vom Theologiestudium gibt es in den Briefen an Wilke zwei längere Ausführungen.[92] Im vierten Brief geht es ihm um Konzentration auf das Entscheidende, und das ist das Studium der Bibel. Dafür gibt es keine formalen oder methodischen Gründe. Vielmehr ist es allein wichtig, in das unum necessarium einzudringen. Und das geschieht vor allem durch die Lektüre der Bibel. Alle anderen Studienfächer müssen dahinter zurücktreten. Auch den größten Teil der Freizeit soll man darauf verwenden und darauf achten, daß man nicht abgelenkt wird durch die üblichen Vergnügungen der Studenten. Die Studienbibliothek soll nur dem Bibelstudium dienen. Alle anderen Bücher sind unnütz und schädlich. Wilke solle sie nicht lesen, um seinen Sinn nicht zu zerstreuen. – 1698 hatten einige Lehrer in Franckes Schule unter Arnolds Einfluß die klassischen Autoren durch christliche ersetzt. Es kam darüber zum Streit mit Francke, der durchsetzte, daß die Lektüre Ciceros beibehalten wurde.[93]

Im fünften Brief geht es mehr um die Sprache. Wilke hatte damit begonnen, Hebräisch zu lernen, und wurde dafür von Arnold gelobt. Das Studium der alten Sprachen diene dazu, Gott in seinem Wort näher kennenzulernen. Das Wort Gottes sei auch der Maßstab, an dem alle menschlichen Worte gemessen werden. Einfältig und lauter sollen sie sein. Die Vernunft dagegen gebrauche affektierte Worte und sei auf Ruhm und Ehre aus; „aller tand und schein der falschberühmten kunst [sei nichts] als koth". Das sind Arnolds schärfste Worte in diesen Briefen. Sie machen deutlich, wie sehr sich Arnold von den herkömmlichen Wissenschaften distanziert hat. Man kann aus solchen Äußerungen erahnen, welches Risiko Arnold einging, als er die Professur für Geschichte in Gießen annahm. Seine Entscheidung ist nur verständlich, wenn man davon ausgeht, daß er unter dem Titel der Profangeschichte die bessere Kirchen- und Theologiegeschichte lehren wollte. Er hatte sich auch eine Freistellung von kirchlicher Aufsicht erhofft. Ihm fehlte aber die Erfahrung, welche anderen Zwänge und Verpflichtungen ihn erwarteten.

---

[92] 4,25–37 u. 5,13–35.

[93] *Brecht,* Geschichte des Pietismus 1, 493.

Wie unentschieden Arnold innerlich gegenüber der Universität war, kann man aus der Verwendung des Magistertitels ersehen. Denn obwohl er Wilke gleich im ersten Brief bat, „alle unnöthige titel gegen mich auszulassen", unterschrieb er doch alle acht Briefe mit „M. G. Arnold".[94] Er verzichtete für sich selbst also keineswegs auf ihn.[95]

Die Art und Weise, wie Arnold Joh. Ernst Wilke ins Theologiestudium einführte, deckt sich fast vollständig mit den Vorstellungen A.H. Franckes, wenn man einmal von der Beurteilung der klassischen Autoren absieht:[96] Theologie zu studieren bedeutet, mit der eigenen Frömmigkeit zu beginnen. Sie ist aller Wissenschaft vorgeordnet. Denn ohne die eigene Bekehrung kann es keinen echten Zugang zu Gottes Wort geben. Insofern sind die Abschnitte in Arnolds Briefen an Wilke, die sich mit dem Glauben befassen, gleichzeitig Hinführung zum Theologiestudium. Glaube, Leben und Studium sind eine untrennbare Einheit. Francke begann eine seiner theoretischen Schriften zum Theologiestudium mit dem Satz: „An einem Studioso Theologiae suchet man zuerst und vor allen Dingen, daß sein Herz rechtschaffen sey vor Gott."[97] Der Schwerpunkt des Theologiestudiums lag bei ihm einerseits in der Exegese, andererseits in der Paränese. Ebenso wird der Weg der Erkenntnis ganz ähnlich beschrieben durch die drei Begriffe Gebet, Meditation und Anfechtung.[98] Von hier aus erklärt es sich auch, warum Arnold der Anfechtung in seinen Briefen an Wilke einen so großen Raum gab. Auch die von Arnold praktizierte Studienberatung war eine wichtige Forderung Franckes. Es leuchtet unmittelbar ein, daß ein so aufgebautes Studium eine intensive seelsorgerliche Begleitung brauchte. Aus all diesen Parallelen wird deutlich, daß Arnold und Francke sich nicht nur persönlich nahestanden, sondern auch in wichtigen theologischen Fragen übereinstimmten.

* * *

In den Briefen an Wilke begegnet uns Arnold als ein umsichtiger, seelsorgerlich verantwortungsbewußter Begleiter eines Theologiestudenten, dem er auch in alltäglichen Dingen tatkräftig half. Man kann aus diesen Briefen Arnolds Radikalisierung in den Jahren 1698 bis 1700 nicht voraussehen. Nirgendwo taucht ein Zweifel daran auf, ob es denn über-

---

[94] 1,26 f. *Schneider* hat in seinem Vortrag in Wolfenbüttel [s. Anm. 1] auf die später von Arnold verpönte Verwendung des Magistertitels hingewiesen.

[95] Ebenso hat er ihn bei Schüßler gebraucht; 3,17.

[96] Vgl. dazu *Brecht*, Geschichte des Pietismus 1, 470–473 (Francke) u. 309 (Spener).

[97] In: Idea studiosi Theologiae (1712); zit. bei *Brecht*, Geschichte des Pietismus 1, 471.

[98] *Brecht* schreibt von Francke: „Als Mittel des Studiums werden dem überkommenen Schema nach Gebet, Meditation und Anfechtung benannt"; Geschichte des Pietismus 1, 471.

haupt sinnvoll sei, ein Pfarramt in der verfaßten Kirche anzustreben. Erst die kommenden Ereignisse, sein Rücktritt von der Gießener Professur im März 1698, sein „Offenherziges Bekenntnis" vom Spätsommer 1698[99] und die Reaktionen auf die 1699 erschienene „Unparteiische Kirchen- und Ketzerhistorie" haben ihn in den Wirbel der öffentlichen Auseinandersetzung hineingezogen. In der Zeit davor hatte er sich aus allen Streitigkeiten in Quedlinburg herausgehalten, obwohl er damals weniger Rücksicht hätte nehmen müssen. Denn er bekleidete kein kirchliches Amt, und sein Dienstherr, der Stiftshauptmann von Stammer, hätte ihm sicher den Rücken freigehalten.

Seine Haltung ist schon zu dieser Zeit durch einen starken mystischen Einschlag bestimmt, der ihn eher zur vita contemplativa als zum aktiven Handeln führte.[100]

Die Briefe[101]

1. Arnold an Wilke in Quedlinburg. 6. Dezember [1695].
LFBG, A 297, 371–374.

Adresse: Monsieur Jean Ernst Wilke, present à Quedlinburg.

Rammelburg, den 6. December [1695]

Jesum in seiner völligen krafft zuvor!
In demselben liebwerther freund,
Ich habe seine gegenwart in Quedlinburg mit verwunderung vernom-

---

[99] Vgl. *Hans Schneider:* Gottfried Arnold in Gießen. In: Standfester Glaube. FS J.F. Gerhard Goeters. Hg. v. *Heiner Faulenbach.* Köln 1991, 247–275. Jetzt auch in: Gottfried Arnold. Wiesbaden 1995 (Wolfenbütteler Forschungen, 61), 267–299.

[100] Ein deutlicher Hinweis in diese Richtung ist die Tatsache, daß er 1696 die Homilien des Macarius herausgab. Vgl. *Büchsel* [s. Anm. 79], 38 f.; ferner *Ernst Benz:* Die protestantische Thebais. Mainz 1963 (AAWLM.G, 1), 11–25 (Nr. 1).

[101] Bei der Übertragung der handschriftlichen Briefe wurden folgende Regeln angewendet:
- Die Rechtschreibung des Originals wird beibehalten.
- Abgesehen von Eigennamen, Titeln, nomina sacra und dem Satzanfang wird der Text in Kleinschreibung wiedergegeben.
- Die Zeichensetzung wird vorsichtig modernisiert.
- Unterstreichungen im Original sind kursiv gesetzt.
- Abkürzungen werden aufgelöst.
- Fremdsprachige Wendungen bleiben unübersetzt.
- Zahlen werden wie im Original wiedergegeben.
- Bibelzitate und Anklänge an Bibelstellen werden nachgewiesen.
- Zusätze und Ergänzungen von mir wurden in [ ] gesetzt.
- Soweit vorhanden, werden die Briefadressen abgedruckt.

men: Hoffe aber woferne es ihm ernst seyn möchte, und die angegebene hinderniße hinweg gefallen wären, es werde sich so dann alles nach göttlichem rath fügen. Am besten wäre es wohl, daß man, so bald von hauße bewilligung kommt oder indeßen mittel gemachet werden könten, sich dahin begäbe, indem die zeit und der winter heran rücket, auch sich dorten immer mehrere einfinden und die stellen hinweg nehmen. Zu dem ende habe inliegendes nochmals seinet wegen geschrieben, der frau Stiftshauptmännin aber kan vor dißmal nichts erwehnen, weil sie verreyßet und ihre zurückkunfft ungewiß ist. In übrigen, wenn Gott nur ein wenig mittel an die hand gäbe zu reyßen, so fahre man mit Paulo im einfältigen glauben zu und bespreche sich nicht mit fleisch und blut.[102] Denn solche wege segnet Gott am ersten. Hingegen ficht die vernunfft immerdar wieder den glauben und will auffs künfftige niemals trauen. Der Herr aber gebe ihm einen lauteren sinn nach Jesu Christo und reinige unsere hertzen von allen falschen absichten, ihm alleine in der wahrheit von hertzens grund zu folgen. Er demüthige uns dergestalt unter seine gewaltige hand, daß wir uns ihm auffopfern, [S. 2] durch todt und leben zu ihm zu dringen[103] und keine ehre vor der welt verlangen, sondern die schmach Christi höher achten als alle schätze dießer geistlichen Sodoma u. Egypten. Denn so wir ihm treu seyn in der liebe, sollen wir mit ihm herrschen[104] und von seinem vater geehret werden.[105] Sonst bitte ich sehr, hinführo alle unnöthige titel gegen mich auszulaßen. Es ist zu wünschen, daß man alles, was Gott thut, auch von ihm allein ohne reflexion auff arme creaturen annehme. Denn sein soll allein der preis seyn. Uns gebühret vor unsern abfall von Gott außer Christo schmach und schande.[106] Ergebe ihn der göttlichen völligen regierung und treue seines ewigen erbarmers und verbleibe

sein auffrichtiger freund

M[agister] Gottfried Arnoldi

P. S. Vielleicht möchte die Frau von Stammer diesen dienstag oder mittwochen hinein kommen, da man sie selber sprechen könnte.

Inliegenden brieff bitte ja wol in acht zu nehmen, daß er der person selbst zu handen komme. Reiset man binnen 8 tagen nicht fort, so bitte ihn durch die ordinari kutzsche fort zu senden.

---

[102] Vgl. Gal 1,16.
[103] Vgl. Joh 5,24.
[104] Vgl. 2Tim 2,11.
[105] Vgl. Joh 12,26.
[106] Vgl. Jer 3,25?

2. Arnold an Wilke in Halle.
LFBG, A 297, 361–364.

Adresse: Monsieur Monsieur Wilke present à Halle.

Rammelburg, den 22. December 95

Immanu El!

Hertzlich geliebter Freund,

Seine ankunfft in Halle ist mir lieb, noch mehr aber, daß ers im glauben gewagt und gehoffet, da nichts zu hoffen gewesen.[107] Der Herr der ewige erbarmer wolle ihn nun mehro nur im glauben des Sohnes Gottes laßen leben, der ihn geliebet und sich selbst vor ihn dahin gegeben hat.[108] Er richte sein reich in ihm völlig auf, und mache ihn recht treu in dem wozu er ihn beruffen hat.[109] Dießer liebes volle Vater wird ihn auch in zeitlichen versorgen, gleich wie er ihn mit geistlichem segen in himmlischen gütern zu segnen so willig ist! Er wage nur alles auff ihn, so wird er erfahren, was Gott vor ein treues wahrhafftiges wesen sey. Aber aushalten muß man dabey in vielen versuchungen, daran es ihm nicht mangeln wird innerlich und äußerlich. Es ist wahr, der Herr hat ihn biß hieher seeliglich geführet. Aber er wird auch sehen, daß er nicht ganz aus Sodom ausgegangen, sondern es überal noch vermenget finden wird. Darum heist es wachen und beten![110] Dießes ist die eintzige regel, deren ich ihn aus dem munde Jesu erinnern kann. Wird er die in acht nehmen, so soll es ihm nicht mangeln an einigen guten. Nehmlich man gebe immerdar genau auff sein ♥ acht, was darinne vorgehet, sodann versäume ja keine zeit entweder alleine oder mit andern zu beten. In übrigen hüte man sich vor allen phariseischen sauerteig[111], welches ist die heucheley und das mund-geschwätze, und laße erst im grund des hertzens Christum einwurzeln, ehe man worte davon machen lernet. Man gehe in kindlicher einfalt seine gerade straße nach der lehre und exempel Christi fort in gäntzlicher verleugnung seiner selbst und ärgere sich weder an solchen dingen, die man nicht verstehet, noch urtheile, was einem zu hoch ist. Vor allen dingen hange man mit [S. 2] hertzlichem gehorsam an dem *worte* des lebens und dem licht seines geistes in seinem herzen, so kan man nicht irren. Dießer treue tröster wolle ihn selber in alle wahrheit leiten[112], so wird er recht geführet!

---

[107] Vgl. Röm 4,18.
[108] Vgl. Gal 2,20.
[109] Vgl. 1Kor 1,9.
[110] Vgl. Mt 26,41 u. Mk 14,38.
[111] Vgl. Mt 16,16.
[112] Vgl. Joh 16,13.

Betreffende die zeitlichen dinge, so habe der lieben Frau Stiftshauptmännin gesagt, wo sie erinnert möchte werden, wird ihr vielleicht der Herr die hand aufffthun. Sie ist iezt selbst in Halle, mit der bitte mir zu schreiben, wie es ihm ferner gehe, und damit zu continuiren. Wo es ihm indeßen zu höchster nothdurfft mangeln sollte, so könte man etwas auf etliche wochen bey einem guten freund auffnehmen und nur durch Herrn Kalckbernern versichern laßen, daß es von mir solle restituiret werden, wie ich denn, sobald ich (deo volente) nach Quedlinburg wiederum gelange, ihm etwas als denn gewiß zu übermachen verspreche. Des kuffers wegen will ich schreiben: wo mans gewußt hätte, hätte ihn ietzo die Frau Stiftshauptmännin so commode mit nehmen können. Die lieben freunde alle bitte ich von hertzen zu grüßen und künfftig (quod serio contestor) keines gönners mehr gegen mich zu gedencken, sondern alles von der hand des Herrn anzunehmen und ihm auffzuopffern, dem alle creaturen dienen müßen. Wird er rechtschaffen werden und fest seyn in der liebe Jesu Christi, so soll er mir ein lieber bruder seyn in zeit und ewigkeit. Ich verbleibe in auffrichtiger treue.
Sein geflißener freund
M.G. Arnoldi
Vor dißmal ist nichts mehr an der hand gewesen, als dießer thaler, welchen er vom Herrn als einen seegen annehmen und vorsichtig brauchen wolle.

3. Arnold an Wilke in Halle.
LFBG, A 297, 365–368.

Adresse: A Monsieur Monsieur Wilke present à Halle.

Rammelburg, den 30. December 95

Lieb werther freund in Gott,
Sein schreiben ist mir lieb gewesen, und die relation von der eingerichteten lebens-arth. Wie wol ich von der leiblichen versorgung noch nicht gewiß bin, lebe aber dennoch der gewißen zuversicht, daß der treue vater, der so viel kinder zu verpflegen hat, ihn in den geringern dingen nicht laßen werde, da er ihm seinen eigenen bekäntnis nach das Reich Gottes gezeiget, wie es nun in ihm aufgehen solle. Indeßen bitte ich herzlich, den wolmeinenden rath guter und verständiger freunde anzunehmen, wo sie etwa treuherzig zu oder von dießem und jenen erinnerung thun. Wir haben noch immer nach unseren alten menschen einige härtigkeit des sinnes an uns, die durch übung in gehorsam muß gebeuget und endlich gar zerbrochen und entkräfftet werden, sonst kommen wir nicht zur verleugnung unser selbst. Wer nicht ihm selbst sondern Gott und seinen kindern folgt, gelanget endlich zu einem großen frieden sei-

nes herzens. Die lieben freunde bitte doch alle herzlich zu grüßen, sonderlich auch Herrn M. Schüßlern, deßen versprochene treue an ihm mich höchlich erfreuet, die er auch alle hochachten und zu seinem besten brauchen wird. [S. 2] Ich muß schließen und ihn der ewigen gnade des Vaters in Christo überlaßen, der da mächtig ist, sein herz in allen zu regieren, wie er auch bey seiner gänzlichen auffopfferung in seinen willen gerne thun wird. Verbleibe übrigens in auffrichtigen sinn zu aller liebe und freundschafft bereitwillig

M. G. Arnoldi

Wofern ihm zur höchsten nothdurfft etwas geld nöthig wäre, bitte ich es mir nur candidè zu melden, und der lieben Frau Stiftshauptmannin einmal wieder zu zu sprechen.

Den kuffer hat sein gewesener wirth auff 2 maliges fordern der Frau Stiftshauptmannin nicht folgen laßen mit vorgeben, er habe (1) viel bücher drinne eingepackt, die ihm (dem wirth) zustünden. (2) habe er 3 wochen vor seiner abreyße die kinder nicht mehr informirt; auch (3) keinen abschied von ihm genommen. Ob nun dem alßo sey, verlangen wir nach der wahrheit und nach seinem gewißen zu vernehmen, sonderlich wegen der bücher. Sollten etliche dem wirth gehören, so wäre am besten, er schickte uns den schlüßel und ließ ihm herausgeben, was ihm gehörte, so hätte er keine praetension daran. Demnach wird er selbst sehen, was zu thun sey. Man könte auch wol an den wirth schreiben. Schade ists, daß diese gelegenheit nicht hat gebrauchet könen werden.

4. Arnold an Wilke in Halle.
LFBG, A 297, 379–382

Adresse: A Monsieur Monsieur Jean Ernst Wilke present à Hallo.

Rammelburg, den 16. Januar 96

Der Herr sey mit uns kräfftiglich!

Weiln ich annoch außerhalb Quedlinburg lebe, so kan ich vor dißmal nicht alles nach wunsch seinetwegen verrichten und ihm schreiben, sonderlich wegen des rückstandigen kuffers. Es hat aber die Frau Stiftshauptmannin sich erboten, nach vermögen alles zu exerciren. Wie es denn ohne dem in des Herren hand stehet und vielleicht eine kleine probe vor ihn seyn mag, wie er sich in allen auch gering scheinenden begebenheiten erweisen werde, da ihm vieles bey dem anfang eines anderen lebens schwer gemacht würde. Der übersandte brieff ist in etlichen expressionibus weder nach Christi sinn noch nach dem begriff fleischlicher menschen eingerichtet, und hätte ich gewünschet, man wäre in allen demüthiger und freundlicher gegangen, damit in solchen ohne dem bösen

herzen nichts mehr von bitterer wurzel[113] entstünde und das gewißen bey allen fällen hernach frey und unverletzt bliebe. Ich schreibe ihm, wie in allen, meine offenherzige meinung, weil ich einmal von ihm verführt worden, er wolle es alles in liebe annehmen, wie es denn ohne dem aus keiner andern quelle herkommt. Denn tadeln und hoffemeistern ist allzeit fern von mir gewesen, ich habe auch genug an mir selbst zu corrigiren. Was ich alßo ihm in vertrauen und nemine arbitro schreibe, das schreibe ich vor Gott als von meiner liebe gegen ihn gedungen, der ich ihn in meinem hertzen habe. Bey ihm stehet es nun, wie er es brauche, und in allem als ein weiser fürsichtiglich wandle. Demuth und sanfftmuth ist uns allen höchst nöthig, die wir in dem leben Christi lernen sollen. Daraus wird gehorsam und unterwerffung folgen. Sonderlich bitte ich ihn herzlich, alle möglichste zeit, und soviel von andern [S. 2] collegiis und nöthigen studiis abzubrechen, auff das studium biblicum zu wenden und alle nebendinge hintanzusetzen. Wie ich denn weiß, er werde unserer damals mündlich genommenen abrede nach sich nicht mit vielen, viel weniger mit schädlichen oder auch unnützen büchern überladen. Denn es zerstreut nur den armen sinn und läßet nicht völlig in das unum necessarium eindringen. Wird ihn der Herr überzeugen, daß seine lebenszeit allzu kurz sey, auff die ewigkeit sich zu bereiten, so werden ihm alle 4tel stunden theuer seyn, sie auf das beste zu wenden. Worinnen er denn die andern kinder Gottes zum fürbilde haben wird, deren ermahnungen also als vocem Dei theuer achten wolle und sie seinem eigenen urtheil nach unpartheyischer prüfung vorziehen. Herr Kalckberner schreibt, er hätte durch sein couvert einen brieff an mich geschrieben, welchen ich aber nicht gesehen. Die gnade sey mit ihm mächtiglich!
Verbleibe unter selbiger
sein treuer freund
M. G. Arnoldi

5. Arnold an Wilke in Halle.
LFBG, A 297, 383–386.

Adresse: A Monsieur Monsieur J. Ernst Wilke present à Halo, nebenst 1 Kasten.

Quedlinburg, den 19. Februar 96

Lieber freund in dem Herren,
Hiebey kommt endlich der kasten, nachdem er mit vieler mühe aus den händen derer wiedrigen genommen worden, wie wol man biß dato noch

113 Vgl. Hebr 12,15.

nicht weiß, ob die geige werde angenommen werden, indem die deponierten 2 thaler noch nicht ausgehändiget sind. Den schlüßel zum kasten habe nicht mit senden können, weiln der bewußte Bornemann unversehens verreyßet gewesen und alßo selben hier zu laßen vergeßen, da er zuvor inliegenden brieff hergeschickt. Es zeiget dießes alles, daß man hinfüro behutsamlich und unanstößig wandeln möge, damit mit dergleichen äußerlichen dingen nicht soviel edle zeit verderbet werde. Wozu der Geist Gottes genugsam weißheit, gehorsam und treue geben wird, wo wir ihm von ganzem herzen folgen. Die angefangene studia in Ebraicis und andere wolle der Herr segnen und hiedurch eine solche heilige begierde erwecken, ihn aus seinem wort näher kennen zu lernen, daß alle nebendinge und menschliche erfindungen hinwegfallen. Maßen dießes ein gewißes kennzeichen des wahren glaubens ist, wenn man in die einfalt Christi eintritt und der lautern milch[114] begierig an sich ziehet, hingegen alle vernunffts-höhen, hochtrabende prächtige worte und anschläge verschmähet und in keinem dinge etwas sucht, was von der einfältigkeit und weißheit Gottes abgehet. Denn so findet man erstlich eine rechte klugheit der gerechten[115], wo die thorheit des menschlichen herzens, die uns allen noch anklebet, immer besieget und aller tand und schein der falschberühmten kunst[116] als koth geachtet[117] wird, womit man auch offt nicht vor vernünfftigen menschen bestehen kan. Summa an statt [S. 2] der worte (zumal affectirter und auff ehre und rhum hinauszielender) muß that und krafft in uns wohnen. Sonst ist es mit uns heucheley und ein auff sand gebautes hauß.[118] Der ewige erbarmer zeige ihm auch seine wahrheit in der krafft und mache uns alle rechtschaffen in glauben und liebe, so werden wir ihn in seinem licht genauer und redlicher suchen als bißher. Wie es sonst mit seinem auskommen und unterhalt stehe, wird er mir künfftig berichten. Der lateinischen version wegen frage er nur den Herrn Professor Francke. Ich brauche meistens den Tremellium, ist neu in 8vo[119] pro 1 thaler, aber seltzam.[120] Kan er den Pagninum[121] haben, ist er auch gut, wo nicht in einigen beßer. Indeßen sey der Herr mit ihm kräfftiglich und regiere ihn in allem zu seinem preiß! Verbleibe
sein treugesinnter
freund
M. G. Arnoldi

---

[114] Vgl. 1Petr 2,2.
[115] Vgl. Lk 1,17.
[116] 1Tim 6,20.
[117] Phil 3,8.
[118] Mt 7,26.
[119] „Oktav“ bezeichnet das Format des Buches.
[120] Im Sinn von „selten“.
[121] S. Anm. 44.

6. Arnold an Wilke in Halle.
LFBG, A 297, 375–378.

Adresse: A Monsieur Monsieur J. Ernst Wilke present à Halle.

Quedlinburg, den 29. Februar 96

Göttliche gnade und erbarmung zu nöthiger
erkäntnis und vollbringung seines willens!

Mein lieb werthester freund,

Hiemit wird der rückständige schlüßel zum kasten übersandt, nachdem ihn Mr. Bornemann erstlich dieße woche eingehändiget, von welchem auch ein brieff beygefüget ist. Der brieff an den schwarzfärber ist bestellt. Von Herrn Bendlern kommt ein brieffgen an Herrn Rosten, welchen ich herzlich in dem Herren grüße. Seines äußerlichen zustands wegen befremdet mich nicht wenig, daß seine lieben eltern ihn gänzlich hätten verlaßen sollen. Er wolle doch dißfalls mit verständigen freunden, sonderlich Herrn Kalckberner guten raths pflegen und indeßen mit demüthigen kindlichen schreiben bey ihnen anhalten, daß sie ihn nicht laßen. Sollten sie etwa auf die gedanken gebracht seyn, als hätte er in Halle alles frey zu genießen, so könnte mans ihnen nachdrücklich remonstieren, daß es nicht so sey und daß das wenige, so er geniest, nur ad interim angesehen sey, biß er seine sachen eingerichtet gehabt. Herr Kalckberner wird hoffendlich mein letztes von ihm wol erhalten haben; welchen ich dißmal herzlich grüße. Wofern die Frau Stiftshauptmannin iezo oder doch bald in Halle seyn möchte, kan er in guter confidenz zu ihr gehen und seinen inneren und äußeren zustand getrost eröffnen und um guten rath bitten. Er hat sich aller auffrichtigkeit und verschwiegenheit von ihr wohl zu versichern. Betreffend die ihm vermuthlich bevorstehenden anfechtungen von seiner versöhnung mit Gott sind meine auffrichtige doch wegen enge der zeit kurz gefaßte gedanken dieße: (1) Ist gewiß, daß eine gründliche und völlige umkehrung des herzens und abwendung des ganzen menschen von aller creatur liebe zu wahrer buße gehöre, sonderlich daß der mensch nicht in bloßen worten und formuln das christenthum faße und nachreden lerne, sondern krafft, geist und leben ins herz bekomme. (2) Zuförderst aber daß er Christum Jesum nicht allein nach dem buchstaben sondern selbst nach seiner wirckung durch den glauben faße und ihm treulich nachwandeln lerne. Wobey er sich freylich unpartheyisch zu prüfen hat, ob ihm alles, was er bißher geredt, geschrieben und gethan und von Jesu gedacht hat, aus einen redlichen und Jesum wahrhafftig ohne schein und heucheley liebenden herzen vor seinen allsehenden augen gefloßen sey. Ich muß ihm [S. 2] aus liebe bekennen, daß ich in seinem Brief nicht zusammen reimen können, wenn er offten *seinen Jesum* nennet und dennoch des zweifels an der gnade Gottes dabey gedencket. Da ich wenigstens in etwa sorge, man möge sich dergleichen äußerlichen formuln von andern, die solche in der krafft haben und erweisen, angewöhnet haben. Zu welchem ende denn der getreue und allsehende herzenskündiger vielleicht ihn sucht auff die probe zu setzen, ob und wie er seine gnade aestimire und ob es wahrheit sey, was andere mit worten von ihm hören. Wie ich denn (3) seine klage vor ein zeichen der göttlichen treue ansehe, da ihn dieselbe durch entziehung und verbergung der gnade prüfen will und nach den bißher gebrauchten worten und einbildungen das wesen, daß da rechtschaffen ist in Christo, schencken. Wozu sie die seele nicht eher recht bringen kan, als durch einen großen hunger und mangel aller gnade. Dadurch lernt die Seele erst recht demüthig Christum suchen und ihn nicht mehr als einen niedrigen verächtlichen heyland zu verschmähen, sondern gerne zu ihm in staub und unters † zu kriechen und anstatt der hohen und verstellten worte that und wahrheit zu suchen. Ist alßo hier der beste weg, sein großes elend und jammer immer mehr zu erkennen, aber darauf nicht liegen bleiben, sondern in lauter demuth und einfalt den Sohn Gottes bey dem vater im gebet zu suchen, und den glauben nicht zu laßen, wo ihn der satan auff Gottes verhängnis rauben will. Inzwischen was er von trost von mir elenden creatur verlanget, würde nicht bestand haben. Er suche ihn doch bey Christo in seinen worten, laße sich lieber einen rauhen und unangenehmen weg zum leben von seinem Geist führen, als daß er sich durch die von vernunfft gemachten eigenen einbildungen verführen und sicher machen laße. Bey ruhigen hertzen außer anfechtung und verbergung Gottes ist es eine gar schlechte[122] kunst ein christe zu seyn und von leuten vor fromm gehalten werden oder auch sich selbst durch zusammengesuchten schein davor ausgeben. Aber in certamine apparet, qui viri simus [?]. Darum laße man sich nur getrost zu allem kampff von dem heiligen geist bereiten und erwarte in gelaßenheit, was der Herr zu leiden und zu thun vorlege. Diß ist aber hiebey der einige grund wieder allen unglauben und zweiffel, nehmlich die *treue Gottes* und seine zuvorkommende liebe, welche nicht die geringste bewegung im herzen vergeblich anfängt, sondern ihr werck ausführt, obschon die vernunfft 1000 mal nein spricht. Dieße wird auch bey ihm in seinen versuchungen zugleich den ausgang schaffen. Deßen erbarmung und völlige führung erlaße ihn hiemit treulich und verbleibe

sein treugesinnter freund
M. G. Arnoldi

---

122 „Schlecht" wird hier im Sinn von „schlicht" gebraucht.

7. Arnold an Wilke in Halle.
LFBG, A 297, 369–370.

Adresse: A Monsieur Monsieur Wilke, Halo.

Quedlinburg, den 17. April [1696]

Mein lieber Herr Wilke,

Ich habe sein schreiben wol erhalten und daraus die hülffe des Herrn in leiblichen ersehen. Der wolle auch bald quoad spiritualia et interna einen seeligen durchbruch verleihen, damit unsere wahrhafftige nahrung und versorgung Christus allein werde. Dazu wolle er auch sein herze bereiten und ihm in lauteren gehorsam des glaubens unterthänig machen, zu hören, leiden und thun, was sein so süßer wille ist. Der danck für die wenige procuration gebühret keinem menschen, viel weniger mir, der ich nichts mehr als ein paar worte dazu contribuiret habe. Laßet uns allein, allein auff den Herrn sehen und glauben haben, so werden wir mehr finden, als wir nimmermehr von einiger creatur erwarten könten. Sonst weiß ich nicht, ob Mr. Bornemann dorten mag ankommen seyn, indem er mir gesagt, er wollte auch hin, und zuerst nach seinen eltern reysen: habe ihn aber seither nicht wieder gesehen. Ich verhoffe in übrigen bald einmal selber nach Halle zu kommen, da ich mündlich mehr sprechen möchte, als ietzo bey so vielen distractionen geschehen kan. Die gnade des Herrn sey mit ihm kräfftiglich! Verbleibe

sein treuer freund

M. G. Arnoldi

Ich grüße alle gute freunde.

8. Arnold an Wilke in Halle.
LFBG, A 297, 387–390.

Adresse: –

Eilig, Quedlinburg, den 6. Maj [1696]

Mein lieber Herr Wilcke,

Sein ietziger zustand hat mich in so weit erfreut, als ich daraus sehe, daß die treue Gottes an seiner seelen nichts unterlaße, so ihn von der nothwendigkeit und möglichkeit eines gantz neuen lebens kräfftig convinciren könte. Er wird aber auch erkennen, wie viel große wolthaten er nun mehro vor Gott in seine rechnung bekomme, davon man dem Herren antwort geben muß, wie wohl sie angenommen und gebrauchet werden. Maßen er wol in etwas wißen mag, wie das Reich Gottes nicht in solchen süßen worten von dem liebsten Jesu und dergleichen bestehe, sondern inwendig und in der krafft.[123] Und daß es dahero mit nachsprechung und expression solcher guten formuln noch lange nicht ausgemacht, sondern der threue heyland offt von denen der liebste genennet werde, die ihn noch nicht kennen, geschweige lieben. Geschiehet aber nun solches aus unwißenheit, so hält uns seine langmuth zwar etwas zugute. Aber selten mag es ohne heucheley geschehen, da das verderbte hertz gleichwol immer vor fromm angesehen seyn will. Am besten ists dann, daß man rede, schreibe und thue, wie es in seinem hertzen ist, oder gar schweige, wenn man nichts drinnen findet, damit nicht der hochtheure namen auff einige weise verkleinert werde. Der ewige erbarmer gebe ihm doch durch seinen sohn gehorsam der wahrheit von hertzen, und nicht menschen zu gefallen.[124] Denn jenes bleibt, dießes fällt in der stunde der versuchung weg. Er laße ihn erstlich wißen, das ist kräfftiglich überzeuget werden, daß in Christo ein rechtschaffen wesen (ἡ ἀλήθεια) sey, welchen er nicht darinne findet, der hat bey aller seiner heucheley dennoch nichts. [S. 2] Der gedachten anfechtung halber wird er sich am sichersten an das göttliche wort und guter leute rath halten. Gott führe ihn nur immer mehr zur erkäntnis seiner selbst, als den ersten grundstein der wahrhafftigen bekehrung, so wird der bau seeliglich angefangen. Die art des bösen geistes, davon er quoad malam concupiscentiam klaget, fährt wohl nicht aus, denn durch fasten und beten.[125] Man suche nur alles bey und in Christo, und in seiner reinen liebe, diese ist kräfftig, alle andere bewegungen zu vertilgen, wenn sie ausgegoßen wird in die Hertzen durch den heiligen Geist.[126] Den laße er sich auch in den geringsten dingen lehren, treiben und führen, dadurch sein eigener wille merklich wird gebrochen werden. Je mehr er einfältig im gehorsam des glaubens wird, ie mehr sich die natürliche hoffart und wiederspenstigkeit legen wird, und bey der demuth wird er einen gewißen sieg in allem kampff finden. Alßo muß sein herz erst rechtschaffen zerknirschet, niedrig und einfältig werden, ehe der Herr Jesus sein liebster Jesus werden kan, daß er in ihm wohne und alßo auch in ihm mächtiglich überwinde. Er ist aber warlich so begierig nach seiner seelen, daß er gerne alles in ihm thun wird, wo er ihm nur treu wird werden. Wenn er ihm denn gerne alles vorige vergeben und buße davor annehmen will, wo er sich nur hinführo recht will von ihm regiren laßen. Dießes habe aus treuen herzen geschrieben, wünschende, daß er dem heiligen Geist und seinem worte selbst herzlich zuhören möge, so wird er mehr finden als verlanget. Erlaße ihn der treue und liebe unseres Herren, und bleibe sein auffrichtiger freund

M. G. Arnoldi

[123] Vgl. 1Kor 4,20; Lk 17,21 in Luthers Übersetzung.
[124] Vgl. Eph 6,6.
[125] Vgl. Mt 17,21.
[126] Vgl. Röm 5,5.

Herrn Seebachen grüße ich von hertzen, auch alle andern freunde des Herren, sonderlich Herrn Wiegers, Herrn Rosten, (quocum te animo reconciliato et candido versari velim) Herrn Kalckbernern, welchen ich um antwort mit der Frau Stiftshauptmannin ersuche. Die gnade sey mit ihm!

Adrianus van der Dussen

The Tension between Freedom and Reason in the Theology of Charles Grandison Finney

During the first decades of the nineteenth century, profound renewal swept across the Protestant churches in the East of the United States of America. Religious experience and eschatological expectations prospered; numbers of charitable and missionary activities were undertaken. This remarkable religious revival is known as the "Second Great Awakening". In the mid-eighteenth century a comparable revival took place – the "First Great Awakening". Here, the central figure was Jonathan Edwards (1703–1758); in this article we want to examine the theology of the man who was the driving force behind the Second Great Awakening: Charles Grandison Finney (1792–1875).[1]

Finney was not a theologian in the true sense of the word. He was studying to become a lawyer when he came into personal contact with the revival that was stirring the christians in his home-town Adams (NY). Following a deep religious experience in 1821, he decided to devote his life to the preaching of the christian message. His career as an evangelist began within the Presbyterian Churches in 1824. He had received no theological university education. His only preparation for his new task consisted of two years private instruction from Rev. George W. Gale, minister of the Presbyterian church of Adams. Nevertheless he developed into far more than a straightforward man of action. He certainly was a man of action: indefatigable, he travelled for many years from town to town in New York and other eastern states, evangelizing. Driven by his own discovery that true religion consists of a radical change of life, he could not accept the religious superficiality and fruitlessness of people who were no more than nominal christians. His original and provocative behaviour proved a great success; some 500.000 persons are thought to

[1] See for a detailed description of Finney's life and work *Keith J. Hardman:* Charles Grandison Finney, 1792–1875. Revivalist and Reformer. Syracuse N. Y. 1987. See for a more theological approach *Ulrich Gäbler:* Vernunft, Moral, Bekehrung. Die Erweckungspredigt von Charles Grandison Finney in Nord Amerika 1824–1832. Kampen 1980; *A. van der Dussen:* De vrije keus? De spanning tussen vrijheid en rede in de revival-theologie van Charles Grandison Finney (1792–1875). Zoetermeer 1993.

have been converted as a result of his preaching.[2] However, in spite of his minimal theological training, he was also a man of reflection. He added to his preaching a theoretical account of his vision and his methods. So in 1835 he was appointed a professor at Oberlin College Ohio, a training-school for evangelists, where he taught teaching until 1875. He published many articles and sermons, and some extensive writings, of which the Lectures on Revivals of Religion (1835) and the Lectures on Systematic Theology (1846/47) are the most important. Interestingly enough, in these works he discusses anthropological and philosophical questions related to his great passion: the revival of religion.[3] His understanding of revival appears to be founded upon his conviction that the field of religion lies under the control of two factors: reason and freedom.

I

Finney's zealous effort to promote revivals of religion that could renew not only the church but also the social and political life of North America, was rooted in his conviction that the bringing about of such revivals lies within the power of man. He rejects the concept of revival being a result not of human activity, but of God's free and sovereign good pleasure. Finney observes that this idea of revival as a miracle, that will come in God's time and at place of his chosing, corresponds with the classical calvinistic position of Jonathan Edwards and his school.[4] Throughout his life he spoke out vehemently against this theology that stresses so strongly the sovereignty of God. For in his eyes, it necessarily condemns the church to passivity and deprives men of their responsibility in religious affairs. If a revival is a miracle, every motivation for people to be involved disappears. Church history proves that where the calvinistic theology prevailed, revivals were rare.[5] So the thesis that revival is a miracle, has a detrimental effect on religious life.

---

[2] *Melvin L. Vulgamore:* Charles G. Finney. Catalyst in the dissolution of American Calvinism. In: RefR(H) 17, 1964, 36.

[3] *Ulrich Gäbler* analyses the phenomenon "revival" in his "Auferstehungszeit". Erweckungsprediger des 19.Jahrhunderts. Sechs Porträts. München 1991, 169–186. See also *William G. McLoughlin Jr.:* Modern Revivalism. Charles Grandison Finney to Billy Graham. New York 1959. See for a description of Finney's view on revivals my "De vrije keus?" [cf. n. 1], 31–45.

[4] See *Gäbler,* Vernunft, Moral, Bekehrung [cf. n. 1], 10.

[5] "No wonder revivals formerly came so seldom and continued so short a time, when people generally regarded them as miracles, or like a mere shower of rain, that will come on a place and continue a little while, and then blow over; that is, as something over which we have no control." *Finney:* Lectures on Revivals of Religion [LR]. Ed. *William G. McLoughlin.* Cambridge, Mass. 1960, 318.

Finney himself firmly takes the opposite view; for him, revival depends on human activity. The church should not stand by, helpless, until God decides in his inscrutable sovereignty to bless the preaching of the gospel with revival; on the contrary, she has control over such a blessing. Finney refers to the biblical parable of the sower, which compares the preacher with a farmer who is sowing seed. It is clear that it is not at all miraculous that the seed should germinate and produce a crop. There is a natural connection between the sowing of the seed and the growing of the crop, and any farmer using the appropriate means can be absolutely sure of a good result. Given this analogy, Finney draws the same natural link between the preaching of the gospel and the occurrence of revival. "A revival is as naturally a result of the use of the appropriate means as a crop is of the use of its appropriate means."[6] A revival is as little a miracle as a crop; preaching the gospel in an appropriate way has the same natural tendency to produce a revival, as the farmer's work of sowing and ploughing and labouring has.[7]

At first sight this comparison seems to imply that Finney considers revival to be a natural event. Indeed he declares emphatically that in bringing about a revival, God does not go against the laws of nature, and human beings remain within the realm of their natural powers.[8] On the other hand he observes a real difference between the two kinds of sowing: promoting a revival is something spiritual, whilst the work of the farmer is "worldly business". In other words: Finney distinguishes between the moral and the natural world, and classes religion under the first.[9] So the term "natural" is used in different ways, without the necessary clarification. Closer investigation is needed here.

The realms of nature and morality, into which the one world of God is divided, are both governed by laws. In the realm of nature God exercises his sovereignty by means of laws of necessity: the physical law of causality. But the realm of morality is governed by the moral law; people have to take free decisions according to this law. So the difference between the moral and the natural world has to do with the notion of freedom.[10] In so far as man belongs to the natural world, he is subject to

---

[6] LR, 14.

[7] LR, 13, 14.

[8] "A miracle has been generally defined to be a Divine interference, setting aside or suspending the laws of nature. It is not a miracle in this sense. All the laws of matter and mind remain in force. [...] It is not a miracle according to another definition of the term miracle – something above the powers of nature. There is nothing in religion beyond the ordinary powers of nature. [...] When mankind become religious, they are not enabled to put forth exertions which they were unable before to put forth"; LR, 12, 13.

[9] LR, 33. See also 21, where Finney distinguishes between two departments of God's government: nature and grace.

the law of causality. That is to say that some things occur necessarily, beyond his responsibility. For instance, when a man is tormented by tooth-ache, he needs not blame himself for it; his suffering is involuntary.[11] However, in other things man has a free choice. He can decide to serve God – or not. It is having this free will at his disposal that makes man a moral being.[12]

Finney draws a sharp distinction between "will" and "desire". Desires, together with feelings and emotions, belong to human sensibility. They are not directly under one's control. Automatically and involuntary people react emotionally to circumstances. Every feeling has a certain cause; people are not free to feel what they want to feel, unless they are free to change the things that awaken the corresponding feelings and emotions.[13] Also the desires are excited by stimulus; people are involuntary drawn towards happiness – their own happiness and that of others.[14] There is a great variety in these desires for happiness; human behaviour is often determined by them. So the inebriate gratifies his appetite for liquor in order to become happy; the way for the scholar to be happy lies in the acquiring of knowledge; the philanthropist is driven by the desire to make other people happy.[15] All these desires however have in common that they have a natural and not a moral character, for nobody is free to determine the things towards which he is drawn. Morality lies simply in the free will to gratify some desire. The inebriate is responsible for gratifying his desire for liquor, not for the desire itself.[16] The freedom of will

---

[10] "Physical law is a term that represents the order of sequence, in all the changes that occur under the law of necessity. [...] I mean all changes whether of state or action, that do not consist in the states or actions of free will. [...] Moral law is a rule of moral action with sanctions. [...] It is the rule for the government of free and intelligent action, as opposed to necessary and unintelligent action. It is the law of liberty, as opposed to the law of necessity – of motive and free choice, as opposed to force of every kind"; ST, 9.

[11] ST, 497.

[12] "Unless the will is free, man has no freedom; and if he has no freedom he is not a moral agent, that is, he is incapable of moral action and also of moral character"; ST, 29.

[13] "Sensibility [...] is the faculty or susceptibility of feeling. All sensation, desire, emotion, passion, pain, pleasure, and, in short, every kind and degree of feeling, as the term feeling is commonly used, is a phenomenon of this faculty. [...] The sensibility [...] is a receptivity or purely a passive, as distinguished from a voluntary faculty. All its phenomena are under the law of necessity. I am conscious that I cannot, by any direct effort, feel when and as I will. [...] My feelings and all the states and phenomena of the sensibility are only indirectly under the control of my will. By willing I can direct my intellect to the consideration of certain subjects, and in this way alone affect my sensibility, and produce a given state of feeling. So on the other hand, if certain feelings exist in the sensibility which I wish to suppress, I know that I cannot annihilate them by directly willing them out of existence, but by diverting my attention from the cause of them, they cease to exist of course and of necessity"; ST, 28, 29. Cf. LR, 39, 373f., 412.

[14] ST, 257.

[15] ST, 256.

[16] ST, 388.

consists in freedom of choice. Nobody chooses necessarily to gratify his desire for liquor. Man as a moral being has the power of self-determination.[17]

It is at this point that the position of Charles Finney diverges from that of Jonathan Edwards. In his famous "A Careful and Strict Inquiry into the Modern Prevailing Notions of Freedom of Will" (1754) Edwards opposes the claim of Arminianism that man has a free will. That claim implies that man is free to determine his choices. A choice cannot be reduced to a motive; it is in its essence contingent. Edwards looks upon this concept as dangerous; he is afraid of placing limitations on God's sovereignty. For God would not be able to execute his plan with the world and to conquer sin and evil, if he were to be confronted with human decisions that he cannot influence or even foresee. But this is the exact essence of the freedom of will: the ability of man to take choices that are absolutely contingent, that is to say not determined by any other being than himself, and essentially not foreseeable. So Edwards regards the Arminian concept of free will as an error that must be energetically refuted.[18]

He uses for this refutation a reductio ad absurdum. If a choice is not determined by any motive, its root is a free choice: you choose something purely because you have made a particular choice. But if this preceding choice should be determined by any motive, the freedom of will should be set aside. Therefore it is necessary to suppose that the choice for a choice is also rooted in a free choice. But this choice, which precedes the choice that precedes the choice in question, must have its root in the preceding choice, and so on. If this chain of choices originated in a fundamental choice, then this choice would not be free, because it was not rooted in a preceding choice. So the concept of free will demands that you suppose the existence of an endless chain of free choices, which is absurd. The truth is that every human choice is determined by something that has a certain appeal. People choose those things or actions that seem preferable to other things or actions. So Edwards concludes that people are not free in their choices, but necessarily choose the most preferable.[19]

Of course Edwards exposes himself in this way to the accusation that

---

[17] "We ourselves are the sovereign and efficient causes of the choices and actions of our will. [...] It is absurd and ridiculous to affirm, that a being is a moral or a free agent, who has no power to originate his own choices"; ST, 420. Cf. ST, 494: "The power of self-determination is a *sine quâ non* of moral agency."

[18] See the edition of Edwards' Inquiry in the series The Works of Jonathan Edwards. Vol. 1. New Haven, Conn. [4]1973, 164, 195, 255f.

[19] "The will is as the greatest apparent good is, or volition [...] has always for its object the thing which appears most agreeable"; Inquiry, 143. See for the argument of the *reductio ad absurdum* 172–174, 193f.

in his concept man looses his freedom and so his responsibility. For how is it possible to blame somebody for a choice that he has made out of necessity? Edwards answers by making a distinction between natural and moral necessity. Natural necessity is a necessity of constraint. For instance, if you force somebody to drink liquor, although that person would prefer not to drink, it is for him a natural necessity to drink. This kind of necessity excludes freedom. By moral necessity Edwards means the inner necessity to obey the strongest appeal. For instance, an inebriate drinks liquor of necessity, not because he is constrained to do so, but because he cannot resist the appeal of liquor. This moral necessity is compatible with human freedom, for freedom exists in the absence of constraint: people are free when they are able to do what they choose to do. But then moral necessity is compatible with human responsibility too. For responsibility refers to every act that is executed in this freedom.[20]

For Edwards, natural and moral necessity correspond to natural and moral inability. For instance, if somebody is unable to murder his father because of physical circumstances, his inability is natural. But if a child is said to be unable to murder his father because of his great love and respect for him, moral inability is inferred. With this distinction Edwards defends the old calvinistic position that man is not able to turn convert from his sin unless he is touched by God's irresistable grace, against the Arminian reproach that in this way the sovereignty of God threatens human responsibility. For man's inability to turn from his sin is a moral matter: nobody is constrained to resist God against his own will; the fact is that sinners cannot resist the strong appeal of sin, and for precisely this reason they are accountable.[21]

It is this position of Jonathan Edwards that Finney rejects in unfolding his own view of the difference between nature and morality. His conviction that man has freedom of will is unshaken by Edwards' argument of the *reductio ad absurdum*. Finney's detailed discussion of the theme lacks a substantial argument against this. He regards the human power of self-determination as a matter of evidence; in his view, even people like Edwards, who deny it theoretically, are compelled to accept it on the level of practical morality.[22] A refusal of the concept of freedom of will leads inevitably to a refusal of human responsibility. Making a distinction between natural and moral necessity and inability cannot preserve Edwards from this consequence. For the notion of "moral necessity" is

[20] Inquiry, 156–159, 161–164, 269, 309f.
[21] Inquiry, 159f., 360, 362f., 427f.
[22] ST, 493f. Finney dedicates the pages 479–495 of his Lectures on Systematic Theology to the discussion with Edwards.

nothing other than regarding the will as determined by inclinations and desires. People do not act voluntarily when their choices necessarily agree with the strongest appeals. So in fact moral necessity coincides with natural necessity; both leave no room for voluntary actions. Also the distinction made between moral and natural inability is weak: it is just as unreasonable to blame a person for an inability that consists of failure to resist a particular desire as to blame him for being forced to commit a certain act. Moral inability also undermines the human freedom that is one of the pre-conditions for morality.[23]

Finney's dispute with Edwards has a practical background. He recognizes this anti-arminianism in the position of the Presbyterians of the Old School.[24] According to them a sinner is to such a degree enslaved to evil that he cannot convert to God, unless the Holy Spirit would remedy this inability. This concept has consequences for the view on revivals: if conversion were not an ability of man, nor a revival would be. So the church has to pray to God in deep humility: if it would not please him to give his Spirit in order to deliver sinners from their bondage to evil, conversions and revivals would never occur. Words fail Finney to criticize this "cannot-ism".[25] He accuses the Old School of regarding a sinner as a victim of destiny instead of a person who is guilty, and of unallowed passivity in promoting revivals. The notion of "inability" must be totally expelled, in order to do justice to human responsibility in matters of religion.[26]

The foregoing exposition is helpful to understand why Finney can say at the same time that revivals belong to the realm of nature and that they do not. Revival is a moral and not a natural event, in so far as religion has to do with freedom of will. For true religion consists in "the voluntary submission of the soul to the will of God".[27] Certainly, there is religiosity that consists in an intellectual conviction or in pious emotions. But such a religiosity often appears to be compatible with a notorious sinful way of life. Real christianity, therefore, is more than conviction and more than emotion; it is based on a choice, a conscious decision to consecrate one's life to God. Revivals of religion are disturbing that false religiosity, in which people are satisfied with their intellectual and emo-

---

[23] ST, 490f., 494f.

[24] The Presbyterians of the Old School found their theological centre in Princeton Theological Seminary. Here the Westminster Confession with its strict Calvinistic doctrine of election and predestination was defended, although the original Calvinism was mixed with the Scottish Common Sense Philosophy. See *John C. Vander Stelt:* Philosophy and Scripture. A study in Old Princeton and Westminster Theology. Marlton, N.J. 1978.

[25] See for this term LR, 380.

[26] LR, 316–318, 341, 353f.; cf. n. 8.

[27] LR, 411.

tional interest in God without being truly converted. So the central moment of revival is bringing about conversion, that is to say the fundamental change of life founded upon the decision to obey God. In this respect revival has a purely moral character, for making a decision is a matter of free will, and so of morality.[28]

In characterizing conversion as a matter of morality, Finney opposes the concept of conversion as a change of nature. He reproaches the Old School Calvinists to consider regeneration to be a physical intervention, "the creation of [...] new faculties or attributes of nature".[29] He objects to this theology that it supposes the natural inability of man to obey God, so depriving people from their religious responsibility. People are blamable for not making the decision of conversion, because such a decision belongs to their natural faculties: human constitution implies the ability of free agency. In this respect conversion and revival are "natural" and not miraculous events for Finney: both lie under control of man, because of his natural ability of self-determination.

Finney appears to use the notion "natural" in different ways: on the one side in opposition to the notion "supernatural", on the other side distinct from the notion "moral". Just because revivals of religion have a moral character, they are not supernatural but natural events. On the other hand, just because they suppose human reponsibility, they have a moral and not a natural character.

Yet an important question has gone unanswered. It has to do with the relation between freedom of will and human control of religion. Undoubtedly, if people are really free to choose, they are able to convert. In so far religious life lies under their control. But freedom of will implies too their ability to refuse conversion. If true submission to God consists in a free, contingent choice, it is anything but necessary that people decide to such a submission. So there seems to be an important difference between the sowing of a farmer and the work of an evangelist. The relation between the sowing of the seed and the coming up of the crop has a physical and so a necessary character. Between the preaching of the gospel and the aimed conversion, however, such a relation seems to be impossible because of the contingency of the latter. Yet, as we have seen, Finney observes in both cases the same "natural connection".[30] Apparently in his view there is a factor that prevents freedom of will from

---

28 LR, 399, 411, 413.

29 ST, 408. See also LR, 175, 411.

30 Finney seems to have seen the difficulty when he is writing: "It is true that religion does not properly belong to the category of cause and effect." However, the continuing sentence makes clear that the words "not properly" function hardly: "But although it is not caused by means, yet it has its occasion, and may as naturally and certainly result from its occasion as a crop from its cause"; LR, 14.

becoming pure contingent. That factor is reason, as will be shown in the next paragraph.

II

Moral life is as much governed according to a firm and unchangeable law as the world of nature. Freedom of will, the power of self-determination, is quite another thing than human autonomy. In their free decisions people are hold to obey the immovable rules of moral law, which has, just like physical law, an obligatory character. Of course, the kind of obligation of physical law, the law of necessity, is another than that of moral law, the law of freedom. Submission to the first is always forced; submission to the latter is voluntary. But refusal of submission does not suspend moral law; its obligation is affirmed by penalties.[31]

The binding character of moral law is based on its reasonableness. For it is reason who imposes moral obligation on man. Surely, Finney recognizes God to reveal moral law in the Bible; he considers Jesus' double commandment to love God and our neighbour (cf. Matthew 22:37–39) to be the summary of the rules for moral life.[32] But this biblical revelation is only an affirmation of rational understanding. The gospel proclaims the same message as reason does. For loving God and the neighbour is nothing else than promoting the highest well-being of God and of the universe.[33] This well-being is an intrinsic good, that forces upon the attention of rational beings as the fundamental principle of morality: corresponding to their experience that well-being is something good and misery something bad, people develop the rational sense that well-being in general is an intrinsic good that must be promoted. The concept of moral obligation is based on this idea of intrinsic values: every rational being recognizes, that it is right to increase happiness in the world, and that everybody has the duty to do so.[34] Finney concludes: "The idea of

---

[31] ST, 9, 19, 320. It is remarkable that *G. Ebeling* stresses in the same way the obligatory character of moral law by putting physical and moral law on a level; cf. Luther: Einführung in sein Denken. Tübingen [4]1981, 138–142.

[32] ST, 32, 44, 135.

[33] ST, 44f., 132, 135.

[34] "The experience of pleasure or happiness develops the idea of the valuable. [...] But for this faculty [i.e. the faculty of feeling; v.d.D.] the mind could have no idea of the valuable, and hence of moral obligation to will the valuable, nor of right and wrong, nor of praise-worthiness and blame-worthiness. [...] Moral obligation [...] always and necessarily implies the knowledge that the well-being of God and of the universe is valuable in itself, and the affirmation that it ought to be chosen for its own sake, that is, impartially and on account of its intrinsic value. [...] Simultaneaously with the development of the idea of the valuable the intelligence affirms, and must affirm, obligation to will it, or, which is, strictly speaking, the same thing, that it is right to will it, and wrong not to will it"; ST, 30. See also ST, 37, 132.

obligation, or oughtness, is an idea of the pure reason."[35] The same can be said about the content of moral obligation which is formulated in moral law: "Moral law is a pure and simple idea of the reason."[36]

This reasonable character of moral law throws light on its origin. Finney refers to moral law as the law of God: God is considered to be the supreme Law-giver.[37] But that does not mean that God has enacted his laws arbitrarily. He has prescribed the existing moral law because of its reasonable character.[38] His own intellect forced him to command human beings to promote the highest well-being of himself and of the universe. For God is a reasonable God; he cannot will something unreasonable.[39] God was not free to impose on man another moral law than the reasonable commandment of love. It would be in force, even if God had never enacted it.[40] In this regard moral law is independent of God's will. It is the law of God, in so far it is the law of reason.[41]

But if it is necessary for God to recognize the value of the highest well-being as an intrinsic good that deserves to be promoted, he has also to consider moral law to be the rule for his own action. Indeed Finney concludes that God – just like human beings – is obliged to promote the happiness of himself and of the universe because it is reasonable to do so. And just because he is a reasonable God, it is unimaginable that he would ever neglect this obligation to love. That is the meaning of the biblical truth that God is holy love: there is no difference in God between "ought" and "is"; all his acting is in entire conformity with moral law.[42]

---

[35] ST, 26. Cf. ST, 35: "Man, by a law of necessity, affirms himself to be under moral obligation. He cannot doubt it." This concept of moral obligation is developed by rational moral intuitionists like Samuel Clarke (1675–1729). See *W. D. Hudson:* Ethical Intuitionism. London ^{2}1970.

[36] ST, 14.

[37] ST, 9.

[38] "It is the unalterable demand of the reason, that the whole being [...] shall be entirely consecrated to the highest good of universal being, and for this reason God requires this of us, with all the weight of his authority"; ST, 12.

[39] "[Moral law] is an eternal and necessary idea of the divine reason"; ST, 11. Cf. ST, 802: "God [...] knows no law but what is given him by his own reason."

[40] "God has never proclaimed any other rule of duty, and should he do it, it could not be obligatory. The moral law did not originate in his arbitrary will. He did not create it, nor can he alter it, or introduce any other rule of right among moral agents. Can God make anything else right than to love him with all the heart, and our neighbour as ourselves? Surely not"; ST, 156. Cf. ST, 45.

[41] "Moral law [...] does not, and cannot originate in the will of God. It eternally existed in the divine reason"; ST, 11. Cf. the term "the law of reason and of God", ST, 184.

[42] "God's ultimate end, in all he does, or omits, is the highest well-being of himself, and of the universe. [...] This intention or consecration to this intrinsically and infinitely valuable end, is virtue, or holiness, in God and in all moral agents"; ST, 45. Cf. ST, 21, where *Finney* speaks about "our conformity to the same rule to which he [i. e. God] conforms his whole being". See also ST, 183: "God is love. This term expresses comprehensively God's whole moral character."

So his creation of the world is an act of love, for in creating the world God aimed to secure the highest well-being.[43] The increase of happiness is the design of the created world. This design can be recognized by science: "See whether everything you find in the universe is not calculated to produce happiness, unless perverted."[44] But especially the natural inclination of people to promote happiness proves, that God obeyed the commandment of love in his work of creation. God has created man in such a way, that he has a constitutional desire to reject injustice, to help the miserable, even to delight in the goodness of God.[45]

So moral law is, in a certain sense, law of nature. Man is not confronted with the commandment of love as a rule that is strange to his nature. On the contrary, the natural world is structured according to moral law, and therefore it can be recognized as perfectly appropriated to human life. In so far it has the same force as physical law: people go against the order of nature, when they do not obey moral law.[46]

It is because of this view on the rational and natural character of morality that Finney can consider revivals of religion to lie under human control. For the free decision of people to obey moral law is the crux of a revival. True religion and obedience to the double commandment of love are the same. Therefore it is not miraculous when people turn from sin: the decision to love God and their neighbour is a very rational and natural one. So the preacher of the gospel has a certain control of conversion: if he succeeds in proving the plausibility of religion, he may expect that people make the right decision.

The extreme methodical manner of evangelizing that Finney advocates, is rooted in this conviction that the free choice to submit to God is justified by reason and highly agrees with nature of man. Finney com-

---

[43] ST, 351f. Cf. ST, 45 where Finney regards the creation as one of God's "efforts of benevolence to secure the highest good".

[44] LR, 219. See also *Finney:* Skeletons of a Course of Theological Lectures. Originally issued in 1840 and edited by Bethany Fellowship. Inc. as The Heart of Truth. Minnesota 1976, 79: "Benevolence is every where manifest in the works of God. There is not only in every department of nature evidence of design, but of benevolent design. [...] The universe not only affords the highest evidence that the whole system of events sustain the relation of means to an end, but that this end is happiness."

[45] ST, 198, 202, 430. Finney observes this constitutional inclination to promote happiness even in the behaviour of animals. Cf. ST, 203: "Animals [...] will risk, and even lay down, their lives to give relief to one of their number, or to a man who is in misery."

[46] "[Moral law] must be the law of nature, that is, its precept must prescribe and require, just those actions of the will which are suitable to the nature and relations of moral beings. [...] Moral law is [...] the law which the nature or constitution of every moral agent imposes on himself, and which God imposes upon us because it is entirely suited to our nature and relations, and is therefore naturally obligatory upon us"; ST, 10, 12. This approach is characteristic for the concept of Ethical Intuitionism; cf. *Hudson,* Ethical Intuitionism [cf. n. 35], 4f.

pares the preaching of an evangelist with the pleading of a lawyer: both depend on the force of arguments and of refuting counter-arguments.[47] The conversion of people by means of manipulation of emotions was certainly not Finney's intention. Conversion has undoubtedly an emotional side, and the preacher has to take advantage of the emotional receptivity of his hearers to his message. What is more, he has to try to draw their attention by an exciting presentation and by working on their feelings.[48] The famous New Measures speak well for the importance of this emotional component of Finney's revivalism: in the Anxious Meetings, the Protracted Meetings and the Anxious Seat he exploits his insight into the psychological mechanisms belonging to the process of conversion.[49] But conversion cannot be reduced to those mechanisms. Just because true religion consists in a voluntary, rational decision to obey moral law, a purely emotional approach of sinners is not enough. The reasonableness of religion has to determine the strategy of the revival-preacher. He has to drive sinners into a corner by arguing and not by manipulation: their eyes must be opened for the truth of the gospel in such a way, that they regard their conversion as the only right decision they can make.[50]

A remarkable affirmation of Finney's estimation of rationality with regard to human responsibility for converting sinners can be found in his distrust of conversions from fear. Surely, he is convicted of the necessity to warn sinners against the terrible consequences of their inobedience to God. Like every law, moral law cannot be violated with impunity. God threatens the wicked with eternal death, in order to stress the absolutely obligatory character of his rules for moral action.[51] The comparison between the sinner and a dreamy walker who approaches unsuspectingly the precipice of the Falls of Niagara, makes it clear that the preacher of the gospel has to point out to sinners the danger of life in which they find themselves.[52] Even the tonality of his speech must give expression to the gravity of the situation, just as the organ-playing in the revival-

---

47 LR, 196f., 211, 213f., 219.

48 LR, 9–12, 181.

49 See for the New Measures LR, 262–268; *Gäbler,* Vernunft, Moral, Bekehrung [cf. n. 1], 25–27.

50 LR, 215.

51 ST, 316. In the opinion of Finney a law must have sanctions: "Precept without Sanction is only counsel or advice, and no law"; ST, 308. He distinguishes two kinds of sanctions of moral law: natural and governmental sanctions. Natural sanctions consist of happiness and misery resulting naturally and necessarily from obedience respectively disobedience. Governmental sanctions consist of God's reward and punishment of obedience respectively disobedience. Cf. ST, 307f., 310. Finney regards eternal death as "that state of endless suffering which is the natural and governmental result of sin"; ST, 314.

52 LR, 196.

meetings has to do.[53] The anxiety of a sinner concerning his guilt and his future state, is an important phase of the process of conversion.[54] Still fear of hell can never be the true motive for somebody to turn from sin. For conversion consists in obedience to the commandment of love, and love consists in increasing the highest well-being in the world. But somebody whose decisive motive for conversion is to escape hell, has made the choice to promote his own well-being and not that of God and of the universe. Such a choice is therefore not an indication of true conversion. "(The saint) is not influenced on the one hand by the fear of hell, nor on the other by the hope of reward. He [...] concerns himself only to promote the highest glory of God, and the good of being."[55] The true motive for conversion is not anxiety about one's salvation, but the insight that it is one's duty, one's obligation to submit to God.[56] With an almost Lutheran rigour Finney argues that somebody has to convert, "even if God would damn him because of his sins."[57] So the decision to submit to God has always to be motivated by rational considerations and not by emotions. Emotional pressure like the anxiety of the sinner about his salvation, has no other function than preparing that rational decision. The preacher has to make people feel that inobedience to moral law is unreasonable and therefore incompatible with human life.

Speaking on this methodical approach of sinners Finney uses the term "moral influence".[58] This term exactly determines human control of conversion and revivals. Because the submission to God is a moral act, only moral means – as opposed to physical force – are suited to convert people.[59] By these moral means Finney understands all the attempts to persuade people to obey the will of God. So moral influence consists in convincing somebody of the reasonableness of conversion. It follows that the free decision to submit to God and to do his will, although being an act of self-determination and not the natural and necessary result of being determined, is not really arbitrary. Such a decision can be brought forth by showing somebody the rational and natural character of moral law.

---

53 LR, 144, 134.

54 See the 17th Lecture on Revivals of Religion; LR, 333–360.

55 ST, 447.

56 Cf. for the terms "duty" and "obligation" LR, 9, 205, 340, 344, 378/79.

57 "Sometimes persons will strenuously maintain that they have committed the unpardonable sin. [...] In some such cases, it is a good way to take them on their own ground, and reason with them in this way; 'Suppose you have committed the unpardonable sin, what then? It is reasonable that you should submit to God, and be sorry for your sins, and break off from them, and do all the good you can, even if God will not forgive you. Even if you go to hell, you ought to do this'"; LR, 169.

58 Cf. LR, 280; ST, 425.

59 LR, 175; ST, 408.

The chance of success increases, according as the preacher is convincingly arguing and the hearer has a rational mind.[60]

In this way two curious consequences could be drawn. The first is that, if both the preacher and the hearer would be very rational, the chance of persisting inobedience would disappear. The second is that, if conversion would lie in such a high degree under human control, it would not be a work of God. However, Finney makes very clear that in his view both consequences are false. He takes full account of the possibility that people, although convinced of the reasonableness of obedience to God's law, finally refuse to convert. And he considers the work of God, especially the work of the Holy Spirit, to be essential for the process of converting sinners. For in his view rationality, the main condition for being converted, is the weakest point of man. In the next section will be shown that, according to Finney, the Holy Spirit has to enlighten human mind, just because reason often fails to dominate human behaviour.

III

Finney regards reasonableness as divine virtue. It is characteristic for God that he is perfectly reasonable. That can be shown by observing his sovereignty. Undoubtedly God is sovereign in the sense that his will is law. But the will of God is not arbitrary: in his willing God is always guided by reason. God's decisions and commands are right, not because he wills them, but just the reverse: he wills them, because they are right. God is not a Deus exlex, whose divine will determines what is right and what is wrong. God cannot will anything other than what is reasonable. Still this law of reason is not a law to which God is submitted, in the sense that there is a law above God. He is a law to himself, that is to say that his necessity to will what is reasonable is founded in his own divine nature. So, in other words, the divinity of God is determined by his reasonableness.[61]

Now human beings participate in this divine attribute. While animals are probably lacking it, the glory of man lies in his rational nature.[62] Still human beings can act very unreasonably, which is connected with the presence of sensibility in their life and with their freedom of will.[63] The relation between reasonableness, sensibility and freedom of will appears

[60] LR, 215.
[61] ST, 802, 803.
[62] ST, 28, 254.
[63] Finney's concept is based on the psychological model of three faculties in human mind: intellect, feeling, and will. Cf. ST, 27, 182.

to be the determining factor with regard to morality and religion. As aforesaid the freedom of will consists in the ability of self-determination: people can and must choose the motives by which they want to be driven. Essentially there are no more than two possibilities: in his moral behaviour man must decide to be motivated either by reason, or by sensibility.[64] Somebody who makes the latter choice, is consciously promoting his own well-being by gratifying his desires. Because of its voluntary character, this gratification must be discerned from a pure instinctive indulging of one's passions. The issue at stake is a moral behaviour that is determined by the ultimate intention to increase one's own happiness. The other possibility is making the choice to do what is reasonable. In that case man is dedicating his life to the promotion of the well-being of God and of the universe.

It is clear that this dilemma represents the moral antithesis "right or wrong", "obedience to God's law or sinful selfishness". But the question is, whether the choice for gratifying one's desires is necessarily wrong. Surely, in so far as somebody decides to be motivated in his moral behaviour by the passion to be happy, he is making an unreasonable and therefore a sinful choice. For because someone's personal happiness is endless less valuable than that of God and of the universe, it is not reasonable to prefer the promotion of the first to that of the latter.[65] But sometimes the gratification of desires seems to be in line with moral law, for example if somebody decides to act in accordance to his constitutional desire to help the miserable. Is such a promotion of the well-being of the universe really sinful, only because of a lack of reasonable motivation?

Finney is answering the question in the affirmative. In his view every moral act that is motivated by sensibility, even if it results in the promotion of well-being of God and of the universe, fails to be true obedience to moral law. For – in the first place – moral obligation concerns the intention to promote the well-being of God and of the universe as an intrinsic good. So true love is motivated by the rational consciousness that the happiness of one's neighbour deserves to be promoted.[66] However, somebody who decides to promote the well-being of his neighbour only because of feelings of affection and compassion, appears to have another intention than to do what he ought to do: he aims at gratifying

[64] ST, 182.

[65] ST, 136, 141, 189. Finney does not deny that someone's personal happiness has a relative value. He recognizes that its promotion is allowed, but only on the condition that the promotion of the happiness of God and of the universe is not damaged by it. "Selfishness [...] is seeking to gratify the desire of personal good, in a manner prohibited by the law of God"; ST, 243. Cf. ST, 141: "Every sin [...] consists in preferring self-gratification, or self-interest, to the authority of God, the glory of God, and the good of the universe."

[66] ST, 39, 135, 191.

his desire. His love is not motivated by the rational consciousness of the intrinsic good of his neighbour's happiness, but by "blind" feeling. Just because of this lack of intelligent consideration, the decision to follow impulses can impossibly be in accordance to moral obligation.[67] In the second place this impossibility is connected with the instability of emotions and impulses. Obedience to the law of God supposes constancy in aiming at the promotion of the well-being of God and of the universe.[68] However, feelings of compassion and love are of a temporary nature. So people whose conversion is caused by emotions appear to lack the required steadfastness in religion. On the other hand: impenitent sinners are sometimes contributing to the happiness of other people in a burst of generosity, without being really dedicated to their well-being. Only love that is rooted in conviction of the truth will hold out. Such a conviction supposes rational understanding.[69]

In this way Finney considers the choice between following impulses and listening to reason to be the decisive moral and religious dilemma. That is why in his view obedience to moral law depends on preponderance of reason over sensibility. But that is exactly the weak point. For otherwise than God, who makes always and necessarily the right choice because his nature is reasonable, human beings are concerned with such a strong developed sensibility that they do not always succeed in resisting their desires and passions. On the contrary, very strong efforts are needed to decide to listen to reason instead of following impulses.

So human condition for moral life is absolutely unfavorable. But that is not due to human nature in itself. Finney recognizes the moral depravity of man, that is to say that man has lost his original moral integrity.[70] Before the Fall, Adam did not have any problem with deciding to obey the law of reason. It was not difficult for him to resist his desires and impulses, because his susceptibilities were unperverted.[71] But when mankind fell into sin, human mind became disturbed: desires and passions developed very strongly, with the result that their influence became out of proportion.[72] Add to this that reason is also in arrear of sensibility

[67] "To will the good of my neighbour, or of my country, and of God, because of the intrinsic value of those interests, that is to will them as an end, and in obedience to the law of reason, is virtue; but to will them to gratify a constitutional but blind desire, is selfishness and sin. The desires terminate on their respective objects; but the will, in this case, seeks the object not for their own sake, but because they are desired. [...] This is making self-gratification the end after all"; ST, 258. Cf. ST, 219: "When the will is governed by mere feeling in willing the good of others, this is only the spirit of self-indulgence."

[68] ST, 224.

[69] ST, 224, 433/434, 435.

[70] Finney discusses this theme in the Lectures 38–41 of his Lectures on Systematic Theology.

[71] ST, 375, 400, 401.

[72] ST, 371, 373, 384, 397.

because of the personal development of human beings. When a man is born, his reason is only a dormant ability; only after some time he begins to become a reasonable being. So infants and little children cannot choose between reason and sensibility as motives for their acts; automatically they are gratifying their desires. That is to say, that they are no moral beings, until the moment that their reason begins to function and the idea of moral obligation awakes![73] But at that moment human beings are already so in the habit of following their impulses, that reason fights a losen battle in trying to influence their will.[74]

So human reasonableness is very weak, partly as a result of the monstrous development of sensibility after the Fall, partly because of the habit of human beings, learned during their childhood, to gratify their passions and desires. In this way Finney explains the power of sin and the obstinacy of sinners to convert: it is very difficult for a man to master his passions and to be guided to reason.[75] His anthropology is in a certain sense pronouncedly pessimistic: he observes the tremendous impact of sensibility on the behaviour of man and has no illusions about human willingness to listen to the pure voice of the reasonable God.[76] He is even granting that nobody will convert without the regenerating work of the Holy Spirit. Moral depravity is universal and radical: everybody has lost the original reasonableness of mind, and will therefore decide to gratify his desires, unless the Holy Spirit helps him to choose what is reasonable.[77]

The resemblance of this view on moral depravity to the conception of human inability to convert is striking. However, Finney observes an important difference. He refuses to interprete the fact that nobody will convert without the help of the Holy Spirit, as an indication of human inability to control sensibility. Although it is sure that unregenerate people will never break from their habit to gratify their desires, it is not

[73] "We are unable to say precisely at what age infants become moral agents. [...] Reason is developed in one earlier than in another"; ST, 402. Cf. ST, 388: "Infants are no more subjects of moral government than brutes are."

[74] ST, 397, 401.

[75] Finney describes the attachment of sinners to sin and their trouble with conversion in LR, 174, 175.

[76] *Leonard I. Sweet* is right when he concludes: "Within Finney there dwelled an optimist and a pessimist. An optimistic conception of human ability and responsibility formed one cornerstone of Finney's thought. The other was Finney's pessimistic sense of human sinfulness." The View of Man Inherent in New Measures Revivalism. In: ChH 45, 1976, 207.

[77] "Who ever saw one unregenerate human being that was not selfish, that did not obey his feelings rather than the law of his intelligence, that was not under some form, or in some way, living to please self? Such an unregenerate human being, I may safely affirm, was never seen since the fall of Adam"; ST, 375. Cf. ST, 501: "The question is not whether, as a matter of fact, men ever do obey God without the gracious influence of the Holy Spirit. I hold that they do not."

necessary. They are not unable, but unwilling to listen to reason.[78] In fact Finney accepts the Pelagian position: mankind needs the help of the Holy Spirit to overcome sin, not as a result of a constitutional defect, but because of his unwillingness to change a fixed habit.[79]

Corresponding to this concept of moral depravity, Finney regards regeneration as a moral and not as a physical change. It is clear that regeneration does not consist in the creation of new faculties: if man has not lost his natural ability to submit to God, such a creation is out of order. It is also clear that regeneration is a change of heart: it consists in the change from selfishness to disinterested benevolence.[80] Such a moral change is the result of co-operation of God and man. For on the one hand the sinner himself is responsible for his regeneration, because he is able to change his ultimate intention.[81] On the other hand regeneration is a work of the Holy Spirit. For he has to make mankind willing to obey the reasonable law of God by his divine moral influence. He is arguing with sinners in such a way, that the truth of the gospel grows upon them and the influence of sensibility is declining. The Spirit helps people to overcome the force of habit, by repelling sensibility and enlightening their intellect.[82] So the spear-head of the regenerating work of the Holy Spirit is the reinforcement of the position of reason in human mind.[83]

---

[78] ST, 384, 397, 470; LR, 207, 317f. Finney recognizes that there are biblical passages like Joshua 24:19, Jeremiah 13:23 and Romans 7:15–23 that seem to indicate the inability of man to change his behaviour and to obey God's commands. But in his view this biblical "cannot" has the sense of "will not": "When the Bible speaks of our inability to comply with the commands of God, all that can be intended is, that we are so unwilling that, without divine persuasion, we, as a matter of fact, shall not and will not obey"; ST, 507. Cf. ST, 517–520.

[79] Finney claims to reject the Pelagian position. He advances that denying the conception of moral depravity as a constitutional defect that must be remedied by "physical" regeneration, does not include automatically a negation of the necessity of the gracious regenerating work of the Holy Spirit; ST, 422; cf. 511. But that is not the point: Pelagianism does not deny that mankind shall never convert without the gracious help of the Holy Spirit; it is characterized by its conviction that moral depravity is not due to corruption of human nature. Cf. *Ekkehard Mühlenberg* on Pelagius. In: Handbuch der Dogmen- und Theologiegeschichte. Bd. 1. Göttingen 1988 (Studienausgabe), 447–450. This rejection of the doctrine of original sin is the exact position of Finney! Cf. ST, 378, 382, 392f.

[80] ST, 425.

[81] Cf. chapter 42 of the Lectures on Systematic Theology, especially the sections VII, VIII and IX.

[82] "The sensibility [...] retards, and in a great measure prevents, the development of the ideas of the reason which were designed to control the will. It is this morbid development that the Holy Spirit is given to rectify, by so forcing truth upon the attention, as to secure the development of the reason. By doing this, he brings the will under the influence of truth"; ST, 404. Cf. ST, 380, 397, 636.

[83] Cf. ST, 401: "Without divine illumination, the moral character will of course be formed under the influence of the flesh. That is, the lower propensities will of course influence the will, unless the reason be developed by the Holy Spirit."

However, according to Finney the moral influence of the Spirit does not always and necessarily result in the conversion of sinners. People are free to resist the Spirit. The impenitence of sinners must be understood as such a resistance: it is persisting in sin, in spite of the clear consciousness of duty that has been accomplished by divine illumination.[84] Of course, this defiance of the Spirit in obstinately choosing the gratification of one's desires is extremely unreasonable.[85] But it is inherent to the freedom of will that people can decide to act so unreasonably: if they would not be able to resist the divine persuasion, they would not have the power of self-determination. So regeneration is the real result of co-operation of God and man. God can help a sinner to do his duty, but he cannot take his place in doing his duty.[86] If somebody refuses to listen to reason, God is not able to accomplish the change of his heart.[87] But that is to say that God is not able to save sinners, if they would make the unreasonable choice of selfishness in spite of the illumination of the Spirit. Finney indeed takes this consequence for his account; in his view the Spirit has sometimes to give up the struggle for the salvation of man.[88]

IV

There is a dramatic touch about this result. The very freedom of will, considered to be the decisive factor with regard to human control of religion, and therefore so passionately defended by Finney, seems to frustrate the promotion of revivals. For the divine force of reason, being constitutive for the methodic process of converting people, is not inevitably determining human decisions. In the ultimate it is not reason, but the ability of self-determination that is dominating moral life of human beings. Finney's anthropology is essentially voluntaristic. As such it affirms only the anxiety of Jonathan Edwards that drove him to write his Inquiry. For Edwards opposed the Arminian claim that mankind has a free will, because he considered God's sovereignty threatened by it. And that is the exact tendency of Finney's theology: just because of his vol-

---

[84] ST, 526; LR, 378/79. Cf. ST, 262, where Finney describes the "hardening of the heart" as the "resistance to benevolence or to the demands of the intellect in view of it".

[85] Cf. ST, 254/55.

[86] Cf. LR, 207.

[87] Cf. section IX of chapter 42 of the Lectures on Systematic Theology.

[88] "Where the truth is made perfectly clear to the sinner's mind, and all his errors are torn away, if he does not soon submit, his case is hopeless. Where the truth is brought to bear upon his mind, and he directly resists the very truth that must convert him, there is nothing more to be done. The Spirit will soon leave him, for the very weapons he uses are resisted. [...] If you do not submit, you may expect the Spirit of God will forsake you, and you are LOST"; LR, 378/79.

untaristic teaching on man, he regards God as dependent on human willingness to listen to reason.[89] Man, in his freedom of will, seems to have the final word with regard to salvation.

However, that freedom of will is not consequently sustained by Finney. In the first place must be recalled to mind that he considers the under-development of reason to be an important contribution to moral depravity. That is to say, that there is a relation between moral depravity and physical depravity.[90] Surely, Finney maintains that moral depravity can never be reduced to physical depravity; man is always responsible for his moral decisions. Therefore regeneration must be understood as a moral and not as a physical change. Nevertheless, the regenerating work of the Holy Spirit is necessary because of that physical depravity: he has to rectify a morbid development by which human mind is out of balance![91] Finney maintains that the necessity of regeneration has nothing to do with the supposed inability of the sinner to obey to reason, but his argument is not convincing: according to his concept of moral depravity there is a real constitutional deformation that affects freedom of will. The Holy Spirit has to make natural man really free to choose what is reasonable. Besides Finney recognizes such a strong unwillingness of natural man to break from the habit to gratify his desires, that the Holy Spirit has to intervene in order to make him willing. This unwillingness seems to be nothing other than Edwards' "moral inability": the unregenerate sinner cannot overcome his passions, because he does not will! In the second place must be observed that in Finney's view freedom of human will has a powerful opponent in the reasonableness of God. Concerning the relation between reason and will, Finney's theology is just the converse of his anthropology. While in human moral life free will is the dominating factor, reason is essential for God's morality. Finney recognizes the freedom of divine will,[92] but it does not really function. For unlike man God will never take any unreasonable decision and never make the gratification of his desires his ultimate intention. On the contrary, in his willing God is always guided by his infinite reason. Surely, there is no natural necessity that forces him to listen to reason. But on the other hand it is unimaginable that God would will anything unrea-

---

[89] According to Finney God is in different ways dependent on man. There is not only the fact that the Holy Spirit can lose the battle for somebody's salvation; Finney stresses also God's inability to bring about revivals of religion, if the church does not do her duty; cf. LR, 152, 153, 280.

[90] ST, 397.

[91] "All men who seriously undertake their own reformation find themselves in great need of help and support from the Holy Spirit, *in consequence of the physical depravity of which I have formerly spoken*"; ST, 520 (the italics are mine, v.d.D).

[92] The Heart of Truth [cf. n. 44], 167.

sonable, because it is unimaginable that he would sin. So Finney's teaching on God is rationalistic and not voluntaristic.

But that is to say that all the works of God are strictly reasonable. In everything he does, God is guided by the reasonable consideration that the highest well-being of being must be promoted. Not only the creation, but also the salvation proves God's reasonableness. So he gave his Son to die for sinners, because "he foresaw that, by making this sacrifice himself, he could secure to the universe a greater good than he should sacrifice."[93] Of course the question arises whether it would not have been more reasonable, if God would have avoided the presence of sin in his creation. Finney's answer is interesting. In his view it is not sure that a world without sin would have resulted in a greater amount of happiness than our world. For sin has one great "advantage": it affords God the opportunity to develop his benevolence in an overwhelming way.[94] Now presence of sin is connected with free will of mankind. Therefore God has acted really reasonably in creating human beings that are free to choose what is unreasonable. For the creation of moral beings who are free to sin, served his design to promote happiness. Freedom of will functions within a strictly reasonable system.

So the tension between freedom and reason is getting too much for Finney. According to him the decisive factor in history is not human freedom, but divine reason. Ultimately it is not human arbitrariness that governs the world, but God's perfect reasonableness. In his providence God uses wrong decisions of men to attain his end.[95] Therefore the danger that man in his freedom will put a spoke in the wheel of God's reasonable management of the world, does not exist. The sovereignty of man in his self-determination is no match for the sovereignty of God in his reasonableness. Finney's voluntaristic anthropology is kept under control by his rationalistic theology.

---

[93] ST, 220. Finney defends the necessity of the sacrifice of Christ by referring to public justice: forgiveness of sin without atonement would undermine the authority of moral law; cf. ST, 320–325.

[94] ST, 216. Cf. ST, 334: "Sin has afforded an opportunity for the highest manifestation of virtue in God: the manifestation of forbearance, mercy, self-denial, and suffering for enemies."

[95] "His infinite knowledge enabled him [i. e. God; v.d.D.] to select an end and means, that should consist with and include the perfect freedom of moral agents. The subjects of his moral government are free to obey or disobey, and take the consequences. But foreseeing precisely in all cases how they would act, he has laid his plan accordingly, so as to bring out the contemplated and desired results" ST, 802/803.

Martin Brecht

Zur Konzeption der Geschichte des Pietismus

Eine Entgegnung auf Johannes Wallmann

In Pietismus und Neuzeit 20, 1994, 218–235 hat sich Johannes Wallmann mit der Konzeption des ersten Bandes der neuen „Geschichte des Pietismus“ (Göttingen 1993) auseinandergesetzt. In wohl nicht ganz geglückter Bildwahl hat er dabei als Titel „Fehlstart“ gewählt, weil er nicht gerade von einem Scheitern des Unternehmens einer ausführlichen neuen Darstellung des Pietismus reden wollte. Ein Fehlstart würde besagen, daß das Vorhaben nochmals neu begonnen werden muß. Dieser Meinung bin ich natürlich nicht, zumal der Vogel mit dem 1995 erschienenen zweiten Band munter fliegt. Zutreffend ist, daß die Konzeption der „Geschichte des Pietismus“ zeitlich und geographisch den Pietismus weiter als zumeist üblich faßt. Darum geht der Streit in der Sache.

Von der bisherigen Historiographie her läßt Wallmann skeptisch offen, ob es tunlich sei, die Darstellung des Pietismus auf das 19. und 20. Jahrhundert auszudehnen (218f.). Vom Selbstbewußtsein der betroffenen Gruppen her dürfte sich dies jedoch als berechtigt erweisen und wesentliche Kontinuitäten und Zusammenhänge besser als bisher erkennen lassen.[1]

Die eigentliche Differenz betrifft das Problem, wann der Anfang des Pietismus anzusetzen sei (220–222). Wallmanns Unterscheidung zwischen einem Pietismus im weiteren Sinn, der mit der Arndtschen Frömmigkeitsbewegung einsetzt, und einem mit Spener beginnenden Pietismus im engen und spezifischen Sinn hat zwar Anklang gefunden, ist jedoch nicht nur von mir allein, sondern von den Herausgebern der „Geschichte des Pietismus“ gemeinsam bewußt nicht übernommen worden, weil es un-

[1] *Wallmann* zeiht mich hierbei der Inkonsequenz wegen meines in anderem Zusammenhang verfaßten Aufsatzes „Der Spätpietismus – ein vergessenes und vernachlässigtes Kapitel der protestantischen Kirchengeschichte“ (PuN 10, 1984, 124–151), der den deutschen Pietismus am Ende des 18. Jahrhunderts behandelt. Dem Rezensenten ist allerdings entgangen, daß ich bereits 1985 in einem weiteren Aufsatz „Spätpietismus und Erweckungsbewegung“ (in: *Ulrich Gäbler, Peter Schram:* Erweckung am Beginn des 19. Jahrhunderts. Amsterdam 1986, 1–22; hier: 5f.) statt der Bezeichnung „Spätpietismus“ den Ausdruck „nachaufklärerischer Pietismus“ vorgeschlagen habe. Im zweiten Band der „Geschichte des Pietismus“ wird die Bezeichnung „Spätpietismus“ vermieden.

befriedigend ist, die reiche Frömmigkeitsgeschichte großer Teile des europäischen Protestantismus im 17. Jahrhundert lediglich als Vorgeschichte einer späteren Epoche zu begreifen. Diesem Problem muß sich die Kirchengeschichtsschreibung stellen, will sie zu einem angemesseneren Verständnis des 17. Jahrhunderts kommen.[2] Überdies fordert das gleichzeitige Aufkommen der Frömmigkeitsbewegungen in England, den Niederlanden und Deutschland eine synoptische Erklärung. Die Herausgeber der „Geschichte des Pietismus" haben sich bemüht, eben dafür eine Konzeption zu entwickeln. Daß die Konzeption Wallmanns faktisch davon doch nicht sehr weit abliegt, zeigt sein gleichfalls in PuN 20, 1994, 11–27 veröffentlichter Vortrag „Was ist Pietismus?". Verglichen mit den dortigen Ausführungen wird die Schärfe von Wallmanns Kritik an der „Geschichte des Pietismus" noch unbegreiflicher.[3]

Das Kapitel über den Puritanismus hätte auch ich mir stärker frömmigkeitsgeschichtlich orientiert gewünscht. Da es die letzte vor dem Tod Klaus Deppermanns fertiggestellte Arbeit war, konnten keine Modifikationen mehr erfolgen. Das Desiderat bleibt bestehen, obwohl man Deppermanns Kompetenz hinsichtlich des Puritanismus nicht indirekt in Frage stellen sollte (220). Durch das Kapitel über die „Frömmigkeitsbestrebungen in den Niederlanden" fühlt sich der Rezensent triumphierend bestätigt, daß es sich dabei nicht um Pietismus handle, weil der Terminus nicht begegne (223f.). In der Tat haben sich in den Niederlanden wie im Puritanismus eigene Begrifflichkeiten ausgebildet, die nunmehr abzuschaffen in keiner Weise angebracht wäre. Dennoch drängt sich die Frage auf, ob zwischen der niederländischen und der deutschen Frömmigkeitsbewegung nicht wesentliche Gemeinsamkeiten bestehen und in welchen größeren Zusammenhang auch die niederländische Frömmigkeitsbewegung einzuordnen sei. Doktrinär auf derselben Terminologie zu insistieren, ist für eine komparative Kirchengeschichte wohl nicht angemessen. Ähnlich verhält es sich mit den Einwänden hinsichtlich des reformierten Pietismus, dessen Darstellung erst mit 1650 einsetzt (224). Ob und in welcher Ausprägung es davor eine Frömmigkeitsbewegung in der reformierten Kirche gegeben hat – man denke beispielsweise nur an Comenius –, bleibt offen. Jedenfalls ist damit kein prinzipieller Einwand gegen die Gesamtkonzeption gegeben. Eine entsprechende Problematik besteht nochmals hinsichtlich des Spiritualismus des 17. Jahrhunderts (224–226). Ich bin tatsächlich der Meinung, daß es

[2] Das heißt noch lange nicht, wie konsequenzenmacherisch unterstellt wird, daß damit „die gesamte deutsche Kirchengeschichte des 17. Jahrhunderts für den Pietismus in Beschlag" genommen wird (224f.).

[3] In dem genannten Beitrag wird S. 22 zutreffend behauptet, daß *J. Arndt* nicht zum Bibellesen aufgefordert habe. Allerdings hat sein 1623 postum veröffentlichtes und dann vielfach nachgedrucktes „Informatorium Biblicum" möglicherweise doch in dieser Richtung gewirkt.

sich dabei sozusagen um die erste Phase des radikalen Pietismus handelt, zu dessen späteren Ausprägungen ja auch zahlreiche Verbindungen bestehen. Allerdings wurde auch in diesem Fall die bisherige Terminologie bestehen gelassen. Trotz dieses behutsamen Vorgehens dürfte die Anlage der Darstellung durchsichtig sein und nicht im Gegensatz zu Hans Schneiders Beschreibung des radikalen Pietismus stehen.

Abgesehen von den Einwendungen gegen Deppermann konzentriert Wallmann seine Kritik ganz auf mich, weil ihm möglichst an einer Destruktion der vertretenen Konzeption liegt, die man „getrost wieder vergessen" könne (227). Weil für die Arndtsche Frömmigkeitsbewegung der Begriff Pietismus sparsam verwendet wird, folgert Wallmann erneut, daß dabei nicht die Geschichte des Pietismus, sondern nur dessen Vorgeschichte geboten werde, ohne daß Argumente, die für die Konzeption sprechen könnten, in Betracht gezogen werden (226f.). Im Kern ist die Verhältnisbestimmung von Arndtscher Frömmigkeitsbewegung und lutherischer Orthodoxie strittig (230–233). Ich habe beide näher als bisher üblich aneinandergerückt, um einem verbreiteten Frömmigkeitsklima innerhalb des damaligen Luthertums besser gerecht zu werden, wie es z. B. im damaligen Kirchenlied breit zum Ausdruck kommt. Wallmann hat es unterlassen, darüber zu informieren. Seine punktuellen Einwände dagegen sind zwar nicht zu bestreiten, verfangen aber schwerlich insgesamt. Daß es erst relativ spät zum Konflikt zwischen der lutherischen Orthodoxie und Spener kam, läßt sich von meiner Sicht der Dinge her gut erklären. Jedenfalls wird man den Pietismus im Kern nicht doktrinär auf Speners *Hoffnung besserer Zeiten* und die *ecclesiola in ecclesia* reduzieren dürfen, sonst würde nicht nur die Arndtsche Frömmigkeitsbewegung, sondern beispielsweise auch A. H. Francke mit Halle weitgehend aus dem Pietismus herausfallen. Es wäre ein Rückschritt, den Pietismus ausschließlich von Spener her zu definieren. Die auf Arndt zurückzuführende Intensivierung und Perfektionierung der christlichen Existenz ist aus dem geistigen Bestand des Pietismus nicht wegzudenken. Ob es angeht, die Rezeption der augustinisch-bernhardinischen Mystik im Luthertum von der Arndtschen Frömmigkeitsbewegung prinzipiell zu trennen, wage ich zu bezweifeln (233). Hierbei handelt es sich doch um denselben Traditionszusammenhang. Wallmann korrigiert mich zu Recht, weil ich einer falschen Empfängerzuweisung in der Spener-Reprintausgabe aufgesessen bin. Hinsichtlich der Einschätzung, daß die Pia Desideria nur eine reservierte Aufnahme gefunden haben, kann ich keine Differenz zwischen uns sehen (233f.). Schließlich schlägt Wallmanns Kritik eigentümlich um und wendet sich gegen die von mir behauptete Abgrenzung des Pietismus vom Katholizismus (234f.). Unbestritten ist, daß es von seiten katholischer Frömmigkeit Berührungen und Beeinflussungen gegeben hat. Dies ändert nichts an der Tatsache, daß der Pietismus insgesamt bei seiner dezidierten Ablehnung der römischen Kirche geblieben ist.

Daß von einem so ausgewiesenen Kenner des Pietismus wie Wallmann manche Einzelheiten korrigiert werden würden, stand zu erwarten und sei ihm gedankt. Den abschätzigen Tenor dieser Kritik habe ich allerdings nicht immer als fair empfunden. Die Vereinheitlichung der Beiträge, was Form oder Namensschreibung anbetrifft, ist nicht immer geglückt, wurde jedoch teilweise im Register ausgeglichen. Daß ein Eingehen auf die Forschungsgeschichte am Anfang wünschenswert gewesen wäre, ist verständlich (220). Die Entscheidung, sie erst im letzten Band zu bringen, dürfte jedoch angesichts der Vielzahl der Mitarbeiter und ihrer Ansätze vertretbar sein. Eine Unterstellung ist es, daß ich als Herausgeber in meinen Beiträgen an keine Umfangsbegrenzung gebunden gewesen sei (228). Ich habe mich vielmehr einigermaßen an die Vorgaben gehalten. Die Entscheidung, die Arndtsche Bewegung, Spener und Francke ausführlicher als die anderen Themen zu behandeln, wurde vom Herausgebergremium getroffen und läßt sich vom Interesse eines vorwiegend deutschen Publikums her wohl auch rechtfertigen. Daß dabei hinsichtlich der Entfaltung wegen des begrenzten Raums oder auch wegen fehlender Erschließung auch Wünsche offen bleiben, ist zuzugestehen. Hinsichtlich des radikalen Pietismus dürfte der zweite Band eine Kompensation bieten. Was Spener in seinen unterschiedlichen Angaben über das Aufkommen der Bezeichnung Pietismus jeweils gemeint hat, darüber wird man sich nochmals verständigen müssen (229). Für die Briefe Speners an Rechenberg sind die Daten korrekt angegeben, allerdings sind die Briefe im Leipziger Manuskript nicht chronologisch geordnet (229).

Es ist das historiographische Verdienst Wallmanns, sich um eine klare Konturierung der Specifica des Spenerschen und Frankfurter Pietismus bemüht zu haben. Dies darf jedoch nicht dazu führen, daß Spener innerhalb der Geschichte der lutherischen Kirche des 17. Jahrhunderts und ihrer Frömmigkeit isoliert wird. Hier muß hinsichtlich der größeren Zusammenhänge die Diskussion über die unterschiedlichen Deutungsmodelle weitergeführt werden.

Markus Matthias

Wann starb Johann Wilhelm Petersen?

Der von Arndt Ruprecht herausgegebene Pfarrerkalender bietet (seit 1995) als Gedenk- und Todestag von Johann Wilhelm Petersen (*1649), der als einflußreiche kirchenhistorische Person wiederentdeckt wird, eine Alternative an: den 31. Dezember (1726) oder den 31. Januar (1727). Diese Unentschiedenheit geht gestandenermaßen auf mich selbst zurück, da ich seinerzeit Arndt Ruprecht auf seine Anfrage hin beide Termine als in der Historiographie begegnend genannt habe.

Während nämlich bis in unsere Tage als Todesdatum Petersens der 31. Januar 1727 feststand, hat Hans-Jürgen Schrader in seinem Petersen-Artikel im Biographischen Lexikon für Schleswig-Holstein dieses Datum auf den 31. Dezember 1726 korrigiert.[1] Ihm ist die Forschung, sofern sie Schraders Artikel kannte, gefolgt.

Der Unterschied von einem Monat wäre nicht weiter problematisch, läge dazwischen nicht der Jahreswechsel, so daß man sich auch bei ungenauerer Angabe der Lebensdaten in Jahren für ein Datum entscheiden muß.

Schrader stützt sich bei seiner Neudatierung auf einen Brief von Petersens Bruder, Heinrich Petersen, an August Hermann Francke, datiert Loburg, den 14. Februar 1727, von Theodor Wotschke abgedruckt in seinem Aufsatz „Joh. Wilh. Petersen und die hallischen Theologen“[2]. Das Original des Briefes liegt in der Staatsbibliothek Berlin – Preußischer Kulturbesitz (Nachlaß Francke, Kapsel 16,2).

Heinrich Petersen teilt darin Francke mit:

„Ich muß aus wehmütigem Gemüthe berichten, daß der höchste Meinen L[ieben] Bruder den 31: Xbr: ca. seelichlich von dieser betrübten welt zu sich genomen, und ist darauf den 2. Januarij in sein Gewölbe auf den Thümer bey seiner im leben liebgewesene Johanna dem leibe nach zur Verwesung bey gesetzet worden ...“

Dieses Zeugnis erscheint eindeutig und läßt kaum einen Zweifel an dem von Schrader festgestellten Todesdatum. Einzig die Abkürzung „ca.“ nach dem Todesdatum könnte Zweifel an der Zuverlässigkeit des

1 BLSH 5, 1979, 202–206.
2 ZKG 49 (NF 12), 1939, 382–385.

immerhin schon in hohem Alter stehenden Heinrich Petersen aufsteigen lassen. Sinnvoll ist die Abkürzung nur, wenn man sie gegen die verbreitete Gewohnheit nicht mit „currentis anni" („des jetzt laufenden Jahres"), sondern mit „cessi anni" („des verwichenen Jahres") auflöst.

Nun befindet sich im Archiv der Franckeschen Stiftungen in Halle a.S. (A 114, Bl. 275f.) ein „Extract aus H[errn] P[astor] Titschers Briefe d[atum] d[en] 3ten febr. 1727", geschrieben in Klein-Lübars, einem Ort ca. 35 km östlich von Magdeburg. In dem Schreiben heißt es:

„Es hat dem HErrn gefallen am abgewichenen Freytag [31.1.1727] Abends nach 8. Uhren, unsern l[ieben] alten Dr. Petersen, aufzulösen u[nd] in s[eine] ewige Herrlichkeit zuversetzen, wie denn gestern als am 2.ten febr. Abends nebst dem Loburg[ischen] Inspectore ich ihn ohne alle ceremonien in sein Gewölbe begleitet, u. neben seiner lieben Johanna beysetzen laßen.

Verwichenen Dom. II. Epiph. [19.1.1727] kam er noch nach meine Filial mich zu sprechen, ward aber, da er mit mir alda speisete, so unmächtig, daß ich ihn in den Wagen als einen fast entseelten hinein heben, u. also verhüllet fortschicken mußte, als wenn er den Augenblick den Geist aufgeben würde. Er erholete sich aber wieder den Montage drauf, und wolte am Mittwoch noch zur motion einmal ausfahren, welches ihm aber sein Paechter wiederrathen hatte. Bettlägrig ist er etwa 2 tage gewesen, worinnen er große angst gehabt bis er endlich angefangen Blut auszuwerfen, welcher Auswurf so starck worden, daß er nichtes reden als nur den Nahmen Jesus immer ausrufen können. Bis er in solchen Blut röcheln geblieben.

Wohl uns so wir in warheit mit ihm sagen können: Dieweil ich lebte war ich dein, nun kan ich keines andern seyn! oder nach des seel. Mannes übersetzung: dum viverem eram tuus, nunc ego sim alterius?"

Welche Quelle verdient mehr Glaubwürdigkeit, das im Original überlieferte Schreiben des Bruders oder die Abschrift aus dem Brief des den Toten zu seiner letzten Ruhestätte begleitenden Geistlichen?

Während nach der äußeren Quellenkritik die Primärquelle, also das Schreiben des Bruders, zu bevorzugen wäre, spricht neben der obengenannten Schwierigkeit eine Reihe von inhaltlichen Gründen für die Glaubwürdigkeit des Briefextraktes:

1. Beide Mitteilungen datieren nach dem 31. Januar 1727, womit ein entscheidendes Kriterium zugunsten der erstgenannten Quelle entfällt.

2. Der Pastor Paul Titscher[3] hat offenbar zusammen mit dem Inspektor

[3] *Paul Titscher*, geb. in Arneburg/Mark Brandenburg; nach dem Studium in Halle 1710–1746 Pastor in Klein-Lübars, gest. 9.10.1746. – Klein-Lübars war seit 1535 eigenständige Pfarrstelle, heute zum Kirchspiel Lübars gehörig (frdl. Mitteilung der Forschungsstelle: Pfarrerbuch der Kirchenprovinz Sachsen, Herr Pfr. Holzhausen).

Samuel Block[4], der hier als Augenzeuge fungiert, die Bestattung selbst durchgeführt. Petersen wurde demnach in der Grabanlage seines Gutes („Gewölbe“) neben seiner schon am 19. März 1724 verstorbenen Ehefrau Johanna Eleonora geb. von Merlau beigesetzt. Das Begräbnis war kein öffentlicher Akt („ohne alle ceremonien“), sondern fand abends statt, was weniger mit der Abgeschiedenheit von Petersens Hofgut Thymer bei Groß-Lübars als mit seinem Status als Separatist und Häretiker zusammenhängen dürfte.

3. Beide Quellen lassen annehmen, daß Heinrich Petersen weder in den Krankheitstagen noch bei der Beisetzung seines Bruders zugegen war. Ein Grund für Heinrich Petersens Fernbleiben von der Beerdigung könnte in dem Zerwürfnis zwischen beiden Brüdern liegen, wovon unten noch zu berichten sein wird.

4. Der Pfarrer beschreibt die letzten Wochen Petersens sehr detailliert und gibt dazu verschiedenartige, in sich stimmige Datierungen.

Er hat Petersen in der Filialgemeinde Groß-Lübars noch am 2. Sonntag nach Epiphanias gesehen. Diese Zeitangabe kann kaum auf einem Irrtum oder einer Verwechslung beruhen.

Nach dem Essen muß er den Totkranken nach Hause schicken. Zu Hause scheint sich Petersen von seinem Ohnmachtsanfall noch einmal erholt zu haben. Schon am folgenden Mittwoch fühlt er sich so wohl, daß er an ein Ausfahren mit der Kutsche denken kann, um seinem Körper Bewegung zu verschaffen. Der Pächter seiner Landwirtschaft, auf den diese Angaben des Pfarrers zurückzuführen sind, widerrät ihm das offenbar erfolgreich. Er schätzt die angeschlagene Gesundheit Petersens richtig ein, denn schon eine Woche später ist Petersens Zustand wieder so schlecht, daß er (vermutlich am 30. Januar) bettlägrig wird und am Abend des 2. Tages verstirbt.

Auffällig ist, daß Paul Titscher gemäß den formalen Anforderungen eines *curriculum vitae* in Leichenpredigten das „selige Sterben“ Petersens, das heißt vor allem sein Festhalten am Glauben in der Todesstunde, dokumentiert, obgleich Petersen offenbar nicht mehr nach dem Abendmahl verlangt hat.

5. Schließlich weist das Original des Briefes von Heinrich Petersen eine aufschlußreiche Korrektur auf. Der Tag der Beerdigung ist dort geändert von 2. Februar (wie in dem Extrakt) in 2. Januar. Weshalb sich Heinrich Petersen korrigieren mußte, ist nicht eindeutig zu bestimmen. Es kann sich natürlich um ein Versehen handeln, weil er den Brief ja im Februar schrieb, so daß ihm der Monatsname in die Feder geflossen sein mag.

---

[4] *Samuel Block*, 1708–1740 Oberpfarrer und Inspektor in Loburg [s. Anm. 3].

Genauso wahrscheinlich wäre es, daß ihm der weite Abstand zwischen den angeblichen Daten von Tod und Beerdigung seines Bruders auffiel und er den Beerdigungstag dem (vermeintlichen) Todestag anpaßte. Letztlich bleibt es ungewiß, ob Heinrich Petersen, der vermutlich ebenfalls von Paul Titscher über den Tod des Bruders informiert worden war, sich einfach nur irrte, oder ob er – aus welchen Gründen auch immer – bewußt eine falsche Angabe machte.

Wenn man von der zweiten Annahme ausgeht, wäre ein Motiv für die Fehlinformation allenfalls in den vermögensrechtlichen Auseinandersetzungen zwischen den Brüdern zu suchen. Johann Wilhelm Petersen selbst erwähnt noch 1719 in der Zweitauflage seiner Lebensbeschreibung[5] den Streit mit seinem Bruder um das elterliche Erbe, indem er sich öffentlich gegen den Vorwurf seines prozessierenden Bruders verwahrt, er habe das Testament ihres Vaters auf einem Blatt mit dessen Blankounterschrift selbst verfaßt und seinen Bruder damit um das elterliche Erbe betrogen.

Außerdem führte Heinrich Petersen damals noch Klage gegen seinen Bruder, daß dieser ihm das Gut Thymer verpachtet, ihn dann aber davon vertrieben und um sein Glück gebracht habe, was Johann Wilhelm Petersen wiederum öffentlich in seiner Lebensbeschreibung bestreitet, da er den Pachtvertrag nicht unterschrieben habe. Welchen Nutzen Heinrich Petersen in diesen Streitigkeiten aus einem früheren Todesdatum hätte ziehen können, ist eine rechtshistorische Frage, die hier nicht beantwortet werden kann.

Ob es jemals einen Eintrag von Tod und Beerdigung Petersens in ein Kirchenbuch gegeben hat, ist wegen Petersens obengenannten Status fraglich; ob Paul Titscher ins Kirchenbuch etwas anderes geschrieben hätte als in seinen Brief [an August Hermann Francke?], ist kaum denkbar. Nachdem meine schriftlichen Anfragen nach einem Eintrag in den Kirchenbüchern bei den für das Gut Thymer allenfalls zuständigen Kirchengemeinden in Loburg, Hohenziatz und Magdeburgerforth negativ beantwortet worden sind, erscheint es mir auf Grund der vorgenommenen inneren Quellenkritik als unumgänglich, den Todestag Petersens mit dem 31. Januar 1727 festzusetzen.

---

[5] Das Leben Jo. Wilhelmi Petersen, [Halle a. S.] (1717) [2]1719, 341f.

Rezensionen

Roberto Osculati: Vero Cristianesimo. Teologia e società moderna nel pietismo luterano. Bari: Edizione Laterza 1990. – 424 S.

Nachdem R. Osculati 1980 eine Arbeit über Friedrich Schleiermacher vorgelegt hatte, wandte er sich dem Pietismus zu, wie nicht nur das vorliegende Buch, sondern auch die Herausgabe von Speners „Pia desideria" (1675) in italienischer Übersetzung im Jahr 1986 belegt. Zeitlich widmet er sein Werk im wesentlichen dem Abschnitt zwischen dem Erscheinen von Speners schon genannter Programmschrift und der Französischen Revolution, greift aber dort darüber hinaus, wo ihm dies für die Interpretation des Pietismus wichtig ist oder wo er auf dessen Nachwirkungen jedenfalls andeutungsweise aufmerksam machen will. Der Verfasser hat die Quellen genau studiert und auch die Literatur fleißig herangezogen, so daß er italienischsprachigen Lesern eine gute Einführung in ein Gebiet zu vermitteln vermag, das dort normalerweise nicht gut bekannt ist.

Der Titel geht auf Johann Arndts „Vom wahren Christentum" zurück, wobei R. Osculati aber die Wechselwirkung zwischen pietistischer Theologie und der Entstehung des modernen Staates nicht außer acht läßt, wie der Untertitel des Werkes deutlich macht. Er vermittelt dem Leser zunächst, daß es sich um eine Bewegung gehandelt hat, der es darauf ankam, die Welt zu verbessern, indem das neutestamentliche Vorbild ernstgenommen und Heuchelei vermieden wurde. Nicht um Philosophie oder Metaphysik sei es den lutherischen Pietisten gegangen, sondern um Moral und um Vermeidung von Barbarei, wie sie im Dreißigjährigen Krieg erlebt und erlitten worden sei. Zugleich habe man sich nicht auf Deutschland beschränkt, sondern über Europa hinaus die Entwicklung in Afrika, Asien und Amerika beachtet. Außerdem sei man von Enderwartung erfüllt gewesen, was die eigene Arbeit besonders dringlich gemacht habe.

Zunächst werden die theologischen Voraussetzungen eruiert: Das Neue Testament, einiges wenige aus der Patristik und besonders die spätmittelalterliche Mystik werden als die wichtigsten Quellen genannt. Über die Scholastik habe man Luthers Verurteilungen wiederholt, dagegen Tauler besonders geschätzt, der als Luthers Lehrer angesehen worden sei. Aber auch Luther gehörte zu den theologischen Voraussetzungen: Seine Lehre wird akzeptiert, aber kritisiert, daß sich das Leben nicht ihr gemäß verändert und verbessert habe. Beachtung finden auch die Spiritualisten und Jakob Böhme, wobei zu den Spiritualisten auch Thomas Müntzer gezählt wird. Schließlich wird die hohe Achtung Johann Arndts im lutherischen Pietismus aufgezeigt, die Lektüre englischer Erbauungsliteratur des 17. Jahrhunderts aufgewiesen und Jean de Labadie sowie die katholische Mystik derselben Zeit als Quellen benannt. Da zu den lutherischen Pietisten auch Gottfried Arnold gezählt wird, kann die Fülle der theologischen Voraussetzungen verwirren, da sie von ihm anders gewertet und gewichtet wurden als beispielsweise von Spener, dem das zweite Kapitel gewidmet ist.

Auf mehr als 100 Seiten (von insgesamt gut 400) wird dessen Christentum der Tat skizziert. Nach einer kurzen Schilderung von Speners Jugend und seinen Anfängen in Frankfurt am Main werden seine „Pia desideria“ analysiert. Seine eschatologischen Erwartungen finden genauso Beachtung wie seine Forderung, daß das geistliche Priestertum der Christen zu geistlicher Erfahrung aller Glaubenden führen müsse. Der Zusammenprall seiner moralischen Forderungen mit den Zuständen am sächsischen Hof, der von einem konventionellen Christentum geprägt war, wird nicht verschwiegen. Auch die Energie, mit der Spener seine Arbeit in Berlin fortführte, kommt zur Sprache; die sozialen Verpflichtungen, die die Christen haben, werden herausgestellt.

Sodann werden August Hermann Francke, Gottfried Arnold und Nikolaus Ludwig Graf v. Zinzendorf in ihrem Leben und Handeln in eigenen Kapiteln geschildert (50, 40 bzw. 50 Seiten lang), während Bengel und Oetinger im letzten Abschnitt zusammen vorgestellt werden (40 Seiten). Dabei werden biblische Hermeneutik und allgemeines Wohl bei Francke als die ihn kennzeichnenden Merkmale bezeichnet. Ziel und Kern der Heiligen Schrift seien Bekehrung und praxis pietatis des Christen, so daß bereits hier eine Art von existentialer Interpretation vorliege. Was Francke über „den idealen Theologen“ und „die Vollkommenheit des Christen“ dachte, wird geschildert wie auch sein Eingehen auf soziale Nöte. Die Spannungen mit dem preußischen Staat, die im Lauf der Zeit nicht ausblieben, werden zum Schluß dieses Kapitels skizziert.

G. Arnolds Kirchenkritik kommt in gebührender Breite zur Sprache. Der Verfasser verweist darauf, daß Spener den Verfasser der „Unparteiischen Kirchen- und Ketzer-Historie“ trotz mancher Vorbehalte für einen echten Schüler Luthers gehalten habe, was wohl dazu beigetragen hat, ihn in den „lutherischen Pietismus“ einzuordnen, wodurch die vorliegende Publikation an Farbe gewinnt. Die Besonderheiten Zinzendorfs und der Brüdergemeine werden einerseits in deren weltweiten Kontakten und andererseits in der Blut- und Wunden-Theologie des Grafen gesehen. Einwirkungen auf Schleiermacher und andere bis hin zu Dietrich Bonhoeffer lassen Osculati hier Hinweise auf „modernes Christentum“ finden. Schließlich wird relativ kurz der Exeget Bengel vorgestellt, dessen apokalyptische Erwartungen von großer Bedeutung gewesen seien, bevor Oetinger als Philosoph und als Theologe des Lebens geschildert wird, der Anregungen aus der Kabbala aufgenommen hat.

Dies alles unter der Überschrift „lutherischer Pietismus" zusammenzufassen, mag dort unbefriedigend erscheinen, wo auf Differenzierung Wert gelegt wird. Aber dem Verfasser geht es um eine Gesamtdarstellung, in der manches in einem Kulturkreis neu sein wird, was andernorts nur als Wiederholung von Bekanntem ausgemacht wird. Zugleich wollte er aber nicht den gesamten Pietismus schildern und nahm eine Abgrenzung vor, die durchaus nicht abwegig ist. In einem Schlußabschnitt hat er eine nützliche Zusammenfassung gegeben, die dem Leser helfen soll, die charakteristischen Merkmale des lutherischen Pietismus zu erfassen: 1. Jesus als Vorbild für christliches Leben, 2. für wahren Glauben und gegen Heuchelei, 3. die Wiedergeburt, die sich in Werken der Liebe zeigt, 4. die eschatologische Dimension: im erwarteten Reich Christi gibt es weder Böses noch Leid, 5. gegen den Cäsaropapismus von Fürsten, die die Religion mißbrauchen, 6. Anerkennung rechter Lehre und rechten Lebens auch außerhalb der eigenen Konfession, 7. Überwindung der nationalen Grenzen des Luthertums, 8. gegen Krieg, Gewalt und Armut und 9. die Begegnung des einzelnen Menschen mit dem Transzendenten. Daß der Verfasser sich bei seinem Werk engagiert hat, merkt man an seinem Stil, daß er sorgfältig gearbeitet hat, belegt die außerordentlich geringe Zahl von Druckfehlern.

Erlangen Gerhard Müller

Handbuch zur Kinder- und Jugendliteratur von 1570 bis 1750. Hg. v. *Theodor Brüggemann* in Zusammenarbeit mit *Otto Brunken*. Stuttgart: J. B. Metzlersche Verlagsbuchhandlung 1991. – 2486 Sp.

Der hier zu besprechende Band schließt die Lücke zwischen den bereits erschienenen Handbuchbänden „Vom Beginn des Buchdrucks bis 1570" (hg. v. Brüggemann/Brunken, 1987) und „Von 1750 bis 1800" (hg. v. Brüggemann/Ewers, 1982). In ihm wird zum erstenmal ein repräsentativer Überblick über die Kinder- und Jugendliteratur des Späthumanismus, des Barock, des Pietismus und der Frühaufklärung gegeben. Damit wird ein seit den siebziger Jahren laufendes Forschungsprogramm der Arbeitsstelle für Kinder- und Jugendliteraturforschung der Universität Köln, deren Leiter Theodor Brüggemann, Professor für deutsche Sprache und Literatur sowie deren Didaktik, bis zu seiner Emeritierung war, zum Abschluß gebracht. Geplant ist allerdings auch eine Handbuchreihe für das 19. Jahrhundert.

In der Einleitung (1–56) beschreibt Otto Brunken den pädagogischen Hintergrund sowie die Gattungen der Kinder- und Jugendliteratur von 1570 bis 1750. Eine spezifische Kinder- und Jugendliteratur hat sich in dieser Zeit noch nicht ausgeformt. Ein solches Genre wird erst durch die Romantik „entdeckt". Der Konstituierungsprozeß einer eigenständigen Kinder- und Jugendliteratur ist also in dem Zeitraum, den dieser Band dokumentiert, noch nicht abgeschlossen. Kindheit und Jugend gelten noch als Vorbereitungsphasen auf das Erwachsenenalter. Entsprechend bietet die Kinder- und Jugendliteratur einschließlich der religiösen Literatur „nahezu ausschließlich Modelle für *künftiges* Rollenverhalten" (2). Diese „antizipierende Funktion" der Literatur ist freilich didaktisch dominiert (W. Ratke, J. A. Comenius!). Eine stufenweise fortschreitende Stoffvermittlung, die Berücksichtigung spielerischer Lernformen, die Verwendung von Bildern, Vergleichen und Beispielen, der Einsatz von Appellen, Suggestivfragen und Wiederholungen, alle diese ersten Versuche, Kinder und Jugendliche als Adressaten der Belehrung ernstzunehmen, finden sich in der Kinder- und Jugendliteratur dieses Zeitraums schon in beachtlicher Ausprägung. Aber, wie gesagt, Kinder und Jugendliche gelten als Adressaten der Vermittlung der zivilisierten Standards der Erwachsenenwelt, und der Konstitutionsprozeß der Kinder- und Jugendliteratur ist noch im Fluß.

Als Beispiel für diese antizipierende Funktion mag die jesuitische Kinder- und Jugendliteratur dienen. Sie fordert von den Kindern und Jugendlichen „innere Zucht, Demut, Gehorsam, Selbstaufopferung, Uneigennützigkeit, Willensschulung, bewußte Selbstdisziplinierung und rigide Affektkontrolle und -regulierung, Schulung der Ratio und der Urteilskraft sowie Anerkennung der hierarchischen Autorität der Kirche und des Ordens" (6). Eine Erneuerung erfährt das Kinder- und Jugendliteratursystem erst im 17. Jahrhundert durch die Wende weg von der Verbalbildung zu den „Sachen" und „Dingen".

Einen wesentlichen Einfluß auf die religiöse Kinder- und Jugendliteratur schreibt Brunken dem Pietismus zu. Die pietistische Pädagogik umfasse zwei Teilziele: „die Erziehung zu christlicher Weisheit, von August Hermann Francke ... gerne als ‚wahre Gottseligkeit' bezeichnet und vor allem als biblischer und katechetischer Unterricht sowie als Gebetsunterweisung verstanden, und jene zu ‚christlicher Klugheit', womit das praktisch verwertbare Erfahrungswissen gemeint ist, das vor allem im Dienst am Nächsten und an der Gemeinschaft Anwendung findet" (17).

Die Klugheitserziehung sei „ganz im Sinne einer pragmatischen Realienunterweisung gedacht" und sei „für die Lehrplanentwicklung revolutionär" (18). Die religiöse Kinder- und Jugendliteratur verdanke dem Pietismus „die Ansprache von Gefühl und Herz, ihren innigen Ton und ihre Betonung individueller Frömmigkeit". Die (vom englischen Puritanismus inspirierten) Exempelsammlungen mit den Lebensläufen gottseliger früh verstorbener Kinder haben durch ihre Erzählstruktur auf die Beispielgeschichten der philanthropistischen Kinder- und Jugendliteratur eingewirkt. Schließlich haben die Pietisten durch ihre Theaterfeindschaft entscheidend zum Verschwinden einer Gattung beigetragen, die über mehr als anderthalb Jahrhunderte zur Kinder- und Jugendliteratur gehört und derer sich auch J. A. Comenius bedient hat: des Schuldramas.

Die Herausgeber unterscheiden zwischen folgenden Gattungen für die Zeit vom Beginn des Buchdrucks bis 1750: I. Religiöse Literatur, II. Werke zur Sprachbildung, Rhetorikerziehung und Realienkunde in der Tradition der Artesliteratur, III. Offizien-, Virtus- und Civilitasliteratur und IV. Unterhaltend-didaktische Literatur. Zur religiösen Literatur gehören (a) Werke zur Bibel und zum Unterricht in der biblischen Geschichte (Werke zur Bibel; Historien- und Kinderbibeln; Bilderbibeln; Spruch- und Figurspruchbücher), (b) katechetische und sonstige belehrende Literatur (Katechismen und sonstige katechetische Literatur; Bilderkatechismen; religiöse Lehrbücher) sowie (c) Erbauungsliteratur (Erbauungs- und religiöse Exempelbücher; Passionsbüchlein; Geistliche Lieder und Gesänge; Gebetsliteratur; Postillen und Predigtunterweisungen; religiöse Schriften für den Jungfrauen- und Junggesellenstand, Ehebüchlein; religiöse Schauspiele, Weihnachts- und Passionsspiele).

Im historischen Teil des Handbuchs werden, beginnend mit Lukas Martini (Der Christlichen Jungfrawen Ehrenkraentzlein, 1580) und endend mit Christoph Heinrich Kratzensteins „Kinder- und Bilder-Bibel oder Auszug derer biblischen Historien“ (1737/38), 17 für den Zeitraum repräsentative Titel vorgestellt (59–306). Von ihnen ist besonders hervorzuheben der von Christine Reents verfaßte Artikel über Johann Hübner, dessen „Zweimahl zwey und funffzig Auserlesene Biblische Historien Aus dem Alten und Neuen Testamente“ (Leipzig 1714) ausführlich behandelt werden. Ähnlich wie bei den anderen Artikeln wird dabei folgende Gliederung des Stoffes geboten: 1. Allgemeines, 2. Autor, 3. Adressat, 4. Buchtitel als Programm, 5. Gesichtspunkte der Textauswahl, 6. Gattung, 7. Textgestaltung, 8. Die dreifachen Anhänge, 9. Ethik, 10. Bebilderung, 11. Wirkungsgeschichte im 18. Jahrhundert. Da das Handbuch mit dem Jahr 1750 schließt, wird die weitere Text- und Wirkungsgeschichte im folgenden Handbuch (1750–1800) und gewiß auch im Handbuch für das 19. Jahrhundert weitergeführt. Ch. Reents ordnet Hübner als „Wegbereiter der späteren Aufklärung durch Erziehung“ ein „wegen seiner Betonung von Gott und Frömmigkeit, Tugend, Unsterblichkeit und Jesus als Exempel“ und stellt fest: „Hübner selbst ist einer vernünftigen Orthodoxie im Übergang zur Frühaufklärung zuzurechnen“ (252). Die übliche Zuordnung zum Pietismus sei „vermutlich auf F. A. G. Tholuck“ zurückzuführen. Hingewiesen sei in diesem Zusammenhang auf Christine Reents Berner Ev.-Theol. Habil.-Schrift „Die Bibel als Schul- und Hausbuch für Kinder. Werkanalyse und Wirkungsgeschichte einer frühen Schul- und Kinderbibel im evangelischen Raum: Johann Hübner, Zweimahl zwei und funffzig Auserlesene Biblische Historien [...] Leipzig 1714 bis Leipzig 1874 und Schwelm 1902. Göttingen 1984 (Arbeiten zur Religionspädagogik, 2)" sowie auf den von Rainer Lachmann und Christine Reents hg. Reprint der bebilderten Ausgabe Leipzig 1731 der Biblischen Historien Johann Hübners (im Georg Olms Verlag Hildesheim, Zürich, New York 1986, mit ausführlichem theologie- und illustrationsgeschichtlichen Anhang).

Erwähnt seien auch die Artikel über Friedrich Spee (Bell' Vedére Oder Herbipolis Wurtzgaertlein, Würzburg 1621) (100–105), Huig de Groot/Hugo Grotius (Vraghe en Antvvordt over den Doop. Ghestelt voor zijn Dochter Cornelia de Groot. Gespraech Mit seiner Tochter Cornelia Grotin vber jhre empfangene Tauff, Hamburg 1635) (132–144), Johann Jakob Rambach (Erbauliches handbüchlein für Kinder, Gießen 1734) (259–279) sowie über Philipp Jakob Spener (Tugend = Spiegel Christlicher Jungfrauen, Das ist: Heilsame Lebens=Regeln, Wie sich Eine Gott=liebende Jungfrau Christlich und tugendlich im ledigen Stande zu verhalten habe, Augsburg 1737) (280–289), allesamt von Ingrid Hruby verfaßt.

In gleicher Weise werden wichtige Autoren und Werke zu den genannten Gliederungsteilen II (307–668), III (669–826) und IV (827–1014) vorgestellt. Johann Amos Comenius' Orbis Sensualium Pictus (1658) sowie dessen Spielschule (1659) werden unter II auf Sp. 433–479 von Ingrid Hruby bzw. Ulrich Kunna ausführlich dargestellt. Wie in der neueren Comenius-Forschung wird der Orbis Pictus auf dem Hintergrund der comenianischen Pansophie gesehen.

Auf den historischen Teil folgt eine Bibliographie von Kinder- und Jugendbüchern des deutschen Sprachraums für den Zeitabschnitt von 1570–1750, 1068 Titel umfassend, alphabetisch angeordnet und eine Beschreibung bietend, die aus Kopfregest, diplomatisch getreuer Titelabschrift, der Kollation und der Angabe zum Format, der Charakterisierung des Buchschmucks, dem Standortnachweis und der Signatur, den bibliographischen Nachweisen und dem Kommentar besteht. Das Handbuch schließt mit einem umfangreichen, das Handbuch vorzüglich erschließenden Registerteil (2083–2116), bestehend aus einem Titelregister, einem chronologischen Register, einem Gattungsregister, einem Drucker- und Verlegerregister, aus dem hervorgeht, daß Leipzig und Nürnberg die Hauptdruck- und Verlagsorte waren, einem Illustratorenregister, einem Standortverzeichnis, einem 3911 Titel aufführenden (Sekundär-)Literaturverzeichnis sowie einem Namen- und Sachregister. Schließlich enthält der Band eine reiche Bebilderung: 1068 Titelholzschnitte und -kupfer, Frontispize und Illustrationen.

Die Disposition des Handbuchs, die Artikel und Register lassen nicht erkennen, daß in dem Zeitraum von 1570 bis 1750 immerhin im deutschen Sprachraum Konfessionskriege geführt wurden und ein nach Konfessionen, d. h. nach Katholiken, Lutheranern und Reformierten gegliedertes System von Territorialstaaten existiert hat. Immerhin gibt das Register der Druckorte eine gewisse Orientierung für den, der diese Orte konfessionell und territorial einordnen kann. Gern wüßte man aber mehr über die Verbreitung der Literatur in den Konfessionen und Territorien. Für Hübner bietet Ch. Reents eine entsprechende Landkarte (237 f.). Gibt es etwa in der Realienkunde, in der Virtus- und Civilitasliteratur und in der unterhaltend-didaktischen Literatur, vielleicht sogar in der religiösen Kinder- und Jugendliteratur gemeinsame Traditionsbestände, Beeinflussungen und sogar eine konfessionsübergreifende Rezeption und Verbreitung – spätestens in der Frühaufklärung? Auf die konfessionelle *Spezifik* und *Differenz* der Kinder- und Jugendliteratur geht das Handbuch inhaltlich nicht ein. So steckt in dem Begriff des „Religiösen" eine gewisse Irenik, die dem 16. und 17. Jahrhundert wohl nicht entspricht.

Jedoch: Die im engeren Sinne religiöse Kinder- und Jugendliteratur wird in ihrer Bedeutung angemessen und breit berücksichtigt. Während das vom Institut für Jugendbuchforschung der J. W. Goethe Universität Frankfurt am Main erarbeitete und von Klaus Doderer herausgegebene vierbändige „Lexikon der Kinder- und Jugendliteratur. Personen-, Länder- und Sachartikel zur Geschichte und Gegenwart" (Weinheim und Basel 1975–1982) kein großes Interesse an der *Geschichte* der Kinder- und Jugendliteratur zeigt und z. B. J. A. Comenius insgesamt knapp drei Seiten widmet und die religiöse Kinder- und Jugendliteratur so gut wie nicht berücksichtigt, z. B. Johann Hübner lediglich im Ergänzungsband auf S. 292 f. aufführt, stellt das Handbuch von Brüggemann und Brunken geradezu eine Fundgrube dar für alle, die an der Geschichte der Kinder- und Jugendliteratur, der Geschichte des Erziehungswesens und insbesondere der religiösen Erziehung interessiert sind. Darüber hinaus ist für jeden, der sich mit der Geistes-, Sozial- und Theologiegeschichte des 17. und 18. Jahrhunderts beschäftigt, das Handbuch mit seinen ausführlichen und sorgfältigen Bibliographien, Standortnachweisen, Kommentaren und Registern ein unentbehrliches Nachschlagewerk.

Münster Erdmann Sturm

Richard van Dülmen: Kultur und Alltag in der Frühen Neuzeit. Bd. 3: Religion, Magie, Aufklärung 16.–18. Jahrhundert. München: Beck 1994. – 343 S.; 63 Abb.

Im ersten Band seiner umfassenden Geschichte der Kultur und des Alltags in der Frühen Neuzeit widmete sich der in Saarbrücken lehrende Frühneuzeithistoriker Richard van Dülmen dem Thema „Das Haus und seine Menschen", im zweiten Band dem Thema „Dorf und Stadt". Im dritten Band erörtert er „Religion, Magie, Aufklärung" und damit Themen, die für die Pietismusforschung von besonderem Interesse sind. Bei dieser Rezension kann es nicht darum gehen, die Ausführungen von van Dülmen zur Reformation (Kapitel I: Reformatorischer Aufbruch und christlicher Glaube) und zur Aufklärung (Kapitel V: Aufklärung und Bildung) zu würdigen. Diskutiert werden sollen vielmehr seine Bemerkungen zum Pietismus (vorwiegend in Kapitel III: Protestantismus und Katholizismus) sowie auch seine Ausführungen in den für das Verständnis des Pietismus relevanten Kapiteln II (Volksmagie und religiöses Leben) und Kapitel IV (Volksbildung und Neues Wissen).

Über den Pietismus handelt van Dülmen auf gut 20 Seiten seines Werkes. Er geht auf die Anfänge ein, nennt die wichtigsten Namen, Richtungen und Positionen; dabei bewegt er sich auf der Höhe der neueren Pietismusforschung. Wichtige Stichworte seiner Darstellung sind die Kritik an der Amtskirche und die Einrichtung von Konventikeln, die Konzentration auf die Bibel, die Idee der Wiedergeburt und der strenge Moralismus. Van Dülmen schildert den Einfluß des Pietismus in der Literatur und in „der Sozialisationsgeschichte des deutschen Bürgertums" (132) sowie den Kampf der Pietisten gegen Luxus und Verschwendung.

Interessant ist die historische Einordnung des Pietismus, die er vornimmt: Er vergleicht den Pietismus mit den Jesuiten. Beide Bewegungen hätten trotz aller Unterschiede, die er anmerkt, „gegen die beginnende Säkularisierung" eine „fundamentalistische Glaubensverkündigung mit moralischen Verpflichtungen" gesetzt; beiden sei es „um Selbstheiligung und Selbstvervollkommnung durch Unterdrückung aller fleischlich-weltlichen Interessen" gegangen (134). Auf Pietismusforscher mag dieser kühne Vergleich zunächst befremdlich wirken. Wenn man jedoch die religiösen Bewegungen in der Frühen Neuzeit in ganz Europa vergleichend analysieren will, dann sind solche Gegenüberstellungen lohnend. Ich frage mich freilich, warum van Dülmen die Jesuiten zum Vergleich heranzieht. Mir wäre es sehr viel lohnender erschienen, wenn er die Ähnlichkeiten und Unterschiede zwischen dem Pietismus und dem Jansenismus, den er an zwei Stellen kurz erwähnt, diskutiert hätte.

Auch in anderer Hinsicht kann mich die Art und Weise, wie van Dülmen den Pietismus behandelt, nicht überzeugen. Im zweiten Kapitel seines Buches erörtert er die Bedeutung der Volksmagie für das religiöse

Leben in der Frühen Neuzeit, im vierten Kapitel die Bedeutung der Volksbildung und der Produktion von neuem Wissen. In beiden Kapiteln hätte er mit Gewinn auch auf den Pietismus eingehen können, was er aber nicht tut. Denn auf der einen Seite hätte es sich durchaus gelohnt, wenn er die Tradierung und Verwendung von einzelnen Elementen aus dem Bereich der Volksmagie im Pietismus – und besonders in Kreisen des separatistisch-radikalen Pietismus – weiter untersucht hätte. In der religiösen Praxis gab es auf diesem Gebiet viele Überschneidungen. Martin Scharfe hat dazu wichtige Beobachtungen gemacht. Auf der anderen Seite erwähnt van Dülmen die Bedeutung des Pietismus für die Entwicklung des Bildungswesens viel zu knapp. Insbesondere in Halle, wo das Erbe der Franckeschen Bildungseinrichtungen gepflegt und erneuert wird, mögen diese Passagen (178, 183, 185) enttäuschen.

Vom Pietismus in der Mitte des 18. Jahrhunderts, speziell von der großen Bewegung der Herrnhuter, erfahren wir im vorliegenden Werk nichts, ebensowenig von der Christentumsgesellschaft und der neuerlichen Erweckung im ausgehenden 18. Jahrhundert. Dadurch entsteht der Eindruck, als handle es sich bei dem Pietismus um eine einmalige religiöse Bewegung, die in einer bestimmten Phase zur „Erziehung des christlichen Menschen“ (so Kapitel III/2) einen wichtigen Beitrag leistete, die dann aber verebbte. Daß es im Sinne des Pietismus eine Kontinuität von Bemühungen um Erweckung, Erneuerung und Wiedergeburt gab, die bis ins späte 18. Jahrhundert reichte und die dann von unterschiedlichen Gruppen im 19. und auch noch im 20. Jahrhundert fortgeführt wurde, kann, wer van Dülmens Darstellung liest, nicht erahnen. Der Pietismus erscheint bei ihm als eine historische Phase mit einem Anfang und einem Ende, nicht als eine historische Bewegung, die sich im späten 17. Jahrhundert etablieren und die sich als „fundamentalistische Glaubensverkündung mit moralischen Verpflichtungen“ gegen die andauernde Säkularisierung bis in die Gegenwart behaupten konnte.

Die Lektüre des vorliegenden Werks ist für Pietismusforscher trotz dieser Einwände ein Gewinn. In der Pietismusforschung besteht, wie bei Forschungen zu ähnlichen Themen, die Tendenz zur Spezialisierung. Schließlich werden nur noch die Einzelheiten der eigenen Thematik erörtert. Van Dülmens Buch bietet demgegenüber den Kontext: Er erörtert andere Formen von Religiosität in der Frühen Neuzeit und er bemüht sich mit Erfolg darum, die verschiedenen Varianten kirchlicher und außerkirchlicher Religiosität vor dem Hintergrund der sozialen und kulturellen Entwicklung zu beschreiben. Eine solch umfassende Sicht sollte auch das Ziel von Studien zum Pietismus sein.

Göttingen — Hartmut Lehmann

Kaspar von Greyerz: England im Jahrhundert der Revolution: 1603–1714. Stuttgart: Ulmer 1994 (UTB Wissenschaft, 1791). – 287 S.

The author of this little book, now a full professor in his native Switzerland, is well remembered in England both for his time as a *wissenschaftlicher Mitarbeiter* at the German Historical Institute in London, and for his book on the seventeenth-century English diarists, *Vorsehungsglaube und Kosmologie* (1990). He has now put his British and American reading (and it is pleasing to note, the substantial contributions of German scholars, not least some of his old colleagues at the GHI) to good use in providing a brief text-book account of England's century of revolutions. The formidable nature of this undertaking may be gauged from the fact that the central core of his work has been a special subject in the Oxford history school for some generations, a subject which, having attracted some of the best teachers in the place, has spawned an enormous number of distinguished graduate students, whose own prolific output has created revision after revision; American students in great numbers and often of great distinction have been attracted by the fact that ideas generated in seventeenth-century England have been important in American history; and as one of the great themes of the period concerned the problems of a government based on England to keep a grip on Ireland and Scotland, the contemporary recurrence of those themes and the explosive development of Irish and Scottish historiography to which it has led, has enormously added to the burden of those who would introduce students to it and to the complexity of the story they must expound. In the course of all this Professor von Greyerz has much to say about Puritanism, though little about aspects of it which readers of this journal may expect. What should temper their disappointment, however, is that he has been extraordinarily successful in what he set himself to do, and that in addition to providing a very good guide to a very large subject, he gives an excellent account of the voluminous recent literature. All the recent work that matters is there, and is critically and sensibly treated. I found not more than two or three factual errors, none of them of any practical significance.

The author's method is to divide his work into two sections equal in size, the first devoted to *Grundlagen* and the second to a primarily political narrative of the period. In the first section the reader is put wise to what is known of the social history of the period, the social structure and population, the constitution. Then comes the history of religion, conservative and radical, and the history of culture and scholarship. For anyone familiar with the political history, these essential prolegomena form the most interesting part of the book; to any student using Greyerz to get into the subject for the first time they provide a means by which the later political narrative can flow quickly without being detached from life.

The view of British history from a Swiss peak which is offered here may be succinctly described as cosmopolitan but anti-EU. The first two sentences declare in effect that since the seventeenth century England has pursued a *Sonderweg* of its own, and that it is refreshing for Germans and Swiss who have become preoccupied with the historical roots of their own national identity, to sharpen their preceptions by comparison with the national destiny of others. It is this viewpoint which leads the author to put preponderant weight on the constitutional development of the seventeenth century, Britain's avoidance of royal absolutism, in almost the style in which British history was taught down to fifty years ago though against a much richer background of social history than was then possible. It is true that he takes issue very sharply with Jonathan Clark who has lately championed a high-church and high-tory view of the eighteenth century as an *ancien régime* society of a standard kind, and in this he will have the sympathy of the majority of English specialists in the field; Clark's view (apart from anything else) demands much more of the eighteenth-century Church of England than it can reasonably be expected to provide. But it is a little odd that two generations after a Polish scholar, L.B. Namier (as he then was), taught eighteenth-century British scholars the painful lesson that the Parliament which emerged from the Glorious Revolution apparently victorious over all the other powers in the constitution was not so very different from the less esteemed estates of the continent, and that „influence" (in the technical sense) was the minimal cement needed to hold the divided powers of the constitution together, a young scholar from central Europe should plead with them once more to read their history as that of an offshore island.

There are perhaps two special factors in this change of view, one the attitude to be taken to the revival of an ancient conflict of terminology about the Interregnum, and the second the length of perspective required to arrive at a judgment. Long ago the Tory view of the Interregnum could be summed up in the label „The Great Rebellion" , while the Whig view was encapsulated in the label „The Puritan Revolution". The weakness of the Tory title was that it distracted attention from the fact that the outbreak of civil war was due to an increase of royal strength, and the break-up of almost unanimous opposition on religious issues; the weakness of the Whig title was that it suggested that more fundamental changes took place than was in fact the case, and that the „puritanism" of the „Revolution" was the lineal ancestor of the rampant nonconformity of the nineteenth century, which was not the case either. In an odd way this conflict of attitudes has recurred in the recent scholarly work, and Professor Greyerz duly takes his side. He is for puritanism and revolution; but his puritanism is not an aspect of an international movement, and his revolution consists chiefly of the hole blown in the prerogative powers of the Crown by the early legislation of the Long Parliament. This certainly distinguished post-Restoration monarchy from other European monarchies; but what it consisted of was the destruction of that part (and only that part) of the Crown's right to act for the public good which required the intervention of a special court to deal with third-party rights. The difference was vividly illustrated by comparing the hole-and-corner provisions of the English Bill of Rights of 1689, with the general statements of the Rights of Man which issued from the French Revolution and its successors. On the other hand, the rest of British government went on under the cloak of prerogative to a very unsatisfactory degree, and the illusion of having created a fundamental breakthrough in 1641 was one of the things which inhibited the control of government by the development of a modern system of administrative law on the lines of many continental states. The current position by which the Home Secretary is daily eaten for breakfast by some judge or other is neither edifying nor efficient. If, however, the Tory slogan of „The Great Rebellion" is paraphrased to mean „the great breakdown in government" , it comes very close to the bone. Professor Greyerz does not want to take this view, but candidly explores the fact that the breakdown of monarchy was due primarily to its failure to preserve the union in Ireland and Scotland, and admits that Cromwell's success in doing so with the New Model Army created problems which are still with us. It is indeed possible to envisage a scenario in which EU troops are called in (Bosnia style) to contain the Chechen separatists of Ireland, while noone knows what to do with the Islamic fundamentalists of Scotland, the monarchy having again lost its power to integrate, and Chancellor Kohl complaining that Prime Minister Major is a man who cannot „deliver" (the fundamental charge against Charles I). This nightmare would certainly mark the full integration of Britain into Europe and its problems. To the view of the „great rebellion" and its recurrence Professor Greyerz would doubtless reply that the time-scale applied is too long, and that the successful competition of a „weak" British monarchy in the eighteenth century with the „strong" governments of its rivals is support enough for the pride with which it was then locally regarded. Be that as it may, Professor Greyerz has not only provided an admirable introduction to seventeenth-century Britain, but provided ammunition for wider debates, including some of those which are the special province of this journal.

Petersfield, England W.R. Ward

Johann Valentin Andreae: Veri Christianismi Solidaeque Philosophiae Libertas. Bearbeitet, übersetzt und kommentiert von Frank Böhling. Stuttgart-Bad Cannstatt: frommann-holzboog 1994 (Johann Valentin Andreae: Gesammelte Schriften, Bd. 7. Hg. v. Wilhelm Schmidt-Biggemann). – 414 S.

Dieser Band eröffnet ein ambitioniertes Projekt: eine auf 20 Bände geplante Ausgabe der Gesammelten Schriften des württembergischen Pfarrers und Schriftstellers Johann Valentin Andreae (1586–1654). Andreae ist von Richard van Dülmen in seiner 1978 erschienenen Darstellung von Leben und Werk Andreaes als „bedeutsamer Repräsentant der frühneuzeitlichen Kultur" bezeichnet worden, dem es vornehmlich um die „Idee der Verwirklichung einer christlichen Gesellschaft" ging. Das breite Spektrum unterschiedlichster Schriften (Satire, Utopie, Reformschriften, geistliches und pädagogisches Schrifttum) dokumentiert bereits eindrucksvoll, daß Andreae zu Unrecht in Vergessenheit zu geraten drohte. Eine Gesamtausgabe der Schriften wird dazu beitragen, das bis heute schillernde Bild Andreaes präziser fassen zu können. Dem Herausgeber Wilhelm Schmidt-Biggemann ist zu danken, daß er diese schwierige Aufgabe auf sich genommen hat und für die Bearbeitung der Schriften zahlreiche ausgewiesene Andreae-Kenner verschiedenster Disziplinen gewinnen konnte.

Dem vorliegenden, von Frank Böhling bearbeiteten und kommentierten Band der bisher kaum beachteten Freiheitsschrift liegt die 1618 in Straßburg erschienene Ausgabe zugrunde, der der Bearbeiter zudem eine deutsche Übersetzung beigefügt hat. In der recht knapp gehaltenen Einführung gibt er zunächst einen Überblick über das gegenwärtige wissenschaftliche Andreae-Bild und erläutert den Inhalt der Schrift, deren relative Zusammenhangslosigkeit er nur durch den alle drei Teile (Libertatis Encomium – Theologiae Encomium – Bonae Causae Fiducia) verbindenden Freiheitsbegriff verklammert sieht. Die erste eigentliche Libertas-Schrift, die „in zwei Stufen das Verhältnis von ‚Freiheit' und ‚Welt' einerseits, Philosophie und Christentum andererseits" (19) zu bestimmen versucht, ist in sich nochmals in drei Teile untergliedert. Während dieser erste Teil in ein Lob des christlichen Lebens mündet, beschäftigt sich der zweite Teil des Buches, das Encomium Theologiae, mit der Theologie. Böhling nennt zutreffend die drei zentralen Aspekte dieser Personifikation der Theologie: sie trägt Züge der alttestamentlichen „sapientia", sie ist die „göttlich inspirierte Offenbarung in der Schrift" (21), und die Theologie ist selbstverständlich auch „Stand und Beruf" (ebd.). Im dritten und letzten Teil geht es um die Bonae Causae Fiducia. Zunächst wendet sich Andreae gegen den Krieg, um dann dazu aufzurufen, „sich dem römischen Antichristen zum Kampf zu stellen" (22). Hier erscheint es fraglich, ob das Anliegen Andreaes nicht stärker einen Appell an die Christen darstellt, eine „vitae reformatio" (364) herbeizuführen, als dies der Bearbeiter meint. Eine umfangreichere Inhaltsangabe hätte den Einstieg in die Lektüre leserfreundlicher werden lassen und noch differenzierter den Inhalt erläutern können.

Kapitel 3 der Einleitung widmet sich ausführlich (22–31) den Sozietätsprojekten Andreaes, wobei nicht recht deutlich wird, was diese Darstellung mit der vorliegenden Schrift zu tun hat, die keinerlei Gedanken in diese Richtung äußert. Die Kapitel 4 und 5 befassen sich instruktiv mit dem zeitgeschichtlichen Kontext, in dem die vorliegende Schrift entstanden ist. Vor dem Hintergrund der hundertjährigen Reformation (Kap. 4) und den damit zusammenhängenden Feiern, in denen der Begriff „Freiheit" (vgl. Kap. 5) zentrale Bedeutung besaß (vgl. 35), vermag der Vf. überzeugend nachzuweisen, daß Andreae den Anstoß für seine Schrift durch die Jubiläumsfeierlichkeiten erhielt. Mit dem Rückgriff auf Luthers Freiheitsschrift versucht der Vf., die Freiheitsvorstellung Andreaes von Luthers abzusetzen. Er hebt hervor, daß Andreae Philosophie und Christentum in eine eigentümliche Relation zueinander bringt: „Andreaes Begriff christlicher Freiheit [...] löst die dialektische Opposition von äußerer Knechtschaft und innerer Freiheit im Glauben auf, um an philosophische Freiheitskonzepte anknüpfen zu können, die dann weiterhin dazu dienen, sowohl individuelle Lebensführung wie politische Ordnung den Ansprüchen der daraus resultierenden christlichen Ethik und Politik unterwerfen zu können" (36 f.). Auf diese nicht spannungsfreie Verbindung zwischen Philosophie und Christentum wird in Kapitel 6 nochmals näher eingegangen. Böhling sieht Andreae hier in einer Kontinuitätslinie zu den Anliegen Johann Arndts und Sebastian Francks (vgl. 41). Vor dem die Einleitung abschließenden „Editorischen Hinweis" unternimmt es Böhling noch, auf die Verwendung von „Simile, Emblem und Mystifikation" (Kap. 7) in Andreaes Werk hinzuweisen. Er konstatiert bei Andreae eine „Auflösung der strengen topischen Bedeutungsrelationen" (47). Diese Auflösung diene dazu, eine „letzten Endes nicht mehr kommunizierbare, mystische Theologie gleichnishaft in Worte zu fassen" (48).

Im ganzen erscheint die Einleitung als nur bedingt hilfreich. Gewünscht hätte man sich eine Einordnung der Schrift in die unmittelbaren Lebenszusammenhänge Andreaes. Vor allem scheint es dem Vf. entgangen zu sein, daß Andreae, indem er sich mit der Freiheitsproblematik auseinandersetzt, in viel stärkerem Maße mit Luthers Freiheitsschrift in Kontinuität steht, als dies aus dem Kapitel 4 hervorgeht. Andreaes Schrift ist die erste und einzige Schrift nach Luthers, die sich erneut mit dem Freiheitsverständnis innerhalb des Protestantismus auseinandersetzt. Genauso wie Luther ist Andreae der Auffassung, daß die Libertas Christiana mit dem Christenstand identisch ist, der Rechte und vor allem Pflichten mit sich bringt, wenn auch im weltflüchtigen Moralismus Andreaes eine deutliche Differenz zu Luther besteht. Wie zentral diese Problematik für Andreae ist, soll an der folgenden kurzen Inhaltsangabe transparent gemacht werden.

Der planmäßigen Zuspitzung aller drei Teile der Schrift auf ein Plädoyer für eine wahrhaft christliche Lebensführung wird im ersten Teil, dem Lob der Freiheit, breiter Raum gewährt. Über eine Analyse der vielfältigen Laster, die den Menschen in der Sklaverei halten (vgl. 61), gelangt Andreae zur Beschreibung des Philosophen als des stoischen Weisen (vgl. Anm. auf S. 380 zu 92), der seiner eigenen Sterblichkeit gelassen begegnen kann. Sein Bild wird jedoch im 2. Unterkapitel überboten: die christliche Freiheit wiegt stärker als die philosophische Freiheit, deren Unvollkommenheiten ausführlich dargestellt werden (98 ff.). Ihr wird die Vollkommenheit des Christentums gegenübergestellt (104). Allerdings hindert dieses Lob Andreae nicht daran, die Zustände innerhalb des Christentums schonungslos zu kritisieren (107 ff.) und dabei bereits zahlreiche Anliegen des Pietismus vorwegzunehmen (vgl. 118 ff.). Auch die Christen lieben das Vergnügen mehr als die Nachfolge (vgl. 162). Der wiederkehrende Christus wäre über die herrschenden gesellschaftlichen Zuständen entsetzt (vgl. 163 ff.). Als Fazit dieses zweiten Teils zieht Andreae den pessimistischen Schluß: „illi, qui Mundum ornant, Christum deformant“ (192). Der dritte Teil des Lobs der Freiheit fordert daher zur Umkehr auf. Das Beispiel Christi zeigt den Weg zur Vollkommenheit (206). Die Christen müssen die „vanitas“ der Welt erkennen und hassen (224). Ausführlich wird wiederum die Welt als Geschöpf des Satans mit all ihren Lastern dargestellt, um dann die Christen zur ernsten Umkehr aufzufordern. Wahre Freiheit findet der Gläubige allein in Christus (264).

Im Lob der Theologie spricht die personifizierte Theologie – ihre dreifache Rolle wurde bereits erwähnt. Dieser Teil schließt mit einem Gebet der Theologie, in der sie die Hoffnung äußert, daß den Menschen die Augen für die Wahrheit geöffnet würden. Die gute Sache Gottes, die letztlich zu einer Reformation des Lebens führen muß, liefert den Menschen die Kraft für ihre Freiheit, für eine Freiheit der Seele und des Körpers. Mittels dieser Freiheit kann der Teufel – und auch der Papst – überwunden werden.

Im ganzen vermittelt die Schrift den Eindruck, eine Apologie des wahren Christentums gegenüber der Philosophie sein zu wollen, wobei mit scharfem Blick auch die innerkirchlichen Mißstände analysiert werden. Gleichzeitig wird in Anknüpfung an Luthers Freiheitsschrift die christliche Freiheit als noch zu erfüllende Aufgabe der Christen definiert.

Der Bearbeiter hat recht zurückhaltend kommentiert. Beeindruckend ist, in welcher Fülle er Anspielungen aus der antiken Philosophie bei Andreae nachweisen kann. Bei manchen Anmerkungen hätte man sich allerdings breitere Erläuterungen gewünscht. So wird bei der Verwendung des Wortes „Mikrokosmos“ (58) nur auf Sekundärliteratur verwiesen, aber nicht gesagt, daß Andreae hier wohl auf Arndt und Paracelsus fußt. Dieser Hinweis fehlt ebenfalls, wenn auf S. 80 zum ersten Mal das „Buch der Natur“ erwähnt wird. Der Verweis in den Anmerkungen auf H. Blumenbergs Werk „Die Lesbarkeit der Welt“ (379) scheint an dieser Stelle wenig hilfreich. Statt dessen hätte der Bearbeiter auf das vierte Buch von Arndts Wahrem Christentum hinweisen müssen und so wiederum die Rezeption von Arndt durch Andreae belegen können. Falsch interpretiert ist die Vorstellung des Blutsbundes (vgl. 96). Es geht nicht um eine Bundesvorstellung im Sinne einer societas Christiana, wie das auf S. 381 angemerkt wird, sondern um den Bund, der durch das Blut Christi im Abendmahl besiegelt wird (vgl. Mt 26,28; 1Kor 11,25), wie Andreae das auch auf S. 100 andeutet („ex sanguine Christi“). Bei der Erwähnung des „cohaeres“ auf S. 96 steht Röm 8,17 im Hintergrund. Die Kritik an der Fama auf S. 148 hätte eine Anmerkung verdient. Auf S. 230 geht der Topos der Selbstliebe doch wohl unmittelbar auf Augustin zurück. Häufiger werden biblische Anspielungen nicht nachgewiesen (z. B. S. 262: Tempelreinigung. – Bereits auf S. 266 bezieht sich Andreae auf Vorstellungen aus dem Weisheitsbuch – hier Sap. 9. – Die 144000, die auf S. 307 erwähnt werden, verweisen auf Apk 14,3 etc.). S. 352 ist doch wohl auf die Ablaßproblematik angespielt, die zur Reformation führt. Der allgemeine Hinweis auf die Fegfeuerproblematik ist hier meines Erachtens unzureichend.

Die Übersetzung ist überwiegend gelungen. Manchmal wäre es angenehmer gewesen, der Übersetzer hätte die langen, verschachtelten Satzperioden in mehreren, kurzen deutschen Sätzen wiedergegeben. Das hätte der Lesbarkeit gut getan. Die Übersetzung „Sorgenkind“ (97) wirkt unglücklich. S. 281 Abs. 2, Z. 8 ff., ist der deutsche Text unverständlich – es ist von der Anwendung der Bibel auf das ganze Leben die Rede.

Im ganzen bleiben also bei Einleitung und Kommentierung einige Wünsche offen. Trotzdem ist es zu begrüßen, daß diese wichtige Schrift Andreaes endlich in einer kritischen Ausgabe zugänglich ist.

Münster Ute Gause

Christian Bunners: Paul Gerhardt. Weg – Werk – Wirkung. Berlin, München: Buchverlag Union 1993. – 396 S.

„Sie können den Paul Gerhard[t] nicht lieber haben, als ich ihn habe.“ Die kleine, aber uneingeschränkte Aussage der Liebe und Bewunderung, wie sie Matthias Claudius in seinem letzten Lebensjahr während der Flucht vor den napoleonischen Truppen einmal in einem Brief schrieb, ist nur *ein* Zeugnis in der vielgliedrigen Kette der zustimmenden Rezeption des größten deutschen evangelischen Kirchenlieddichters aus dem 17. Jahrhundert. Auch heute bildet Gerhardts Liedgut im neuen Evangelischen Kirchengesangbuch einen gewichtigen Beitrag; seine 26 Lieder werden dort zahlenmäßig nur von Luther übertroffen. So singt sich jede neue Generation der Kirchengemeinden in diesen Schatz barocker Lieder und ihrer zeitgenössischen Vertonungen ein. Christian Bunners' neue Gerhardt-Monographie bedarf also keiner Begründung. Seit Hermann Petrichs Standardwerk „Paul Gerhardt. Ein Beitrag zur Geschichte des deutschen Geistes" (Gütersloh 1914) bildet sie die erste umfängliche Gesamtdarstellung Gerhardts.

Bunners gliedert seine Gerhardt-Monographie in drei gleichgewichtige Hauptteile. Der erste Teil (15–138) schildert den Lebensweg Gerhardts. Seit Petrichs Buch sind nur wenige spärliche Funde zu der immer noch sehr löchrigen Biographie des Pfarrers und Dichters zu verzeichnen. Bunners arbeitet sie in seine Darstellung ein und stützt sich des weiteren auf jüngere methodische Ansätze der besonders im Bereich der Germanistik eifrig betriebenen Barockforschung. Bunners ergreift Partei für seinen Autor; er nähert sich ihm im „wir"-Ton; Gerhardt ist „unser". Eine solche Einstellung wirkt sich vorab für die Vermittlung von Gerhardts Lebenskrise aus, sein starres Beharren auf der hergebrachten lutherischen Orthodoxie, als der calvinistische Große Kurfürst eine moderne und tolerante Politik des wechselseitigen Respekts beider Konfessionsparteien mit den Möglichkeiten seiner landesherrschaftlichen Autorität durchzusetzen trachtete. Bunners' Darstellung ist faktenreich und lebendig; sie besticht besonders durch die Abbildungen nach zeitgenössischen Quellen, Dokumenten und Objekten. – Der zweite Hauptabschnitt (139–252) stellt sich in persönlicher Weise dem Werk Gerhardts. Anhand ausgewählter Einzellieder, Motivgruppen oder Themenkreise interpretiert Bunners hier – gelegentlich mit subjektiven oder meditativen Weiterungen – inhaltliche, frömmigkeits- und musikgeschichtliche Züge, die Gerhardts Eigenart bestimmen. – Der Schlußteil (253–344) wendet sich der Nachwirkung der Lieder Paul Gerhardts von ihrer Entstehungszeit bis zur Gegenwart zu. Wiederum wird eine persönliche Auswahl von Zeugnissen ohne Anspruch auf Vollständigkeit zitiert und mit einem ebenso persönlichen Engagement kommentiert, um die ununterbrochene Brücke, die sich von diesem Liederdichter des 17. Jahrhunderts bis zur heutigen Gegenwart spannt, in lebendigem Vortrag zu veranschaulichen. – Den Abschluß des Bandes (345–396) bilden einige zentrale Textdokumente, darunter die Wiedergabe von drei Gelegenheitsdichtungen Gerhardts, die in keine der Gesamtausgaben aufgenommen worden sind, dann ein umfängliches Literaturverzeichnis und ein doppeltes Liedregister (nach der Zuordnung zu den Sonn- und Feiertagen des Kirchenjahres bzw. nach den Liedanfängen), schließlich ein Namensregister.

Die vielseitig angelegte Darstellung, die sich ausdrücklich an weitere Kreise als nur die kirchengeschichtlichen, literarhistorischen und hymnologischen Fachleute wendet, ist zweifelsohne gelungen. Die Monographie vermittelt ein lebendiges und anschauliches Bild der Gestalt des Dichters und lädt darüberhinaus dazu ein, hinter den auch heute noch wohlvertrauten Liedtexten deren historische, konfessionelle und auch frömmigkeitsgeschichtliche Bezüge und Bedeutungen zu berücksichtigen und für eine heutige Verwendung dieser Lieder zu erwägen. Man kann Bunners' Gerhardt-Monographie nur einen großen Erfolg beim anvisierten, breiten Lesepublikum wünschen.

Zugleich scheint mir Bunners' Monographie gerade auch einen willkommenen Anlaß zu bieten, auf die Forderungen einer weiteren fachspezifischen Erforschung Gerhardts aus heutiger methodischer Sicht hinzuweisen. Die großen Lücken in Gerhardts Biographie, zumal zwischen seinem Studium in Wittenberg und der ersten beruflichen Anstellung in Berlin, lassen sich, wenn überhaupt, wohl nur durch eine systematische Suche in den studentischen Stammbüchern Mitteldeutschlands punktuell ausfüllen. – Für den anscheinend wichtigsten Lehrer Gerhardts, den Wittenberger Superintendenten Paul Röber, hat sich das Stammbuch in Weimar erhalten, eine Quelle für geistesgeschichtliche Verknüpfungen dieses Mannes mit seinen Zeitgenossen und Kollegen. Auch sonst dürfte es lohnen, den Einzelgestalten weiter nachzuforschen, mit denen Gerhardt in Kontakt trat oder deren lebensgeschichtliche Ereignisse er in seinen wenigen und häufig vernachlässigten Gelegenheitsgedichten darstellte (so etwa für den Berliner Diakon Johannes Heinzelmann).

Vordringlich scheint mir jedoch vor allem, den Auktionskatalog der Bibliothek des Sohnes Paul Friedrich Gerhardt in einem Neudruck allgemein zugänglich zu machen und durch einen „catalogue raisonné“ zu erschließen. Der Sohn hatte die Bibliothek des Vaters geerbt und sah sich gezwungen, diese Büchersammlung in Berlin am 12. Oktober 1716 versteigern zu lassen. Unter den dort verzeichneten 1.150 Titeln verbirgt sich mutmaßlich vieles, was den geistigen Horizont eben des Vaters einsichtig werden lassen könnte. Von den bei Petrich verzeichneten zwei Exemplaren des Auktionskatalogs ist das Dresdner Exemplar im 2. Weltkrieg zerstört worden. – Ähnliche Aufgaben stellen auch die Lieder Gerhardts als Texte der damaligen konfessionellen Praxis. Gerhardts Rezeption reicht von heute kaum bekannten Texten der Zeitgenossen (etwa Martin Kempe, Erdmann Neumeister oder Philipp Jakob Spener) über den hallischen Pietismus und das Herrnhutertum bis zu Johann Georg Hamanns Londoner Bekehrung; sie begleitet dann die weitere Entwicklung der evangelischen Konfessions- und der deutschen Kulturgeschichte. Textliche Abwandlungen in Gerhardts Liedern gehören ebenso dazu wie vielzählige geistliche und weltliche Kontrafakturgedichte zu seinen Vorlagen. Hier ist eine Fülle lohnender Aufgaben, für deren Bewältigung ein interdisziplinäres Zusammenwirken von Theologen, Kirchengeschichtlern, Philologen und Musikwissenschaftlern nötig ist. Es geht um kulturhistorische Forschung im breitesten, guten Sinne. Für alle daran Beteiligten dürfte der ebenso knappe wie rühmende Satz des Matthias Claudius auch weiterhin gelten: „Sie können den Paul Gerhard[t] nicht lieber haben, als ich ihn habe."

Bochum Jörg-Ulrich Fechner

Stefan Luft: Leben und Schreiben für den Pietismus. Der Kampf des pietistischen Ehepaares Johanna Eleonora und Johann Wilhelm Petersen gegen die lutherische Orthodoxie. Herzberg: Traugott Bautz 1994. – 382 S.

Die erste Hälfte der hier anzuzeigenden Münchener Dissertation (1992) des Historikers und Journalisten Stefan Luft ist der Biographie des Ehepaares Petersen gewidmet. Da ihm bei seiner Arbeit meine 1988 abgeschlossene Erlanger Dissertation über das Leben der beiden Petersens (bis zum Jahre 1692) vorlag, hätte man erwartet, daß er sich in diesem biographischen Teil entweder kürzer faßt und sich mit den Ergebnissen meiner Arbeit auseinandersetzt oder neue Quellen präsentiert. Nichts davon ist geschehen. Vielmehr fällt Luft sachlich wie methodisch hinter die Forschung zurück, indem er nur referierend und zitierend die beiden Autobiographien nacherzählt. Das gilt leider auch für den Teil, wo Lufts Arbeit zeitlich über meine hinausgeht. Eine kritische Auseinandersetzung mit dem von den beiden Petersens selbst produzierten Bild ihres Lebens findet nicht statt. Darüber hinaus bleibt der Autor bei der Aufzählung der biographischen Daten stehen. Er versteht es nicht, ein Bild von der geistigen Entwicklung der beiden Petersens und der Stringenz ihrer Gedankenwelt zu zeichnen.

Die andere Hälfte des Buches, das nach althergebrachtem Schema Leben und Lehre zusammenfügt, verfolgt anhand einzelner Schriften die literarischen Kontroversen des Ehepaares (Chiliasmuskontroverse mit August Pfeiffer; Wiederbringungslehre; Schlesische Betkinder; Pietismus und Juden). Man erhält hier einen schnellen Einblick in die wesentlichen Argumente der streitenden Parteien. Leider begnügt sich der Verfasser auch hier über weite Strecken damit, die einschlägigen Texte selbst sprechen zu lassen. So bleibt Lufts Arbeit auf dem Reflexionsniveau eines reinen Referates; ein Viertel des Textes, erhoben am m. E. durchaus repräsentativen 7. Kapitel mit einem Umfang von 67 Seiten, besteht aus barocken Zitaten; dagegen fehlt es an gedanklicher Reflexion und kritischer Prüfung der Quellen, an Ermittlung von Hintergründen und historischen Zusammenhängen (etwa die Veranlassung des Hamburger Religionseides durch die chiliastische Lehre Petersens), an übergreifenden Fragestellungen, an über den Wortlaut der Quellen hinausgehenden Interpretationen, an Auseinandersetzung mit der Forschung (z. B. bezüglich der Petersenschen Eschatologie mit W. Nordmanns und meiner Dissertation), an Überlegungen eines eigenen methodischen Zugangs zum Phänomen des Pietismus. Symptomatisch für das mangelnde Problembewußtsein sind die Schlußbemerkungen (316–323), in denen Luft die bekannten Theorien über die Entstehung der „neuen Frömmigkeit" und des Pietismus darbietet, ohne sie in Bezug zu seiner eigenen Untersuchung zu setzen. Fazit: Das Buch ist für einen schnellen Überblick über die literarischen Kontroversen des Ehepaares nach 1692 ganz brauchbar, stellt aber für die Forschung keine wirkliche Bereicherung dar.

Halle a. S. Markus Matthias

Johann Jakob Rambach. Leben – Briefe – Schriften. Hg. v. *Ulrich Bister u. Martin Zeim* unter Mitarbeit von *Rüdiger Mack* u. *Horst-Walter Schenk*. Gießen, Basel: TVG Brunnen-Verlag 1993. – 144 S.

Das vorliegende Buch erfüllt einen *doppelten Zweck*, der aus dem Titel leider nicht hervorgeht: Es ist *erstens* eine „Festschrift" zum 300. Geburtstag Johann Jakob Rambachs (1693–1735), *zweitens* – genau zur Hälfte – ist es eine Rambach-Bibliographie, die es bisher in diesem Umfang noch nicht gegeben hat.

Das *erste* Anliegen der Festschrift zielt dahin, den Dichter des berühmten Taufliedes „Ich bin getauft auf deinen Namen, Gott Vater, Sohn und Heilger Geist" (Ev. Gesangbuch Nr. 200) für die Gemeinde nicht ganz in Vergessenheit geraten zu lassen; so das fördernde Dekanat Gießen im Grußwort S. 5. Dieses Anliegen erfüllt die „Kurzgefaßte Biographie" von Martin Zeim (Kiel), der sich schon seit Jahrzehnten mit dem Leben Rambachs und seinen unerforschten Briefen beschäftigt hat. Der Gießener Zeit wird in dieser knappen Lebensskizze besondere Aufmerksamkeit geschenkt (sechs von elf Seiten), obwohl Rambach ja nur die letzten dreieinhalb Jahre seines Lebens in Gießen wirkte (August 1731 bis April 1735). Zeim folgt im wesentlichen der „Rambachische(n) Lebensgeschichte" von E. F. Neubauer aus dem Jahre 1744 (9 Anm. 1; vgl. Bibliographie, 142).

Der Biographie gibt Zeim noch zehn „Gießener Briefe" bei, die Rambach an seinen Freund Professor Walch in Jena und an seinen Lehrer und ersten Schwiegervater Professor Joachim Lange in Halle gerichtet hatte. Die Briefe erhellen die Berufung und den Wechsel von Halle nach Gießen, die Bewältigung der verschiedenen Ämter als Professor primarius, Superintendent, Direktor des Pädagogiums und Prediger, sowie insbesondere den „Erfolg", den er hatte, worüber Rambach jedoch urteilt: „In meinem Amte schicket zwar Gott zuweilen an eintzelne Seelen einigen Segen, der aber mehr den Blüten, als reifen Früchten ähnlich siehet" (Brief an Lange vom 15.7.1733, 27).

Da die lateinischen Passagen der Briefe übersetzt werden und Unverständliches erklärt wird, sind die Briefe gut lesbar. Allerdings wird in den Erläuterungen auch m. E. zu stark im Sinne der Theologischen Verlagsgemeinschaft (TVG) gewertet („Sie hat das Ziel, schriftgemäße theologische Arbeiten zu veröffentlichen": 2), wenn es heißt: „Zwischen ihnen allen (sc. dem Schwarmgeist Dippels, der Orthodoxie und der Philosophie Wolffs) nun *Rambachs* klares Festhalten an den Bekenntnisschriften und an der Forderung nach schlichter Befolgung im Leben und sich bewährendem Glaubensgehorsam. Welche heilsamen Einflüsse wären noch von diesem jungen Professor zu erwarten gewesen, wäre er nicht so früh gestorben!" (32).

Dies mag ja richtig sein, ist jedoch keine angemessene theologische Kommentierung eines Briefes. Sie ist auch nicht mit dem Festschrift-Charakter zu rechtfertigen, da er nur den Seufzer eines bestimmten Teiles der Leserschaft wiedergibt. Ähnlich einseitig ist der „Schluß" (conclusio) im Brief, der sich mit dem Ruf nach Göttingen im August 1734 auseinandersetzt (39 f.). Die Tendenz, Rambach als ein Vorbild für eine erweckliche Frömmigkeit heutiger Tage vorzustellen (etwa auch 10 f.), überwiegt bei Zeim gegenüber einer objektiven Darstellung (vgl. Hebr 13,7 als Motto des Buches: 2). Zeim weist jedoch auch darauf hin, daß Rambachs Liedern und Predigten ein „rationale(r) Klang" eigen ist, d. h. daß auch er nicht frei war von Wolffschen Einflüssen. Diese Tatsache erscheint ihm ein wichtiger Gegenstand der zukünftigen Rambach-Forschung zu sein.

Ein besonderer Schatz dieser Festschrift ist es, daß die vollständige lateinische Grabinschrift, die nur zufälligerweise erhalten geblieben ist, mitgeteilt werden kann neben einem Bild vom tatsächlichen Zustand des verwitterten Grabsteines auf dem Gießener Alten Friedhof (45 f.).

Der *zweite* Zweck des Buches, der wissenschaftlich-bibliographische, wird gestützt durch den Beitrag von Rüdiger Mack (Laubach): „Johann Jacob Rambach in Gießen (1731–1735)" (47–71). Es handelt sich dabei um den Wiederabdruck des entsprechenden Abschnittes aus seiner profunden Studie „Pietismus und Frühaufklärung an der Universität Gießen und in Hessen-Darmstadt" (Gießen 1984). Dieser Beitrag erhellt nun den Tiefstand der Theologischen Fakultät vor 1731 und dagegen das theologische und religions-pädagogische Anliegen Rambachs. Die Leistungen des Predigttheoretikers werden besonders hervorgehoben (54–57) und das Scheitern der Gesangbuch- und der Schulreformen für Oberhessen zu erklären versucht (57–60). Es kommt zu Überschneidungen mit der Darstellung von Zeim, jedoch bietet dieser objektivere Beitrag dem Interessierten viele Einblicke in die Gießener Universitätsgeschichte jener Jahre. Auf die Fortbildung der Pfarrerschaft und das dazu ins Leben gerufene Publikationsorgan Rambachs, das „Heßische Heb-Opfer Theologischer und Philologischer Anmerckungen" (1734–1739) wird dabei besonders eingegangen (60–63).

Die zweite Hälfte des Buches stellt nun eine ausführliche Bibliographie der Rambach-Schriften dar. Ulrich Bister (Herborn), von dem die Anregung für das Buch stammt, hat eine enorme bibliographische Arbeit geleistet, indem er in vielen namhaften Bibliotheken Europas und den USA Erstausgaben ausfindig gemacht und eingesehen hat und somit weit über F.W. Strieders „Grundlagen zu einer Hessischen Gelehrten- und Schriftsteller-Geschichte [...]", Bd. 11, 1797, 186–218 hinausgeht (vgl. 72 und 142f.). Chronologisch geordnet werden 65 verschiedene Werke mit Fundort angegeben (72–95); viele davon sind in seinem Privatbesitz. Eine Vervollständigung der Liste stellt er selbst infrage. Die 51 von Rambach herausgegebenen Schriften (97–118) zeigen, wie stark der Hallenser Theologe interessiert war an der Verbreitung lutherischer Schriften sowie englischer Autoren (27. „Thom. Goodwins Geistreiche Schriften. Halle 1730"; ebenso Nr. 38. 40 u.a.). Die Beiträge im „Heßischen Heb-Opfer" (Nr. 42), die tatsächlich von Rambach stammen, warten noch auf eine genauere Untersuchung (so Bister 72). Bister zählt außerdem 54 postum herausgegebene Schriften (119–140) sowie acht Beiträge zu seiner Biographie aus dem 18. Jahrhundert (140–143). Ein Verzeichnis der moderneren Sekundärliteratur fehlt leider in diesem Bändchen. Es ist z.T. den Anmerkungen von Mack zu entnehmen. Genaueres bietet Klaus-Gunther Wesseling in seinem noch jüngeren Beitrag zu Rambach im BBKL VII (1994) 1305–1307. Jedoch wird auch hier deutlich, daß es wenig monographische Literatur zu Rambach gibt und noch eine große Aufgabe auf die Forschung wartet.

Das vorliegende Bändchen kann in seiner Disparatheit der Beiträge nur ein Hinweis dafür sein, das vielschichtige Wirken dieses bedeutenden Pietisten tiefergehend in den Blick zu nehmen, nicht nur aus der Gießener Perspektive. Es ist vor allem das Verdienst U. Bisters, mit seiner Bibliographie der Forschung einen wichtigen Schlüssel zu den Rambach-Schriften an die Hand gegeben zu haben. Es bleibt zu hoffen, daß dieser wichtige Schlüssel in diesem Buch ohne den entsprechenden Hinweis im Titel nicht allzu versteckt bleibt. Und es bleibt zudem ein Desiderat, daß das Schrifttum noch anderer „Pietisten der zweiten Generation" in ebenso gründlicher Weise zumindest bibliographisch gesichert wird. Hier liegt m.E. eine wichtige Aufgabe für die „Historische Kommission zur Erforschung des Pietismus" sowie das „Interdisziplinäre Zentrum für Pietismusforschung".

Haiger-Allendorf | Friedhelm Ackva

Friedrich-Franz Mentzel: Pietismus und Schule. Die Auswirkungen des Pietismus auf das Berliner Schulwesen 1691–1797. Hohengehren 1993 (Materialien u. Studien z. Geschichte d. Berliner Schule, 11). – 198 S.

Zur Berliner Schulgeschichte sind in den letzten Jahren eine Reihe von kleineren Veröffentlichungen erschienen, die allerdings die bedeutsamen Auswirkungen des Pietismus bisher nicht berücksichtigten. Bei der Arbeit von Mentzel handelt es sich um eine noch zu DDR-Zeiten entstandene Schrift, mit der sich der Verfasser habilitierte. Sie wurde nach der Wende als 11. Band in die Reihe „Materialien und Studien zur Geschichte der Berliner Schule" aufgenommen. In einem kurzen Geleitwort stellt einer der beiden Herausgeber der Reihe, Michael Søren Schuppan, fest, es sei dem Autor gelungen, sein Werk vor den Nachteilen einer „konsequent eingehaltenen parteilichen Wissenschaftstheorie" zu bewahren.

Diese Feststellung ist jedoch mit einem großen Fragezeichen zu versehen, soweit es um die preußische Sozial- und Bildungspolitik, die Ziele der Pietisten und innerkirchliche Kontroversen geht.

Es werden sowohl ungesicherte, unklare wie auch historisch bedenkliche oder lückenhafte Aussagen angeboten, und die ideologischen Vorgaben bestimmen das Ergebnis. So wäre etwa zur Geschichte der Armenschulen, auf die sich Mentzel stark konzentriert, die Gesamtlage im evangelischen Bereich zu berücksichtigen gewesen. Ein „contubernium pauperum" bestand schon in vorreformatorischer Zeit und hierzu liegen einzelne Untersuchungen innerhalb der regionalen Schulgeschichte vor. Zu den Deutschen Schulen enthalten die städtischen Archive meist wenig Material, so daß in erster Linie die Konsistorial- und Pfarrarchive hinzuzuziehen sind. Für den Pietismus gilt das ganz besonders, da hier Korrespondenzen die wichtigsten Quellen sind, und dabei ist der Forscher dann auf detektivische Kleinarbeit angewiesen. Insoweit kann die Arbeit von Mentzel nicht beanspruchen, mehr als einzelne Aspekte der pietistischen Schularbeit in Berlin zu beleuchten, bei deren Interpretation er sich jedoch auf die sozialistische Geschichtsauffassung beschränkt. Andererseits bringt die erstmalige Auswertung von Schulakten des Landesarchivs Berlin manche Einblicke in die mühselige Kleinarbeit engagierter pietistischer Theologen in der Doppelstadt Berlin-Kölln mit ihrer rapide wachsenden Bevölkerung.

In den ersten drei Abschnitten seiner Arbeit geht der Verf. auf die Frühgeschichte von Pietismus und Aufklärung anhand der Sekundärliteratur ein. Dabei kommt es dann, nach sachlich korrekter Anführung der Reformbestrebungen Speners und Franckes, zu Feststellungen wie, „daß Francke und die Pietisten sich im Kampf um die Alleinherrschaft ihrer Religion (sic !) und die Durchsetzung ihrer Reformbewegung des absolutistischen Machtapparates rücksichtslos bedienten." (43)

Erfolgreiche Anstöße Speners während seiner Berliner Tätigkeit und ihre Umsetzung werden als kühles Interessenkalkül von Absolutismus und Merkantilismus interpretiert „zur Vergrößerung des Arbeitspotentials" (59). Unberücksichtigt bleibt, daß die Erziehung zur Arbeit nicht nur einer Intensivierung der Produktion diente, sondern als eine sittliche Maßnahme verstanden wurde, mit der gerade der Verwahrlosung von Kindern und Jugendlichen entgegengesteuert werden sollte. Max Webers „Protestantische Ethik", die im Literaturverzeichnis fehlt, hat zu diesem Thema eine grundsätzliche wissenschaftliche Analyse geleistet, die bei einer Bewertung des pietistischen Verständnisses der Funktion von Arbeit unentbehrlich ist. Auch die – nicht benutzten – Bestände der Franckeschen Stiftungen hätten wesentliche Aufschlüsse geben können.

Bei der Darstellung des Berliner Armenwesens (50–81) wird dagegen deutlich, welche Kärrnerarbeit pietistische Armenprediger wie Johannes Rau, Johannes Lysius, Laurentius Gensichen geleistet haben. Eine 1699 berufene Armenkommission, zu der auch Spener gehörte, sollte zunächst durch den Bau des Großen Friedrichs-Hospitals für die Unterbringung von Bettlern, Landstreichern und Waisen sorgen, nach dem Vorbild der von Spener in Frankfurt durchgesetzten Reformen in der Armenfürsorge. Von einem auch nur einigermaßen sinnvollen Unterricht war man jedoch noch weit entfernt, es standen nur drei Lehrer für 400 Kinder zur Verfügung (56). A.H. Francke half mit Studenten aus, das Ergebnis blieb aber weiterhin unbefriedigend. Der Übergang vom Arbeitshaus zur Elementarschule blieb in seinen Anfängen stecken, im Gegensatz zu Franckes Waisenhäusern, obgleich gelegentliche Stiftungen hier und da Fortschritte brachten. Nach Meinung des Verfassers wendete Spener seinen „kirchenpolitischen Aktivitäten" bedeutend größere Aufmerksamkeit zu als dem Armenproblem. „An eine Möglichkeit, die Berliner Armenschulen unabhängig vom Armenprediger zu unterhalten, dachte er nicht" (71). Wie aber hätte sich Spener solche Möglichkeiten schaffen können? Im verarmten Brandenburg-Preußen fehlte es an Mitteln, sowohl auf staatlicher wie auch auf kirchlicher Seite.

Ein schulgeschichtlich besonders interessantes, wenn auch in seiner Realität bedrückendes Kapitel sind die Garnisons- und Regimentsschulen (81–89). Der 1692 gegründeten Berliner Garnisonsschule wurde durch den Garnisonsprediger Christoph Neumann eine Lateinschule angegliedert, der Friedrich Wilhelm I. aber 1715 die Zuwendungen von seiten der Regimenter entzog. Das Bildungsangebot war aus der Sicht des Soldatenkönigs zu anspruchsvoll, gebraucht wurde tüchtiger Nachwuchs für die Armee. Eine testamentarische Verfügung des Generalfeldmarschalls v. Natzmer half wenigstens über die räumliche Beengtheit hinweg, das Lehrprogramm wurde jedoch erst in den achtziger Jahren energisch modernisiert (87). Die Regimentsschulen waren dagegen adhoc-Einrichtungen, abhängig vom guten Willen des Regimentschefs oder des Feldpredigers.

Mit einer Würdigung der hohen Verdienste des pietistischen Armenpredigers Wilhelm Ludwig Rauch (95–108) befaßt sich der erste Abschnitt des 2. Teils. Er macht deutlich, wieviel von der Beharrlichkeit und Geduld eines einzelnen Mannes abhing, und Mentzel nennt ihn den „Schöpfer des ersten Berliner Systems von Elementarschulen“ (106). Nach dem Tode Rauchs 1778 wurden die von ihm eingerichteten Freischulen aufgelöst, da die Prediger sich damit zeitlich überfordert sahen, während der König ihnen Nachlässigkeit vorhielt. Für ein Verständnis dieser ersten Phase des Übergangs der Bildungshoheit auf den Staat ist dieser Abschnitt nicht ohne Interesse; gleichzeitig wird deutlich, wie sehr einzelne Pietisten die Fürsorgepflicht des Landesherrschers als summus episcopus angemahnt haben und so den Stein ins Rollen brachten, den bereits Martin Luther mit der Forderung nach allgemeiner Schulbildung angestoßen hatte.

Ein starkes Drittel der gesamten Publikation befaßt sich mit den Schulanstalten Johann Julius Heckers. Seine Realschule fehlt in kaum einer Pädagogikgeschichte, dank der Rührigkeit, mit der Hecker regelmäßig Berichte über die Schule veröffentlichte, unterstützt von dem ebenso publikationsfreudigen Johann Friedrich Hähn. Hähn gehörte zum Kreis der hallischen Pietisten, die sich sehr aktiv für die Didaktik des Comenius einsetzten, eine Arbeit, die August Hermann Francke mit der Sammlung der Schriften Komenskys begonnen hatte.

Hecker konnte sich viele Erfahrungen der Franckeschen Schulen zunutze machen, wurde dann allerdings von der eigenen Begeisterung für die Aufnahme möglichst vieler praktischer Fächer fortgerissen, so daß es teils an geeigneten Lehrern fehlte, teils der Lehrplan unübersichtlich wurde (137). Dennoch war die Realschule, mit einer eigenen Verlagsbuchhandlung ein Modell, das allein schon wegen der Anlage in der Hauptstadt richtungweisend wurde. Mit 1267 Zöglingen 1767 hatte sie einen Höhepunkt erreicht (162) und innerhalb von 20 Jahren Spenden von fast 43 000 Thlr. erhalten. Dazu gehörten auch große Teile des privaten Vermögens von Hecker, der die gute Sache über den eigenen Wohlstand stellte. In den folgenden Jahrzehnten verlagerte sich das Gewicht von den Elementarschulen innerhalb der Heckerschen „Universalschule" zugunsten des Pädagogiums, eine Entwicklung, die besonders der Neffe Heckers, Andreas Jacob Hecker, förderte, bis sie ihm die erwünschte Ernennung zum Direktor des Kgl. Friedrich-Wilhelms-Gymnasium mit der angeschlossenen Realschule brachte. So entstanden neue „Winkelschulen", begünstigt durch die französischen Gemeinden, die auch deutsche Schüler an sich zogen (172). Von staatlicher Seite wurde einer Verbesserung des höheren Bildungswesens größere Aufmerksamkeit zugewendet; fachliche Qualifizierungen auf akademischer Grundlage wurden von Bau-, Kunst- und Bergakademie angeboten. Die Verbindung von Realien und gelehrter Bildung, wie sie Hecker eine Zeitlang praktiziert hatte, mußte als überholt betrachtet werden.

In seinem Urteil über die Einführung des Abiturs als einem Akt der Feudalklasse zum Ausschluß der „Bevölkerungsmehrheit" von der höheren Bildung (186) verkennt der Verfasser allerdings die historischen Gegebenheiten.

Es sollte in erster Linie der viel zu frühe Übergang von nicht hinreichend vorbereiteten Schülern an die Universitäten verhindert werden, nachdem diese über Jahrhunderte diesen Umstand beklagt hatten. Der Aufschwung der deutschen Universitäten und der Wissenschaften im 19. Jahrhundert beweist, daß dieses Ziel erreicht wurde. Wenn Heckers Einheitsschule zugunsten der Dreigliederung in Elementar-, Mittelschulen und Gymnasien aufgegeben wurde, so mindert das nicht ihre Bedeutung für die Anstöße, die sie dem Realschulwesen gegeben hat.

Seine Schriften fanden viel Verbreitung und sind auch heute noch in manchen historischen Schulbibliotheken anzutreffen. Andererseits darf auch die starke Abwehrhaltung gegenüber den Realien nicht übersehen werden: Viele Lateinschulen wollten keineswegs zur Bürger- oder Realschule „herabsinken", und der Lateinunterricht wurde von vielen Eltern als Statussymbol verstanden.

Die gesamte Argumentation richtet sich, was der Ideologie der DDR entsprach, gegen den Feudalabsolutismus des Militärstaats Preußen, für den die Bildung der „breiten Massen" Anathema war. Eine genauere Untersuchung der innerkirchlichen Spannungen hätte aber gezeigt, daß es wohl eher diese waren, die hinter dem von Mentzel hervorgehobenen Rückgang der lutherischen Freischulen – nach dem Tode Rauchs 1778 – im Gegensatz zu reformierten, französischen und böhmischen Freischulen – standen. Mit der Unterbrechung finanzieller Zuwendungen konnten unerwünschte kirchliche Einflüsse im Schulwesen von jeher gedrosselt werden. Auch das 1730 in Bayreuth unter dem Einfluß des pietistischen Hofpredigers Silchmüller vom Markgrafen erbaute Waisenhaus bestand nicht lange – seine Schwiegertochter, die preußische Prinzessin Wilhelmine, zog den Pietisten den Umgang mit Philosophen vor.

Andererseits stellt Mentzel eine besondere Begabung der Pietisten für die „soziale Disziplinierung breiter Volksschichten" fest (196). Hätte der Feudalabsolutismus sie dann nicht gerade besonders fördern müssen?

Eine gründliche Überarbeitung der Habilitationsschrift hätte sie von diesem Ballast befreien können, selbst auf die Gefahr hin, daß dann nur noch ein Aufsatz übriggeblieben wäre.

Dillendorf-Liederbach Marianne Doerfel

Thomas J. Müller: Kirche zwischen zwei Welten: Die Obrigkeitsproblematik bei Heinrich Melchior Mühlenberg und die Kirchengründung der deutschen Lutheraner in Pennsylvania. Stuttgart: Franz Steiner Verlag 1994 (Transatlant. Hist. Studien, 2). – 302 S.

Diese erste, 1989 veröffentlichte Dissertationsarbeit in deutscher Sprache, welche die Quellen aus den Archiven der ehemaligen DDR zum Thema des deutschen Luthertums in Nordamerika auswertet, macht Thomas Müllers Arbeit besonders empfehlenswert. Nachdem seit Jahren kaum etwas Neues über Mühlenberg und seine Verhältnisse zum Halleschen Pietismus erschienen ist – abgesehen von Kurt Alands kritischer Ausgabe der Mühlenbergischen Korrespondenz – verfolgt Müller eine eindeutig neue Perspektive.

Als strukturelle Analyse des „Sitz im Leben" des deutschen Luthertums in der „Akkulturation europäischer Einwanderer in Nordamerika" (271) überschreitet Müllers Arbeit die Grenzen des früheren Standardwerks zu diesem Thema von Rudolf Schomerus *(Die verfassungsrechtliche Entwicklung der lutherischen Kirche in Nordamerika von 1638–1792)*. Die Vorteile von Müllers Arbeit liegen in der Ansicht des Verfassers, daß die Streitigkeiten unter den deutschsprachigen lutherischen Laien, die Frage der Obrigkeit betreffend, die Vielfältigkeit der Anhänger des Augsburgischen Bekenntnisses in Amerika widerspiegeln. Nachdem Müller die rechtlichen Verhältnisse der Kirche im alten Reich sowie in Nordamerika geschildert hat, beschreibt er die Besonderheiten von Mühlenbergs Pietismus als Schlüssel zum Rätsel seiner späteren Lösung der Obrigkeitsproblematik. Als ehemaliger Student in Göttingen, schloß Mühlenberg in sich Stolz und Ehrgeiz über die Weltoffenheit dieser neuen Universität mit ihrer Verbindung zu Großbritannien. Göttingen blieb für ihn genauso wichtig, weil er dort seine Erweckung erlebt hatte und als überzeugter Pietist sich an die halleschen Franckeschen Stiftungen wendete. In seinem einzigen deutschen Pfarramt Großhennersdorf in der Oberlausitz fand Mühlenberg sein Sprungbrett zum Auftritt in der Welt des internationalen Pietismus.

Als Mühlenberg 1742 nach Amerika kam, um seinen Ruf von den drei Gemeinden in Pennsylvania zu übernehmen, hatte er sich schon in einem anonymen *Sendbrief* gegen die lutherische Orthodoxie ausgesprochen. Themen des Briefes zeigen nach Müllers Meinung die Bereitschaft Mühlenbergs, in der neuen Welt Laiengemeinden Platz für ihre Wirksamkeit einzuräumen. Persönliche seelische Erfahrung betonend, hoffte er, einen Stützpunkt des echten, erweckten Luthertums sowie der „sichtbaren" Gemeinde aufgrund einer Kerngruppe der Erweckten zu schaffen. Das Eigentum der Gemeinde legte Mühlenberg in die Hände zuständiger und verantwortungsvoller Laien.

Als Gemeindestreitigkeiten zwischen 1742 bis 1766 den Aufbau der lutherischen Kirche Nordamerikas zu verhindern drohten, widmete sich Mühlenberg der Lösung dieser Probleme durch kirchliche Verfassungen sowie der Schaffung von Körperschaften. Zu diesem Thema bringt Müllers Arbeit wenig Neues, und es ist vielleicht zu bedauern, daß die aus dem Reich übertragene regionalisierte Basis dieser Streitigkeiten – d. h. Württemberger gegen Kraichgauer; Hallenser gegen Pfälzer, usw. – nicht ausführlicher für den deutschen Leser geschildert werden konnte. Nur aufgrund dieser Verschiedenheiten versteht man die schwierige Aufgabe Mühlenbergs, eine einheitliche evangelische Kirche in Amerika zu schaffen, welche die Verschiedenheiten der ländlichen Kirchen des Reiches überwand.

Eben diese Schwierigkeiten verstanden die halleschen Väter nicht. Die Abhängigkeit Mühlenbergs von Halles Londoner Repräsentant, dem Hofprediger Friedrich Michael Ziegenhagen, steuerte jeder Perspektive Halles gegenüber die *ecclesia plantanda* in Nordamerika. Kein Bewunderer Mühlenbergs, kritisierte Ziegenhagen den jungen Prediger Mühlenberg in seiner Korrespondenz mit Halle kurz nach dessen Ankunft in London. Auch Jahre später bezweifelten Ziegenhagen sowie Gotthilf August Francke Mühlenbergs theologische Kompetenz und seine wiederholte Betonung des Kirchenbaus in Pennsylvania. Letzteren verteidigte Mühlenberg als absolute Notwendigkeit, um die Deutschsprachigen im pluralistischen kirchlichen Kontext Pennsylvanias in einer lutherischen Gemeinde festhalten zu können. Die Pietisten Halles lehnten Mühlenbergs Bitte ständig ab, sie möchten die direkte kirchliche Obrigkeit für die Nordamerikanischen Gemeinden ausüben.

Obwohl Müller die strukturellen Verhältnisse des Luthertums in Pennsylvania präzis schildert und mit Recht in komparativer Perspektive die kirchenrechtlichen Beziehungen Brandenburg-Preußens (23 ff.) berücksichtigt, unterläßt er eine Diskussion von Halles schwindendem Interesse an der amerikanischen Diaspora im späteren 18. Jahrhundert. Müller konnte wie andere Wissenschaftler diese Verhältnisse nicht erklären, weil die Historiker Preußens und des halleschen Pietismus sich meistens nur mit der früheren Zeit beschäftigt haben. Die konventionelle Ansicht, es sei in Halle nach der Thronbesteigung Friedrichs II. nichts mehr von Bedeutung geschehen, verhindert immer noch, daß die Verwaltungsgeschichte der Franckeschen Stiftungen in der zweiten Hälfte des 18. Jahrhunderts gebührend beachtet wird. Ohne dies aber versteht man kaum, warum Mühlenbergs Bestrebungen in Pennsylvania in Halle Sorgen verursachten. Halles Beziehungen zu ihrer bevorzugten Siedlung Ebenezer in Georgia änderten sich rasch in den 1750er Jahren aufgrund neuer finanzieller sowie sozialer Vorstellungen der Gönner und Partner in Augsburg und London, eben zu der Zeit, als Mühlenberg für eine großzügigere Unterstützung durch Halle zugunsten Pennsylvanias plädierte.

Inwieweit die wachsende Macht der Laien innerhalb der Kirchengemeinde in Amerika zur Änderung der Kerntheologie des Luthertums bezüglich der Rolle des Pfarrers führte, bleibt auch in Müllers Arbeit unerörtert. Daß jene „die Entstehung der deutsch-lutherischen Kirche in Pennsylvania ..." (282) präsentierte, soweit es die kirchliche Struktur betraf, ist unbestritten. Gravierender aber für die spätere Geschichte des Luthertums in Amerika war, daß im halleschen Pietismus eine entwikkelte Theologie der Kirche außerhalb der staatlichen Beziehungen Europas fehlte. Deswegen blieb das Pfarramt in Amerika als Lehramt, das für Dogmatik und theologische Identität des Luthertums verantwortlich war, unterentwickelt und wurde als „undemokratisch" in der Ansicht vieler Gemeindemitglieder angesehen. Diese Anschauungen mußten Mühlenbergs jüngere Kollegen und letzten Hallenser in Amerika, J. H.C. Helmuth und Johann Christoph Kunze, bekämpfen.

Aus deutscher Perspektive anerkennt man wohl Mühlenbergs „Erfolg" in der Lösung der Obrigkeitsproblematik proportional zur kritischen Einschätzung der autoritären Vorstellungen seiner europäischen Zeitgenossen. Aus amerikanischer Perspektive zweifelt man 200 Jahre später an der theologischen Gründlichkeit dieser pietistischen Lösungen und Kompromisse. Als Ausgangspunkt zur weiteren Diskussion der Konturen des deutschsprachigen Luthertums in Nordamerika leistet Müllers Arbeit einen wesentlichen und willkommenen Beitrag.

Chicago, Illinois A.G. Roeber

Die Korrespondenz Heinrich Melchior Mühlenbergs. Aus der Anfangszeit des deutschen Luthertums in Nordamerika. Band IV. 1769–1776. Hg. v. *Kurt Aland* i. Verb. m. *Beate Köster* u. *Karl-Otto Strohmidel.* Berlin, New York: Walter de Gruyter 1993 (TGP III,5). – XV, 773 S.

The valuable series of source publication of Pastor Mühlenberg's correspondence continues with the appearance of Volume 4. It follows by three years Volume 3, which in turn had been issued three years after Volume 2. This consistent publication cycle speaks well for the efficient organization of the editorial team headed by Professor Aland. Volume 4 contains fully 230 letters (not the 229 mentioned in the preface), spanning eight years just prior to and beginning the era of the American Revolutionary War. The number of letters is not evenly distributed over the time span; they reach a peak of fifty for 1771, then diminish steadily (with the slight exception of 1774) until 1776 with only thirteen in evidence.

The editors were able to glean the letters from a number of sources, primarily in Halle and Philadelphia. As established in prior volumes, exact locations for each document are provided, along with citations of relevant published and unpublished material. The annotations, even more fully than in previous volumes in the series, register all of Mühlenberg's known extensive correspondence, even when the actual letters are no loner extant.

As commented upon in previous book reviews of the series (PuN 13: 292–296; 15: 245–248; 18: 213–217), the editorial apparatus is superbly done. Annotations give explanations for obscure vocabulary, identify folk sayings, translate the numerous Latin quotations, identify scriptural allusions, and provide biographical data. The short biographies of European and American figures are almost uniformily accurate and helpful to the reader. The editors' mistaken placement of the merchant J.G. Van der Smissen in Rotterdam (note 36, p. 499) instead of the correct Altona (as in note 4, p. 692), was perhaps suggested by the appellation „Myn Heere," forgetting that the Mennonite mercantile family maintained its Dutch language long after relocating to Altona. The most recent study of family members (many letters from whom are in the Halle archives) is by Matthias H. Rauert and Annelie Kümpers-Greve: *Van der Smissen: Eine mennonitische Familie vor dem Hintergrund der Geschichte Altonas und Schleswig-Holsteins (1992).*

As in previous volumes in the series, the predominant themes in the correspondence are the placement of pastors in Lutheran congregations and the reconciliation of conflicts arising therefrom. As the nearly-unquestioned authority in North America (though still occasionally attacked for his Pietist orientation by a few ministers), Mühlenberg was repeatedly appealed to by congregations seeking pastors, by ministers seeking pastorates, and by congregational leaders and pastors besieging him to resolve differences between them. This continued even after 1771 when he resigned his position as president of the Lutheran ministerium because of advancing age and increasing health problems (referred to in almost every letter by Mühlenberg).

The most serious crisis in these years was the strife between two pastors in the „Salzburger" colony of Ebenezer in Georgia. Replacing the founding pastoral team of J.M. Boltzius and I.C. Gronau were Christian Rabenhorst and Christian Friedrich Triebner. The emotional actions of the latter, who arrived seventeen years after the former, split the congregation into two bitterly contesting factions. Mühlenberg responded to the pleas of the „fathers" in Germany and England to travel to the southern colony to redeem the situation. Despite health and family problems, pressing church duties, and the difficulties and dangers of travel, he did just that in the summer of 1774. With an admirable mixture of tact and firmness, objectivity and political acumen, he secured a resolution of the conflict and aceptance by al members of a new church order meant to assure congregational peace in the future. Sadly, after his return to Pennsylvania in March of 1775, apparently well-founded accusations of immorality brought against Triebner again troubled the waters at Ebenezer. The affair in Georgia is recounted in many letters and reports (Nr. 601 ff.). The editors cite the relevant work *The Salzburger Saga* (1984) by George Fenwick Jones but not his book *The Georgia Dutch From the Rhine and Danube to the Savannah, 1733–1785* (1992), which may have appeared after the editorial work was completed.

No one reading the correspondence can fail to admire the perseverance and dedication of the sorely-tried Mühlenberg, despite a multitude of trials, misunderstandings, and the simple bulk of responsibilities. On occasion, he lists the tasks accruing daily for him as the senior pastor in Philadelphia; after responding to these demands, he ordinarily worked late into the night to complete paper work, such as the complicated and lengthy correspondence published in these volumes.

Mühlenberg's convoluted and Baroque style (for which he often apologizes, e.g. Nr. 539) contributed to this burden. A modern reader may conclude that the essentials of many of the communications could have been contained in one-fourth of the space, saving time, paper, and postage. However, they provide an unique window on the time, on the thought patterns of the writer, and even suggest what form and substance his sermons could have taken. Among his comments on the work of a colleage in Philadelphia are specific counsels on effective methods of preaching so that members of the congregation can understand every word (Nr. 561). A certain wry humour can often be detected, in particular as Mühlenberg philosophizes on human nature and ingratitude. His style is enlived by frequent use of German folk proverbs.

Important changes in the Halle leadership are reflected in the years under review. Throughout his long ministry, Mühlenberg considered the Halle patrons to be his ecclesiastical superiors, deferring to their decisions on minor as sell as major points. His long-standing supporter Gotthilf August Francke died in 1769 and was replaced by Johann Georg Knapp. Fortunately for the Lutherans in Pennsylvania, the successor continued Hallensian support and was able to secure generous legacies. Detailed directions and questions regarding legal and financial aspects of these benefactions take up much space in this correspondence, complicated as in previous years by the uncertainities and delays in communication across the Atlantic.

Knapp also furthered the Pennsylvania cause by recruiting and sending three able ministers to the colony, the last to be sent from Halle. After only two years in office, Knapp died and was replaced in 1771 by Gottlieb Anastasius Freylinghausen. He seemed to lack the personal concern for Pennsylvania matters evidenced by his predecessors; his preserved letters are more terse and more businesslike. Similarly, Mühlenberg's longstanding patron in London, Friedrich Michael Ziegenhagen, died in 1776; his role was taken over by Friedrich Wilhelm Pasche, who had already borne much of the epistolary burden for some years.

Annotations for the letters written in 1775 and 1776 detail the growing tension and final rupture of the American colonists from the British crown; this is necessary to understand the background for some of the correspondence although few references are made to political events by Mühlenberg. Those comments he did make indicate distance from the revolutionary fervor and at least initial support for the king (e.g., Nr. 677/678). Given his Lutheran theology and Hannoverian origin, a loyalist stance is not surprising. This attitude will change as the war progresses not least because of the active participation by his sons on the American side.

The increasing role that the sons (Friedrich, Heinrich, and Peter) played in Lutheran church life in North America after their return from education in Germany, and the father's gratification in their progress, is evident in this volume. Their reports to him with affectionate address and conclusion, document growth in ministerial skill and warm acceptance by the congregations they served. The travel diaries of Friedrich Mühlenberg on preaching missions to the Susquehanna Valley region make for fascinating reading, full as they are with adventures and grueling labors (Nr. 562, Nr. 574).

Despite the contributions that the three sons made to Lutheran church life, Mühlenberg had continually to counteract rumors that he favored them in church assignments and financial arrangements. There is no evidence that the claims had any basis in fact. He was scrupulous in these matters and it is clear that he often put the family finances at risk to support the work of the church, especially using the dowry of his epileptic wife, the daughter of Conrad Weiser.

Among these valuable letters, a few deserve special mention. A letter of 1779 (Nr. 511) to a resident of Baltimore, Maryland, provides an excellent brief review of Mühlenberg's work after his arrival in Pennsylvania in 1742. His communication in October of the same year (Nr. 516) provides information on the death of the famed evangelist George Whitefield. A long annotation to a brief note of September, 1771 (Nr. 367), presents a previously-unpublished travel diary covering Mühlenberg's subsequent extended visit to New Jersey. The lengthy epistle to Freylinghausen and Ziegenhagen of June 1771 (Nr. 635) is especially candid and revealing, as he sketches the situation of every congregation and the talents and weaknesses of every minister.

Although the index is entitled *Personen- und Ortsregister*, it actually includes subject references as well. This is perhaps in response to criticisms of this lack in previous volumes. The index is useful but not exhaustive; several smaller religious bodies in Pennsylvania mentioned in the text, for example, are not included in the index.

Students of the religious history of colonial America will await the next (and final?) volume of the Mühlenberg corpus with great interest.

Huntingdon, Pennsylvania — Donald F. Durnbaugh

Hans-Jürgen Schrader: Literaturproduktion und Büchermarkt des radikalen Pietismus. Johann Henrich Reitz' „Historie der Wiedergebohrnen" und ihr geschichtlicher Kontext. Göttingen: Vandenhoeck & Ruprecht 1989 (Palaestra, 283). – 635 S.

Die Göttinger literaturwissenschaftliche Dissertation von Hans-Jürgen Schrader (jetzt Genf) gehört zu den wichtigsten germanistischen Arbeiten über den Pietismus und stellt zweifellos die bedeutendste neuere Untersuchung zum radikalen Pietismus überhaupt dar. Gegenstand der Untersuchung sind die radikalpietistische Literaturproduktion und ihre Publikationsbedingungen sowie der spezielle Büchermarkt des radikalen Pietismus. Schrader hat als repräsentatives und heuristisch aufschlußreiches Paradigma ein weitverbreitetes Erbauungsbuch, die „Historie der Wiedergebohrnen" von Johann Henrich Reitz, gewählt. Diese erste pietistische Biographiensammlung liegt in einer von Schrader herausgegebenen und mit einem umfänglichen Nachwort, in dem Ergebnisse der Dissertation aufgenommen sind, versehenen „wissenschaftlich-kritischen photomechanischen Neuausgabe" vor (Deutsche Neudrucke, Reihe: Barock 29/1–4. Tübingen: Niemeyer 1982).

Bereits bei der Lektüre der Vorbemerkung wird deutlich, daß die Arbeit weit mehr bietet als eine Untersuchung zu einem speziellen Thema. Sie darf in mehrfacher Hinsicht grundsätzliche und exemplarische Bedeutung beanspruchen – und das über die Germanistik hinaus auch für die kirchengeschichtliche Pietismusforschung.

Die beiden ersten, kürzeren Kapitel kreisen das Thema forschungsgeschichtlich ein. Schon der Bericht über die germanistische Pietismusforschung (Kap. I) ist mit seinen Hinweisen auf Desiderate und auf interdisziplinäre Ansätze äußerst instruktiv. Auch in den terminologischen und historischen Klärungen (Kap. II) finden sich beachtliche weiterführende Aspekte. Schrader stellt hier mit überzeugender Argumentation die schon von den Zeitgenossen erkannte Einheit und Kooperationsgemeinschaft zwischen kirchlichem und radikalem Pietismus heraus. Besonders wertvoll ist die konzise, ältere und neuere Untersuchungen zusammenfassende und ergänzende Übersicht über die philadelphische Bewegung, in die das Kapitel ausmündet.

Die detaillierte Rekonstruktion der einzelnen Stadien der Werkgeschichte der „Historie" (Kap. III), in der Literatur oft Ursache beträchtlicher Verwirrung (vgl. die „Konfusionsrekorde", 390 Anm. 10), kann als deren abschließende Behandlung angesehen werden. Nach dem Erscheinen der Erstausgabe des 1. Bandes (1698) wuchs das Werk bis 1745 auf insgesamt sieben Teile an und erlebte sechs Auflagen (vgl. die schematische Übersicht S. 107), von denen je zwei in Offenbach, Idstein und Berleburg herauskamen. Besonders hervorzuheben ist die Ermittlung einer englischen Vorlage für Teil I (Vavasor Powell: Spirituall Experiences, Of Sundry Beleevers. London ²1653), mit deren Übersetzung die Gattung der pietistischen Sammelbiographien ihren Anfang nahm, sowie die Identifizierung der Herausgeber des VI. (Johann Samuel Carl) und VII. Teils (J.C. Kanz), die nach Reitz' Tod das Werk weiterführten.

Schrader hat die Darstellung der Werkgeschichte auf die Geschichte des *gedruckten* Werkes eingegrenzt. „In meinem Untersuchungszusammenhang sind detaillierte Analysen zur Quellenauswahl und zu den Bearbeitungstendenzen in der ‚Historie' ... nicht am Platz" (80). Diese Beschränkung ist verständlich, obwohl der Leser gern etwas über die Vorgeschichte des gedruckten Werkes erfahren hätte: Woher nahm Reitz die einzelnen Stücke? Bei einer ganzen Reihe von Biographien konnte er – wie bei Teil I – auf gedruckte Vorlagen zurückgreifen (z. B. bei Johann Arndt, Gottfried Arnold, Jakob Böhme, Elisabeth Kißner, Jan de Vissers u.a.m.). In anderen Fällen werden ihm handschriftliche Schilderungen vorgelegen haben, die in radikalpietistischen Kreisen verbreitet wurden. Schrader weist auf ein interessantes Zeugnis hin, nach dem schon eine *Handschrift* der ‚Historie' „wenigstens ein Jahr vor ihrem

Erstdruck in den Konventikeln der Erweckten von Hand zu Hand gegangen zu sein" scheint (78). Diese Beobachtung weist auf ein wichtiges Forschungsdesiderat hin: die handschriftliche Verbreitung radikaler Literatur, die vor und neben der hier behandelten Produktion gedruckter Literatur erfolgte.

In dem zentralen IV. Kapitel („Publikationsbedingungen und Publikationsleistung der Zentren radikalpietistischer Literaturproduktion. Die Druck- und Verlagsgeschichte der ‚Historie der Wiedergebohrnen'") gibt Schrader zunächst einen sehr informativen, verstreute Forschungen zusammenfassenden Überblick über das System zensorischer Bücheraufsicht im konfessionellen Zeitalter, um die eingeschränkten Rahmenbedingungen für den radikalpietistischen Büchermarkt deutlich zu machen: Druck und Vertrieb radikaler Literatur waren im Reich illegal und mußten außerhalb des offiziellen, durch kaiserliche Bücherkommissare kontrollierten Marktes und unter Umgehung der Zensur geschehen. Schraders Paradigma erweist sich als besonders geeignet, diese Konstellationen anschaulich werden zu lassen, denn die drei Stationen der Druck- und Verlagsgeschichte der „Historie" (Offenbach, Idstein, Berleburg) waren Zentren radikalpietistischer Literaturproduktion. Möglich wurde dies deshalb, weil in diesen Residenzstädtchen kleiner Territorien (Grafschaft Isenburg-Offenbach, Fürstentum Nassau-Usingen, Grafschaft Sayn-Wittgenstein-Berleburg) von pietistisch gesinnten Landesherren religiöse Toleranz geübt wurde.

Auf dem Hintergrund der jeweiligen kirchenpolitischen Verhältnisse, die kenntnisreich geschildert werden, behandelt Schrader die Offizien des Druckers und Verlegers Bonaventura de Launoy in Offenbach und den Verlag des aus Straßburg gebürtigen Johann Jacob Haug, der zunächst in Idstein, dann seit 1722 in Berleburg tätig war. Während für die Idsteiner Drucke auf eine Nassauer Bibliographie verwiesen werden kann, hat Schrader umfangreiche Titellisten der Offenbacher und Berleburger Verlagspublikationen erstellt (mit Standortnachweisen der einzelnen Werke). Unter den Autoren finden sich viele bekannte Spiritualisten und Radikalpietisten. Die Listen bilden das höchst eindrucksvolle Ergebnis jahrzehntelanger, mit findigem Spürsinn betriebener bibliographischer Recherchen; den immensen Arbeitsaufwand kann nur ermessen, wer sich selbst einmal auf dieses unwegsame Terrain gewagt hat.

Es versteht sich bei einer derartigen Pionierarbeit von selbst, daß eine Vollständigkeit der Publikationslisten nicht erreicht werden konnte und immer noch einige weitere Titel der Verlagsproduktionen auftauchen werden. Als Ergänzungen notiere ich: S. 142, Nr. 1a: Vogelsang, Jo. Christ.: Coeli status in coelibatu. Offenbach 1686 (Nachweis: Bibliotheca Peterseniana [S. 530, L 50] 126). – S. 142, Nr. 6a [Bröske, Conrad:] Der entdeckte Wider=Christ [...] von einem, welcher das Thier hasset und *C*hristum *B*ekennet [Kryptonym für Conrad Bröske]. Offenbach

1692 (Nachweis: Strieder [S. 495, A. 111] I, 52). – S. 148, Nr. 40a: Geyer, Philipp Henrich: Gründlicher Bericht von der Wahren Tauff [...] Samt einer Vorrede/ Worinnen er die Ursach seiner Absonderung Von der Reformirten Kirchen an den Tag leget. – Gedruckt im Jahr Christi 1699. [Durch Engelkopf-Signet auf dem Titelblatt als Launoy-Druck nachweisbar] (Nachweis: Antiquariatskatalog). – Nachgetragen werden können folgende Fundorte: S. 151f., Nr. 66: LB Wiesbaden, W 1885/7g [ohne Titelblatt]; S. 214, Nr. 76: UB Basel, d'Ann D 64; nur Teile 1–2 auch: Religionskundliche Sammlung Marburg, 849 sowie 850, und UB Basel, His 133.

Schrader rekonstruiert aus einem verstreuten Quellenmaterial, wie durch die Produktion dieser Verlage ein – gegenüber dem offiziellen – alternativer Büchermarkt entstand. Aufgrund des besonderen Profils ihrer Erzeugnisse waren die Verlage genötigt (und in der Lage), beim Absatz ihrer Werke mit anderen ähnlich orientierten Verlagen zu kooperieren und ihre Verlagsprodukte im Tausch zu vertreiben. So wurde die Voraussetzung für eine massenhafte Verbreitung radikalpietistischer Literatur geschaffen.

Das der Wirkungsgeschichte der „Historie" gewidmete Kap. V eröffnet neue Einsichten in das Einflußspektrum radikalpietistischer Literatur. Sehr erhellend sind die Informationen über Auflagenhöhe, Verkaufszahlen, Preisgestaltung, ebenso aber über Lesepublikum und Leseverhalten. Nach Schraders Berechnungen sind von der „Historie" mindestens 10.000 Exemplare verkauft worden, die eine etwa 20fache Zahl an Lesern erreicht haben dürften. Höchst aufschlußreich ist die Analyse von über 25 individuellen Rezeptionszeugnissen der „Historie"; sie belegt die Verbreitung und illustriert die Lektüreerwartungen der pietistischen Leserschaft.

Ergänzend zu S. 273f. (Auktionskatalog der Bibliothek des schwedischen Pietisten Josias Cederhielm) sei hier noch auf ein weiteres Rezeptionszeugnis aus Skandinavien hingewiesen: Der schwedische Radikalpietist Sven Rosén hat Reitz' „Historie" (wie auch dessen „Fürbild der heilsamen Worte") gelesen (vgl. Emanuel Linderholm: Skrifter och bref af Sven Rosén. Uppsala, Stockholm 1910, 207. – Ders.: Sven Rosén och hans insats i frihetstidens radikala pietism. Uppsala, Stockholm 1911, 180).

Die ausführlichen Anmerkungen, die häufig den Umfang von kleinen Exkursen haben, konnten nicht als Fußnoten gedruckt werden, sondern bilden zusammen mit den Literaturnachweisen einen eigenen, fast die Hälfte des Bandes beanspruchenden Teil (341–608). Der Leser wird aber für die geringe Mühe des Hin- und Herblätterns reichlich belohnt. Die ausgiebigen und detaillierten Literaturangaben enthalten Nachweise der Bibliotheksstandorte und Signaturen. Eine (notwendige) Erschließungshilfe bietet das sorgfältige Namensregister.

Nur die eigene Lektüre vermag einen Eindruck von der umfassenden Materialauswertung und dem dadurch erzielten immensen Reichtum an stimulierenden Fragestellungen, erhellenden Einsichten, fundierten Einzelergebnissen und vielfältigen Einzelhinweisen zu vermitteln, den diese aus langjährigen Forschungen erwachsene Arbeit in souveräner Gestaltung darbietet. Für alle künftigen Arbeiten kann sie darüber hinaus nicht nur als eine unvergleichliche bibliographische Fundgrube, sondern als Quelle methodischer Anregungen dienen.

Marburg Hans Schneider

Walter Stäbler: Pietistische Theologie im Verhör – das System Philipp Matthäus Hahns und seine Beanstandung durch das württembergische Konsistorium. Stuttgart: Calwer 1992 (Quellen und Forschungen zur württembergischen Kirchengeschichte, 11) [zuvor Diss. theol. Münster 1991]. – 330 S.

„Philipp Matthäus Hahn 1739–1790 – Pfarrer, Astronom, Ingenieur, Unternehmer", so lautet der Titel der Ausstellungen zum zweifachen Gedächtnisjahr – 250. Geburtstag 1989 und 200. Todestag 1990 – und des aus diesem Anlaß entstandenen Katalogs. Zusammen mit anderen Jubiläumspublikationen hat die Verdichtung von alten und neuen Forschungsergebnissen die vielseitigen Begabungen dieses Genies, aber auch die schweren Belastungen seines Lebens und vor allem die so besondere wie eigenwillige Theologie des schwäbischen Pietisten gründlich beleuchtet. In die Reihe der neuen Forschungen zu Philipp Matthäus Hahn gehört die nun im Druck vorliegende Dissertation von Walter Stäbler, betreut von Prof. Dr. Martin Brecht, Münster. Hatte sich Stäbler ursprünglich mit dem handschriftlichen sogenannten Theologischen Notizbuch von Hahn beschäftigt, aus dem er auch an vielen Stellen seiner Arbeit Belege entnimmt, ist er im Laufe seiner Untersuchungen von der Edition dieser reizvollen, aber schwierigen Quelle abgekommen und stellt nun eine nicht minder interessante Textedition in die Mitte seiner Forschungen: die Zensurakten des württembergischen Konsistoriums zum Lehrzuchtverfahren gegen Pfarrer Philipp Matthäus Hahn aus dem Jahr 1781.

Wie war es zu einer solchen gravierenden Beanstandung des theologischen Systems bei Hahn gekommen? In seinem Kapitel „Vorgeschichte" (§ 3, S. 14) zeigt Stäbler, daß Hahns eigenwillige theologische Entwürfe schon früh auf Kritiker und – was wohl oft zusammen gehört – auch auf Neider gestoßen sind. Das erste Dokument des Zensurakten-Faszikels stammt deshalb auch schon aus dem Jahre 1774 und weist den für Kornwestheim, der damaligen Pfarrei Hahns, zuständigen Special (Dekan) an, „Hahnen ... zu verwarnen, und zugleich annonciren, daß Er sich in dem öffentlichen Unterricht der Gemeinde lediglich an das reine Wort Gottes zu halten habe". Zuvor wird Hahn als einer bezeichnet, der „gerne besondere, und von Ihme nicht gründlich genug geprüfte Meinungen in Theologicis habe, auch jezuweilen etwas davon ... auf die Canzel bringe" (beide Zitate nach Stäbler, 45). Hier wird schon über sechs Jahre vor dem eigentlichen Lehrzuchtverfahren einmal der Vorwurf der Heterodoxie deutlich, der damals von ganz verschiedenen Seiten gegen Hahn erhoben wurde, und zum anderen klingt auch das Motiv an, das die kirchliche Obrigkeit wieder einmal zum Handeln nötigt, nämlich die öffentliche Lehre, hat sie doch der „Unordnung und der falschen Lehre" (württembergisches Ordinationsgelübde) zu wehren. Neben dieser inhaltlichen Kritik beschäftigt sich das Verfahren gegen Hahn mit dem formalen Vorwurf, er habe die geltenden Zensurgesetze des Landes zur Veröffentlichung kirchlicher und theologischer Literatur durch Drucklegung im Ausland (was damals auch schon die Reichsstadt Esslingen bedeuten konnte) unterlaufen (vgl. § 20 Hahns Verstoß gegen die Zensurgesetze, 285–289).

War das Faktum dieser Lehrbeanstandung in der biographischen Hahn-Forschung auch schon bekannt, so bringt Stäblers detaillierte Arbeit neue Einsichten anhand der edierten Quellen und nutzt die Auswertung des Verhörs und der schriftlichen Gutachten zugleich zu einer eindrücklichen Darstellung des Hahnschen theologischen „Systems", eingedenk der kirchengeschichtlichen Beobachtung, daß im Spiegel gegnerischer Polemik und Apologetik die kritisierte Theologie minutiös erfaßt, wenn auch zuweilen verzeichnet wird. Stäblers Arbeit ist mit diesen Vorentscheidungen eine systematische, theologiegeschichtliche Untersuchung geworden, bei der dafür historisch-zeitgeschichtliche Aspekte in den Hintergrund treten. Dies zeigt schon in den einleitenden Kapiteln der knappe Überblick über Hahns Lebenslauf (§ 1, S. 3–9), der sich weitgehend auf biographische Stationen beschränkt und für die politischen und theologischen Zeitumstände auf die Literatur verweist.

Interessant bleibt der Zeitpunkt des Lehrzuchtverfahrens in der Biographie Hahns, nämlich in der Zwischenzeit seines, ihm vom württembergischen Herzog zugesagten, Wechsels von der Pfarrei Kornwestheim bei Ludwigsburg auf die noch besser dotierte Pfarrei Echterdingen bei Stuttgart. Ganz am Ende seiner Untersuchung weist Stäbler deshalb hin auf die „Konsequenzen aus dem Zensurverfahren für Hahns weiteres Wirken" in seiner Echterdinger Zeit (§ 22, S. 300–315).

Nachdem der Autor in seinen einleitenden Kapiteln präzise Einblicke gegeben hat in die Vorgeschichte und den Gang des Verfahrens, in die Aufgaben und Organisation der Kirchenleitung im 18. Jahrhundert (§ 4, S. 19–22), und die am Verhör beteiligten Konsistorialräte biographisch und nach ihrer theologischen Prägung vorstellt, ediert er nach Klärung seiner Editionsrichtlinien (§ 7, S. 41ff.) die Texte der Zensurakten. Diese nehmen einen breiten Raum der Arbeit ein (44–114) und umfassen im einzelnen die zum gesamten Verfahren gehörenden Erlasse, Anbringen und Beschlüsse und die schriftlichen Gutachten und Stellungnahmen der Räte zu den Theologumena Hahns sowie das Protokoll des Verhörs selbst (Dokument Nr. 11, S. 87–97). Die letzten beiden Quellengattungen sind die inhaltlich ergiebigen, auf die sich Stäblers Auswertung besonders stützt.

Vor der Einzelinterpretation steht ein hilfreicher Überblick (§ 9, S. 115f.), der zeigt, daß sich der Interpret einerseits am Gang des Verhörs, andererseits aber auch am Duktus der systematischen Loci orientiert.

Zuerst geht es um „Hahns Lehre vom himmlischen Fleisch" (§ 10, S. 117–133). Sie soll, nach Hahn, die Inkarnation des ewigen Gottes in dem erstgeborenen Gottessohn Jesus Christus denken helfen, als „Vermittlungshilfe zwischen Geist und Materie" (130). Zentral ist der Gedanke von Gottes ewigem Liebesvorsatz (§ 10b, S. 120), der sich in Offenbarungsstufen verwirklicht, die in der Fleischwerdung zwar an ihren Höhepunkt, aber noch nicht an ihr Ziel gekommen sind. Hinter diesen Gedanken zeigt Stäbler stimmig ihre Verwurzelung in der Theosophie Böhmes und Oetingers. Dabei bemüht sich Hahn in diesen komplizierten Loci, „menschlich davon zu reden, denn wir können es sonst nicht anders fassen" (nach Stäbler, 121). In der Fleischwerdung des göttlichen Liebesvorsatzes gipfelt Hahns ganzes theologisches Denken, von ihm selbst als das „wahre System der Theologie" bezeichnet: „Gott erfüllt Christum, und durch diesen seine Gemeinde, und durch diese das ganze All" (nach Stäbler, 123). Hier ist auch die Herkunft des Begriffes „System" aus dem Titel der Arbeit deutlich.

Danach geht es um „Hahns schöpfungstheologische Gedanken" (§ 11, S. 134–140), die eine doppelte Schöpfung und einen doppelten Fall denken und den freien Willen als eigenen Wirkungskreis aller Geschöpfe (auch der Engel!) darstellen (135). Auch in der doppelt gefallenen englischen und adamitischen Welt gilt Gottes Liebesvorsatz, wie ein Zentralsatz Hahns belegt: „Die Begnadigung ist älter als die Sünde" (nach Stäbler, 138 Anm. 43).

Es folgt die Darstellung und Verhör-Kritik der Trinitätslehre Hahns (§ 12, S. 141–155). Da die Rede von der dreifachen Personhaftigkeit Gottes mißverständlich scheint, spricht Hahn in Anlehnung an Oetinger von den „drei Ichheiten oder Lebensquellen in Gott" (nach Stäbler, 141). Den Heiligen Geist beschreibt Hahn als lebendigen Raum oder Tempel, in dem Gott wohnt. Trotz dieser theosophischen Bilder, die an die

Sephirot, die Abglänze Gottes in der von Oetinger beschriebenen kabbalistischen Lehrtafel zu Bad Teinach erinnern und von den Prüfern streng kritisiert wurden, hält Hahn am altkirchlichen „filioque“ fest und bewahrt die Lehre vom Heiligen Geist dadurch vor falscher Schwärmerei (vgl. 153).

An dieser Stelle zeigt Stäbler einleuchtend, zwischen welchen theologischen Fronten und philosophischen Entwürfen Hahn sein System verantworten und verständlich machen will: einerseits gegen die Monadenlehre eines aufklärerischen Gottesbegriffs und gegen den vereinfachenden Naturalismus, andererseits aber auch gegen einen undogmatischen, in privaten Gotteserfahrungen zu genügsamen Pietismus. Das prüfende Konsistorium konnte in seiner Engführung auf die lutherischen Bekenntnisschriften diese spannenden Auseinandersetzungen Hahns nicht honorieren.

Ein Hauptpunkt der Kritik ist die „Jesuologie Hahns“ (§ 13, S. 156–173). In seiner Darstellung der stufenweisen Entwicklung der Menschheit Jesu zur Gottheit hin vernachlässige er die Menschlichkeit. Dabei geht es Hahn vor allem um eine allgemein verständliche, die Kompliziertheit der systematischen Loci durchsichtig machende Christologie, ohne daß er dadurch die Spannung „vere Deus – vere homo“ verliert. Diese Überlegungen finden ihre Fortsetzung in „Hahns Lehre vom Mittleramt Christi“ (§ 14, S. 174–193). Zugunsten des für ihn und seinen Lehrer Oetinger zentralen königlichen Amtes Christi vernachlässigt er das hohepriesterliche und das prophetische Amt. Gegen den Rationalismus betont Hahn, daß Jesus nicht nur ein Tugendlehrer war, gegen Swedenborg, daß Gott nicht nur Liebe ist, sondern auch Zorn gegen alles Widergöttliche (177). Dennoch ist für ihn die Versöhnung in Christus nicht das Sühnemittel gegen Gottes Zorn, sondern die sich wieder stufenweise entwickelnde Fortsetzung des Liebesvorsatzes Gottes, die der Sündenfall unterbrochen, aber nicht abgebrochen hat. Das Königreich Jesu lebt in seiner Gemeinde, die die Vollendung im Königreich Gottes erwartet (180). Hahns Interesse an den Ämtern Christi gilt weniger der von seinen Prüfern eingeforderten Vollständigkeit, als vielmehr der Wirkung dieser Ämter in den gläubigen Menschen. Dabei ist Glaube für ihn nicht in erster Linie Bekehrung, sondern ganzheitlicher Erkenntnisakt (169).

So urteilt Stäbler beim Locus der abgefragten iustitia Christi imputativa überaus vorsichtig: „Hahn bewegt sich hinsichtlich dieses dogmatischen Locus nicht sonderlich entschieden in der Tradition der Bekenntnisschriften“ (190).

Auch in der „Anthropologie und Psychologie bei Philipp Matthäus Hahn“ (§ 15, S. 194–209) stellt Stäbler sowohl aufklärerische als auch „gnostisch-optimistische“ (206; noch einmal beim „Zustand nach dem Tod“, 217) Züge fest. Beleg dafür ist vor allem der nach dem Vorbild des androgynen Erstgeborenen Jesus Christus in jedem Menschen wohnende göttliche Same oder Lichtfunke, den auch der Sündenfall nicht ganz gelöscht hat; es bleibt eine „sensoria divina" (207). Die Trias Leib, Seele und Geist ist untrennbar miteinander verwoben, wobei die Seele den „typus divinus" (205) spiegelt, zugleich aber in ihrem materiellen Anteil mit dem Leib gemeinsam das „Fleisch" bildet (200). Der Geist dagegen stellt die „göttliche Seite im Menschen durch Wiedergeburt" dar (197). So geht es also weniger um Neuschöpfung, als vielmehr um eine stufenweise Entwicklung des Menschen von seiner ursprünglichen Göttlichkeit, durch den Verlust durch den Sündenfall hindurch, zu seiner gottgewollten Göttlichkeit. Später, in der „Lehre von den Heiligen" (§ 17, S. 229–243), gipfelt diese Vorstellung gar in dem Begriff vom Menschen als „kleinem Gott" (235 ff.). Hier ist die Ferne zum lutherischen „simul iustus et peccator" mit Händen zu greifen.

Stäbler nennt Hahn deshalb, auch im Kapitel über die „Lehre von der Wiedergeburt" (§ 16, S. 210–217) einen „Gnostiker" (211 Anm. 9) und einen „emanatistischen Denker" (214). Dennoch hält er gegenüber der engen Kritik des Konsistoriums daran fest, daß Hahn selbst seine oft verstiegen wirkenden Theorien als Versuche, ja unfertige und manchmal noch unstimmige Gedanken bezeichnet hat. Dies ist der Grund, warum er gegenüber seinen Prüfern öfter Ausführungen zurückgenommen und weniger verteidigt hat (vgl. 215).

In der „Lehre vom Zustand nach dem Tod" (§ 16d, S. 218–228) zeigt sich eine interessante zeitgeschichtliche Entwicklung: Hält Hahn erst noch an dem biblisch bezeugten Tod von Leib und Seele fest, nähert er sich später an die von Herder vorgedachte und schließlich weit verbreitete Vorstellung von der Unsterblichkeit der Seele (mit ihrer einhergehenden Geringschätzung des Leibes) an (219).

Auch Hahns Ekklesiologie innerhalb der „Lehre von den Heiligen" (§ 17) birgt Überraschungen. Wie ähnlich viele andere pietistische Entwürfe, teilt er die Christen auf in Stockblinde, Halbblinde und Sehende (231), um den „Heiligen" als zuerst Erwählte und Bekehrte eine Schlüsselrolle beim „Anfang der ganzen Sache" (230) zuzudenken. Damit einher geht eine typische Idealisierung der Urgemeinde und der geradezu göttlichen Fähigkeiten ihrer Glieder.

Folgerichtig ist deshalb die Anfrage der Kirchenräte, ob die „Heiligen" etwa auch Wunder tun könnten (235). Vergleicht man dies mit modernen Ekklesiologien, fällt eine Nähe zu charismatischen Entwürfen auf, wenn auch bei Hahn die theologische Durchdringung eine höhere Qualität hat. Von Luthers corpus permixtum und auch von Bengels kirchlichem Realismus sind solche Gedanken auf jeden Fall weit entfernt.

Schließlich stellt Stäbler die „Kontroverse um die letzten Dinge" (§ 18, S. 244–270) und die „Kritik an Hahns Neuem Testament (1777)" (§ 19, S. 271–284) dar. Im ersteren zeigt er Hahns Nähe und Distanz zur

Lehre von den zwei tausendjährigen Reichen. Dabei spielt die Berechnung seines Lehrers Bengel zum Anbruch des ersten tausendjährigen Reiches auf das Jahr 1836 eine besondere Rolle. Hatte Hahn sie zunächst für sich übernommen, distanzierte er sich zwischen 1780 und 1785 immer mehr davon, u. a. auch, weil das Vorzeichen, der Fall des Papsttums 1784, nicht eintrat. Zur Übersetzung des Neuen Testaments von Hahn aus dem Jahr 1777 zeigt Stäbler an Beispielen seine Versuche, urtextgemäß und zugleich verständlich zu übertragen. Dabei ist interessant zu erfahren, daß Hahn in manchen von den Prüfern kritisierten Passagen der Sprachform aus seinem schwäbischen Dialekt erlegen ist!

Noch eine Anmerkung zu Hahns Rede vom „Essen" der „Bilder Gottes" (265): Da Stäbler später Hahns Kenntnis der Berleburger Bibel nachweist (277 Anm. 47), könnte auch diese Redeweise eine Frucht aus der Lektüre dieser Bibelübersetzung des pietistischen Separatismus sein, heißt es doch dort zu Offenbarung 10,9: „Das Buch, das muß der Mensch nicht lesen, sondern essen: Wer lieset, dem ist leicht, was er gefaßt, vergessen. Wer aber es in Fleisch und Blut nimmt ein, der hat die Krafft des Buches und ist mit ihm gemein" (Berleburger Bibel. [8 Bde. 1726–42] Bd. 7, 328).

In allen systematischen Kapiteln versucht Stäbler, durch Zitate aus Hahns Tagebüchern, Predigten und seinem Theologischen Notizbuch den jeweiligen „Sitz im Leben" seines theologischen Systems aufzuweisen. Selten kann es dabei historisch so konkret werden wie da, wo Hahn trotz genauer Kenntnis des neuzeitlichen Weltbilds an der biblischen Zeitordnung für seine astronomischen Uhrwerke festhält (inklusive der Zäsur von 1836!), oder da, wo er als „biblischer Realist" (236) befremdlich anmutende und seelsorgerlich bewegende Auferweckungsversuche an seiner ersten Frau Anna Maria 1775 vornimmt (ebd.).

In der abschließenden „Historisch-theologischen Würdigung von Hahns System" (§ 21, S. 290–299) beurteilt Stäbler, Martin Brecht folgend, als „Repräsentant des nachaufklärerischen Pietismus" (297 Anm. 44). Noch einmal weist er seine Frontstellung auf zwischen einem orthodoxen Dogmenchristentum ohne praxis pietatis und einem modernen Naturalismus ohne Gott.

Insgesamt geben Stäblers Untersuchungen tiefe Einblicke in das theologische System des eigenständigen Denkers Philipp Matthäus Hahn. Zugleich wird für die verhörende Seite der Amtskirche deutlich, wo die Rückbindung an die lutherischen Bekenntnisschriften, besonders an die, wie von jedem württembergischen Staatsbeamten, so auch von Hahn unterschriebene Konkordie, zur notwendigen Konzentration wird, aber auch, wo diese Rückbindung, zur orthodoxen Enge verkommen, die Versuche seines neuen Denkansatzes nicht mehr angemessen erfassen kann. Dabei scheint eine Unterscheidung sehr wichtig, auf die Stäbler ganz am Schluß hinweist, indem er Hahn zitiert: „Der Grund und die

Quelle aller christlichen Lehre ist die Bibel" (298 Anm. 55). So vermißt man in den aufgezeigten Quellen zuweilen die notwendige altkirchliche Unterscheidung zwischen der norma normans und der norma normata. Hahns theologischen Entwürfen gebührt vor diesem Hintergrund, trotz aller Gewagtheit und oft auch Fragwürdigkeit, der Respekt vor seinem Wagemut, auch neue Wege zu beschreiten. Stäblers Arbeit aber hat das Verdienst, auf Grund der aussagekräftigen Dokumente aus dem Lehrzuchtverfahren einen neuen Zugang zu Hahns Theologie gelegt und diesen wissenschaftlich exakt nachvollziehbar gemacht zu haben.

Bitz — Wolfgang Schöllkopf

Das Antlitz Gottes im Antlitz des Menschen. Zugänge zu Johann Kaspar Lavater. Hg. v. *K. Pestalozzi* u. *H. Weigelt*. Göttingen 1994 (AGP, 31). – 355 S.

Die zwanzig Beiträge dieses instruktiven Sammelbandes, die auf das Lavater-Symposium im November 1991 in Zürich zurückgehen, vermitteln aus dem Blickwinkel unterschiedlicher Disziplinen einen vielfältigen Eindruck von Leben, Werk und Wirkung des schon zu Lebzeiten umstrittenen „Herzensgenies". Die drei Hauptteile des Bandes sind Lavater als Theologen und als Physiognomiker sowie verschiedenen Verbindungen zu Zeitgenossen gewidmet. Der Schwerpunkt der Besprechung, die sich ohnehin auf wenige Züge beschränken muß, liegt auf dem ersten Hauptteil.

Zur Einführung skizziert M. Wehrli Lavaters Stellung im geistigen Leben Zürichs. Schon hier wird auf einen wichtigen Grundzug des Lavaterschen Denkens hingewiesen, die Verschränkung von Dichtung und Theologie, die allerdings noch wenig erhellt ist und auch im Sammelband keine eigene Darstellung erfährt.

Den ersten Hauptteil eröffnet G. Ebelings Beitrag zum „Genie des Herzens unter dem genius saeculi". Als theologische Kardinalfrage erscheint die Frage der Glaubensgewißheit, deren Beantwortung von der Erfahrbarkeit des Glaubens (bzw. seiner Folgen) in der Christusgemeinschaft erwartet wird. Der ästhetische Geniebegriff erfährt dabei eine fundamentalreligiöse Umprägung; diese eigentümliche Leistung Lavaters lehrt Religion als unmittelbares, die nötige Gewißheit in sich tragendes Gottesgefühl verstehen. Wichtige Andeutungen gelten dem Lavaterschen Wirklichkeitsverständnis, das zwar anthropozentrisch strukturiert ist, aber das Christo- bzw. Theozentrische mit umfaßt und die herkömmlichen Gegensätze wie natürlich und übernatürlich zu überbieten sucht. Dabei zeigt sich freilich das Problem einer „theologiescheuen Theologie", die sich mit der Aufgabe begrifflicher Unterscheidungen zugleich den Sachproblemen entzieht. Bei der von Ebeling nicht näher verifizierten interessanten „Aufzeichnung" Lavaters zu einem Christlichen Katechismus (52 Anm. 121) handelt es sich im übrigen um den z. T. falsch und ungenau zitierten Auszug eines Briefes Lavaters von Mitte Juli 1774 aus dem Anfang der Korrespondenz mit Johann Ludwig Ewald (1748–1822), zu jener Zeit Pfarrer in Offenbach/M., eine in mancher Hinsicht auch für das Lavater-Verständnis aufschlußreiche Person (Zentralbibliothek Zürich, FA Lavater, Ms. 558, 83).

Einen vielversprechenden systematischen Ansatz zur Lavaterdeutung stellt K. Huizing vor, der von E. Lévinas und seiner Frage nach der Bedeutung des Antlitzes des Nächsten für das nichtbegriffliche Zur-Sprache-Bringen der Transzendenz mitgeprägt ist. Huizing stellt Lavater als Vertreter einer physiognomischen Präsenztheologie vor, die den Aporien neuerer Theologiekonzepte, der Gegenwartsflüchtigkeit universalgeschichtlicher Entwürfe ebenso wie der Sinnenängstlichkeit einer kerygmatischen Wort-Gottes-Theologie zu entgehen verspricht. Das hier umrissene theologische Gestaltdenken, das nach dem Christus praesens im Antlitz des Nächsten, in den Zügen der Schrift und in der dramatischen praxis pietatis zu fragen lehrt, weist zugleich auf die pneumatisch-pneumatologischen Defizite der Theologieentwürfe, die sie zu korrigieren trachtet. H. Weigelt widmet sich Aspekten des Lavaterschen Frömmigkeitsverständnisses und skizziert die Verbindungen Lavaters mit (spät-) pietistischen und erwecklichen Kreisen, mit Vertretern der Aufklärung und solchen, die wie die Emkendorfer im Schnittpunkt verschiedener Strömungen standen. Zu den charakteristischen Merkmalen der vom „Durst nach Christuserfahrung" geprägten Herzensfrömmigkeit gehören die Indifferenz gegenüber äußeren Religionsformen und der ausgeprägte Wille zur Weltgestaltung, der sie von Formen reiner Innerlichkeit unterscheidet. Lavaters Kritik richtete sich entsprechend gegen weltabgewandte, skrupulöse und dogmatistische Frömmigkeitsformen. Inwieweit freilich zwischen der Ich-Zentriertheit der Lavaterschen Frömmigkeit und dem extra nos der Christusoffenbarung ein Gegensatz besteht, die Sehnsucht nach „handgreiflicher" Transzendenzerfahrung als eine Art Kompensation dieser Art von Frömmigkeit gelten kann und die von Lavater betonte „Magie" des Glaubens theologisch zu rechtfertigen ist, ist m. E. noch nicht hinreichend geklärt.

R. Dellsperger gibt in seinem Beitrag zu Lavaters Synodalrede von 1779 einen Einblick in die Art der Auseinandersetzung mit der zeitgenössischen kritischen Aufklärungstheologie. Da sie sich vornehmlich auf polemische Weise vollzog, blieb die theologische Konfrontation im engeren Sinne aus, eine über den konkreten Fall hinaus gültige Beobachtung. Unterschiedslos wurden Männer wie H.S. Reimarus, G.S. Steinbart und J. S. Semler als dem Zeitgeist huldigende Deisten gebrandmarkt. Daß dies nicht nur als sachfremde Polemik, sondern auch als eine eigene Form der Verweigerung zu verstehen ist, klingt im Hinweis auf die Radikalkritik eines Franz Overbeck an der Theologie seiner Zeit an. So trifft denn auch der sachliche Kern der Lavaterschen Polemik, der Verlust geschichtlicher Konkretheit und Individualität im biblischen Offenbarungszeugnis, die ins Visier genommene Akkomodationshermeneutik durchaus richtig.

Dem Charakter von Lavaters Jenseitsvorstellung und ihrem frühen Einfluß auf Jung-Stilling gilt S. Shimbos Beitrag zu Geisterkunde und Apokatastasis-Rezeption, die in der weiteren Tradition der origenistischen Liebestheologie steht. Neben Übereinstimmung in der Grundkonzeption, zu der die stufenmäßig gegliederte Geisterwelt gehört, und der lebendigen Parusieerwartung stehen Differenzen in der Konkretion und in der Bestimmung des eigenen Auftrags im Vorfeld der eschatologischen Sammlung der Erweckten. Besonders die endzeitlich-ökumenische Weite dieser Sammlung in der Überwindung alles Partikular-Christlichen erinnert an Gottfried Arnold.

G. Luginbühl-Weber geht Lavaters Stellung in der zeitgenössischen Unsterblichkeitsdebatte Ende der 60er Jahre nach, die durch Ch. Bonnets naturphilosophische „Palingenesie“ (1769), dessen zweiten Band Lavater teilweise übersetzte, und M. Mendelssohns „Phädon“ (zuerst 1767) wesentlich mitgeprägt wurde. Beide spielten für die Fortsetzung der Arbeit an den 1766 begonnenen „Aussichten in die Ewigkeit“ eine Rolle. Lavaters Unsterblichkeitshypothesen wurzeln vor allem in Bonnets Naturphilosophie und im theologischen Denken des böhmischen Chiliasten Paul Felgenhauer (1595–1679), dessen Bedeutung für Lavaters Christologie, Endzeithoffnung und religiöse Toleranz offenbar noch nicht hinreichend gewürdigt ist. Ein weiterer wichtiger Punkt betrifft die Interpretation der bekannten Widmung an M. Mendelssohn, die Lavater 1769 seiner Bonnet-Übersetzung voranstellte und mit dem Aufruf enden ließ, zu tun, „was Socrates gethan hätte, wenn er diese Schrift gelesen, und unwiderleglich gefunden hätte“. Gemeinhin wurde dies bislang trotz Lavaters Widerspruch als Aufruf zur Konversion verstanden – auch von Mendelssohn selbst-, doch werden hier gewichtige äußere Gründe für die These vorgetragen, Lavater habe Mendelssohn für den gemeinsamen öffentlichen Kampf zugunsten des Gottes- und Unsterblichkeitsglaubens gegen den materialistischen Geist der Zeit – nun offenbar auf naturphilosophischer Basis – gewinnen wollen. Freilich bleibt die Hauptschwierigkeit, daß die These vom Widmungstext selbst schwerlich gestützt wird. Lavater thematisiert eindeutig Mendelssohns Gegensatz zum Christentum und nicht einen gemeinsamen Gegensatz gegen den Zeitgeist; das Ungenügen an einer rein moralischen Hochschätzung Christi, wie sie Mendelssohn geäußert hatte, wird deutlich formuliert, und der kryptische Schlußaufruf fordert vom „Weltweisen", für den Sokrates hier steht, einen Schritt über das hinaus, was er an allgemeinen Vernunftwahrheiten ohnehin schon weiß. Statt Lavaters Sokratesverständnis von Mendelssohn her zu interpretieren, sollte lieber nach Lavaters eigenem gefragt werden, und das führt zur schlichten Frage, was Sokrates nach Lavaters Meinung wohl im Angesicht der Christuswahrheit aus freier Überzeugung heraus getan hätte. Auch die Lavater und Mendelssohn gemeinsame Ansicht, Vernunft und Offenbarung schlössen sich nicht aus, erlaubt nicht die Folgerung, Lavater habe nur eine Verständigung auf allgemeine Vernunftwahrheiten intendiert. Lavater hat gewiß keinen plumpen Bekehrungsversuch unternommen, so daß er sich zu Recht dagegen verwahren konnte, Mendelssohn ein (christliches) Glaubensbekenntnis „abnötigen" zu wollen, doch offenbar sah er noch andere – eben (natur-)philosophische – Wege, dem Christentum näherzukommen. Nicht nur der Zeit fehlten die Voraussetzungen zu einem offenen Gelehrtenstreit, sondern auch Lavater, der seine Erwartungen noch nicht klar genug auszudrücken verstand. Als noch weithin offen werden wichtige Fragen zum Einfluß jüdischer Traditionen auf die Unsterblichkeitsthematik vermerkt, so etwa die der Kabbala.

K. M. Sauers Beobachtungen zur Predigttätigkeit Lavaters zeigen dessen auffallende Begabung für das intuitive Erfassen der jeweiligen Hörersituation; die Aufnahme von Gefühl und Empfindung in die Predigt geben dem Individualitätsbewußtsein und dem Gemeinschaftserleben gleichermaßen Raum.

R. T. Grays Beitrag, der den zweiten Hauptteil zu Lavater als Physiognomiker einleitet, geht aus literaturwissenschaftlicher Sicht dem Dilemma nach, in das Lavater der aufklärerische Zwang zur Verwissenschaftlichung geführt habe: Aus einem zunächst im Sturm und Drang verankerten Protest wurde unter unkritischer Aufnahme positivistisch-szientistischer Grundpositionen, vor allem in der physiognomischen Zeichensprache, ein Projekt der Unterjochung des Menschen unter ein abstraktes Denk- und Zeichensystem, so daß das ganze Unternehmen schlicht als (bürgerliches) Selbstmißverständnis erscheint. Zweifellos trifft die schon von G. Chr. Lichtenberg pointiert vorgebrachte Kritik am wissenschaftlichen Anspruch der Physiognomik zu, insofern sie in der Tat den Kriterien neuzeitlicher Wissenschaft nicht genügt, doch erübrigt dies noch nicht die Frage nach dem eigenen Charakter der hier wenigstens ansatzweise sichtbaren religiös-ästhetischen „Ausdruckswissenschaft" und ihres spezifischen Zeichenverständnisses, die auf einem anderen Welt- und Wirklichkeitsverständnis beruht. Ob der mystisch-theologische Glaube an die Gottähnlichkeit des Menschen in dieser „positivistischen" Konzeption nur verliert, wie Gray meint, ist keineswegs ausgemacht. So betont denn auch M. Blankenburg gerade die Modernitätsaspekte der Lavaterschen Physiognomik, wie sie sich aus dem weiteren Kontext der divinatorisch-hermetischen Tradition ergeben. Dazu zählen neben methodologischen Grundsätzen (Offenheit und Allgemeinheit) die ontologischen Prinzipien Kontinuität und Homogenität, die sich wie eine „heimliche Systematik" durch den Umgang mit dem Schattenriß, die Umformung der antiken Temperamentenlehre und die morphologischen Ideen ziehen. Vor allem aber läßt sich die Lavatersche Physiognomik nach Blankenburg im weiteren Sinn auch als Frucht der pietistischen Selbstwahrnehmung deuten, die, wenn auch so nicht beabsichtigt, einer neuen Kunst des Sehens den Weg bereitete. Faktisch wirksam wurde sie im künstlerischen Bereich von Karikatur, Groteske und literarischer Satire etwa bei H. de Balzac. Von ihr her läßt sich dem Pietismus nicht mehr nur ein mangelndes Kunstverständnis bescheinigen, sondern auch feststellen, daß er wenigstens die Aufgabenstellung einer Ästhetik aus sich entwickelt hat, die freilich nicht (mehr) gelöst wurde.

Von der Bildwürdigkeit der in den „Physiognomischen Fragmenten" abgebildeten Bauern, den beiden Musterlandwirten Jakob Guyer (gen. Kleinjogg) und Heinrich Boßhard, und ihrer Idealisierung zu Leitbildern der Erziehung handelt der Beitrag von A. Messerli, während A. Ohage der frühen Rezeption der „Fragmente" in Niedersachsen nachgeht und E. Shookman nach den Gründen für deren Popularität fragt. Interessante Beobachtungen zu Lavaters Bedeutung für den Psychiatriehistoriker steuert Hans A. Walser bei („Irrenporträt", Mesmerismus), der den zweiten Hauptteil des Bandes beschließt.

Im letzten Teil, der Lavater und verschiedenen Zeitgenossen gilt, widmet sich zunächst K. Pestalozzi den frühen, christologisch begründeten Hoffnungen Lavaters auf Goethe als moderne apostolische Gestalt. F. Ackva untersucht die Bedeutung Lavaters für das theologische Werk des Zürcher Freundes J.J. Heß. P. Stadler geht auf die frühen, sich in der Spätzeit intensivierenden Kontakte mit J.H. Pestalozzi ein, bei denen neben politischen auch erzieherische Fragen zur Sprache kamen. Ulrich Im Hof widmet sich anhand der „Schweizerlieder" Lavater als altaufklärerisch-stadtrepublikanisch gesinntem Patrioten, der sich um eine betont christliche Interpretation der Bürgertugenden bemühte und als Prediger auch politisch brisante Aussagen nicht scheute, da er sich nicht nur als Teil der Obrigkeit, sondern auch als deren patriotisches Gewissen verstand. P. Walser-Wilhelm erörtert schließlich Lavaters Stellung zur Todesstrafe anhand des sog. Waser-Handels 1780.

Ein letzter kenntnisreicher Beitrag von E. Heier spürt Lavaters früher Popularität in Rußland vornehmlich unter den Moskauer Freimaurern nach und geht auf verschiedene Korrespondenzen und die Verbindung mit dem Kreis um den Großfürsten und späteren Zaren Paul I. (reg. 1796–1801) ein. Wirkte Lavater anfangs besonders durch seine religiösen Schriften, so begann gegen Ende des 18. Jh. der Einfluß der „Physiognomischen Fragmente", der besonders in den 30er und 40er Jahren des 19. Jh. nochmals stärker wurde, nun auf dem literarischen Gebiet des

Realismus, wobei H. de Balzac, der seine Stimme so eindringlich für Lavaters physiognomische Ideen erhob, die entscheidende Mittlerrolle zufiel. Unter Aufnahme der neueren Stimme eines russischen Künstlers zieht Heier treffend das Fazit: Gerade die „Pseudowissenschaft" der Physiognomik war es, die – der Schultheologie entfremdet – einen entscheidenden Beitrag zu Literatur und Kunst geleistet hat, ja, im Problem des Zusammenhangs von Äußerem und Innerem das inspirative Kernproblem jeder darstellenden künstlerischen Tätigkeit berührt. Vielleicht mag darin, so sei am Rande angemerkt, die Lavater latent begleitende und weiterhin aktuelle Frage mitgehört werden, ob Theologie ohne die ihr eigene Inspiration noch Theologie sei.

Im ganzen bietet der Sammelband, für den ein Sachregister durchaus hilfreich gewesen wäre, reichhaltige Anregungen für die weitere Lavater-Forschung. Eine nähere Verständigung über das Verhältnis von Pietismus und Spätaufklärung würde ihr sicher ebenso zugute kommen wie weitere Untersuchungen zum Freundeskreis Lavaters und eine schärfere Profilierung der unterschiedlichen Ansätze in gemeinsamer Textinterpretation, von der allseits vermißten kritischen Lavater-Gesamtausgabe ganz zu schweigen.

Tübingen Hans-Martin Kirn

Gerhard Schwinge: Jung-Stilling als Erbauungsschriftsteller der Erwekkung. Eine literatur- und frömmigkeitsgeschichtliche Untersuchung seiner periodischen Schriften 1795–1816 und ihres Umfelds. Göttingen: Vandenhoeck & Ruprecht 1994 (AGP, 22). – 372 S.

Angesichts der umfangreichen Literatur zu Jung-Stilling, die Rainer Vinke im Jahrbuch „Pietismus und Neuzeit" 1991 aufgelistet hat – wir finden hier für die Zeitspanne von 1983 bis 1990 insgesamt zehn Neueditionen bzw. Auswahlausgaben der Werke, zwölf Monographien und knapp 45 Aufsätze und Artikel in Fachzeitschriften oder Festschriften, wobei wissenschaftlich weniger relevante Arbeiten unberücksichtigt blieben – kann man sich des Eindrucks nicht erwehren, daß die Jung-Stilling-Forschung in jüngster Zeit eine erfreuliche Renaissance erlebt.

Einen bedeutsamen Beitrag hierzu hat Gustav Adolf Benrath geleistet, nicht nur als ausgewiesener Jung-Stilling-Forscher und -Herausgeber, sondern auch als weitsichtiger Betreuer einiger vorzüglicher Arbeiten (Rainer Vinke: Jung-Stilling und die Aufklärung. Die polemischen Schriften J.H. Jung-Stillings gegen Friedrich Nicolai (1775/76). Stuttgart 1987. Otto W. Hahn: Jung-Stilling zwischen Pietismus und Aufklärung. Sein Leben und sein literarisches Werk 1778–1787. Frankfurt a. M., Bern, New York, Paris 1988). Schon der Blick auf die Untertitel der nun entstandenen „Trilogie“ zeigt, daß die Schrift Schwinges, die, 1993 in Mainz als theologische Dissertation angenommen, wiederum unter Benraths Anleitung entstand, die letzte große Lücke in den umfangreichen und systematischen Untersuchungen der Benrath-Schule zu Jung-Stillings Gesamtwerk schließt. Vinke ging es, vom Schlußkapitel sei hier abgesehen, vorrangig um die Jahre 1775/76, in denen die zeitlebens gleichbleibende, pietistisch gefärbte Grundposition Jung-Stillings gegenüber der Aufklärung in der polemischen Auseinandersetzung mit dem „Nothanker“-Roman Nicolais markant wurde. Hahns Schwerpunkt hingegen lag in jener Zeit, in der Jung-Stilling in Kaiserslautern (1778–1784) und Heidelberg (1784–1787) lehrte und als Schriftsteller der „frommen Aufklärung“ Profil gewann.

Nachdem diese beiden verdienstvollen Studien die Entfaltung Jung-Stillings bis zum Ende der achtziger Jahre verfolgt haben, widmet sich Schwinge mit der vorliegenden Arbeit der Erforschung des Spätwerks, insbesondere den während der „Erweckungszeit“ (1795–1816) entstandenen periodischen Schriften. Bereits im Einleitungskapitel, das die Themenstellung, den Forschungsstand und die Quellenlage behandelt (13–38), zeigt der Verfasser, inwieweit seine Arbeit über die bisherige Jung-Stilling-Forschung hinausführt. Hier lenkt er das Augenmerk des Lesers auf das Jahr 1795, in dem Jung-Stilling eine entscheidende Wandlung zum religiösen Volksschriftsteller durchlebt habe. Als Belege dienen die dreimal wiederkehrenden Aussagen Jung-Stillings über die Entstehungsgeschichte des „Heimweh“-Romans und dessen großen Publikumserfolg bzw. die daraus resultierende Gewißheit einer göttlichen Berufung zur Volksschriftstellerei: im 14. Stück des „Grauen Mannes“, im fünften Teil der „Lebensgeschichte“ sowie im „Rückblick auf Stillings bisherige Lebensgeschichte“. Aus diesen Textpassagen sei ersichtlich, daß Stillings Lebenswende zum Erbauungsschriftsteller eng mit der Entstehung des „Heimweh“-Romans im Jahre 1795 verzahnt war. Zur Untermauerung seiner These faßt Schwinge dann eine Vielzahl brieflicher Bindungen Jung-Stillings zu den drei Kreisen ins Auge, die in seinem weiteren Lebenslauf ab 1795 in den Vordergrund treten: die Verbindungen zur Basler Christentumsgesellschaft, die zur Herrnhuter Brüdergemeine und jene zu Karl Friedrich von Baden, die er als Briefseelsorger erst nach dem Erfolg des „Heimweh“-Romans im Jahr 1795 herzustellen begann, was seinerseits zugleich dazu beitrug, das Sendungsbewußtsein zum erweckten Volksschriftsteller zu intensivieren.

Dementsprechend dient der weitere Bericht über den Stand der Forschung (23–35) vorwiegend dem Zweck, die bisherigen großen Arbeiten (Göbel, Stecher, Benz, Geiger, Vinke und Hahn) vom Standpunkt dieser These her zu sichten. Hier werden wesentliche Differenzen und leichte Akzentverschiebungen angesprochen. So nimmt Schwinge eindeutig

Position gegen Geiger, bei dem er einen Analyseversuch über innerliche Faktoren zur Wende vermißt, die in Stillings Leben zwischen 1788 und 1795 zusammenwirkten. Auch Hahn habe sich Geigers These zu eigen gemacht und den Schwerpunkt der Hinwendung Jung-Stillings zur Erweckung bereits auf das Jahr 1790 gelegt. Schwinge weist zugleich darauf hin, daß eine gemeinsame Tendenz zur Fixierung der Wende auf die Marburger Schaffensperiode – etwa die Jahre um 1795 – schon bei Stecher, dann bei Benz und Vinke anzutreffen ist. Dennoch konstatiert er zum Schluß seines Überblicks ein Defizit in den vorangegangenen Forschungen. Man habe Jung-Stillings Periodika der späten Jahre als Quellen im Grunde genommen wenig beachtet bzw. unterbewertet, eine systematische Darstellung von Jung-Stilling als Volksschriftsteller der periodischen Erbauungsschriften sei ein dringendes Desiderat. Darüber hinaus sieht Schwinge seine Studie als Verteidigungsschrift gegenüber Stecher, der das gesamte periodische Werk Jung-Stillings als „Massenproduktion niederster Sorte" gebrandmarkt hatte (27 Anm. 67).

In den folgenden vier Kapiteln werden die Periodika in der Zeitfolge ihrer Entstehung unter den Aspekten der Genese, des Lesepublikums, der Gattung, des Inhalts, der Berufung und Wirkung vorgestellt. Den wichtigsten und umfangreichsten Teil des Buches bildet das zweite Kapitel unter der Überschrift „Der graue Mann, eine Volksschrift, 1795–1816 – Sammelschrift zu den Zeichen der Endzeit" (50–183). Hier werden nach dem genannten Grundmuster in sieben Abschnitten die Genese dieser Erbauungszeitschrift (biographisch-zeitgeschichtlicher Hintergrund, Entstehungsgeschichte), das Lesepublikum (Absicht und Zielgruppe der Schrift) und die Gattung (literarische Formen, Vergleich mit der zeitgenössischen Erbauungsliteratur) knapp und bündig dargestellt (50–72), sodann der Inhalt der Volksschrift (vielfältige Themen in Auswahl) der Zweck der Berufung (endzeitlicher Auftrag des Schriftstellers) sowie die Wirkungsgeschichte (literaturgeschichtliche Einordnung) detailliert verfolgt (73–183).

In diesem zweiten Kapitel Schwinges fällt auf, daß er die Grundzüge des „grauen Manns" im wesentlichen im Lichte der eschatologischen Weltanschauung skizziert, die Jung-Stilling seit 1795 als erweckter Volksschriftsteller vertrat. Sehr gründlich ist das ursprüngliche Vorhaben Stillings dargestellt, „ein Wort der Wahrheit zu seiner Zeit zu sagen", in der die bösen Ereignisse und der von der Aufklärung geförderte Geist des Unglaubens um sich greifen. Stilling wollte die „verborgenen Gläubigen" aus dem breiten Spektrum einer ungelehrten Leserschaft um sich sammeln und sie über alle Parteien der Erweckten hinweg zu einer unsichtbaren Geistkirche vereinigen. Im Hauptteil des 8. Abschnitts (73–156) beschreibt Schwinge dann unter dem Aspekt der apokalyptischen Eschatologie die theologischen Auslegungen Jung-Stillings über die Wiederkunft Christi und die Zeichen, seinen Chiliasmus, die Parteien der wahren Christen und Jung-Stillings Ruf zur Einigkeit des Geistes, des weiteren Bengels „Zeitrechnungssystem" und Jung-Stillings Endzeitrechnung, die Aussagen über den Antichristen, den ewigen Osten und „Solyma", das Suchen des Bergungsortes und die Auswanderung nach Rußland. Dank seiner profunden Kenntnis der Spätschriften wie auch der (teilweise ungedruckten) Briefe kann Schwinge hier das im „Solyma" versinnbildlichte Rußland als Zufluchtsort in der chiliastischen Gedankenwelt Jung-Stillings mit seinem Hintergrund der Entwicklung der russischen Monarchie unter Alexander I. mit bisher unerreichter historisch-systematischer Präzision herausarbeiten.

Erwähnenswert sind außerdem Jung-Stillings Vorstellungen vom Hades und die Lehre von der Wiederbringung aller Dinge, die Schwinge ebenfalls im achten Abschnitt faßbar umreißt. Allerdings kommt es hier m. E. leider zu einem kleinen Dispositionsproblem. Er hätte die Zentralbegriffe „Hades" und „Wiederbringung" der Jung-Stillingschen Geisterlehre, die beide ihren Ursprung höchstwahrscheinlich in der nach dem vom Ehepaar Petersen entfachten Neuaufbruch wuchernden Origenismus-Literatur der ersten Jahrhundertmitte hatten, nicht als voneinander getrennte, sondern als in ein Lehrgebäude eingegliederte Themen behandeln sollen. Überdies beschränken sich hier Schwinges Ausführungen im Rahmen seiner Aufgabenstellung weitgehend darauf, eine breite Palette diesbezüglicher, aus apologetischer Sicht jeweils situativ gemachter Aussagen vorwiegend aus dem „grauen Mann" von 1798 bis 1801 (beim Thema „Wiederbringung" nur eine Stelle im 16. Stück derselben Schrift, 1805) vorzustellen, unter wiederholter Berufung auf das okkultistische Hauptwerk „Theorie der Geisterkunde" (1808) und dessen „Apologie" von 1809. Dabei verzichtet Schwinge von vornherein auf den Versuch einer Klärung der Frage, wie das origenistische Weltbild bei Jung-Stilling rezipiert wurde. Nur angedeutet ist die Beziehung zu Lavater durch das Göbel-Zitat, die er zugleich aber verneint (100 Anm. 216). Sehr viel instruktiver ist dann zum Schluß dieses Kapitels der Vergleich des „grauen Manns" mit der zeitgenössischen Erbauungsliteratur unter rezeptions- und wirkungsgeschichtlichem Aspekt (164–183). Vor dem Hintergrund einer minuziösen Analyse der literaturgeschichtlichen Einordnung treten die gattungsspezifischen Eigenschaften des Periodikums überaus deutlich hervor.

Die in den folgenden Kapiteln behandelten Periodika werden ebenfalls nach dem oben skizzierten Grundschema ausgebreitet, wobei die Überschriften bereits viele Hauptmerkmale der betreffenden Schrift anzeigen:

Kapitel 3 „Der christliche Menschenfreund in Erzählungen für Bürger und Bauern, 1803–1807, volksmissionarische Erweckungsschrift für den ‚gemeinen Mann' als Ruf zu Buße und Bekehrung"(184–218);

Kapitel 4 „Des christlichen Menschenfreunds biblische Erzählungen, 1808–1816, Erbauungsschrift zur Verteidigung des alten Bibelglaubens und zur Förderung des Bibelverständnisses";

Kapitel 5 „Taschenbuch für Freunde des Christentums, 1805–1816, unterhaltsame und lehrreiche Erbauungsschrift für das gebildete Publikum" (265–306).

Nachfolgend nun ein Korb der wichtigsten Früchte von Schwinges Arbeit:

So fällt im dritten Kapitel eine vergleichende Analyse des „christlichen Menschenfreundes" mit anderen Zeitschriften auf, insbesondere dem „grauen Mann" sowie der Londoner und Basler Traktatenliteratur (200–208), die den Wesenszug der Erweckungszeitschrift exemplarisch verdeutlicht. An die Stelle des im „grauen Mann" deutlich erkennbaren eschatologischen Aspekts tritt hier der soteriologische. Ein großer Teil des Stoffes aus dem „grauen Mann" wird nun im „christlichen Menschenfreund" unter dem Blickwinkel von Buße und Bekehrung neu thematisiert und durch predigtartige Erzählungen in anderer Weise stilisiert. Beim Vergleich mit der englischen Traktatenliteratur, deren Grundtenor sozialpolitisch ausgerichtet war, konstatiert Schwinge interessanterweise wiederum das eschatologische Element, das den „christlichen Menschenfreund" kennzeichne (208).

In der Darstellung „Biblischer Erzählungen" des vierten Kapitels nimmt die genaue Charakterisierung der Jung-Stillingschen Bibelumdichtungen einen besonders breiten Raum ein (223–238). Schwinge veranschaulicht dabei die Methode der allegorisch-typologischen Bibelauslegung an einigen paradigmatischen Textbeispielen des Alten und Neuen Testaments. Äußerst aufschluß- und lehrreich ist in diesem Zusammenhang die Gesamtdarstellung von Jung-Stillings Bibelglauben. Hier wird in klarer und systematischer Weise das Ineinandergreifen von Bibelverständnis bzw. -erklärung und der Bibelauslegung beim alten Jung-Stilling aufgezeigt (248–256). Der folgende letzte Abschnitt behandelt Jung-Stillings praktischen Umgang mit der Bibel, der in den neuen literarischen Formen vom Bibelgedicht oder -rätsel usw. seinen Niederschlag findet (257–264).

Im fünften Kapitel ist es Schwinge besonders gut gelungen, die Stofffülle des „Taschenbuchs" vom gattungspoetologischen Standpunkt aus zu ordnen und eine Schneise in das Dickicht verschiedenartigster Gedichtformen (Bibelgedichte, Rätselgedichte, Naturlyrik, Oden, Gesänge) mit der Vielfalt ihrer Versformen und Metrik zu schlagen (278–293). Der literaturgeschichtliche Hintergrund dieser Gedichte wird überdies unter besonderer Berücksichtigung des epischen Werks von Klopstock erhellt. Auch aus germanistischer Sicht außerordentlich bedeutsam sind Schwinges eingehende Analysen des Versepos „Crysäon" im literaturgeschichtlichen Kontext (293–306). Beachtung verdienen hier des weiteren die zumeist in ausführlichen Fußnoten gegebenen Hinweise auf die Beziehungen zu Klopstocks „Messias" und ganz nebenbei zu Lavaters „Aussichten in die Ewigkeit". Schwinge äußert sich jedoch in seiner Studie durchweg sehr behutsam zur Rezeption der Lavaterschen Zwischenzustandslehre bei Jung-Stilling. Dies sei hier nur als weiteres Indiz dafür gewertet, daß die über Jung-Stillings Gesamtwerk verbreiteten Vorstellungen und Lehren vom Geisterreich bis hin zur umstrittenen „Theorie der Geisterkunde“ einer genaueren Studie harren.

Schwinges Schlußkapitel resümiert noch einmal die Resultate seiner umfangreichen Untersuchungen. Jung-Stilling teilte, wie Schwinge in seinen „zusammenfassenden Thesen“ zum „Patriarch[en] der Erweckung“ im vorletzten Abschnitt erneut hervorhebt, das in der Erweckungsbewegung des 18. Jahrhunderts weit verbreitete Interesse am separatistischen Geist nicht. Seine Buß- und Gerichtspredigt zeigt jedoch ein deutliches Sensorium für die Endzeiterwartungen jener Zeit, und dem wußte er einen eigenen Ausdruck in seinem erfolgreichsten Kommunikationsorgan, dem „grauen Mann“, zu geben. So ist er nicht nur ein eindrucksvoller Zeuge des apokalyptischen Elends der napoleonischen Kriege, sondern auch ein Wortführer der philadelphischen Bewegung der Jahrhundertwende, der durch einflußreiche Erbauungszeitschriften die Verbreitung einer irenischen Liebesgemeinschaft der wahren Christen von Mitteleuropa bis nach Rußland nach Kräften förderte.

Schwinges in systematischer wie historischer Hinsicht gelungenes Buch weist zahlreiche Wege für das persönliche und forschungsmäßige Eindringen in die schwer überschaubare Landschaft der Jung-Stillingschen Erbauungsliteratur und liefert scharfe Instrumente und Landmarken für die weitere Erforschung des noch unzulänglich erschlossenen Bereichs seiner „Geisterkunde“. Dafür gebührt dem Verfasser uneingeschränktes Lob und Dank.

Fukuoka — Sukeyoshi Shimbo

Eckhard Hagedorn: Erweckung und Konversion. Der Weg des katholischen Priesters Aloys Henhöfer (1789–1862) in die evangelische Kirche. Gießen: Brunnen-Verlag, und Evang. Presseverband für Baden, Karlsruhe 1993. – X, 492 S.

Aloys Henhöfer gilt als der Vater der badischen evangelischen Erweckung. Im Revolutionsjahr 1789 als Sohn katholischer Eltern in Völkersbach geboren, besuchte er das Piaristen-Gymnasium in Rastatt, um dann in Freiburg katholische Theologie zu studieren. Sein weiterer Weg führte ihn nach Meersburg, wo er im Jahre 1815 die Priesterweihe empfing. Danach wurde er Hauslehrer bei Julius von Gemmingen auf Schloß Steinegg in der Nähe von Pforzheim im Mittelbadischen. 1818 schließlich wurde Aloys Henhöfer Gemeindepfarrer zu Mühlhausen im Patronatsgebiet derer von Gemmingen. Schon vorher hatten die Erschütterungen und Veränderungen eingesetzt, die schließlich dazu führten, daß Henhöfer evangelischer Pfarrer wurde, zunächst für vier Jahre in Graben, dann bis an sein Lebensende in Spöck und Staffort auf der Hardt unweit der badischen Residenz Karlsruhe. Durch seine weitwirkende erweckliche Predigt sowie durch das aktive Sicheinbringen in die Auseinandersetzung um einen neuen badischen Katechismus hat Henhöfer zusammen mit seinen Freunden einen wichtigen Beitrag zur lehrmäßigen Ausgestaltung der 1821 zustandegekommenen badischen Union geleistet. Er war es auch, der dem Gedanken der äußeren Mission in Baden eine Heimat gab und der es als Vorsitzender des 1841 gegründeten Missionsvereins verstand, die Verbindungen zwischen der 1815 gegründeten Basler Mission und den Evangelischen in Baden zu pflegen und auszubauen. Schüler und Freunde gründeten schließlich, von Henhöfer tatkräftig unterstützt, 1849 den „Evangelischen Verein für innere Mission Augsburgischen Bekenntnisses". Viele bereits bestehende Aktivitäten der inneren Mission in Baden fanden in diesem Verein ihre Mitte, und neue Impulse gingen von ihm aus.

Lange Zeit wurde das Erbe Henhöfers insbesondere in Gemeinschaftskreisen sowie in den Gemeinden gepflegt, die von der Erweckung erfaßt und geprägt worden waren. Die Veranstaltungen und Veröffentlichungen im Jahr und um das Jahr 1989, in dem man seines Geburtstags vor 200 Jahren gedachte, stellten jedoch in der Erforschung und Einschätzung Henhöfers einen Markstein dar: Sie vermittelten neu einen Einblick in Henhöfers Bedeutung für die Gesamtgeschichte der Evangelischen Landeskirche Badens im 19. Jahrhundert und darüber hinaus. In diesen Horizont gehört auch die vorliegende Untersuchung von Eckhard Hagedorn, 1992 in Mainz als Dissertation angenommen und 1993 im Druck erschienen. Hagedorn konzentriert sich nach einleitender kritischer Darstellung der Quellen und der Literatur sowie nach Schilderung des Werdegangs wohltuend auf die Jahre 1818 bis 1823. Diese Zeitspanne, entscheidend für das Leben und die theologische Existenz Henhöfers, läßt sich in der Tat mit dem Titel der Arbeit „Erweckung und Konversion" zutreffend beschreiben.

Mehrere Quellenfunde ermöglichten eine Darstellung, die im Vergleich zu den beiden bisherigen Hauptbiographien deutlich neue Akzente setzt. Aus der bereits 1865 erschienenen Biographie von Emil Frommel, dem späteren Hofprediger in Berlin, spricht nämlich der ehemalige Vikar und Freund Henhöfers. Die 1925 gedruckte und im Vorfeld des Jubiläums 1987 von Gustav Adolf Benrath neu herausgegebene Dissertation von Wilhelm Heinsius über „Aloys Henhöfer und seine Zeit" läßt zwar eine parteiliche Beurteilung hinter sich, hat aber dennoch ihre Grenzen: Das Interesse an der religiösen Persönlichkeit beherrscht die

Gesamtdarstellung, Verkündigung und Lehre treten dahinter zurück; zudem bleibt Heinsius, was Henhöfers Auseinandersetzung mit der katholischen Kirche betrifft, ebenso wie Frommel abhängig von der sehr schmalen und tendenziösen Auswahl der Akten, wie sie 1824 von Henhöfers Gegnern veröffentlicht wurde.

Hagedorn ist es nun gelungen, die gesamten Prozeßakten im Erzbischöflichen Archiv zu Freiburg ausfindig zu machen, wohin sie wohl nach der Auflösung des Generalvikariats in Bruchsal gelangt sind. Außerdem fand der Verfasser im Konstanzer Stadtarchiv (Nachlaß Ignaz Heinrich von Wessenbergs) eine große Anzahl von Briefen, die Johann Ludwig Rothensee, Direktor im Bruchsaler Generalvikariat und mit dem „Fall Henhöfer" unmittelbar befaßt, an Philipp Joseph Brunner geschrieben hat, der als Kirchen- und Ministerialrat der Katholischen Kirchensektion in Karlsruhe angehörte. Schließlich konnte Hagedorn erstmals auf eine 1987 entdeckte Sammlung von Predigtmanuskripten zurückgreifen, die die Predigttätigkeit und die theologische Position Henhöfers im Jahr 1820 fast lückenlos dokumentiert. So liegt uns eine Arbeit vor, die die Wende im Leben Henhöfers nicht zuletzt auch durch die Berücksichtigung der neuesten Veröffentlichungen wesentlich umfassender, differenzierter und mit größerer historischer und theologischer Tiefenschärfe nachzuzeichnen vermag, als dies in den Standardbiographien der Fall ist:

– Die Dürftigkeit der Quellenlage im Blick auf die Studienzeit wird bei Hagedorn kompensiert durch ein genau gezeichnetes Porträt der Theologischen Fakultät zu Freiburg und ihrer Lehrer in Henhöfers Studienzeit. Literatur in Henhöfers Bibliothek sowie frühe Predigten lassen den Schluß zu, daß der Einfluß einer gemäßigten Aufklärung auf die theologischen Anfänge stärker war, als die klassischen Biographien es annehmen, stärker auch, als der in einem konservativ-barocken Katholizismus aufgewachsene Henhöfer es selbst später wahrhaben wollte.

– Herzstück der Veröffentlichung ist zweifellos die Bearbeitung der Predigten Henhöfers. Klar arbeitet Hagedorn den Weg Henhöfers von der aufklärerisch motivierten Moralpredigt über die bereits von einer kontinuierlichen Bibellektüre beeinflußten Gesetzespredigt zur Glaubens- und Gnadenpredigt nach. Besondere Beachtung widmet er den (neugefundenen) Predigten des Jahres 1820, in denen die später kaum wesentlich sich verändernde Grundposition Henhöfers zum Tragen kommt. Die theologischen Linien werden herausgearbeitet, manchmal vielleicht auf etwas zu detailfreudig-exegetische Weise. Grundlinien, Zitate, Namensnennungen und Begrifflichkeiten erlauben es Hagedorn, die literarischen Einwirkungen zu erheben: Es zeigt sich, daß Henhöfers Weg zur Predigt der freien Gnade Gottes und des „Christus für uns" zunächst nicht über Luther und die Bekenntnisschriften, sondern (wie bei manch anderem in jener Zeit!) über die Schriften der spätmittelalterlichen Mystik, des frühen lutherischen Pietismus (insbesondere Johann Arndts) sowie der katholischen Allgäuer Erweckung des frühen 19. Jahrhunderts führt. Diese Entwicklung wird angestoßen, begleitet und vertieft durch Kontakte zur württembergischen Erweckung und zu dem katholischen Stundenhalter Johannes Brougier in Mühlhausen selbst. So wird Erweckung und Konversion des katholischen Priesters Henhöfer zu einem biographischen Spiegel der vielschichtigen, Konfessionsgrenzen überschreitenden kirchlichen Situation in den ersten Jahrzehnten des 19. Jahrhunderts.

– Dies gilt auch für die kirchen- und staatspolitische Seite des „Falles Henhöfer“: Ein geschwächtes Generalvikariat, eine dominant auftretende staatlich-zentralistische Katholische Kirchensektion in Karlsruhe, Spannungen zwischen dem bischöflichen Dekanatsverweser und dem landesherrlichen Dekan, volle Unterstützung Henhöfers durch die katholische Patronatsfamilie, vorsichtig-positive Haltung eines katholisch-hierarchischen Druck ignorierenden evangelischen Landesherrn – mit Hilfe der Prozeßakten und des Briefwechsels Rothensee/Brunner gelingt es dem Verfasser, eine Situation nachzuzeichnen, die sicherlich nicht nur für Baden in den zwanziger Jahren des 19. Jahrhunderts bezeichnend ist – bis freilich mit dem Wiedererstarken des Katholizismus die Karten neu gemischt werden.

Zu wünschen ist, daß weitere Abschnitte des Lebens und Wirkens von Aloys Henhöfer auf ebenso umfassende, tiefgründige und theologisch wie kirchenpolitisch differenzierte Weise in Angriff genommen werden, wie dies mit der Veröffentlichung Eckhard Hagedorns im Blick auf die „Wendejahre“ geschehen ist.

Lörrach — Hans Pfisterer

Gerlinde Viertel: Anfänge der Rettungshausbewegung unter Adelberdt Graf von der Recke-Volmerstein (1791–1878). Eine Untersuchung zu Erweckungsbewegung und Diakonie. Köln 1993 (Schriftenreihe des Vereins für Rheinische Kirchengeschichte, 110). – 456 S.

Die vorliegende Studie ist aus einer Kölner erziehungswissenschaftlichen Dissertation erwachsen. Untersucht werden die Entstehungsbedingungen, die Anfänge und die Ausgestaltung der ältesten diakonischen Einrichtungen in Westfalen und im Rheinland, der Rettungsanstalten des Grafen Adelberdt von der Recke-Volmerstein (1791–1878) in Overdyck bei Bochum und Düsselthal bei Düsseldorf. Die Untersuchung beruht über weite Strecken auf ungedruckten und vielfach noch unerschlossenen handschriftlichen Quellen. Sie ist nicht zuletzt deshalb wichtig, weil es schon seit langem an Studien zum inneren Leben in den diakonischen Pionieranstalten fehlt. Trotz einiger Einzeluntersuchungen ist die Frömmigkeit der Gründer (in Denken wie Praxis) bislang noch völlig unzureichend erforscht. Das gleiche gilt auch für die Frage ihrer religiösen Zielsetzungen.

Das Buch umfaßt fünf Kapitel: Kapitel 1 („Die soziale Frage als ungelöstes Problem in der ersten Hälfte des 19. Jahrhunderts") bietet einen Überblick über das zeitgeschichtliche Umfeld der von der Reckeschen Gründungen (Massenelend der Jahre nach 1815; soziale Folgen der fortschreitenden Industrialisierung; Versagen von Schule und Kirche angesichts der sozialen Frage; [Nicht-] Reaktionen der universitären Theologie auf sie; Lösungsversuche im Kontext der Erweckungsbewegung). Die Darstellung ist im ganzen instruktiv, wirkt in der Quellenauswahl aber nicht immer glücklich.

Kapitel 2 („Das Leben des Grafen Adelberdt von der Recke-Volmerstein") will den „Abriß einer Biographie" des Grafen bieten. Es schildert zunächst dessen Elternhaus, Kindheit und Jugend (Kontakte des Vaters Philipp Christian Freiherr von der Recke [1751–1840] zu Johann Caspar Lavater [1741–1801], Johann Heinrich Jung-Stilling [1740–1817], Johann Jakob Heß [1741–1828], Leander van Eß [1772–1847] u. a.; agrarwissenschaftliches Studium des Sohnes in Heidelberg; Besuche bei Jung-Stilling in Karlsruhe; eigene Kontakte von der Reckes zu Heß [s. o.] sowie zu Georg Gessner [1765–1843] in Zürich, Albrecht Herbort [1763–1828] in Bern und Christian Friedrich Spittler [1782–1867] in Basel; Berührungen mit dem Herrnhutertum im Zusammenhang eines Studienaufenthaltes bei Philipp Emanuel Fellenberg [1771–1844] in Hofwyl). Von der Reckes Bekehrung (Weihnachten 1812) wurde durch Jung-Stilling initiiert und führte zu einer schroffen Abkehr von der rationalistischen Theologie. Fortan trug die Lebensführung des Grafen zunehmend asketische Züge (bis hin zum Zölibatsgelübde). Von der Recke gründete Sonntagsschulen und nahm (in Fortführung älterer Initiativen seines Vaters) seit 1816 Waisen und vagabundierende Kinder auf Gut Overdyck auf. Die folgenden drei Jahrzehnte waren durch eine vielfach geradezu hektisch wirkende Betriebsamkeit geprägt (zahlreiche Vereinsgründungen [„Gesellschaft der Menschenfreunde Deutschlands" – enge Kontakte zu Johannes Falk (1768–1826)!]; Ausbau der Anstalten [1822 Übersiedlung nach Düsselthal]; publizistische Aktivitäten [mehrere Zeitschriftengründungen]; Mitwirkung in verschiedensten Bibel- und Missionsvereinen; Kontakte zu angelsächsischen Quäkern sowie zur Basler Christentumsgesellschaft; Engagement im Rahmen der Judenmission und der Proselytenhilfe).

Nur widerwillig ließ sich der Graf 1826 durch besorgte Freunde dazu überreden, sein zölibatäres Leben aufzugeben. Durch seine Frau, Mathilde

Gräfin von Pfeil- und Klein Ellguth (1801–1867) aus Wildschütz (in Schlesien), verstärkte sich der herrnhutische Einfluß in Düsselthal. Während der 30er Jahre unterhielt der Graf enge Kontakte zu Theodor Fliedner (1800–1864; Recke gab demnach offenbar wichtige Impulse zur Gründung des Diakonissenhauses in Kaiserswerth!) sowie zu den Brüdergemeinen in Korntal und Wilhelmsdorf. 1847 verschlechterte sich sein Gesundheitszustand so sehr, daß von der Recke seine Gründungen in die Hände eines Nachfolgers geben mußte (Christian Friedrich Georgi [1801–1862]). Bereits im Vorfeld war es aber auch immer wieder zu Streitigkeiten mit Mitarbeitern der Anstalten gekommen, die sich gegen von der Reckes allzu patriarchalischen Führungsstil gewandt hatten. 1848 erwarb der Graf dann ein Gut in Kraschnitz bei Militsch (in Schlesien). Er gründete eine Bibelgesellschaft sowie ein „Samariterordensstift" für geistig und mehrfach Behinderte. In diesem Zusammenhang suchte er u. a. auch Kontakte zu Wilhelm Löhe (1808–1872) und übernahm zwei Neuendettelsauer Diakonissen nach Kraschnitz. Der Graf brach diese Verbindung aber schon bald wieder ab, was dann auch Folgen für das von ihm ins Leben gerufene Stift hatte: Die Kraschnitzer Diakonissen lösten sich von den Neuendettelsauer Statuten und gingen fortan ihre eigenen Wege („Kraschnitzer Diakonissenstift").

Kapitel 3 („Der Horizont des Reiches Gottes") beschäftigt sich mit der religiösen Entwicklung des Grafen. Dabei werden insbesondere dessen – bislang kaum beachtete – Neigungen zum Chiliasmus herausgearbeitet und als der eigentliche Antrieb für dessen rastloses diakonisches und erzieherisches Handeln identifiziert („Alle Impulse, die von ihm [i.e. von der Recke] ausgehen, und alle diakonischen Tätigkeiten lassen sich subsumieren unter den Begriff: *‚Ausbreitung des Reiches Gottes auf Erden'*" – so S. 101). Anschließend wird dann gezeigt, wie der Chiliasmus des Grafen nicht nur dessen Selbstverständnis, sondern auch dessen Gottes- und Menschenbild geprägt hat. Dabei wird klar erkannt, daß seine auf persönliche Bekehrung und Heiligung fixierte Frömmigkeit den Grafen zwangsläufig in Konflikt mit der verfaßten Kirche seiner Zeit bringen mußte (Spannungen mit der Ortsgemeinde Düsseldorf [und ihrer Kreissynode]; Kampf um das Recht zur Anstellung eigener „erweckter" Anstaltsgeistlicher [vielfach unter völliger Absehung von deren äußerlicher Qualifikation!]; forcierte Bekehrung katholischer Kinder zum evangelischen Glauben etc.).

Kapitel 4 befaßt sich mit der praktischen Umsetzung des Programms, das von der Recke im Kontext seiner chiliastischen Neigungen entwikkelte: Der „Rettung in Overdyck und Düsselthal". Es geht hier vor allem um den Begriff der „Rettung" (einmal im Verständnis der Zeit, dann aber auch im Verständnis des Grafen) sowie das ihm korrespondierende Phänomen des „Rettungshauses". Exemplarisch wird sodann gezeigt, wie von der Reckes Postulat einer „Finanzierung [seiner Arbeit allein] aus Glauben" seine Anstalten zu wiederholten Malen bis an die Schwelle des Konkurses geführt hat.

Kapitel 5 schildert den „Alltag in den Anstalten". Es bietet eine Fülle von Detailinformationen (Herkunft und Aufnahme der Kinder; Ordnung des Anstaltslebens; Mitarbeiter(innen); Formen der religiösen Erziehung; Art der Vorbereitung auf das Erwachsenenleben etc.). Der stupende Fleiß der Untersuchung tritt an dieser Stelle deutlich zutage.

In einem abschließenden Rückblick werden Recke und sein Werk dann noch einmal in aller Kürze gewürdigt. Der Graf war demnach zweifellos eine Ausnahmegestalt: „Im Gegensatz zu den meisten seiner [Standes- und] Zeitgenossen hat er relativ früh soziale Herausforderungen seiner Zeit wahr- und ernst genommen" (393). Unter Einsatz aller verfügbaren Kräfte und Beziehungen und gegen starke Widerstände von staatlicher und kirchlicher Seite hat der Chiliast von der Recke ein Werk geschaffen, das als Damm gegen die Verwahrlosung und Orientierungslosigkeit der Jugend gedacht gewesen ist. Allerdings hat sein Engagement immer wieder auch unter seinen persönlichen Grenzen gelitten: Der Graf ist Zeit seines Lebens ein „Patriarch" geblieben, der die Zügel der von ihm begründeten Anstalten nur schwer aus den Händen hat geben können. Im Blick auf die soziale Frage ist das Werk von der Reckes – bei aller notlindernden Wirkung! – keine angemessene Antwort gewesen. Es hat zwar auf schwerwiegende Probleme der Zeit hingewiesen, die bestehenden defizitären Strukturen aber im Grunde doch nur konserviert und perpetuiert. „Für die Kirche bedeutet das Werk Reckes den Beginn eines verhängnisvollen Irrweges: Das Diakonat, ein Wesensmerkmal der Kirche, entwickelte sich neben der Kirchengemeinde" (398).

Die vorliegende Studie ist ein nicht nur sozial- und erziehungs-, sondern auch diakoniegeschichtlich wichtiger Beitrag. Besonders hervorzuheben ist die beeindruckende Fülle des handschriftlichen Quellenmaterials. Allerdings wird dieses Material nicht immer in optimaler Form dargeboten (ausufernde „Textcollagen"!). Kapitel 2 macht überdies deutlich, wie wichtig eine neue Biographie des Grafen sein würde. Zumindest an dieser Stelle besteht auch weiterhin erheblicher Nachholbedarf.

Münster — Christian Peters

Johann Christoph Blumhardt: Gesammelte Werke. Schriften, Verkündigung, Briefe. Hg. v. *Gerhard Schäfer.* Reihe III: Briefe. Band 1: Frühe Briefe bis 1838. Texte. Hg. v. *Dieter Ising.* Band 2: Frühe Briefe bis 1838. Anmerkungen. Bearbeitet von *Dieter Ising.* Göttingen: Vandenhoeck & Ruprecht 1993. – 545 S.; 690 S.

„Wenn ich die Geschichte grosser, edler Männer lese, so schmerzt es mich, nicht auch in ihrer Zeit gelebt zu haben, nicht gerade, um aus ihrem Umgang Wonne zu schöpfen, sondern um ihnen recht zeigen zu können ..., wie lieb ich sie habe", schreibt Johann Christoph Blumhardt 1826 dem ihm innigst verbundenen Eduard Mörike (im Band 1, im folgenden stets als I zitiert: I, 100). Offensichtlich von einem ganz ähnlichen Eros beseelt und motiviert, ist diese bemerkenswerte kommentierte Briefausgabe entstanden. Genau 25 Jahre nach der Herausgabe des ersten Bandes von Blumhardts „Gesammelten Werken" (Blätter aus Bad Boll 1–4. Göttingen 1968–1970. – Bd. 5: [Kommentarband von Paul Ernst]. Göttingen 1970) und auch inzwischen schon weit über ein Jahrzehnt nach Erscheinen der dann folgenden Ausgabe des „Kampfes in Möttlingen" (Göttingen 1979) liegen nun in den „Gesammelten Werken" endlich die „Frühen Briefe bis 1838" vor.

In diesem Jahrbuch war in Band 18, 1992, 230–233 das von Dieter Ising verfaßte „Appetithäppchen" (230), sein aus der Arbeit an der hier vorliegenden Briefedition als Seitenprodukt entstandenes, schönes Blumhardt-Brevier (Göttingen 1991), besprochen worden, das gespannt machte auf die „Briefe bis 1838" und auf das, was danach, von Ising bearbeitet, noch folgt. Die schöne, reife Frucht eines gewaltigen Arbeitspensums ist das hier anzuzeigende umfangreiche zweibändige Werk, zu dem der Herausgeber und Bearbeiter sehr zu beglückwünschen ist und das man nur mit großem Gewinn lesen kann. Es ist eine sehr aufwendig zusammengestellte Arbeit – zwar recht teuer, aber auch überaus kostbar. Nicht viele „große Gestalten der Vergangenheit" erfahren solch eine eingehende und sorgsame Dokumentation und Aufarbeitung ihres Entwicklungsgangs, wie Ising sie hier zu Blumhardt dem Älteren vorlegt.

Dieter Ising, wissenschaftlicher Mitarbeiter des Landeskirchlichen Archivs in Stuttgart und von daher mit der Edition der Blumhardt-Briefe betraut, wobei er in engerem Kontakt stand und steht mit dem „Blumhardt-Archiv bei der Württembergischen Landesbibliothek Stuttgart", hat mit diesem Werk die Blumhardt-Forschung auf ein völlig neues Qualitätsniveau gehoben. Man könnte von außen her sicherlich fragen, ob der Aufwand, der in diesen über 1200 Seiten steckt, nicht arg übertrieben sei, und bemängeln, daß das Unternehmen etwas „over-sized" daherkomme: Ist da nicht die Bedeutung des schlichten und bescheidenen Gottesmannes Johann Christoph Blumhardt (1805–1880), des schwäbischen Landpfarrers und Seelsorgers, maßlos überschätzt? Gründliche

Lektüre freilich zerstreut diese Bedenken sehr bald: Was Ising mit dieser kommentierten Briefedition aus dem Umkreis der frühen Biographie Blumhardts aufarbeitet und darbietet, ist für Kirchenhistoriker und am Pietismus interessierte Leser außerordentlich eindrucksvoll, aber weit über dieses Publikum hinaus bietet es Forschern (auch aus „weltlichen" Nachbardisziplinen) einen faszinierenden Ausschnitt aus der württembergischen Geistesgeschichte im ersten Drittel des vorigen Jahrhunderts.

Jedenfalls stellt diese Blumhardt-Briefausgabe viel mehr dar, als der Titel verspricht. Sie enthält z. B. eine „verkappte" Biographie des älteren Blumhardt über dessen frühe Jahre „vor Möttlingen" von 1805 bis 1838. Allein die im Anmerkungsband (im folgenden als II zitiert) jeweils als ‚Einführungen' zu den einzelnen Lebensstationen Blumhardts gebotenen eigenen Zusammenfassungen von Ising sind bemerkenswert. In sechs Abschnitten stellt er – gut lesbar, in der Darstellungsweise ähnlich wie im Blumhardt-Brevier – das biographisch, historisch und theologisch Wesentliche aus dem jeweiligen Zeitraum dar: 1. Blumhardts Kindheit und Jugend in Stuttgart 1805 bis 1820 (II, 7–26); 2. seine Schöntaler Seminarzeit 1820 bis 1824 (II, 33–69); 3. die Tübinger Stifts- und Universitätsjahre 1824 bis 1829 (II, 75–131); 4. die Dürrmenzer Vikariatsjahre 1829 und 1830 (II, 265–290); 5. die Zeit als Missionslehrer in Basel 1830 bis 1837 (II, 315–358) und schließlich die Zeit als Pfarrgehilfe in Iptingen 1837 und 1838 (II, 555–591). Schon diese schlichten Zusammenfassungen Isings übertreffen an Umfang und von der Sache her etwa das, was man in der bekannten und oft wiederaufgelegten Biographie von Blumhardts Bundesgenossen Friedrich Zündel über diesen Zeitraum lesen kann. Bekanntlich hat der „Zündel" in vielen Auflagen seit 1880 maßgeblich und wirkungsmächtig dazu beigetragen, daß Blumhardts Leben und Verkündigung für die Nachwelt lebendig erhalten blieb. Man könnte sich gut vorstellen, daß Ising der Mann ist, der einen „Zündel" für unsere Zeit verfaßt, eine „richtige" Blumhardt-Biographie, die (in höherer Auflage, als sie in dem hier anzuzeigenden Werk möglich ist) heute den Johann Christoph Blumhardt der Gemeinde und der Theologie nahebringt.

Eigentlich stellt uns Ising, der ja auch Mitinitiator der schönen Blumhardt-Gedenkstätte im Dittus-Haus zu Möttlingen und Verfasser des dortigen Ausstellungskataloges (2. Auflage Metzingen 1992) war, mit diesen Bänden I und II gleichsam ein komfortabel und in sinnvoller Ordnung aufgebautes ganzes „Blumhardt-Museum" mit sehr vielen liebevoll ausgestatteten Ausstellungsräumen vor Augen, das „Blumhardt und seine Welt" in größtmöglicher Anschaulichkeit vor uns ausbreitet. Dazu gehört, daß Isings Briefausgabe zugleich ein auskunftsreiches „Kursbuch" darstellt, das im Blick auf das erste Drittel des vorigen Jahrhunderts etwa die verschlungenen Linien der Entwicklung der Erweckungsbewegung und der Missionsgeschichte im süddeutschen und Basler Raum mit allen wesentlichen „Anschlüssen" durchschauen läßt. Auf diesem Gebiet, aber auch darüber hinaus ist die kommentierte Briefausgabe ein auskunftsreiches „Who is who?" und eine unerschöpfliche historische Fundgrube besonders zur Theologie- und Geistesgeschichte Württembergs. In der Tat: es handelt sich um „eine Briefedition im weiteren Sinne" (I, 8), was wir hier nicht nur darauf beziehen, daß von Ising eben auch Blumhardts Lebensläufe, Studien- und Examensarbeiten usw. mitaufgenommen werden.

Wenn wir hier das in Band I und II Gebotene vom Inhalt her kurz vorstellen, kann es bei der Fülle des Stoffs verständlicherweise nur um das Andeuten einiger Akzente gehen, die diese Briefausgabe neu setzt.

1. Zu den Stuttgarter Kinder- und Jugendjahren und Blumhardts Zeit als Seminarist in Schöntal (1805–1824):

Viel stärker als bei seinem Vorgänger Paul Ernst (der im o.g. Kommentarband von 1970 Blumhardt eher sachfremd nach einem streng lutherischen Schema interpretierte und in der Tendenz einen Lutheraner eigener Art „herausbekam") tritt uns bei Ising als Grundzug die typisch württembergisch-pietistische Verwurzelung Blumhardts in den Blick und sein vielfältiges Eingebundensein in erweckliche Strömungen und Gemeinschaftskreise dieser Provenienz. Schon die Briefe und Texte zur Stuttgarter Kinder- und Jugendzeit sowie zur Zeit im Schöntaler Seminar (I, 25–34, und I, 35–45, kommentiert in: II, 9–32, und II, 33–71) betonen diesen Aspekt überaus stark. Als mitprägend wird (neben anderen erwecklichen Strömungen, denen Blumhardt von seinen Stuttgarter Anfängen an ausgesetzt war) z.B. ein gewisser Einfluß vom pregizerianischen Frömmigkeitsstil her (vgl. II, 11f., u.ö.) konstatiert, und gebührend hervorgehoben wird dann die wichtige Prägung, die Blumhardt aus seiner biographischen Verbundenheit mit der Brüdergemeine Korntal und ihrem Gründer Gottlieb Wilhelm Hoffmann (1761–1841) erfuhr, den er als seinen Ersatzvater ansah und mit dessen ältestem Sohn Wilhelm Hoffmann (1806–1873), dem späteren – von Bismarck beargwöhnten – einflußreichen preußischen Hofprediger, Blumhardt von Seminarzeiten an innigst befreundet war (II, 57–69, u.ö.). Wenn der Korntal-Initiator Vater Hoffmann seinen irenischen Glaubensstil und seinen Frömmigkeitsweg einmal so charakterisierte, er sei als Pregizerianer erweckt worden, wolle im Heiligungsernst der Michelianer (der Gemeinschaft des Michael Hahn) leben und einmal als Herrnhuter, d.h. im völligen Vertrauen auf Christus, sein Blut und seine Wunden, sterben (vgl. II, 63), so sieht Ising hier eine auffällige Strukturanalogie und Sachparallele in Leben und Verkündigung des älteren Blumhardt, ohne freilich monokausal Blumhardts Art von Hoffmann herzuleiten. Gebührend aber wird betont, daß natürlich ganz viel auch von den alten Bengelschen Voraussetzungen des württembergischen Pietismus, besonders auch von dessen chiliastischer Reich-Gottes-Hoffnung, in einer irenisch gemilderten

Form in Hoffmanns Brüdergemeinde Korntal präsent war und daß auch im Blick auf die später so wichtige Frage nach dem Okkulten und der Geisterwelt Blumhardt dort vieles hatte finden können (vgl. etwa II, 65–68).

2. Blumhardts Tübinger Stifts- und Studienjahre (1824–1829):

Ein gewaltiger Schwerpunkt im Anfangsteil der Briefedition, von Ising stark herausgearbeitet, ist dann in der Tübinger Stiftszeit und den Universitätsjahren (vgl. die Blumhardt-Texte aus dieser Zeit von 1824 bis 1829 in: I, 47–179; ausführlichst von Ising kommentiert in II, 75–263) die Freundschaft Johann Christoph Blumhardts zum späteren Dichter und Pfarrer Eduard Mörike (1804–1875). Das Mörike-Thema nimmt in diesen umfangreichen Texten aus der Tübinger Zeit und zu ihr den weitaus größten Raum ein (die Blumhardt-Texte an Mörike finden sich in: I, 49–158, kommentiert in: II, 132–252; vgl. ferner Isings Zusammenfassung „Freundschaft mit Mörike", II, 113–118). Das, was Ising aus Blumhardts an Mörike gerichteten Briefen und tagebuchähnlichen Aufzeichnungen ausgräbt, darbietet und kommentiert, ist ein sehr gelungener erster Höhepunkt seines Werks. Die Außerordentlichkeit der Liebe zu Mörike beschreibt Ising so: „Die Intensität der Freundschaft mit Mörike wird von keiner anderen Beziehung Blumhardts in seiner Tübinger Zeit erreicht. Das gilt auch für Wilhelm Hoffmann, ... dem er die Verbindung zur Korntaler Brüdergemeinde ... verdankt" (II, 120) und im Vergleich mit dem die Beziehung Blumhardts zu Mörike enger war.

In der bisherigen Literatur zu Mörike und in entsprechenden Lexikonartikeln und Zusammenfassungen ist immer auch einmal unter Mörikes Freunden Blumhardt erwähnt worden, meist aber nur en passant, sozusagen verdeckt durch den Schatten, den andere (angeblich wichtigere) Männer aus Mörikes Freundeskreis – Wilhelm Waiblinger, Ludwig Bauer u. a. – warfen. Dieses dürfte, soweit wir das einschätzen können, mit dem hier vorzustellenden Werk nun auch in der Literaturwissenschaft durchaus zu revidieren sein, denn zu auffällig – und darüber hinaus psychologisch und biographisch zu interessant – ist die hier dargebotene zarte (uns heute streckenweise fast homoerotisch anmutende und z. T., wie Blumhardt selbst gelegentlich bemerkt – vgl. etwa I, 73f., u. ö. –, an Menschenvergötzung grenzende) romantische Liebesgeschichte zweier Jünglinge, die beide je auf ihre Weise leicht zu unterschätzende Rand-Existenzen waren und blieben und die in ihren Anfängen fast wie Zwillinge zusammenzugehören schienen. Dabei freilich war von vornherein der junge Blumhardt der frommere und „missionarischere" von beiden, der – ansonsten ein Herz und eine Seele mit Mörike – dem religiös schon früh zurückhaltenden späteren Dichter von seiner vorhandenen Glaubenssubstanz etwas abgeben wollte und im Blick auf Mörike dessen problematisches Anderssein teils vor sich selbst und anderen glättete und harmonisierte, teils in Liebe und in einer damit zusammenhängenden sehr auffälligen Liberalität ertrug. Leider fehlen uns zu den von Blumhardt an Mörike gerichteten Schreiben meist dessen Gegenbriefe; man hätte zu gerne gewußt, ob wirklich aus der Optik Mörikes das „Lieb Blumhärdtle“ (I, 52, u. ö.) für ihn wirklich eine genauso bedeutende Rolle spielte, oder ob die Liebe in der Tendenz eher doch „asymetrisch“ war. Daß aber zur Entwicklung der Persönlichkeit Mörikes, zu seinem eingeschlagenen Lebensweg als Pfarrer und Dichter mitsamt den da aufgetretenen Problemen, Blumhardt einen nicht zu unterschätzenden prägenden Beitrag leistete, wird durch die „Frühen Briefe“ mehr als deutlich. Daß bekanntlich Jahrzehnte später der Dichter in Bad Boll unter den Händen des Jugendfreundes Heilung seiner psychosomatischen Krankheitssymptome erfuhr (Sommer 1848), gehört in diesen Zusammenhang. Der zeitgenössische Schriftsteller Peter Härtling, der vor Jahren ja schon einmal einen „Blumhardt-Roman“ geschrieben hatte („Das Familienfest“, 1969) und der in den 80er Jahren zwei einfühlsame literarische Erzählungen zur Biographie und den Liebesgeschichten Eduard Mörikes veröffentlichte („Die dreifache Maria“, 1982; „Waiblingers Augen“, 1987), könnte, ausgehend von Isings Quellenmaterial, eine schöne Geschichte über die nicht minder anrührende Liebesbeziehung Mörike/Blumhardt schreiben (beide treten gemeinsam bei Härtling nirgends auf!).

Ähnlich reizvoll ist es, nach den Blumhardt-Briefen sein Verhältnis zu David Friedrich Strauß, seinem durchaus vertrauten Tübinger Mitstiftler, zu verfolgen (vgl. zu Strauß etwa: I, 105, 115, 125; II, 93f., 97f., 124, 197, 199, 202, 209f., 217f., 244, 281, 341f., u. ö.). Daß von vornherein alle drei aus diesem Kameradenkreis, Mörike, Strauß und Blumhardt, eine gemeinsame auffällige Affinität zu Phänomenen übernatürlicher Art (Magnetismus und dergleichen) besaßen, betont Ising mehrfach und verdeutlicht es an Justinus Kerner und seiner „Seherin von Prevorst“ (besonders pointiert in: II, 209f.), deren Aufsuchen durch Strauß freilich auch nach Blumhardts späterer Meinung einen Beitrag dazu geleistet habe, daß Strauß vom Glauben abgekommen und auf den Weg seines „Lebens Jesu“ geraten sei (vgl. II, 210).

Als andere wichtige Aspekte der Tübinger Zeit nennen wir hier nur summarisch Blumhardts Freundschaft mit dem frommen Rudolf Flad (im Stift sind Mörike, Blumhardt und Flad das „Fladderdat Cleeblatt“, II, 121) und zu anderen, wobei zu Beginn Blumhardt, Flad und Wilhelm Hofacker der Tübinger „Pia“ angehörten (dazu gehörte vor Blumhardts Studienzeit z.B auch Ludwig Hofacker), einem pietistisch-erwecklich ausgerichteten Freundschaftsbund frommer Tübinger Studenten und Repetenten (vgl. II, 111–113).

Theologisch erwähnenswert ist zu diesem Lebensabschnitt Blumhardts das von Ising zu Luther, Eschenmayer und Baur Herausgearbeitete. Ising sieht Blumhardt – bei all seinem Luther-Interesse – zeitweise in einer deutlichen Distanz zu Luther (vgl. II, 107–109; in 109 Anm. 126 ausdrücklich gegen Zündel formuliert, aber auch implizit gegen eine Sicht wie die oben genannte von Paul Ernst), was u.E. ein sachgerechtes Urteil darstellt.

Wichtig für das Verständnis von Blumhardts weiterem Weg sind auch seine Tübinger Studienerfahrungen, die er bei Prof. C. A. Eschenmayer machte (vgl. dazu Isings Ausführungen in: II, 99–101). Eschenmayer, der sich in seiner Psychologie mit Magnetismus, „ekstatischem Schlaf“ und Verwandtem aus dem Bereich paranormaler Phänomene beschäftigte, fand Blumhardts Interesse und vermittelte diesem sicherlich auch eine Prägung, aber so, daß Blumhardt später auf diesem Gebiet seinen eigenständigen Weg fand (vgl. II, 101).

Was den Begründer der sogenannten Zweiten Tübinger Schule Ferdinand Christian Baur angeht, hat nach Ising Blumhardt diesen als dessen treuer Hörer in Tübingen mehr geschätzt als in der früheren Forschung Zündel und andere Glauben machten (II, 221f.; vgl. II, 93f.).

Alle weiteren den Bildungsgang in Tübingen betreffenden Aspekte aber, wie sie in Isings Ausgabe ausführlich zur Sprache kommen, können wir auf sich beruhen lassen. Hier ist nur noch darauf zu verweisen, daß das eschatologische Problem „Jüngstes Gericht und Wiederbringung aller Dinge“ von Anfang an eine bohrende Kernfrage des Glaubens für Blumhardt darstellte, was bei Ising auch in (einer für den Rezensenten erfreulichen) Deutlichkeit immer wieder angedeutet und besonders im Zusammenhang mit der Examensarbeit von 1829 über dieses Thema als wesentliches Problem breit herausgearbeitet wird (vgl. den Text der Blumhardt-Arbeit, in: I, 164–179, in der er „Sympathie für die Hoffnung auf eine Apokatastasis erkennen“ läßt: I, 164; von Ising wird dieses Thema ausgiebig kommentiert in: II, 257–262). Daß da auch eine wahrhaft merkwürdige unterirdische Verbindungslinie zur weiteren Entwicklung des Mitstiftlers David Friedrich Strauß besteht – Strauß schrieb 1831 seine Doktorarbeit just über dieses württembergische Lieblingsproblem (!) –, deutet sich auch bei Ising an (vgl. II, 258f.).

3. Blumhardts Vikariatszeit in Dürrmenz und die Jahre als Missionslehrer in Basel (1829 bis 1837):

Aus den Texten der beiden Dürrmenzer Vikariatsjahre 1829/30 (I, 181–213; kommentiert in: II, 265–290) geht schön hervor, daß Blumhardt ähnliche Dinge wie bei den späteren übernatürlichen Phänomenen in Möttlingen von Anfang seiner seelsorgerlichen Tätigkeit an ständig im Blick hatte. Auf Träume, Spukgeschichten, Geistererscheinungen und Ähnliches kommt er in seinem Dürrmenzer Tagebuch des öfteren zu sprechen (vgl. I, 183f., 191, 193, 195, 197f.). Zu Recht betont Ising, „daß das hier Erzählte Blumhardts Einstellung zu den späteren Vorkommnissen in Möttlingen mit geprägt hat“ (I, 284; vgl. den ganzen Abschnitt „Berichte über die ‚Geisterwelt‘“: II, 284–286; vgl. zu den folgenden Basler Jahren den diese Dinge betreffenden Abschnitt, in: II, 354–356), und er resümiert diese praktischen Dürrmenzer Erfahrungen des Vikars Blumhardt so: „Hat er sich während des Tübinger Studiums mit Eschenmayers Versuchen einer wissenschaftlichen Durchdringung dieser Erscheinungen beschäftigt, so begegnen Blumhardt nun, wie früher bereits in Korntal, wieder volkstümliche Erzählungen über die Geisterwelt, die anders als Eschenmayer vor allem das Dunkle, Gefährliche dieses Gebietes betonen. Daß es Polterspuk und Geistererscheinungen tatsächlich gebe und diese in Verbindung mit Verstorbenen zu sehen seien, wird ihm hier nahegebracht": II, 286.

Sehr eindrucksvoll ist als ein weiterer Höhepunkt des Werkes, was Ising zu Blumhardts Jahren als Lehrer im Basler Missionshaus (1830–1837) im Blick auf Blumhardt-Texte und auf Sekundärliteratur zur Geschichte der Basler Mission und zu Basel als „organisatorische Zentrale" der Deutschen Christentumsgesellschaft in der Zeit der Erweckungsbewegung des vorigen Jahrhunderts in den beiden Bänden darbietet (vgl. I, 215–383; kommentiert in: II, 315–554). Gerade hier hat Ising ungeheure Stoffmassen aufgearbeitet, und er ordnet die Fülle des Stoffes so zusammen, daß im Großen ein sehr klares Bild der Entwicklungslinien entsteht, aber er zeigt auch „im Kleinen" mit einer bewundernswerten, geradezu detektivischen Findigkeit, was in Blumhardtschen Texten hinter allen möglichen Bemerkungen und Anspielungen steht. Was das Letztere angeht, läßt Ising durchgängig in seinem Kommentarband kaum jemals eine Frage offen. Und oft genug stellt sich dann in dieser Bemühung um das Detail, das auf den ersten Blick wie überdrehtes „Fliegenbeinzählen" anmutet, heraus, das man diesen Detailforschungen die schönsten Einsichten verdankt. Dieter Ising (übrigens selbst weder Württemberger noch Pietist, aber ein beachtlicher Kenner des württembergischen Pietismus) partizipiert mit dieser Gabe der Darstellung offensichtlich an einem alten württembergisch-pietistischen Erbe, wo sich ja schon seit Bengel die manchmal pedantisch anmutende Treue im Kleinen und die Bemühung um das Einzelne mit dem Im-Blick-Haben der großen Linien des Ganzen niemals ausschlossen, sondern sich wechselseitig ergänzend befruchteten.

Auf beides, das Kleine und Einzelne und das Große und Ganze kann im Blick auf diese Basler Jahre Blumhardts in dieser Besprechung nur in ganz unzureichenden Andeutungen eingegangen werden. Andeuten möchten wir, daß gerade der hier anzuzeigende Abschnitt für kirchengeschichtliche Forscher, die sich mit dem Erweckungs-Zeitalter und der Missionsgeschichte jener Zeit beschäftigen, eine Fundgrube und ein Schatzkästchen ersten Ranges ist.

Gleichgültig, ob man sich für Hermann Gundert (1814–1893) interessiert, den Indien-Missionar und berühmten Indologen und späteren Leiter des Calwer Verlagsvereins, der dann Schwiegervater wurde von

Johannes Hesse (dem Nachfolger des genannten Hoffmann als Leiter der Korntaler Brüdergemeinde und Vater des Dichters Hermann Hesse), oder für Samuel Gobat (1799–1879), den bekannten Ägypten- und Abbessinien-Missionar, den späteren Bischof von Jerusalem und Vater der erwecklichen Schriftstellerin Dora Rappard, oder für Christian Gottlob Barth (1799–1862), den Pfarrer, Schriftsteller und Organisator in Sachen Mission, der durch seine Mammut-Aktivitäten als Blumhardts Amtsvorgänger das württembergische Möttlingen zu einer Missions-Zentrale erster Güte machte und dann auch als Gunderts Nachfolger in der Leitung des Calwer Verlagsvereins einer der wichtigsten Träger der Verbreitung des Missionsgedankens war, oder für Samuel Hebich (1803–1868), den Pioniermissionar der Basler Mission in Indien, oder für Christian Friedrich Spittler (1782–1867), der 1815 die Basler Mission ins Leben rief, das Werk in Chrischona gründete und als Sekretär der Christentumsgesellschaft wirkte, oder für viele andere: Stets erhält man von Ising ausführlichste Informationen über die Kontakte dieser Männer mit Blumhardt und über deren Wirken insgesamt unter Hinweis auf alle relevante zu diesen Personen erschienene Sekundärliteratur (in Auswahl sind hier einige Textpassagen zu den Genannten anzuführen: Hermann Gundert: I, 328f., II, 270f., 289, 458, 463, 501. – Samuel Gobat: I, 294, 299, 347, 352f.; II, 436f., 449, 525, 531, 589, 633. – Christian Gottlob Barth: I, 277, 284, 294f., 306f., 313–316, 318–320, 350f.; II, 350, 353, 355, 409f., 435f., 440, 449, 458, 475–481, 483–488, 489–496, 528f., 531 u.ö. – Samuel Hebich: I, 299, 341, 338; II, 347, 437f., 447, 450, 513, 517. – Christian Friedrich Spittler: I, 239, 294, 483, 486; II, 332f., 353, 463, 505, 520, 652; vgl. den ganzen Abschnitt zur Christentumsgesellschaft: II, 332–348).

Viele dieser Namen und Kontakte weisen auf die wichtige schweizerisch-württembergische Achse hin, die damals gerade auch zwischen Basel und Möttlingen/Calw bestand. Die hier genannten württembergischen Beförderer des Missionsgedankens im 19. Jahrhundert waren allesamt stark geprägt vom Vätererbe, von der alten (von Bengel und Oetinger ausgehenden) württembergisch-pietistischen Tradition, die sie freilich eigenständig flexibel abänderten und in ihre Zeit übersetzten. Mitten in diesem Milieu übte Blumhardt seine Tätigkeit als Basler Missionslehrer aus – eben auch ganz und gar ein Erbe des alten Pietismus in der Zeit der Erweckungsfrömmigkeit und vom Grundmuster her mit all den anderen vergleichbar. Man kann da nur mit Ising „Blumhardts Stehen in der Erweckungsbewegung seiner Zeit" (II, 567) betonen.

Da kann es schon erstaunen, daß Karl Barth und Eduard Thurneysen, die dem älteren Blumhardt wesentliche Impulse verdankten und von Blumhardt dem Jüngeren her in Bad Boll eine bedeutende Weichenstellung ihrer Theologie erfuhren, in ihren Äußerungen über Blumhardt immer wieder das „gänzlich Unpietistische" der Blumhardtschen Reich-

Gottes-Hoffnung wie ein Qualitäts-Markenzeichen hervorhoben. In Isings Interpretationshorizont bietet sich u.E. das Bild ein wenig anders dar: So wie auch die Krankenheilung von Möttlingen Blumhardt nicht „senkrecht von oben“ in den Schoß fiel, sondern bei ihm in der angedeuteten Weise prädisponiert war, so war die anschließende Buß- und Erweckungsbewegung und die daraus resultierende Reich-Gottes-Verkündigung bei Blumhardt eine aus dem Erweckungs-Pietismus des 19. Jahrhunderts herausgewachsene Entwicklung. Die meisten Grundpositionen behielt auch nach Möttlingen Blumhardt mit den hier genannten Pietisten und Erweckungsleuten gemeinsam, und alle „Ingredienzien“ der sich herausbildenden eigenen Verkündigung Blumhardts sind samt und sonders pietistischem Wurzelboden entsprossen (was natürlich nicht ausschließt bei Blumhardt wie bei den anderen Genannten, sich je und dann heftig gegen das Etikett „Pietist“ zu wehren und sich von einem „falschen Pietismus“ abzusetzen; aber dieses „zum-Original-Geprägt-Werden“ und damit „über-den-Pietismus-Hinausweisen“ ist von vornherein eben immer auch ein Teil von echtem Pietismus gewesen; Blumhardt spricht z. B. später in einem Brief aus der Iptinger Zeit vom „bekannten falschen Pietismus“ in: I, 457; vgl. dazu auch Isings Bemerkungen in: II, 567f.).

Ebenso, was die alten Bengelschen Berechnungen des Beginns des chiliastischen Reiches angeht, starrten die genannten Missionsfreunde Barth und Spittler und eben auch Blumhardt „nicht wie gebannt auf den Termin 1836, sondern arbeiten, angespornt durch die Erwartung der Wiederkunft Christi, beharrlich daran, der Welt das Evangelium bekanntzumachen“ (II, 353; vgl. den ganzen Abschnitt Isings zum Thema „Das Jahr 1836“ in: II, 350–354; ferner Isings Bemerkungen zur Bengel-Lektüre in Blumhardts Dürrmenzer Zeit: II, 282f.; zu Blumhardt und Oetinger vgl. übrigens die Zusammenfassung in: II, 631f.).

4. Blumhardts Zeit als Pfarrgehilfe in Iptingen (1837 und 1838):

Dieser Schlußabschnitt (I, 385–545; kommentiert in: II, 555–690) erhält seinen Reiz daher, daß wir über die der Lebensetappe Möttlingen unmittelbar vorangehende Blumhardtsche Zeit als Pfarrgehilfe in Iptingen vor allem aus einer besonderen Quelle informiert sind: durch die Liebes- und Brautbriefe, die er mit Doris Köllner, seiner späteren Frau, wechselte. In vielem wird man an die mit Mörike gewechselten o. g. „Liebesbriefe“ erinnert. Bei aller Zartheit und Sensibilität, mit der diese intimen Briefe geschrieben wurden, sind sie doch immer auch Dokumente, die theologisch für das Verständnis der sich herausbildenden Position Blumhardts und seine Verkündigungsart etwas hergeben.

Auf der einen Seite erfährt man die wichtigen Kleinigkeiten zwischen zwei Liebenden. Z. B. klagt Doris über den zeitweise in den Briefen fehlenden „Bräutigamsstil“ und „Bräutigamston“ bei Blumhardt (I, 424f.), oder man kann sich die Skizze seines engen Zimmers im Iptinger

Pfarrhaus ansehen, wie Blumhardt sie für die von ihm getrennt lebende Braut zeichnete (I, 404). Blumhardt mußte dort in der nicht einfachen Pfarrfamilie des Ortspfarrers zur Untermiete wohnen und bemühte sich die ganze Zeit in Iptingen darum, endlich eine ordentliche Pfarrstelle zu erhalten, um seine Doris heiraten zu können. Oder man erlebt mit, wie sich der Bräutigam freute, daß auf dem Weg nach Stuttgart bei Regenwetter Christian Gottlob Barth plötzlich „ein Fläschchen mit herrlichem Liqueur" hervorzog und Blumhardt davon gab, mit dem Hinweis: „Papa Köllner hat die Bouteille auf seinem letzten Besuche bei mir vergessen, und dieß ist der Rest davon", woraufhin Blumhardt dem Möttlinger Pfarrer und Freund – gerührt in Erinnerung an den zukünftigen Schwiegervater und die Braut – „einen herzlichen Kuß geben" mußte (Zitate: I, 416). Selbst daß das in einem Brief genannte Liebesandenken Lebkuchen war, bekommt man mit Isings Hilfe heraus (vgl. I, 382, mit II, 552; die ersten Liebes- und Brautbriefe wechselten Blumhardt und Doris Köllner noch am Ende der Basler Zeit). Aber auch solche Sachverhalte erfährt man durch Isings Kommentierung, daß etwa das Pharmazieunternehmen Böhringer auf die Stuttgarter Materialienhandlung (Drogerie) Engelmann und Böhringer zurückgeht (beide Namen tauchen in dem Schlußteil der Briefe des öfteren auf) und daß der Firmenmitinhaber Christian Gotthold Engelmann sowohl mit Christian Gottlob Barth wie auch mit der Familie Köllner, in die Blumhardt einheiratete, verwandt war (II, 596f.). Dieser Engelmann war in dieser Zeit durch seine Beziehungen oftmals Fürsprecher und Vermittler für Blumhardt in dessen Bewerbungsnöten (vgl. etwa I, 437, 478; II, 608, 620, 647, u. ö.).

Andererseits sind Blumhardts Iptinger Briefe an Doris Köllner aber gerade, was ihren theologischen und seelsorgerlichen Inhalt und Blumhardts diesbezügliche Entwicklung angeht, überaus aufschlußreich. Der so hart von der Verlobten getrennte Bräutigam Blumhardt, nach der baldigen Möglichkeit des Heiratens schmachtend und bei wiederholten Bewerbungen hin und her im Land immer wieder Absagen erhaltend, erzählte in den Liebesbriefen seine Gemeindeerfahrungen haarklein, und zwar in der Absicht, so Doris näherzukommen und die Braut damit auch auf ihre Aufgabe als Pfarrfrau an seiner Seite vorzubereiten.

Er berichtete ihr seine beachtlichen Fortschritte im Konfirmandenunterricht und schrieb von zu haltenden pietistischen Stunden ebenso wie von vielen Hausbesuchen, gerade auch bei den Separatisten in Iptingen, die er mit der Zeit auf seine Seite ziehen konnte. Da wurde „der Karfreitag 1838 für Blumhardt ‚ein Triumphtag erster Größe'" (II, 581, vgl. I, 510), als die Separatisten – und auch der Führer der Gruppe Christian Flattich – dann zum Abendmahl kamen. Durchaus ganz ähnlich wie später in Möttlingen nach der Krankenheilung hatte Blumhardt in Iptingen stets eine ungewöhnlich gut gefüllte Kirche mit viel Zulauf aus umliegenden Ortschaften (vgl. besonders I, 465f.), und man konnte schon dort von einer kleinen Erweckungsbewegung reden. Ising schreibt dazu: „Was Blumhardt später in Möttlingen in noch größerem Maße erleben wird, deutet sich hier bereits an“ (II, 565).

Blumhardts zuständiger Dekan Gottlob Eberhard Hafner stellte ihm von seiner Tätigkeit in Iptingen folgendes Zeugnis aus, das die Art des Pfarrgehilfen gut charakterisiert und den Ertrag der Iptinger Zeit zusammenfaßt: „Wenn Blumhardt gleich nach seinem Eintritt in Iptingen als Prediger und Catechete Beyfall fand, so konnte dieß aus dem fühlbaren Gegensatze seiner Leistungen gegen die, welche die Gemeinde vorher gewohnt war, leicht erklärt werden. Daß er aber die unter sich uneinigen Parteyen zu kirchlicher und mehrerer bürgerlicher Einigkeit zurückführte, die vieljährigen Separatisten, zum Theil noch Zöglinge des bekannten SeparatistenHäuptlings Rapp, fast alle zur Theilnahme am öffentlichen Gottesdienste brachte und überhaupt in dieser Gemeinde das erloschene religiöse Leben wieder anfachte, gereicht ihm nicht nur zu besonderem Lob, sondern giebt den sprechenden Beweis dafür, daß Blumhardt in seiner aufrichtig frommen Richtung sich von jenem Eifer mit Unverstand fernhält, mit welchem häufig besonders jüngere Geistliche Leben wecken wollen, aber nur unfruchtbaren Lärmen erregen und Parthieen machen“ (I, 472).

Natürlich erfährt man in Isings Kommentar alles Wesentliche über diesen Johann Georg Rapp mit seinen Rappisten und ihrer Auswanderung von Württemberg nach Amerika (II, 568–581), wobei einige eben noch im Lande und z. B. eben in Iptingen geblieben waren. Genauso wichtig ist es für die theologische Entwicklung Blumhardts in Iptingen hervorzuheben, daß zwei Personen in dieser Zeit seine engsten Vertrauten und wichtigsten Begleiter waren.

Zum einen war es der schon im vorigen Abschnitt in seinen vielen Kontakten zu Blumhardt gebührend genannte Christian Gottlob Barth, dessen Name über die vorher angeführten Stellen hinaus in den Iptinger Briefen fast jedes Mal genannt wird und der Blumhardts großer Rückhalt war (vgl. Isings Zusammenfassung dazu in: II, 588f.). Zum andern war es der mit Christian Gottlob Barth verwandte zukünftige Schwiegervater Blumhardts Karl Köllner, ein erwecklich ausgerichteter engagierter Missionsfreund mit ebenfalls separatistischen Neigungen, die er kurz zuvor überwunden hatte. Köllner kommt auch – verständlicherweise – in den Briefen der Iptinger Zeit immer wieder vor. Bei Ising wird Köllner so beschrieben: Als Pfarrerssohn „1790 in Idstein (Hessen-Nassau) geboren, wächst er in ärmlichen Verhältnissen auf. Nach einer Kaufmannslehre in Frankfurt führt er das Weingeschäft der verwitweten Maria Keerl, geb. Schumann in Segnitz am Main und heiratet sie 1814. In Segnitz hält man christliche Hausversammlungen und hat Verbindungen zur Christentumsgesellschaft in Basel. Nach der Übersiedlung nach Würzburg versucht Karl Köllner vergeblich die Gründung eines Missionsvereins. Den Weinhandel gibt er schließlich auf; 1822 erwirbt er das ehemalige Klostergut Sitzenkirch (bei Müllheim im Breisgau) und widmet sich der Landwirtschaft. Dort gründet er eine Anstalt zur Erziehung armer jüdischer Kinder, die jedoch aus Mangel an Schülern eingeht; danach entsteht in Sitzenkirch eine kleine ‚Töchteranstalt' ... In den 1830er Jahren schließt sich Köllner vorübergehend der von Johann Jakob Wirz gegründeten Nazarenergemeinde an ..., kehrt aber 1835 wieder zur Landeskirche zurück. Sein Haus wird zum Treffpunkt von Missionaren und Missionsfreunden, was auch Blumhardt nach Sitzenkirch führt" (II, 517f.; zur Wirz'schen Sekte vgl. II, 552f.). Etwas von dem hier beschriebenen Frömmigkeitserbe gehörte fortan durch die sich anbahnende Verheiratung mit Doris Köllner zur Familie Blumhardt, ja mehr noch: Blumhardt ließ sich von seinem originellen Schwiegervater prägen und titulierte ihn hochachtungsvoll als „mein nun zweiter Vater" (I, 359; dazu: II, 536), eben ein „Ersatzvater" (II, 575), wie es vorher ja Hoffmann gewesen war, der wie Köllner mit einem Fuß in der Kirche stand und mit einem Fuß draußen war.

In immenser Spannung wie bei einem Roman wartet man gegen Schluß der Iptinger Briefe darauf: Kriegen sie sich bald, Blumhardt und Doris – und auch: die Blumhardts und Möttlingen? Immer wieder scheint zwischendrin das Ziel Möttlingen auf, und Blumhardt scheint's nicht zu merken, denn dicht daneben: retardierende Elemente, andere Wege und Ziele, bis es dann so kam, wie es kommen sollte: Barth ging zum Calwer Verlagsverein in die Nachbarstadt und machte damit seinem Vertrauten das Pfarrhaus frei, jenes besondere Pfarrhaus, durch das in der Zeit von Barths Tätigkeit „Möttlingen zu einem Zentrum weltweiter Missionsverbindungen gemacht" (II, 682) wurde. Noch heute gibt es in Möttlingen eine Barth- und eine Blumhardt-Straße, dicht beieinander.

Nach vielem Lob über dieses faszinierende Buch kann die Liste der Fehler kurz ausfallen: Druckfehler fanden wir in diesem auch formal vorbildlich sauber gestalteten Werk so gut wie überhaupt nicht (aber wohl drei computerbedingte Macken: II, 557 und 562. Ferner: „Sitzenkirch" in der ersten Zeile von II, 616). Der größte „Fehler" aber des Werkes ist der traurige Umstand, daß man auf das Personennamen-Register noch warten muß, was seine Brauchbarkeit sehr beschneidet. Deswegen haben wir in dieser Besprechung zu einigen wichtigen Namen hier auch besonders viele Stellenangaben zusammengesammelt. Der andere Fehler liegt darin, daß wegen des Preises viele das Buch nicht zu Gesicht bekommen und sich mit der kürzlich erschienenen wohlfeilen Reprint-„Konkurrenzausgabe" von Otto Bruder begnügen werden (vgl. dazu unsere Rezension in diesem Jahrbuch 18, 1992, 225–229). Aber gerade viele an Blumhardt und der Erweckungsbewegung Interessierte auch unter den „Laien" hätten es verdient, dazu das Beste zu finden, wie Dieter Ising es bietet.

Hemer-Deilinghofen — Friedhelm Groth

Harvey Cox: Fire from Heaven. The Rise of Pentecostal Spirituality and the Reshaping of Religion in the Twenty-First Century. Reading, Mass. [u. a.]: Addison-Wesley Publishing Company 1994. – 346 S.

Harvey Cox, „Professor of Religion" an der Divinity School von Harvard University, hat über die Pfingstbewegung ein ungewöhnlich interessantes Buch vorgelegt. Seit über dreißig Jahren besuchte er Gottesdienste wie Versammlungen der Pfingstbewegung, zunächst eher zufällig und sporadisch, in den letzten Jahren systematisch und regelmäßig. Auf diese Weise hat er sich ein großes Wissen über die Pfingstbewegung angeeignet, das zwar nicht auf Archivrecherchen beruht (die von Historikern, die dieses Phänomen künftighin erforschen wollen, noch gemacht werden müssen), wohl aber auf eigenem Erleben, auf zahlreichen Gesprächen, auf den Antworten auf Fragen, die Cox stellte. Sein Buch ist somit eine Mischung aus „Oral History", aus Analysen und Kommentaren zu einer religiösen Erscheinung, die er bei aller Sympathie doch auch kritisch beurteilt. An einem läßt er freilich keinen Zweifel: Mit über 400 Millionen Anhängern in allen Kontinenten, nicht zuletzt in Lateinamerika, Afrika und Asien, gehört die Pfingstbewegung im ausgehenden 20. Jahrhundert zu den großen religiösen Bewegungen, die von allen, die sich für die Geschichte der christlichen Religion und für Religion überhaupt im 20. Jahrhundert interessieren, sehr ernst genommen werden muß. Aus der kleinen Gruppe von Gläubigen, die zu Beginn des 20. Jahrhunderts in einem Armenviertel von Los Angeles ein „Pfingsterlebnis" hatte und auf die baldige Wiederkunft Christi wartete, ist inzwischen eine vielfältig gegliederte, dynamische, auch politisch einflußreiche Bewegung geworden.

Cox arbeitet die wesentlichen Elemente der Religiosität von Anhängern der Pfingstbewegung heraus: „Primal Speech" (schwierig ins Deutsche zu übersetzen, am ehesten mit Formulierungen wie „von Gott inspiriertes religiöses Reden", wozu auch das Zungenreden gehört, also das von religiösen Gefühlen unverständliche Stammeln von Gläubigen); ferner „Primal Piety" (vielleicht ins Deutsche mit einer Formulierung wie „ursprüngliche Frömmigkeit" zu übertragen); schließlich „Primal Hope" (die Wiedergewinnung der urchristlichen Hoffnung auf die baldige Erlösung durch Christi Wiederkunft). Eng verbunden mit diesen Elementen sind einige weitere: In den Anfängen in Los Angeles die Überwindung des Rassismus (Cox notiert freilich, daß innerhalb der südafrikanischen Pfingstbewegung sehr rasch die Regeln der Apartheid beachtet wurden und die ursprüngliche „farbenblinde" Einstellung erst vor kurzem wieder entdeckt wurde); dann die bedeutende Rolle, die Frauen innerhalb der Pfingstbewegung spielen: Frauen, die vom Geist Gottes ergriffen reden, beten, predigen, gar eigene Gruppen gründen und eigene Kirchen leiten; schließlich die höchst unkonventionelle Art und Weise, wie moderne Musik und speziell die Musik des Jazz in die Gottesdienste der Pfingstbewegung eingebracht wird. Der Saxophonspieler Cox hat für den letzten Punkt besonderes Verständnis.

Im Zuge seiner Recherchen ist Cox durch alle Kontinente gereist und hat mit Vertretern der Pfingstbewegung in vielen Ländern gesprochen. Besonders anschaulich sind seine Berichte über seine Erfahrungen in Brasilien, auf das er stellvertretend für Lateinamerika eingeht, in Italien, stellvertretend für die Pfingstbewegung in Europa, in Korea, seinem Exempel für Asien, und in Zimbabwe, wo er die Erscheinungsformen und Erfolge der Pfingstbewegung innerhalb von Schwarzafrika studiert hat. Den Vertretern der Pfingstbewegung in so unterschiedlichen Ländern und Kulturen ist Cox mit großer Sensibilität begegnet. Er ließ sich stets von einer freundlichen Neugierde für die besonders intensive Frömmigkeit der Kreise, die er besuchte, leiten. Am kritischsten beurteilte er die Pfingstbewegung in dem Land, das er am besten kennt, in den USA.

Cox versucht nicht, die Ursachen für den Erfolg der Pfingstbewegung oder deren Erscheinungsformen auf einen Nenner zu bringen. An verschiedenen Stellen seines Buches bietet er freilich Erklärungen an, die über den Einzelfall und die Einzelbeobachtung hinaus von Interesse sind. Innerhalb jener Kreise der städtischen Bevölkerung, die vom flachen Land stammen und die neu in die großen städtischen Zentren gezogen sind, beobachtete er starke Gefühle von Unsicherheit. Deren spirituelle Nöte könnten weder mit Säkularisierungstheorien erklärt werden, schreibt er, noch durch gutgemeinte Angebote der traditionellen Kirchen befriedigt werden. Hier, bei diesen in Armut lebenden Menschen, von denen viele auf der Suche nach Halt, nach Identität seien, könne die Pfingstbewegung große Erfolge erzielen. Cox diagnostiziert außerdem einen tiefgreifenden Kulturwandel, der von einem tiefen Mißtrauen in den Fortschritt der Wissenschaft ebenso geprägt werde wie von einer tiefgreifenden Unzufriedenheit mit den Formen und Praktiken der Gottesdienste in den etablierten Kirchen. Die Tausende und Abertausende, die die Kirchen verließen, orientieren sich aber bezeichnenderweise nicht am wissenschaftlichen Rationalismus, sondern an verschiedenen Spielarten einer neuen Gläubigkeit, wobei es der Pfingstbewegung gelinge, besonders viele Menschen zu begeistern.

Wenn die Ergebnisse von Cox stimmen, dann stellt sich für viele Christen vieler Länder am Ende des 20. Jahrhunderts nun eine Alternative: Entweder sie schließen sich einer von der Pfingstbewegung geprägten Gruppe an, in der unter Führung von charismatischen Persönlichkeiten der Glaube an das freie Wirken Gottes eine zentrale Rolle spielt und in denen die Gottesdienste sich zu emotionalen Erlebnissen steigern, oder sie unterstützen eine der vom Fundamentalismus bestimmten Richtungen, in denen strenge bibelkundige Geistliche machtvoll verkünden, Gottes Wort in der Bibel sei in allen Passagen wahr, enthalte alle notwendigen Anweisungen für das Leben in der modernen Welt und könne auch von Laien direkt verstanden werden.

Martin E. Marty und Scott Appleby haben vor kurzem eine imposante Serie von 5 Bänden über den Fundamentalismus abgeschlossen, in denen sie dieses Phänomen auch in den nichtchristlichen Religionen analysieren. Cox, Marty und Appleby machen mit ihren Untersuchungen überaus klar, daß alle gängigen Theorien von der signifikanten Rolle der Säkularisierung innerhalb der modernen Welt kritisch überprüft werden müssen.

Cox' vorliegendes Werk ist ein Anfang, ein Anstoß: Er hat das Verdienst, daß er uns auf eine überaus wichtige religiöse Entwicklung in unserer eigenen Zeit aufmerksam macht. Die Pietismusforscher, die das Werk von Cox lesen, werden rasch feststellen, daß es außerordentlich viele Bezüge zwischen dem radikalen Pietismus (beispielsweise um 1700 sowie auch um 1800) und der Pfingstbewegung des 20. Jahrhunderts gibt. Vielleicht wäre es deshalb sowohl für die Pietismusforschung wie für die Erforschung der Pfingstbewegung besonders lohnend, wenn sich Pietismuskenner an die Aufgabe machen würden, das große und weithin unbekannte Gebiet der Pfingstbewegung zu erforschen.

Göttingen Hartmut Lehmann

Pietismus-Bibliographie

Von Udo Sträter und Christel Butterweck

unter Mitarbeit von: Archiv der Brüder-Unität Herrnhut, Gertrud Bense, Reinhard Breymayer, Renate Fuckert, Paul Martin Peucker und Susanne Ruf. Anschrift für Bibliographie- und Rezensionsteil des Jahrbuchs: Prof. Dr. Udo Sträter, Interdisziplinäres Zentrum für Pietismusforschung, Franckeplatz 1, Haus 26, 06110 Halle (Saale).

Gliederung der Bibliographie:

IV.06	Östliches Mitteleuropa, Osteuropa, Südosteuropa
IV.07	Sonstige
V.	Übergreifende Themen
V.01	Theologie und Frömmigkeit
V.02	Sozial- und Staatslehre, Pädagogik
V.03	Ökumene und Mission
V.04	Die Bedeutung des Pietismus für Philosophie, Literatur und Kunst

Es gelten die Abkürzungen der TRE. Im folgenden bedeutet:

BBKL	Biographisch-Bibliographisches Kirchenlexikon
BDeilKG	Blätter zur Deilinghofer Kirchengeschichte
BiKi	Bibel und Kirche
BWKG	Blätter für Württembergische Kirchengeschichte
DVfLG	Deutsche Vierteljahrsschrift für Literaturwissenschaft und Geistesgeschichte
EHS.T	Europäische Hochschulschriften. Reihe 23. Theologie
EK	Evangelische Kommentare
ELThG	Evangelisches Lexikon für Theologie und Gemeinde
FKDG	Forschungen zur Kirchen- und Dogmengeschichte
JETS	Journal of the Evangelical Theological Society
JGNKG	Jahrbuch der Gesellschaft für Niedersächsische Kirchengeschichte
JLT	Journal of Literature and Theology
JPenT	Journal of Pentecostal Theology
JWKG	Jahrbuch für Westfälische Kirchengeschichte
LM	Lutherische Monatshefte
LThK	Lexikon für Theologie und Kirche
LuJ	Luther-Jahrbuch
MethH	Methodist History
PuN	Pietismus und Neuzeit
PuN.B	Pietismus und Neuzeit. Pietismus-Bibliographie
ThBeitr	Theologische Beiträge
ThR	Theologische Rundschau
UnFr	Unitas Fratrum
WuD	Wort und Dienst
ZBKG	Zeitschrift für Bayerische Kirchengeschichte
ZRGG	Zeitschrift für Religions- und Geistesgeschichte
Zwing.	Zwingliana

I. Allgemeines

I.01 Bibliographien, Forschungsberichte

1. Peucker, Paul Martin: Bibliographische Übersicht der neuerschienenen Veröffentlichungen über die Brüdergemeine. In: UnFr 38, 1995, 119–128.
2. Sträter, Udo; Christel Butterweck: Pietismus-Bibliographie. In: PuN 21, 1996, 359–387.
3. Katalog der Leichenpredigten und sonstiger Trauerschriften in der Dombibliothek *Breslau*. Bearb. v. Rudolf Lenz [u. a.]. Sigmaringen: Jan Thorbecke Verlag 1995 (Marburger Personalschriften-Forschungen, 16). – 520 S.
4. Katalog ausgewählter Leichenpredigten und sonstiger Trauerschriften in der Sächsischen Landesbibliothek *Dresden*. Bearb. v. Rudolf Lenz [u. a.]. Sigmaringen: Jan Thorbecke Verlag 1995 (Marburger Personalschriften-Forschungen, 19). – 1016 S.

I.02 Sammelwerke, Festschriften

5. Lehmann, Hartmut: Religion und Religiosität in der Neuzeit. Historische Beiträge. Hg. v. Manfred Jakubowski-Tiessen u. Otto Ulbricht. Göttingen: Vandenhoeck & Ruprecht 1996. – 294 S.
6. Pietismus und Neuzeit. Ein Jahrbuch zur Geschichte des neueren Protestantismus. Im Auftr. d. Hist. Komm. z. Erforschung d. Pietismus hg. v. Martin Brecht, Friedrich de Boor, Rudolf Dellsperger, Ulrich Gäbler, Hartmut Lehmann, Arno Sames, Hans Schneider, Udo Sträter u. Johannes Wallmann. Bd. 21 – 1995. FS Johannes Wallmann z. 65. Geb.-Tag. Göttingen: Vandenhoeck & Ruprecht 1996. – 404 S. – [enthält Nr. 52, 53, 55, 57, 88, 98, 161, 223, 224, 231, 233, 239, 252]
7. Religion und Religiosität im Zeitalter des Barock. In Verb. m. Barbara Bekker-Cantarino, Heinz Schilling u. Walter Sparn hg. v. Dieter Breuer. 2 Teile. Wiesbaden: Harrassowitz 1995 (Wolfenbütteler Arbeiten zur Barockforschung, 25). – 906 S.; Abb. – [enthält Nr. 21, 22, 23, 32, 48, 234, 244, 245]
8. Übersetzungen und Übersetzer im Verlag J.H. Callenbergs. Intern. Kolloquium in Halle (Saale) vom 22.–24. Mai 1995. Hg. v. Walter Beltz. Halle: Martin-Luther-Universität 1995 (Hallesche Beiträge zur Orientwissenschaft, 19). – 88 S. – [enthält Nr. 58, 59, 63, 67, 70, 71, 91, 220, 238, 253]
9. Unio. Gott und Mensch in der nachreformatorischen Theologie. Referate d. Symposiums d. Finnischen Theol. Literaturgesellschaft in Helsinki 15.–16. Nov. 1994. Hg. v. Matti Repo u. Rainer Vinke. Helsinki: Luther-Agricola-Gesellschaft 1996 (Schriften d. Luther-Agricola-Gesellschaft, 35; Veröffentl. d. Finn. Theol. Lit.-Gesellsch., 200). – 414 S. – [enthält Nr. 51, 168, 228]
10. Von *Halle* nach Jerusalem. Konferenzbeiträge z. gleichnamigen Tagung d. Seminare Jüdische Studien u. Christlicher Orient im Inst. f. Orientalistik d.

Martin-Luther-Universität Halle-Wittenberg in Halle v. 27.–30. Juni 1994. Hg. v. Eveline Goodman-Thau u. Walter Beltz. Halle 1994 (Hallesche Beiträge z. Orientwissenschaft, 16). – IV, 122 S. – [enthält Nr. 60, 69, 76, 81, 89]

11. Morgen-Glantz. Zeitschrift der Christian *Knorr von Rosenroth*-Gesellschaft. Hg. v. Italo Michele Battafarano. Bd. 5. Bern [u. a.]: Peter Lang 1995. – 271 S. – [Beiträge d. vierten Tagung d. Christian Knorr von Rosenroth-Gesellschaft v. 1.–3. Juli 1994 in Sulzbach-Rosenberg sowie andere Beiträge zu angrenzenden Gebieten; enthält Nr. 33–37, 190, 192]
12. Neue Beiträge zur *Paracelsus*-Forschung. Hg. v. Peter Dilg u. Hartmut Rudolph. Stuttgart: Akademie d. Diözese Rottenburg-Stuttgart 1995 (Hohenheimer Protokolle, 47). – 197 S. – [enthält Nr. 40–47, 49]

I.03 Gesamtdarstellungen, Gesamtwürdigungen

13. Brecht, Martin: Art. „Pietismus". In: Lexikon der Aufklärung. Deutschland und Europa. Hg. v. Werner Schneiders. München: Beck 1995, 316–317.
14. Geschichte des Pietismus. Bd. 2. Der Pietismus im achtzehnten Jahrhundert. In Zus.-arb. m. Friedhelm Ackva [u. a.] hg. v. Martin Brecht u. Klaus Deppermann. Göttingen: Vandenhoeck & Ruprecht 1995. – XIV, 826 S.; Abb. – [enthält Nr. 61, 94, 100, 124, 128, 153, 154, 155, 157, 175, 187, 196, 197, 201, 202–204, 213]

II. Vorgeschichte, begleitende Strömungen

15. Beyer, Jürgen: Hellige kvinder og maend i de lutherske lande (ca. 1550 til 1700) og forskning om folkelig religósitet. In: Tiden og historien i 1990-talets kulturforskning. Ed. A. Gustavsson. Uppsala 1994 (Etnolore. Skrifter fran Etnologiska institutionen vid Uppsala Universitet, 15), 118–141.
16. Ders.: Lutheran Popular Prophets in the Sixteenth and Seventeenth Centuries. The Performance of Untrained Speakers. In: Arv. Nordic Yearbook of Folklore 51, 1995, 63–86. – [zu „Propheten" a. d. Schwärmertum, Spiritualismus u. rad. Pietismus in Deutschland, Skandinavien u. d. Baltikum]
17. Narbuntowicz, Herbert: Reformorthodoxe, spiritualistische, chiliastische und utopische Entwürfe einer menschlichen Gemeinschaft als Reaktion auf den Dreißigjährigen Krieg. Diss. phil. [masch.] Freiburg/Br. 1994. – 198 S.
18. *Andreae*, Johann Valentin: Gesammelte Schriften Bd. 2. Nachrufe, Autobiographische Schriften, Cosmoxenus. Bearb., übers. u. komm. v. Frank Böhling [u. a.]. Stuttgart-Bad Cannstatt: frommann-holzboog 1995. – 577 S.
19. Nitschke, Peter: Staatsräson kontra Utopie? Von Thomas Müntzer bis zu Friedrich II. von Preußen. Stuttgart, Weimar: Verlag J.B. Metzler 1995. – 320 S. – [auch z. Johann Valentin *Andreae*]

20. Gauger, Andreas: Jakob *Böhme* und das Wesen seiner Mystik. Diss. [masch.] Dresden 1995. – 296 S.
21. Pape, Walter: Heiliges Wort und weltlicher Rechenpfennig. Zur Entwicklung der Sprachauffassung im 17. Jahrhundert (Jacob *Böhme*, Athanasius Kircher, Leibniz). In: Religion und Religiosität [s. Nr. 7], 817–843.
22. Barner, Wilfried: Über das „Einfeltige" in Jakob *Böhmes* Aurora. In: Religion und Religiosität [s. Nr. 7], 441–453.
23. Edel, Susanne: Kabbala in der Theosophie Jacob *Böhmes* und in der Metaphysik Leibnizens. In: Religion und Religiosität [s. Nr. 7], 845–856.
24. Ingen, Ferdinand van: Jacob *Böhmes* Begriff der Imagination. In: Daphnis 22, 1993, 515–530.
25. Czubatynski, Uwe: Nachrichten über Friedrich *Breckling* aus dem Jahre 1696. In: Wolfenbütteler Barock-Nachrichten 22/1, 1995, 23–26.
26. Brecht, Martin: Johann Amos *Comenius* im Zusammenhang der protestantischen Theologie seiner Zeit. In: Jan Amos Comenius 1592–1992. Theologische und pädagogische Deutungen. Hg. v. Klaus Goßmann u. Christoph Th. Scheilke. Gütersloh: Mohn 1992, 70–84. – [vgl. PuN.B. 19, Nr. 68]
27. Campi, E.: Johann Amos *Comenius* (1592–1670) und die protestantische Theologie seiner Zeit. In: Zwing. 22, 1995, 67–83.
28. Capkova, Dagmar: *Comenius* im Europa des 17. Jahrhunderts. In: Johannes Amos Comenius und die Genese des modernen Europa. Intern. Comenius-Kolloquium Bayreuth 26.–29. Sept. 1991. Sammelband red. v. Norbert Kotowski u. Jan B. Lásek. Fürth: Flacius-Verlag 1992, 23–29.
29. Doerfel, Marianne: Zur Rezeption der Pädagogik des *Comenius* im Pietismus. In: Beiträge zur Bildungsgeschichte in Sachsen-Anhalt. Ein Kolloquium und seine Anregungen. Hg. v. Reinhard Golz u. Wolfgang Mayrhofer. Bad Heilbrunn/Obb.: Julius Klinkhardt 1993, 49–57. – [auch z. J.A. Steinmetz u. P.E. Layritz]
30. Funda, Otakar A.: Die Recapitulatio-Lehre in der Theologie von *Comenius*. In: Comenius-Kolloquium [s. Nr. 28], 86–89.
31. [*Franckenberg*, Abraham v.] Briefwechsel. Eingel. u. hg. v. Joachim Telle. Stuttgart-Bad Cannstatt: frommann-holzboog 1995. – 360 S. – [schlesischer Biograph Böhmes u. Verf. religiöser u. mystisch-naturphilosophischer Schriften]
32. Bruckner, John: Das von Abraham von *Franckenberg* herausgegebene Briegische Bedencken (1627) – ein vorpietistisches Dokument? In: Religion und Religiosität [s. Nr. 7], 143–151.
33. Brady, Philip: Zwischen „Weiber-Paradies" und „Garten Gottes". Zum Englandbild einiger Zeitgenossen des Christian *Knorr von Rosenroth*. In: Morgen-Glantz [s. Nr. 11], 197–216.
34. Gemert, Guillaume van: Christian *Knorr von Rosenroth* unterwegs. Reisen im 17. Jahrhundert. In: Morgen-Glantz [s. Nr. 11], 11–38.
35. Battafarano, Italo Michele: „Von der Phantasie der Tarantel-Spinnen zu dieser oder jener Farbe". Oder von der substantiellen Gleichheit aller Teile der Natur in Christian *Knorrs von Rosenroth* kommentierter Übersetzung von Giovan Battista Della Portas „Magia Naturalis" (1589) aus dem Jahre 1680. In: Morgen-Glantz [s. Nr. 11], 55–75.
36. Cordie, Ansgar M.: Der „Angelus Redemptor" in *Knorrs* „Kabbala Denuda-

ta“ und Walter Benjamins „Engel der Geschichte“. In: Morgen-Glantz [s. Nr. 11], 97–127.
37. Zeller, Rosmarie: Der Weg zur Glückseligkeit. *Knorrs* „Geistliches Lust-Spiel von der Vermählung Christi mit der Seelen“. In: Morgen-Glantz [s. Nr. 11], 39–54.
38. [*Paracelsus*] Sämtliche Werke. Hg. v. Karl Sudhoff u. Wilhelm Matthießen. 1. Abt. Medizinische, naturwissenschaftliche u. philosophische Schriften. – Bd. 2: Frühe Schriften zur Heilmittellehre (Arzneistoffe und Heilquellen) zur Begründung der tartarischen Lehre in der Pathologie, samt dem 6., 7. und 9. Buche in der Arznei, über tartarische, psychische Krankheiten und Kontrakturen. Nachdr. d. Ausg. München, Berlin 1930. Hildesheim: Olms 1995. – 539 S. – Bd. 3: Drei Prinzipien, Spiritus vitae, Mineralien, Cemente, Graditionen, Archidoren und Zugehöriges, Vita longa, Praeparationes, Brief an Erasmus, Macerscholien, Krankheitstypen etc. Nachdr. d. Ausg. München, Berlin 1930. Hildesheim: Olms 1995. – 570 S.; Abb.
39. Nova Acta Paracelsica. FS Willem Frans Daems. Hg. v. Alois M. Haas [Schweizerische Paracelsus-Gesellschaft]. Bern [u. a.]: Peter Lang 1995 (Beiträge z. Paracelsus-Forschung, NF 9). – 127 S.
40. Baron, Frank: *Paracelsus* und seine Drucker (1527–1539). In: Neue Beiträge [s. Nr. 12], 141–150.
41. Brecht, Martin: Der Psalmenkommentar des *Paracelsus* und die Reformation. In: Neue Beiträge [s. Nr. 12], 71–88.
42. Friedrich, Udo: „[...] das wir selber künste könen erdencken [...]“. Magiediskussion und paracelsisches Wissen im Wagnerbuch. In: Neue Beiträge [s. Nr. 12], 169–194.
43. Gause, Ute: Aspekte der theologischen Anthropologie des *Paracelsus*. In: Neue Beiträge [s. Nr. 12], 59–70.
44. Goltz, Dietlinde: *Paracelsus* als Leitbild – Die Historiker und ihr Objekt. In: Neue Beiträge [s. Nr. 12], 15–40.
45. North, John D.: Macrocosm and Microcosm in *Paracelsus*. In: Neue Beiträge [s. Nr. 12], 41–58.
46. Wollgast, Siegfried: Chiliasmus und soziale Utopie im Paracelsismus. In: Neue Beiträge [s. Nr. 12], 111–140.
47. Pfefferl, Horst: Die Rezeption des paracelsischen Schrifttums bei Valentin *Weigel*. Probleme ihrer Erforschung am Beispiel der kompilatorischen Schrift „Viererlei Auslegung von der Schöpfung“. In: Neue Beiträge [s. Nr. 12], 151–168.
[s. auch Nr. 11, 12, 97]

III. Deutschland

III.01 Frömmigkeitsbewegung seit Johann Arndt

48. Ingen, Ferdinand van: Die Wiederaufnahme der Devotio Moderna bei Johann *Arndt* und Philipp von Zesen. In: Religion und Religiosität [s. Nr. 7], 467–475.
49. Schneider, Hans: Johann *Arndt* als Paracelsist. In: Neue Beiträge [s. Nr. 12], 89–110.
50. Gruebner, Birgit: Gott und die Lebendigkeit in der Natur. Johann *Arndts* Liber Naturae. Diss. theol. [masch.] Hamburg 1996.
51. Repo, Matti: Die christologische Begründung der Unio in der Theologie Johann *Arndts*. In: Unio [s. Nr. 9], 249–275.
52. Schneider, Hans: Johann *Arndts* „verschollene" Frühschriften. In: PuN 21, 1995 [1996], 29–68.

III.02 Philipp Jakob Spener

53. Friedrich, Martin: Philipp Jakob *Spener* als Kronzeuge des kirchlichen Liberalismus. In: PuN 21, 1995 [1996], 131–147.
54. Proescholdt, Joachim: Philipp Jakob *Spener* – Vater des Pietismus. Vortrag am 19. September 1994. In: Evangelische Persönlichkeiten in Frankfurt am Main. Zur 1200-Jahrfeier der Stadt Frankfurt am Main. Mit Beitr. v. Marlies Flesch-Thebesius [u. a.] hg. v. J. Proescholdt. Frankfurt am Main: Hausdruckerei d. Ev. Regionalverbandes 1995 (Schriftenreihe d. Ev.-luth. Predigerministeriums, 3), 12–34.
55. Schwarz, Reinhard: Der Satz „Ich bin Christus" im Kontext der Unio mystica. Die Rezeption eines Luther-Textes durch Philipp Jakob *Spener*. In: PuN 21, 1995 [1996], 84–103.
56. [Spener, Philipp Jakob] Die Werke Philipp Jakob Speners. Studienausgabe. Bd. 1: Die Grundschriften. Hg. v. K. Aland i. Verb. m. Beate Köster. Gießen: Brunnen-Verlag 1996. – 588 S. – [enth.: Pia Desideria, lat./dt. – Das geistliche Priestertum, 1677].
57. Orde, Klaus vom: Zur Ehre Gottes und zur Erbauung der Kirche Christi. Philipp Jakob *Speners* Gutachtertätigkeit bei der Neubesetzung der Hofpredigerstelle in Hessen-Darmstadt im Jahr 1687. In: PuN 21, 1995 [1996], 104–130.

III.03 August Hermann Francke und der hallische Pietismus

58. Beltz, Walter: Zur jiddischen Übersetzung der Confessio Augustana. In: Übersetzungen und Übersetzer [s. Nr. 8], 46–52.
59. Bochinger, Christoph: Religiöse Fundamentalien in der Sicht Hallescher

Pietisten. Auswahlkriterien der übersetzten Texte. In: Übersetzungen und Übersetzer [s. Nr. 8], 23–32.
60. Ders.: Zur Geschichte des Institutum Judaicum et Muhammedicum (1728–1729). In: Von Halle nach Jerusalem [s. Nr. 10], 45–60.
61. Brecht, Martin: Der Hallische Pietismus in der Mitte des 18. Jahrhunderts – seine Ausstrahlung und sein Niedergang. In: Geschichte des Pietismus 2 [s. Nr. 14], 319–357.
62. Gelehrte Kontakte der Universität Halle zu Est-, Liv- und Kurland zur Aufklärungszeit. Ausstellung a. Anl. d. 300. Jub. d. Martin-Luther-Universität Halle-Wittenberg i. d. Univ.-Bibl. Tartu v. 12. Mai bis z. 19. Sept. 1994. [Hg. v. d. Univ.-Bibl. Tartu.] Tartu 1994. – 95 S. – [z. Pietismus bes. 23–35]
63. Hausmann, Frank-Rutger: Deutsche und französische Übersetzungen aus dem Italienischen als Paradigma der europäischen Übersetzungskultur vom 16.–18. Jahrhundert. In: Übersetzungen und Übersetzer [s. Nr. 8], 3–13.
64. Jeyaraj, Daniel: Inkulturation in Tranquebar. Der Beitrag der frühen dänisch-halleschen Mission zum Werden einer indisch-einheimischen Kirche (1706–1730). Leipzig: Evangel.-Luth. Mission 1996 (MWF(L), NF 4). – XIV, 367 S. – [zugl. Diss. theol. Halle (Saale) 1995]
65. Lepsius, M. Rainer: Die pietistische Ethik und der „Geist" des Wohlfahrtsstaates oder: Der hallesche Pietismus und die Entstehung des „Preußentums". In: Gesellschaften im Umbruch. Verhandlungen des 27. Kongresses der Deutschen Gesellschaft für Soziologie in Halle an der Saale 1995. Hg. v. Lars Clausen. Frankfurt, New York: Campus Verlag 1996, 110–124.
66. Liebau, Heike: Die Quellen der Dänisch-Halleschen Mission in Tranquebar in deutschen Archiven. Ihre Bedeutung für die Indienforschung. Berlin: Das Arabische Buch 1993 (Arbeitshefte Forschungsschwerpunkt Moderner Orient, 2). – 52 S.; 3 Abb.; 3 Karten.
67. Rymatzki, Christoph: Biographische Anmerkungen zu den Übersetzern. In: Übersetzungen und Übersetzer [s. Nr. 8], 33–45.
68. Raupp, Werner: Art. „*Breithaupt*, Joachim Justus". In: $LThK^3$ 2, 1994, 668–669.
69. Müller, Thomas J.: Die Archivalien zu J.H. *Callenberg* und dem Institutum Judaicum. In: Von Halle nach Jerusalem [s. Nr. 10], 24–44.
70. Bobzin, Hartmut: Arabische Publikationen des *Callenberg*-Verlags. In: Übersetzungen und Übersetzer [s. Nr. 8], 14–22.
71. Moennig, Ulrich: Die neugriechischen Editionen im Verlagsprogramm *Callenbergs*. In: Übersetzungen und Übersetzer [s. Nr. 8], 53–65.
72. Raupp, Werner: Art. „*Canstein*, Karl Hildebrand von". In: $LThK^3$ 2, 1994, 926.
73. Ders.: Art. „*Francke*, August Hermann". In: $LThK^3$ 4, 1995, 2–3.
74. Brecht, Martin: Die Rezeption von Luthers Freiheitsverständnis in der frühen Neuzeit. In: LuJ 62, 1995, 121–151. – [zu *Francke*: 145]
75. Lehmann, Hannelore: August Hermann *Franckes* Potsdambesuch im März 1725. Tagebuchaufzeichnungen über seine Initiativen bei der Einrichtung des Militärwaisenhauses. In: Potsdam. Märkische Kleinstadt – europäische Residenz. Reminiszenzen einer eintausendjährigen Geschichte. Hg. v. Peter-Michael Hahn, Kristina Hübener u. Julius H. Schoeps. Berlin: Akademie-Verlag 1995, 145–157.

76. Raabe, Paul: Ein paar Bemerkungen zu den Drucken des Institutum Judaicum in *Halle* im 18. Jahrhundert. In: Von Halle nach Jerusalem [s. Nr. 10], 61–65.
77. Sträter, Udo: Aufklärung und Pietismus – das Beispiel *Halle*. In: Universitäten und Aufklärung. Hg. v. Notker Hammerstein. Göttingen: Wallstein 1996, 49–61.
78. Sturm, Dieter: Ein Brief aus Jerusalem. Heinrich Wilhelm Ludolf an August Hermann Francke. In: Von *Halle* nach Jerusalem. Halle – ein Zentrum der Palästinakunde im 18. und 19. Jahrhundert. Hg. v. Hendrik Budde u. Mordechay Lewy. Halle 1994, 68–75. – [vgl. PuN.B 20, Nr. 77]
79. Witt, Ulrike: Eine pietistische Biographiensammlung. Erdmann Heinrich Graf *Henckels* „Letzte Stunden" (1720–1733). In: PuN 21, 1995 [1996], 184–217.
80. Raupp, Werner: Art. „*Lieberkühn*, Samuel". In: BBKL 5, 1993, 34–37.
81. Rymatzki, Christoph: Johann *Müllers* „Licht am Abend". Ein Beitrag zur Charakterisierung der theologischen und geistesgeschichtlichen Ausrichtung des Instituts anhand seiner bedeutendsten Missionsschrift. In: Von Halle nach Jerusalem [s. Nr. 10], 66–77.
82. Lambrecht, Gizella: *Nemescsó* als Pflanzstätte des halleschen Pietismus. In: Johann Heinrich Schulze (1687–1744) und seine Zeit. Hallesches Symposium 1987. Hg. v. Wolfram Kaiser u. Arina Völker. Halle/Saale 1988 (Wiss. Beiträge d. Martin-Luther-Universität Halle-Wittenberg 40 (T68)), 35–42.
83. Traxdorf, Götz: Kanzler *Niemeyers* musische Neigungen. In: Händel-Hausmitteilungen 2, 1994, 42–45. – [zu August Hermann Niemeyer, dem Urenkel Franckes]
84. Ders.: „Vom Directorium gütigst bewilligt". Zur Nutzungsgeschichte eines (alten) neuen (Konzert-)Saales. In: Händel-Hausmitteilungen 3, 1995, 31–35. – [z. heute sog. Freylinghausen-Saal im Hauptgebäude der Franckeschen Stiftungen]
85. Raupp, Werner: Art. „*Plütschau*, Heinrich". In: BBKL 7, 1994, 757–758.
86. Fillies-Reuter, Sigrid: Art. „*Richter*, Christian Friedrich". In: BBKL 8, 1994, 242–243.
87. Raupp, Werner: Art. „*Richter*, Christian Friedrich". In: ELThG 3, 1994, 1708.
88. Boor, Friedrich de: Anna Maria *Schuchardt* als Endzeit-Prophetin in Erfurt 1691/92. In: PuN 21, 1995 [1996], 148–183.
89. Beltz, Walter: Stephan *Schultz*, der 2. Direktor des Institutum Judaicum und sein Reisebericht „Der Leitungen des Höchsten nach seinem Rat auf den Reisen durch Europa, Afrika und Asien [...]". In: Von Halle nach Jerusalem [s. Nr. 10], 78–92.
90. Liebau, Heike: Deutsche Missionare als Indienforscher. Benjamin *Schultze* (1689–1760) – Ausnahme oder Regel? In: Archiv für Kulturgeschichte 76, 1994, 111–133.
91. Tröger, Heike: Oluf Gerhard *Tychsen* und seine Beziehung zum Institutum Judaicum et Muhammedicum in Halle. In: Übersetzungen und Übersetzer [s. Nr. 8], 66–73.

[s. auch Nr. 8, 10, 56]

92. Ahrendt-Schulte, Ingrid; Barbara Hoffmann: „Von falscher Lehr und bösen unchristlichen Leben." Zur Verfolgung von Zauberei und Pietisterey in der Frühen Neuzeit. In: Sowi 25, 1996, 19–26.
93. Hoffmann, Barbara: Radikalpietismus um 1700. Der Streit um das Recht auf eine neue Gesellschaft. Frankfurt, New York: Campus Verlag 1996. – 280 S.
94. Schneider, Hans: Der radikale Pietismus im 18. Jahrhundert. In: Geschichte des Pietismus 2 [s. Nr. 14], 107–197.
95. Hennies, Martina: Gottfried *Arnold*. Sein Leben und Wirken in Perleberg. Perleberg: Gottfried-Arnold-Gymnasium 1995. – 37 S.
96. Decker, Gunnar: Protestantische Mystik. Überlegungen zu einem Begriff am Beispiel Gottfried *Arnolds*. Diss. [masch.] Berlin: Humboldt-Univ. 1994. – 302 S.
97. Albrecht, Ruth: „Der einzige Weg zur Erkenntnis Gottes" – Die Sophia-Theologie Gottfried *Arnolds* und Jakob Böhmes. In: Auf den Spuren der Weisheit. Sophia – Wegweiserin für ein neues Gottesbild. Hg. v. Verena Wodtke. Freiburg [u. a.]: Herder 1991, 102–117 u. 185 [Anm.]
98. Zaepernick, Gertraud: Ein Separatist wider Willen: Paul Friedrich *Lehmann*. In: PuN 21, 1995 [1996], 241–273.
99. Albrecht, Ruth: Johanna Eleonora *Petersen* – Die Prophetin von der Gnade Gottes. In: Sanft und rebellisch. Mütter der Christenheit – von Frauen neu entdeckt. Hg. v. Karin Walter. Freiburg [u. a.]: Herder 1990, 138–148 u. 237 f. [Anm.]
[s. auch Nr. 16]

III.05 Reformierter Pietismus

100. Goeters, Johann Friedrich Gerhard: Der reformierte Pietismus in Bremen und am Niederrhein im 18. Jahrhundert. In: Geschichte des Pietismus 2 [s. Nr. 14], 372–427.
101. Raupp, Werner: Art. „*Mel*, Conrad". In: BBKL 5, 1993, 1179–1184.
102. Holze, Heinrich: „Evangelisches Mönchtum" im 17. und 18. Jahrhundert bei Gerhard Wolter Molanus und Gerhard *Tersteegen*. In: WuD 23, 1995, 167–186.

III.06 Zinzendorf und die Herrnhuter Brüdergemeine

103. Augustin, Stephan: Johann Jakob *Bossarts* „Kurze Anweisung Naturalien zu samlen". Der Beginn wissenschaftlicher Sammlertätigkeit innerhalb der Evangelischen Brüder-Unität. Frankfurt a. M.: Iko-Verlag 1994 (Abhandl. u. Berichte d. Staatl. Museums f. Völkerkunde Dresden, 48), 99–122.
104. *Cranz*, David: Historie von Grönland. Mit e. Vorwort v. Erich Beyreuther. Repr. d. Ausg. Barby 1765. Hildesheim [u. a.]: Olms 1995 (N.L. v. Zin-

zendorf: Materialien u. Dokumente, II/26,1–2). – 41 S.; 17 ungez. Bl.; 1132 S.; 360 S.

105. Vollprecht, Siegfried: *Gnadenfrei.* Eine Herrnhuter Brüdergemeine in Schlesien 1743–1947. Königsfeld, Bad Boll: 1994. – 84 S.

106. Augustin, Stephan: Die Blumenbach-Briefe in *Herrnhut* – Belege für Beziehungen zwischen der Universität Göttingen und der Evangelischen Brüder-Unität im 18. Jahrhundert [masch.]. Herrnhut 1995. – 17 S.; Anh.

107. Becker, R.: Das Kriegsende 1945 in *Herrnhut.* In: UnFr 38, 1995, 7–30.

108. Beck, Hartmut: Für Zeit und Ewigkeit. *Herrnhuter* Siedlungen auf drei Kontinenten im 18. Jahrhundert und deren transkulturelle Orientierung. In: Von Innen heraus: Mensch – Geisteshaltung – Kultur – Umwelt (FS Wilhelm Leitner). Hg. v. Manfred Büttner [u. a.]. Münster [u. a.]: Lit-Verlag 1996 (Geographie der Geisteshaltung, 1).

109. Conrad, Steffen: Der Einfluß der *Herrnhuter* Missionare auf Wirtschaft und Kultur im vorindustriellen Kapland unter besonderer Berücksichtigung der Khoikoi und Kap-Nguni. Mag.-Arb. [masch.] Leipzig: Univ. 1996. – 75 S.

110. Finze-Michaelsen, Holger: „Da entschloß ich mich, zur Gemeine zu gehen." Über die Beweggründe von Bündner Männern und Frauen im 18. Jahrhundert, nach Kolonien der *Herrnhuter* Brüdergemeine auszuwandern. In: Bündner Monatsblatt 1, 1996, 35–59.

111. Modrow, Irina: Religiöse Erweckung und Selbstreflexion. Überlegungen zu den Lebensläufen *Herrnhuter* Schwestern als einem Beispiel pietistischer Selbstdarstellung. In: Ego-Dokumente. Annäherung an den Menschen in der Geschichte. Hg. v. Winfried Schulze. Berlin: Akademie Verlag 1996 (Selbstzeugnisse der Neuzeit, 2).

112. Perl, Matthias: Die *Herrnhuter* Missionare als Philologen und Übersetzer. Die Sklavenbriefe aus Suriname als frühe Dokumente einer Kreolsprache. In: Sprachtransfer-Kulturtransfer. Texte, Kontext und Translation. Hg. v. Nikolai Salnikow. Frankfurt [u. a.]: Peter Lang 1995, 183–197.

113. Weigelt, Horst: Die Diasporaarbeit der *Herrnhuter* Brüdergemeine in Franken während des Alten Reiches. Burghardts Bericht von 1790 als Paradigma. In: ZBKG 64, 1995, 43–69.

114. Ilja, Voldemar: Vennastekogudse (*Herrnhutluse*) Ajalugu Eestimaal (Pohja-Eesti) 1730–1743. Helsinki: Suomen Kirkkohistoriallinen Seura 1995. – 296 S. – [m. dt. Zusammenf.: Die Geschichte der Brüdergemeine (Herrnhutertum) in Estland (Nordestland)]

115. Crews, C. Daniel: *Moravian* Meanings. A glossary of historical terms of the Moravian Church, Southern Province. Winston-Salem, N.C.: Moravian Archives 1992. – 24 S.

116. Podmore, Colin John: The role of the *Moravian* Church in England 1728–1760. Diss. [masch.] Oxford University 1994. – 461 S.

117. Reichel, Gerhard: The Story of the Thirteenth of August 1727. The Spiritual Birthday of the Renewed *Moravian* Church. Transl. by Douglas L. Rights (rev. ed.). Also: Moravian Views of the Holy Spirit. By C. Daniel Crews. Winston-Salem, N.C.: Moravian Archives 1994. – 47 S.

118. Crews, C. Daniel: Villages of the Lord. The *Moravians* Come to Carolina. Winston-Salem, N.C.: Moravian Archives 1995. – 44 S.

119. Kaufman, Stanley A.; Lawrence W. Hartzell: *Moravians* in Ohio. Walnut Creek, Ohio: German Culture Museum 1987. – 52 S.; Ill.
120. *Oldendorp*, Christian Georg Andreas: Geschichte der Mission der evangelischen Brüder auf den caraibischen Inseln S.Thomas, S.Croix und S.Jean. Mit e. Einf. v. Erich Beyreuther. Hildesheim [u. a.]: Olms 1995 (N.L. v. Zinzendorf: Materialien u. Dokumente, II/27,1–2). – 62, 1068 S.; Reg.; Ill.; Kt.
121. Crews, C. Daniel: My Name Shall Be There. The Foundation of *Salem* (with Friedberg, Friedland). Winston-Salem, N.C.: Moravian Archives 1995. – 58 S.
122. Pleve, I.R.: *Sarepta*. Saratov: Izd. Sarat. Univ. 1995. – 85 S.; Ill.
123. Hentig, H. v.: Ein Gebet, das ein Gedicht ist. In: EK 28, 1995, 209–210. – [zu N.L. v. *Zinzendorf*]
124. Meyer, Dietrich: *Zinzendorf* und Herrnhut. In: Geschichte des Pietismus 2 [s. Nr. 14], 5–106.
125. Peucker, Paul Martin: Was las der Graf von *Zinzendorf*? Eine unbekannte Bücherliste aus dem Jahr 1758. In: UnFr 38, 1995, 31–49.
126. Zimmerling, Peter: Seelsorge in Gemeinschaft. *Zinzendorf* als Seelsorger. In: ThBeitr 26, 1995, 76–87.
127. Atwood, Craig D.: Blood, sex and death. Life and liturgy in *Zinzendorf's* Bethlehem. Diss. [masch.] Princeton: Theological Seminary 1995. – 307 S.

[s. auch Nr. 1, 56]

III.07 Württembergischer Pietismus

128. Brecht, Martin: Der württembergische Pietismus. In: Geschichte des Pietismus 2 [s. Nr. 14], 225–295.
129. Gutekunst, Eberhard: Das Pietistenreskript von 1743. In: BWKG 94, 1994 [1996], 9–26.
130. Köhle-Hezinger, Christel: Frauen im Pietismus. In: BWKG 94, 1994 [1996], 107–121.
131. Leibinger, Berthold: Pietismus und Arbeit. In: BWKG 94, 1994 [1996], 91–106.
132. Schultz-Berg, Eckart: Jugendleben zwischen Gottesfurcht und Wirklichkeit. Erziehung und Sozialisation im pietistischen Dorf. In: BWKG 94, 1994 [1996], 179–194.
133. Trautwein, Joachim: Der Pietismus zwischen Revolution und Kooperation (1800–1820). In: BWKG 94, 1994 [1996], 27–46.
134. Zwink, Eberhard; Trautwein, Joachim: Geistliche Gedichte und Gesänge für die nach Osten eilenden Zioniden. 1817. In: BWKG 94, 1994 [1996], 47–90.
135. Raupp, Werner: Art. „*Barth*, Christian Gottlob". In: LThK^3 2, 1994, 35.
136. Ders.: Art. „*Bengel*, Johann Albrecht". In: LThK^3 2, 1994, 228–229.
137. Ehmer, Hermann: *Bengel* in Rußland. Ein Beitrag zur Rezeptionsgeschichte von Johann Albrecht Bengels Geschichtstheologie. In: BWKG 94, 1994 [1996], 195–198.

138. Raupp, Werner: Art. „*Blumhardt*, Johann Christoph; Christoph Friedrich; Christian Gottlieb". In: LThK³ 2, 1994, 530–531.
139. Stober, Martin: Christoph Friedrich Blumhardts erste Lebenshälfte. Dargestellt unter besonderer Berücksichtigung ihrer traditionsgeschichtlichen Bezüge. Diss. [masch.] Tübingen 1995. – 245 S.
140. Raupp, Werner: Art. „*Flattich*, Johann Friedrich". In: LThK³ 3, 1995, 1315.
141. Lehmann, Hartmut: Alte und Neue Welt in wechselseitiger Sicht. Studien zu den transatlantischen Beziehungen im 19. und 20. Jahrhundert. Göttingen: Vandenhoeck & Ruprecht 1995 (Veröff. d. Max-Planck-Inst. f. Geschichte, 119). – 272 S. – [auch zu Johann Michael *Hahn*]
142. Gutmann, Veronika: Die Astronomische Uhr von Philipp Matthäus *Hahn* (1775). Basel: Hist. Museum 1995 (Basler Kostbarkeiten, 16). – 40 S.; 17 Abb.
143. Raupp, Werner: Art. „*Hahn*, Philipp Matthäus". In: LThK³ 4, 1995, 1149.
144. Ders.: Art. „*Henhöfer*, Aloys". In: LThK³ 4, 1995, 1422.
145. Scheffbuch, Rolf: Sixt Carl *Kapff*. Geistliches Ringen um die Gemeinschaft von Pietisten und Nichtpietisten in der württembergischen Kirche. In: BWKG 94, 1994 [1996], 122–148.
146. Raupp, Werner: Art. „*Krapf*, Johann Ludwig". In: ELThG 2, 1993, 1176–1177.
147. Ders.: „Ein vergnügter Herrnhuter". Johann Martin *Mack*, Württembergs erster evangelischer Missionar. In: BWKG 92, 1992, 97–119. – [vgl. PuN.B 20, Nr. 107]
148. Gottschick, Konrad: Christian *Märklin* (1807–1849) und der Pietismus. Vom Idealismus zum Pessimismus. In: BWKG 94, 1994 [1996], 149–178.
149. Breymayer, Reinhard: „Elias Artista". Johann Daniel *Müller* aus Wissenbach/Nassau, ein kritischer Freund Swedenborgs, und seine Wirkung auf die schwäbischen Pietisten F.C. Oetinger und P.M. Hahn. In: Chloe 22, 1995, 329–371.
150. Raupp, Werner: Art. „*Oetinger*, Christoph Friedrich". In: ELThG 3, 1994, 1457–1458.
151. Ders.: Art. „*Pregizer*, Christian Gottlob". In: BBKL 7, 1994, 917–923.
152. Ders.: Art. „*Roos*, Magnus". In: ELThG 3, 1994, 1722.

III.08 Regionalgeschichte

153. Ackva, Friedhelm: Der Pietismus in Hessen, in der Pfalz, im Elsaß und in Baden. In: Geschichte des Pietismus 2 [s. Nr. 14], 198–224.
154. Jakubowski-Tiessen, Manfred: Der Pietismus in Niedersachsen. In: Geschichte des Pietismus 2 [s. Nr. 14], 428–445.
155. Peters, Christian: Pietismus in Westfalen. In: Geschichte des Pietismus 2 [s. Nr. 14], 358–371.
156. Schott, Christian-Erdmann: Geschichte der schlesischen Provinzialgesangbücher 1742–1950. Würzburg: Bergstadtverlag W.G. Korn 1995. – 160 S.; 16 Abb.

157. Weigelt, Horst: Der Pietismus in Bayern. In: Geschichte des Pietismus 2 [s. Nr. 14], 296–318.
158. Groth, Friedhelm [u. a.]: Das „Alte Pastorat" in *Deilinghofen* und die dortigen Pfarrer von 1765 bis 1834 (Dümpelmann, Müller, Basse, Josephson I). I. A. d. Gemeinde hg. v. F. Groth, P. Kramme, H. Vicariesmann u. bes. Mitarb. v. H. Korsch-Gerdes. Deilinghofen 1994 (BDeilKG, 3). – 275 S.
159. Groth, Friedhelm: Peter Eberhard *Müllensiefen*, Iserlohner Landrat von 1818 bis 1836, in seiner Beziehung zum Tübinger Swedenborgianer Immanuel Tafel (FS Eckard Lessing z. 60. Geb.-Tag). I. A. d. Gemeinde hg. v. F. Groth, H. Korsch-Gerdes, P. Kramme. Iserlohn: Zeitungsverlag 1995 (BDeilKG, 3a). – 72 S.
160. 250 Jahre Altpietistische Gemeinschaft in *Öschingen*. Hg. v. d. Altpiet. Gemeinsch. i. Öschingen u. Mitarb. v. Hans-Martin Schneider u. Helmut Veitshans. Öschingen: Altpiet. Gemeinsch. 1996. – 118 S. – [zu J.V. Andreae: 20–22; Spener: 22–24; Bengel: 26–28; L. Hofacker: 46–52; Chr.A. Dann: 52–66]
161. Goeters, Johann Friedrich Gerhard: Ludwig Georg *Treviranus*. Reformierte Rechtgläubigkeit und landeskirchlicher Pietismus. In: PuN 21, 1995 [1996], 232–240.
[s. auch Nr. 3, 4, 100, 105, 241]

III.09 Orthodoxie und Aufklärung in ihren Beziehungen zum Pietismus

162. Außenseiter der Aufklärung. Intern. Kolloquium Halle a.d. Saale 26.–28. Juni 1992. Hg. v. Günter Hartung. Frankfurt a. M. [u. a.]: Peter Lang 1995 (Bremer Beiträge z. Literatur- u. Ideengeschichte, 14). – 217 S.
163. Bianco, Bruno: Fede e sapere. La parabola del' Aufklärung tra pietismo ed idealismo. Napoli: Morano 1992. – 280 S.
164. Oz-Salzberger, Fania: Translating the Enlightenment. Scottish Civic Discourse in Eighteenth-Century Germany. Oxford: University Press 1995. – 366 S.
165. Wollgast, Siegfried: Vergessene und Verkannte. Zur Philosophie und Geistesentwicklung in Deutschland zwischen Reformation und Frühaufklärung. Berlin: Akademie-Verlag 1993. – 388 S.
166. Hoeren, T.: Präjakobiner in Deutschland: Carl Friedrich *Bahrdt* (1740–1792). In: ZRGG 47, 1995, 55–73.
167. Raupp, Werner: Art. „*Crusius*, Christian August". In: $LThK^3$ 2, 1994, 1352.
168. Vaahtoranta, Martti: Unio und Rechtfertigung bei Johann *Gerhard*. In: Unio [s. Nr. 9], 200–249.
169. Gawlick, G.: Ein Hallischer Beitrag zum Streit der Fakultäten: Georg Friedrich *Meiers* Betrachtungen über das Verhältnis der Weltweisheit zur Gottesgelehrtheit. In: Von Christian Wolff bis Louis Lavelle. Geschichte der Philosophie und Metaphysik. De Christian Wolff à Louis Lavelle. Métaphysique et histoire de la philosophie (FS Jean Ecole z. 75. Geb.-Tag).

Hildesheim: Olms 1995 (Studien u. Materialien z. Geschichte d. Philosophie, 39), 71–84.
170. Miersemann, Wolfgang: Lieddichtung im Spannungsfeld zwischen Orthodoxie und Pietismus. Zu Erdmann *Neumeisters* Weißenfelser Kommunionbuch „Der Zugang zum Gnaden=Stuhl Jesu Christo". In: Weißenfels als Ort literarischer und künstlerischer Kultur im Barockzeitalter. Vortr. e. interdiszipl. Kolloquiums v. 8.–10. Okt. 1992 in Weißenfels, Sachsen/Anhalt. Hg. v. Roswitha Jacobsen. Amsterdam, Atlanta: Rodopi 1994 (Chloe, 18), 177–216.
171. Dohm, B.: *Pyra* und Lange. Zum Verhältnis von Empfindsamkeit und Pietismus in ihren „Freundschaftlichen Liedern". In: Dichtungstheorien der deutschen Frühaufklärung. Hg. v. Theodor Verweyen i. Zus.-arb. m. Hans-Joachim Kertscher. Tübingen: Verl. d. Franckeschen Stiftungen Halle i. Max Niemeyer Verl. 1995 (Hallesche Beiträge z. Europ. Aufklärung, 1), 86–100.
172. Hornig, Gottfried: Johann Salomo *Semler*. Studien zu Leben und Werk des Hallenser Aufklärungstheologen. Tübingen: Verl. d. Franckeschen Stiftungen Halle i. Max Niemeyer Verl. 1995 (Hallesche Beiträge z. Europ. Aufklärung, 2). – 310 S.
173. Döring, Detlef: Frühaufklärung und obrigkeitliche Zensur in Brandenburg. Friedrich Wilhelm *Stosch* und das Verfahren gegen sein Buch „Concordia rationis et fidei". Berlin: Duncker & Humblot 1995 (Quellen u. Forschungen z. Brandenburgischen u. Preußischen Geschichte, 7). – 136 S.
[s. auch Nr. 77, 161]

III. 10 Übergang zur Erweckungsbewegung

174. Detzler, W.A.: Seeds of Missiology in the German „Erweckung" (1815–1848). In: JETS 38, 1995, 231–239.
175. Weigelt, Horst: Der Pietismus im Übergang vom 18. zum 19. Jahrhundert. In: Geschichte des Pietismus 2 [s. Nr. 14], 701–754.
176. Ders.: Martin *Boos*. Initiator und wesentlicher Repräsentant der Allgäuer katholischen Erweckungsbewegung. In: ZBKG 64, 1995, 85–105.
177. Steiger, Johann Anselm: Johann Ludwig *Ewald* (1748–1822). Rettung eines theologischen Zeitgenossen. Göttingen: Vandenhoeck & Ruprecht 1996 (FKDG, 62). – 598 S.; Abb.
178. Rummel, Peter: Johann Michael *Feneberg* – eine prägende Gestalt der Allgäuer Erweckungsbewegung. In: ZBKG 64, 1995, 70–84.
179. Horn, H.: Glaube in Leben und Werk *Pestalozzis*. In: LM 35, 1996, 26–28.
180. Viertel, Gerlinde: Anfänge der Rettungshausbewegung unter Adelbert *von der Recke-Volmerstein* (1791–1878). Eine Untersuchung zur Erweckungsbewegung und Diakonie. Köln 1993 (Schriften d. Vereins f. Rhein. Kirchengeschichte, 110). – 445 S.
181. Vandré, R.: Ein empfindlicher Dämpfer für Tillmann *Siebel* und die Versammlung in Freudenberg. Studien zu Tillmann Siebel und zur Frühzeit der Erweckung im Siegerland. 2. In: JWKG 88, 1994, 96 ff.

III.11 Strömungen und Entwicklungen nach 1830

[s. auch Nr. 206, 208–212]

IV. Andere Länder

IV.01 England und Schottland

182. Almond, Philip C.: Heaven and Hell in Enlightenment England. Cambridge: University Press 1994. – 232 S.; Abb.
183. Green, Ian: The Christian's ABC. Catechisms and Catechizing in England c. 1530–1740. Oxford: Clarendon Press 1996. – 730 S.
184. The Margins of Orthodoxy. Heterodox Writing and Cultural Response 1660–1750. Ed. by Roger D. Lund. Cambridge: University Press 1995. – 310 S.
185. Miller, Peter N.: Defining the Common Good. Empire, Religion and Philosophy in Eighteenth-Century Britain. Cambridge: University Press 1994. – 487 S.
186. Spufford, Margaret: The World of Rural Dissenters, 1520–1725. Cambridge: University Press 1995. – 450 S.; Abb.; 7 Karten.
187. Streiff, Patrick: Der Methodismus bis 1784/1791. In: Geschichte des Pietismus 2 [s. Nr. 14], 617–667.
188. Pfatteicher, P.H.: Plashing Pears in Augustine and *Bunyan*. In: JLT 9, 1995, 24–30.
189. Jefcoate, Graham: Joseph *Downing* and the Publication of Pietist Literature in England, 1705–1734. In: The German Book 1450–1750. Ed. by John L. Flood and William A. Kelly. London: British Library 1995, 319–332.
190. Knight, Kenneth G.: Englische Erbauungsbücher in Deutschland. Die puritanischen Schriften von Daniel *Dyke* und Lewis Bayly. In: Morgen-Glantz [s. Nr. 11], 237–240.
191. Ingle, H. Larry: First Among Friends. George *Fox* and the Creation of Quakerism. Oxford: University Press 1996. – 416 S.; 1 Karte.
192. Marigold, W. Gordon: Religiöses Denken in England und Deutschland im Zeitalter des Vorpietismus. Deutsche Übersetzungen der Schriften des Bischofs Joseph *Hall*. In: Morgen-Glantz [s. Nr. 11], 217–236.
193. Klein, Lawrence E.: *Shaftesbury* and the Culture of Politeness. Moral Discourse and Cultural Politics in Early Eighteenth-Century England. Cambridge: University Press 1994. – 231 S.
194. Wrightson, Keith; Levine, David: Poverty and Piety in an English Village. *Terling*, 1525–1700. Rev. Ed. Oxford: Clarendon Press 1995. – 256 S.; 4 Ill.
195. *Wesley*, Susanna: The Complete Writings. Ed. by Charles Wallace, Jr. Oxford: University Press 1996. – 560 S. – [Mutter v. John, Charles u. Samuel Wesley]

[s. auch Nr. 116, 164]

IV.02 Niederlande

196. Berg, Johannes van den: Die Frömmigkeitsbestrebungen in den Niederlanden. In: Geschichte des Pietismus 2 [s. Nr. 14], 542–587.

IV.03 Schweiz

197. Dellsperger, Rudolf: Der Pietismus in der Schweiz. In: Geschichte des Pietismus 2 [s. Nr. 14], 588–616.
198. Hauzenberger, Hans: *Basel* und die Bibel. Die Bibel als Quelle ökumenischer, missionarischer, sozialer und pädagogischer Impulse in der ersten Hälfte des 19. Jahrhunderts. Jubiläumsschrift der Basler Bibelgesellschaft. 174. Neujahrsblatt. Hg. v. der Gesellschaft für das Gute und Gemeinnützige. Basel: Helbing & Lichtenhahn 1996. – 260 S.; Ill. – [bes. 2.1 „Basel als Zentrum pietistisch bestimmter Frömmigkeit"]

IV.04 Skandinavien

199. Hansson, Stina: Ett sprak för själen: literära former i den svenska andaktslitteraturen 1650–1720. Göteborg 1991 (Litteraturvetenskapliga Institutionen vid Göteborgs Universitet). – 358 S.
200. Hope, Nicholas: German and Scandinavian Protestantism 1700–1918. Oxford: Clarendon Press 1996. – 720 S.; 3 Karten.
201. Jakubowski-Tiessen, Manfred: Der Pietismus in Dänemark und Schleswig-Holstein. In: Geschichte des Pietismus 2 [s. Nr. 14], 446–471.
202. Laasonen, Pentti: Der Pietismus in Finnland im 17. und 18. Jahrhundert. In: Geschichte des Pietismus 2 [s. Nr. 14], 523–541.
203. Montgomery, Ingun: Der Pietismus in Norwegen im 18. Jahrhundert. In: Geschichte des Pietismus 2 [s. Nr. 14], 472–489.
204. Dies.: Der Pietismus in Schweden im 18. Jahrhundert. In: Geschichte des Pietismus 2 [s. Nr. 14], 490–524.
205. Ronnow, Helge: Niels Johannes Holm. Et levnedslob. Christiansfeld: Forlaget Savanne 1995. – 64 S.
[s. auch Nr. 16, 104]

IV.05 Nordamerika

206. Cox, Harvey: Fire from Heaven. The Rise of Pentecostal Spirituality and the Reshaping of Religion in the Twenty-first Century. Wokingham: Addison-Wesley Publ. Company 1995. – 346 S.

207. Fogleman, Aaron Spencer: Hopeful Journeys. German Immigration, Settlement, and Political Culture in Colonial America, 1717–1775. University of Pennsylvania Press 1996. – 288 S.; Ill.
208. Fundamentalism and Evangelicalism. Ed. by Martin E. Marty. Chicago: Saur 1993 (Modern American Protestantism and its world, 10). – 342 S.
209. Fundamentalisms Observed. Ed. by Martin E. Marty, R. Scott Appleby. Chicago: Univ. Press 1991 (Fundamentalism Project, 1). – 872 S.
210. Fundamentalisms and Society. Reclaiming the sciences, the family, and education. Ed. by Martin E. Marty, R. Scott Appleby. Chicago: Univ. Press 1993 (Fundamentalism Project, 2). – 592 S.
211. Fundamentalisms and the State. Remaking polities, economies, and militance. Ed. by Martin E. Marty, R. Scott Appleby. Chicago: Univ. Press 1993 (Fundamentalism Project, 3). – 665 S.
212. Accounting for Fundamentalisms. The dynamic character of movements. Ed. by Martin E. Marty, R. Scott Appleby. Chicago: Univ. Press 1994 (Fundamentalism Project, 4). – 852 S.
213. Roeber, A. Gregg: Der Pietismus in Nordamerika im 18. Jahrhundert. In: Geschichte des Pietismus 2 [s. Nr. 14], 668–700.
214. Raupp, Werner: Art. „*Mühlenberg*". In: ELThG 2, 1993, 1380.
215. Rogal, S.J.: John *Wesley* Takes Tea. In: MethH 32, 1993/94, 222–229.
216. Bennett, C.C.: Women's Work. The Role of Women in *Wesleyan* Methodist Overseas Mission in the Nineteenth Century. In: MethH 32, 1993/94, 229–237.
217. Bowers, J.P.: A *Wesleyan*-Pentecostal Approach to Christian Formation. In: JPenT 6, 1995, 55–87.
218. [*Zeisberger*, David] Herrnhuter Indianermission in der Amerikanischen Revolution. Die Tagebücher von David Zeisberger 1772–1781. Hg. u. eingel. v. Hermann Wellenreuther u. Carola Wessel. Berlin: Akademie Verlag 1995 (Selbstzeugnisse der Neuzeit, 3). – XIV, 661 S.; Abb.; Karten.
[s. auch Nr. 115, 117–119, 121, 141]

IV.06 Östliches Mitteleuropa, Osteuropa, Südosteuropa

219. Bense, Gertrud: Zur Textüberlieferung des litauischen evangelischen Kirchenlieds. In: Linguistica Baltica 3, 1994 [1995], 21–34.
220. Doktor, Jan: Der erste polnische Judenkatechismus und sein missionsgeschichtlicher Zusammenhang. In: Übersetzungen und Übersetzer [s. Nr. 8], 74–82.
221. Pociūtė, Dainora: XVI-XVII a. protestantu bažnytines giesmes. Lietuvos Didzioji Kunigaikstyste ir Prūsu Lietuva. Vilnius: Pradai Verlag 1995. – 222 S.
[s. auch Nr. 16, 62, 114]

222. Reeh, F.: Die Bedeutung der Laien in der Moravian Church in Südafrika West. In: UnFr 38, 1995, 50–108.
[s. auch Nr. 64, 66, 90, 109, 112, 240, 243]

V. Übergreifende Themen

V.01 Theologie und Frömmigkeit

223. Bayer, Oswald: Das Wunder der Gottesgemeinschaft. Eine Besinnung auf das Motiv der „unio" bei Luther und im Luthertum Bachs. In: PuN 21, 1995 [1996], 20–28.
224. Köpf, Ulrich: Protestantismus und Mittelalter. In: PuN 21, 1995 [1996], 319–341.
225. Luibl, Hans Jürgen: Des Fremden Sprachgestalt. Beobachtungen zum Bedeutungswandel des Gebets in der Geschichte der Neuzeit. Tübingen 1993 (Hermeneut. Untersuchungen z. Theologie, 30). – XIV, 322 S.
226. McGinn, Bernard: Die Mystik im Abendland. Bd. 2. Entwicklungen. Freiburg [u. a.]: Herder 1995. – 540 S.
227. Sorg, T.: Die Treue des Pietismus zur Heiligen Schrift. In: BiKi 50, 1995, 60–64.
228. Vinke, Rainer: Der Unio-Gedanke in der Theologie des Pietismus. In: Unio [s. Nr. 9], 275–296.
229. Witt, Ulrike: „Wahres Christentum" und weibliche Erfahrung. Bildung und Frömmigkeit im Pietismus des 17. und beginnenden 18. Jahrhunderts. In: Geschichte der Mädchen- und Frauenbildung. Bd. 1. Vom Mittelalter bis zur Aufklärung. Hg. v. Elke Kleinau, Claudia Opitz. Frankfurt, New York: Campus Verlag 1996, 263–274; 510–512 [Anm.]; 558 [Lit.].
[s. auch Nr. 5, 7, 9, 168]

V.02 Sozial- und Staatslehre, Pädagogik

230. Dülmen, Richard van: Kultur und Alltag in der Frühen Neuzeit. Bd. 3: Religion, Magie, Aufklärung – 16.–18. Jahrhundert. München: Beck 1994. – 343 S.; 63 Abb. – [z. Pietismus bes. III.2: „Die Erziehung des christlichen Menschen"]
231. Koch, Ernst: Dorfpfarrer als Leser. Beobachtungen an Visitationsakten des 18. Jahrhunderts im Herzogtum Sachsen-Gotha-Altenburg. In: PuN 21, 1995 [1996], 274–298.
232. Diakonie im Deutschen Kaiserreich (1871–1918). Neuere Beiträge aus der diakoniegeschichtlichen Forschung. Hg. v. Theodor Strohm und Jörg

Thierfelder. Werner Jochmann 1921–1994 zum Gedenken. Heidelberg: Heidelberger Verl.-Anst. 1995. – 477 S.

233. Lehmann, Hartmut: Vorüberlegungen zu einer Sozialgeschichte des Pietismus im 17./18. Jahrhundert. In: PuN 21, 1995 [1996], 69–83.

234. Ignasiak, Detlef: Das Politik- und Religionsverständnis Herzog *Ernsts* des Frommen von Sachsen-Gotha-Altenburg (1640–1675) im Spiegel kulturkritischer Schriften von Veit Ludwig von Seckendorff und Ahasverus Fritsch. In: Religion und Religiosität [s. Nr. 7], 153–161.

235. Eisenbach, Ulrich: Zuchthäuser, Armenanstalten und Waisenhäuser in *Nassau*. Fürsorgewesen und Arbeitserziehung vom 17. bis zum Beginn des 19. Jahrhunderts. Wiesbaden: Hist. Komm. f. Nassau 1994 (Veröffentlichungen d. Hist. Komm. f. Nassau, 56). – IX, 309 S.

[s. auch Nr. 29, 65, 93, 131, 132, 133]

V.03 Ökumene und Mission

236. Clark, Christopher M.: „The Politics of Conversion". Missionary Protestantism and the Jews in Prussia 1728–1941. Oxford: University Press 1995. – 340 S.

237. Raupp, Werner: „An ihre Brüder jeder Gemeinde in Deutschland, welche unsern Herrn Jesum Christum aufrichtig lieben". In: JGNKG 90, 1992, 279–285. – [zu einem wiederaufgef. Traktat d. London Miss. Society v. 1798; vgl. PuN.B 20, Nr. 298]

238. Süß, Hermann: Bemerkungen zur altjiddischen Literatur als Glaubensfestiger für das niedere Judenvolk – und Jiddisch als christliches Missionsinstrument. In: Übersetzungen und Übersetzer [s. Nr. 8], 83–85.

239. Weiß, Ulman: Habet Erbarmen mit meiner armen Jüden=Seele! Judentaufen im kurmainzischen Erfurt. In: PuN 21, 1995 [1996], 299–318. – [auch zu J.H. Callenberg]

240. [*Krapf*, Johann Ludwig:] Reisen in Ostafrika ausgeführt in den Jahren 1837–1855. Stuttgart 1858. Unveränd. Neudr. Mit e. Einf. u. e. Bibl. neu hg. v. Werner Raupp. Münster [u. a.]: Lit-Verlag 1994 (Klassiker der Afrika-Literatur). – 1064 S.

241. Samuel *Urlsperger* (1685–1772). Augsburger Pietismus zwischen Außenwirkungen und Binnenwelt. Hg. v. Reinhard Schwarz. Berlin: Akademie Verlag 1996. – 313 S.

242. Blaufuß, Dietrich: Entdeckung und Erinnerung. Samuel *Urlsperger* in Augsburg und der ökumenische Pietismus im 18. Jahrhundert. In: ZBKG 63, 1994, 226–232.

243. Dharampal-Frick, Gita: Indien im Spiegel deutscher Quellen der Frühen Neuzeit (1500–1750). Studien zu einer interkulturellen Konstellation. Tübingen: Max Niemeyer Verlag 1994 (Frühe Neuzeit, 18). – XII, 458 S.; 16 Abb. – [auch z. Bartholomäus *Ziegenbalg*]

[s. auch Nr. 66, 90, 108, 109, 110, 112, 120, 147, 216]

244. Alt, Peter-André: Reinigung des Stils oder geistlicher Manierismus. Zur pietistischen Bildsprache. In: Religion und Religiosität [s. Nr. 7], 563–577.
245. Bernheiden, Inge: Die Religion im autobiographischen Schrifttum des 17. Jahrhunderts. In: Religion und Religiosität [s. Nr. 7], 735–744. – [zu J.V. Andreae: 737–739; J.C. Dippel: 741–743]
246. Messerli, A.: Literatur und Frömmigkeit in Pietismus und Aufklärung. In: ThR 60, 1995, 398–403.
247. Smith, Ruth: *Handel's* Oratorios and Eighteenth-Century Thought. Cambridge: University Press 1995. – 480 S.; 4 Abb.
248. Kühlmann, Wilhelm: Zwischen Aufklärung und Erweckung. Die Korrespondenz zwischen Gottlieb Konrad Pfeffel und Johann Heinrich *Jung-Stilling*. In: Chloe 22, 1995, 445–475.
249. Karl Philipp *Moritz* und das 18. Jahrhundert. Bestandsaufnahme – Korrekturen – Neuansätze. Intern. Fachtagung v. 23.–25. Sept. 1993 in Berlin. Hg. v. Martin Fontius u. Anneliese Klingenberg. Tübingen: Max Niemeyer 1995. – X, 276 S.
250. Meier, Albert: Sprachphilosophie in religionskritischer Absicht. Karl Philipp *Moritz'* Kinderlogik in ihrem ideengeschichtlichen Zusammenhang. In: DVfLG 67, 1993, 252–266.
251. Simonis, Annette: „Das Schöne ist eine höhere Sprache." Karl Philipp *Moritz'* Ästhetik zwischen Ontologie und Transzendentalphilosophie. In: DVfLG 68, 1994, 490–505.
252. Moore, Cornelia Niekus: Magdalena Sibylle *Rieger*, „die Poetische Ehfrau". In: PuN 21, 1995 [1996], 218–231.
253. Beltz, Walter: Johann Michael *Wansleben* – Zu den Anfängen der deutschen Koptologie und Äthiopistik. In: Übersetzungen und Übersetzer [s. Nr. 8], 86–88.
[s. auch Nr. 83, 84, 111, 123, 134, 156, 171, 219]

Register der Personen und Orte

Register der Autoren, Bearbeiter und Herausgeber

Personen- und Ortsregister